Fritz Köhlein · Nelken

Dr. h. c. Fritz Köhlein

Nelken

88 Farbfotos
50 Zeichnungen

VERLAG
EUGEN
ULMER

Titelbild: *Dianthus pavonius*

CIP-Titelaufnahme der Deutschen Bibliothek

Köhlein, Fritz:
Nelken/Fritz Köhlein.
Stuttgart: Ulmer 1990
    ISBN 3-8001-6420-5

© 1990 Eugen Ulmer GmbH & Co.
Wollgrasweg 41, 7000 Stuttgart 70 (Hohenheim)
Printed in Germany
Lektorat: Agnes Bartunek
Einbandgestaltung: Alfred Krugmann
Satz: Typobauer Filmsatz GmbH, Ostfildern 3
Druck: Offsetdruckerei Grammlich, Pliezhausen

Vorwort

Die Freunde wundern sich, daß sie,
im muntern Kreis,
ihn nicht mehr bei sich sehn?
Seit seine Nelken blühen, blieb er,
gleich einem Baum,
dort eingewurzelt steh'n!

Carl Paul Bouché
Kunstgärtner zu Berlin, 1821.

Beim Aufspüren der Nelken-Historie bin ich auch auf ein Vorwort gestoßen, das wie folgt lautet:

»Ew. Herzogl. Durchlaucht werden gnädigst verzeihen, daß ich so kühn bin, dieses kleine Werk zuzueignen und zu dero Füßen zu legen.«

Wir leben nun nicht mehr in einem absolutistischen Zeitalter, sondern sind Menschen einer demokratischen Gesellschaftsordnung. Nichtsdestoweniger möchte ich das genannte Vorwort aus dem 18. Jahrhundert abwandeln und es dem Natur- und Gartenfreund, dem Erwerbsgärtner und Floristen, dem Gartengestalter und nicht zuletzt auch dem Botaniker zu Füßen legen, wobei man auch mir »gnädigst verzeihen« möge, daß ich so ein Wagnis unternommen habe mit dem Versuch, diese doch umfangreiche und schwierige Materie in den Griff zu bekommen. Ich lege mit diesem Buch ein Werk vor, das meines Wissens in dieser Bandbreite bisher noch nicht vorhanden ist. Das Thema wird von allen Seiten beleuchtet, so daß sich Antworten auf viele Fragen finden, egal aus welchem Sektor sie kommen.

Dankbar bin ich meinem Verleger Herrn Roland Ulmer, der meine Anregung zu diesem Buche uneingeschränkt unterstützte und förderte und auch die reichhaltige Illustration ermöglichte. Dank gebührt ebenso den Damen und Herren des Lektorats und der Herstellungsabteilung des Verlages, die gute Zusammenarbeit mit manchen von ihnen dauert teilweise über eineinhalb Jahrzehnte an. Weiter möchte ich meinem Pflanzenfreund (im doppelten Sinn des Wortes) Paul Hopf danken, der die grafische Ausgestaltung übernahm und dem die aussagekräftigen, aber auch künstlerischen Zeichnungen zu danken sind. Ein Dankeschön gilt ebenfalls meinen Freunden Hermann Fuchs und Walter Erhardt, die mich mit Fotos unterstützten, des weiteren meinem langjährigen Briefpartner Gert Böhme aus Rabenau in Sachsen, der Hilfe bei der artenreichen Nelkenflora der Sowjetunion leistete. Dank sage ich auch den Nelkenfirmen, die mir Unterlagen zur Verfügung stellten. Wertvolle Hinweise und Informationen erhielt ich zudem von Prof. Karl Zimmer, Hannover. Bleibt, wie schon oft an dieser Stelle, meiner Frau Annemarie zu danken, deren vielseitige Unterstützung es erst ermöglicht, so ein Thema mit der nötigen Konzentration zu bearbeiten!

Es gibt wohl neben der Nelke keine Blume, die im selben Maße für sehr unterschiedliche Bevölkerungsschichten zum Symbol geworden ist. In West und Ost ist sie jeweils Ausdruck der vorhandenen Gesellschaftsordnung. Einerseits gehört eine weiße Edelnelke in das Knopfloch des Abendanzuges bei den Herren der »oberen 10000«, ist also in den westlichen Demokratien, besonders in Großbritannien, ein Sinnbild des Kapitalismus. Auf der anderen Seite ist die rote Edelnelke ein Zeichen des Sozialismus, egal ob es sich um sozialistische

Parteien des Westens handelt oder um solche östlicher Prägung. Es ist erfreulich, daß eine solche kleine Blume so einen verbindenden Charakter hat und gleichermaßen geliebt wird, das gibt Hoffnung!

Oder gehören Sie zu den Wenigen, die den Nelken der Gattung *Dianthus* keine besonderen Sympathien entgegenbringen? Dann rate ich Ihnen, sich an einem sonnigen Tag in die überschwenglich blühenden Nelkenpolster von *Dianthus monspessulanus* zu legen, wie sie in den Pyrenäen oder in Alpengebieten vorkommen, umgeben von Düften, wie sie eben nur Nelken hervorbringen können. Blicken Sie den ziehenden Wolken nach und erinnern Sie sich, daß Sie von *Dios-anthos* umgeben sind, von göttlichen Blumen.

Bindlach, Frühsommer 1990
Dr. h.c. Fritz Köhlein

Inhaltsverzeichnis

Botanische Aspekte

Wie bei anderen Großgattungen läßt sich auch bei den Nelken die genaue Anzahl der Arten wohl nie exakt feststellen. Es dürfte kaum einen Botaniker geben, der alle Arten genau genug kennt, um mit Bestimmtheit sagen zu können, ob der Art-Status einer Pflanze berechtigt oder unberechtigt ist oder ob gar eine Unterart (Subspecies) in den Rang einer Art aufzusteigen hat. Die Botanik ist eine lebendige Wissenschaft und ihre Erkenntnisse sind nicht festgefügt für alle Zeiten. Wenn es heißt, die Gattung *Dianthus* umfaßt mehr als 300 Arten, so ist es die genaueste Aussage, die man treffen kann. Das Hauptverbreitungsgebiet der Nelkenarten liegt in Europa und Asien, wo das Vorkommen einiger Arten südwärts bis in den Himalaja vorstößt und in östlicher Richtung bis nach Japan reicht. Auf dem amerikanischen Kontinent gibt es nur eine Nelke, deren Verbreitungsgebiet vom Polargebiet her ausstrahlt: *Dianthus repens*. Das Zentrum der Nelken liegt aber unzweifelhaft im Mittelmeerraum. Erwähnt werden muß noch, daß einige Nelken auch in afrikanischen Gebirgen vorkommen, so selbst in Bergen der Südafrikanischen Republik und in Angola.

Betrachtet man die Morphologie der Nelken, wird man feststellen, daß hier eine größere Einheitlichkeit unter den Arten vorherrscht als bei vielen anderer Großgattungen. Nelken weisen als Besiedler meist lufttrockener Standorte einen mehr oder weniger xeromorphen Wuchstyp auf. Das gilt besonders für die Blätter, die meist linear bis lanzettlich spitz und häufig dickfleischig sind. Sowohl Stengel als auch Blätter zeigen oft einen bläulichen Wachsüberzug. Die gegenständigen Blätter sind scheidenartig um den Stengel gefügt. Nelken bilden niedrige Halbsträucher, vielsprossige Stauden, Polster-, Kriechtrieb- und ausläuferbildende Stauden, aber auch zweijährige halbrosettige und einjährige krautige Pflanzen. Die Primärwurzeln sind oft rüben- oder pfahlwurzelartig ausgebildet, manche Arten haben daneben auch erstarkende, sproßbürtige Wurzeln. Die Stengel sind oft an der Basis holzig, kantig oder rund, manchmal sind sie auch verzweigt. Die Blätter sind, wie erwähnt, meist linear bis lanzettlich und nur in wenigen Fällen spatel- oder eiförmig, dabei stets ungeteilt. Die Blattscheiden weisen eine unterschiedliche Länge auf, ihre Größe bildet ein Unterscheidungsmerkmal zur Artbestimmung. Die endständigen Blüten sind in etwas unterschiedlichen Blütenständen angeordnet. Neben einzelstehenden Blüten gibt es wenigzählende Rispen, aus Zymen zusammengesetzte traubige Blütenstände und büschelige, zweigabelige Trugdolden mit Infloreszenz-Hochblättern.

Die Blüten sind radiär-symmetrisch, fünfzählig und in Kelch und Krone geteilt. Zu den wichtigsten Unterscheidungsmerkmalen der Nelkenarten gehört auch der röhrig verwachsene Kelch, welcher an der Basis von Kelchschuppen umgeben ist. Besonders die unterschiedliche Form und Länge der Kelchschuppen, die auch verschiedenartig gespitzt oder begrannt sind, hilft hier oft weiter. Selbst der Kelchrand kann eine typische Zähnung aufweisen. Bei verschiedenen Arten sitzen oft dicht unterhalb der Kelchschuppen kleine Laubblätter, was dem Edelnelken-Züchter Arbeit macht, da diese dort nicht erwünscht sind. Der Kelch ist zylindrisch, fünfzähnig und weist 35 und auch mehr Adern auf.

Die Nelkenblüte

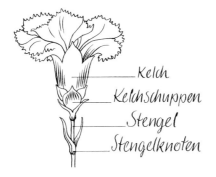

Kelch
Kelchschuppen
Stengel
Stengelknoten

Querschnitt:

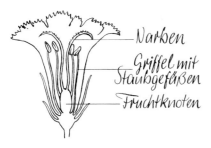

Narben
Griffel mit Staubgefäßen
Fruchtknoten

Bau der Nelkenblüte

Die Kronblätter setzen sich aus Nagel und Platte zusammen. Nur in Ausnahmefällen ist die Platte ganzrandig, bei der Mehrzahl ist sie vorne mehr oder weniger stark gezähnt, geschlitzt oder gefranst. Das Kronblatt kann an der Basis sowohl gebärtet als auch ungebärtet sein. Der Nagel ist meist weißlich oder grünlich, mit oder ohne Flügelleisten, die Farbe der Platte zeigt alle möglichen Rosa- und Rottöne, sie kann weiß sein oder ist manchmal gezeichnet. Nur in seltenen Fällen kommt als Blütenfarbe Gelb vor. Vereinzelt ist bei einigen Arten die Ober- und die Unterseite der Platte unterschiedlich gefärbt. Der Gesamtaufbau der Blüte versperrt Bienen den Zutritt zum Nek-

tar. Nelken sind Schmetterlingen mit langem Rüssel vorbehalten. Die Hauptblütezeit der Nelkenarten liegt im Juni–Juli, es gibt aber auch einige Mai-Blüher und später blühende Arten. So kann beispielsweise *Dianthus amurensis* bis zum Frost blühen. Unter den Nelken gibt es sowohl stark duftende als auch geruchlose Arten.

Die Blüten der Nelkenarten besitzen 10 Staubblätter (bei gefüllten Kultursorten sind diese bei starker Füllung in Kronblätter umgebildet). Die Narbe ist zweigriffelig, sie ragt zur Zeit der Fruchtbarkeit hornartig empor. Der Fruchtknoten entwickelt sich bis zur Samenreife zu einer meist länglich-zylindrischen, einfachen Kapsel, die hin und wieder auch eiförmig geformt ist. Beim Aufspringen zeigt sie vorne 4 Zähne, die nach außen gebogen sind, damit der Samen besser herausfallen kann. Der ansehnliche, meist schwarz oder braun gefärbte Samen ist schildförmig und weist einen zentralen Nabel auf. Die Keimfähigkeit der Samen bleibt über mehrere Jahre erhalten, was für die Kultur durch entsprechende Lagerung unterstützt werden kann. Insgesamt sind die Blüten vormännig (protandrisch). Das heißt, die Pollensäcke entleeren sich, bevor die Narben befruchtungsfähig werden. Dieses Vorbeugungsmittel der Natur verhindert eine Selbstbefruchtung.

Es ist schwierig, die Gattung *Dianthus* systematisch zu gliedern. Es wurden zwar schon einige Versuche unternommen, jedoch ist eine wirklich allumfassende Systematisierung mit allgemeiner Anerkennung noch nicht erfolgt. Gliederungsversuche – oder Ansätze dazu – erfolgten durch Seringe (1824), Williams (1893), Vierhapper (1898), Pax und Hofmann (1934), Schischkin (1936), Lemperg (1936) und Carolin (1957).

In der 1964 erschienenen »Flora Europaea« verzichtet Tutin auf eine Einteilung der Gattung *Dianthus* in Sektionen. Gustav Hegi unternimmt in seiner »Flora von Mitteleuropa« den Versuch einer Gliederung. Sie wird an-

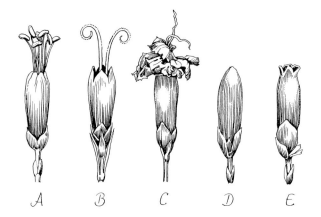

Die Blüte beim Hybridisieren:

A Ansicht der reifen Staubgefäße an jungen Blüten.

B Ansicht der reifen Narbe an älteren Blüten.

C Welken der Blüte nach dem Befruchten.

D Reife Samenkapsel (Spitze wird gelblich).

E Offene Samenkapsel. Bester Zeitpunkt der Ernte kurz vor dem Öffnen.

schließend wiedergegeben. Der Abschnitt der *Dianthus*-Arten wird aber nicht berücksichtigt, da dies nur bruchstückhaft erfolgen könnte und mehr zur Verwirrung als zur Klärung beitragen würde.

Nähere Angaben sind den genannten Werken zu entnehmen.

Die Gattung *Dianthus* hat eine ziemlich einheitliche Chromosomen-Grundzahl von 15. Es ist deshalb leicht zu erklären, warum Bastarde in der Natur ziemlich häufig sind und auch die Hybridisierung der Kultursorten keine unüberwindlichen Schwierigkeiten bereitet. Eine gewisse Sterilität scheint es zwischen Vertretern der Sektionen Plumaria und Carthusianorum zu geben.

Die Gattung Dianthus

Sectio Barbulatum Williams
Subsectio Glauci Vierhapper
Subsectio Alpini Vierhapper
Subsectio Asperi Vierhapper
Sectio Armerium Williams
Sectio Plumaria (Opitz) A. et Gr.
Sectio Leiopetali Williams
Sectio Dianthus
Sectio Carthusianorum Boiss.
Subsectio Macrolpides Williams
Subsectio Carthusianoides Williams
Sectio Suffruticosae Williams

Die Geschichte der Nelkenkultur

2500 Jahre Nelkengeschichte

Sicher gehören die Nelken nicht zu den ersten Pflanzen, die der Mensch in seine Umgebung holte, denn am Anfang stand der Nutzen von Pflanzen als Nahrung, Gewürz- oder Heilpflanze im Vordergrund, und die Nelke hatte in dieser Hinsicht keinerlei Wert. Andererseits dürfte sie mit zu den ersten Pflanzen gehört haben, die beim Menschen, über die Befriedigung grundlegender Lebensbedürfnisse hinaus, Beachtung fand. Es waren selbstverständlich die kulturell höher entwickelten Völker des Mittelmeerraumes, die sich dieser Pflanze annahmen, zumal gerade in diesem Gebiet ein großer Teil der Nelkenarten von Natur aus vorkommt. (Allein in Griechenland finden sich etwa 65 verschiedene Nelkenarten.) Es war sowohl die Farbe, die edle Gestalt als auch der bezaubernde Duft, der die Aufmerksamkeit erregte.

Wie bei allen anderen Pflanzen lassen sich genaue Zeitabschnitte für die Inkulturnahme nicht mehr exakt bestimmen. Eine der hübschesten Nelkenarten dieses Gebietes ist die Baumnelke *(Dianthus arboreus)*, eine strauchig wachsende Art, die auch auf der Insel Kreta wächst. Wissenschaftler glauben auch, diese Nelke in den Wandmalereien des Palastes von Knossos wiederzuerkennen. Demnach wächst die Nelke bereits seit 2500 Jahren in der Umgebung des Menschen. Auch andere Fakten weisen auf eine frühere Verwendung der Nelke hin. Etwa 500 Jahre v. Chr. war im alten Griechenland ein ausgedehnter Blumenkult mit Blumengeschenken und Kränzen üblich. Aus welchen Blumen Kränze gebunden wurden, war genau vorgeschrieben, man sprach von

heiligen Kranzblumen. Die Kränze schmückten nicht nur die Götterbilder und die Opferschalen, sondern auch Menschen zeigten damit ihre Zuneigung. Bei Hochzeiten waren nicht nur das Brautpaar, sondern auch die Gäste bekränzt.

Zu den heiligen Kranzblumen gehörte auch die Nelke, die dem Göttervater Zeus gewidmet war. Der Gattungsname leitet sich davon ab. *Dios anthos* (= *Dianthus*) heißt nichts anderes als Zeusblume (*Dios* = Zeus, *anthos* = Blume, Blüte). Der Name Zeusblume kann auch sehr gut in Zusammenhang mit *Dianthus arboreus* gebracht werden, da diese süß duftende, strauchige Nelke, wie schon erwähnt, auf Kreta heimisch ist und sich dort nach der griechischen Mythologie die Geburtsstätte des Göttervaters Zeus befindet. Der griechische Naturwissenschaftler Theophrast (372–287 v. Chr.) schreibt in einem Text über Kranzgewächse auch von einer geruchlosen Zeusblume. Unter den Nelkenarten der Ägäis gibt es ja auch einige geruchlose. Möglicherweise handelt es sich bei der von Theophrast erwähnten geruchlosen Zeusblume um die behaarte *Dianthus crinitus*. Diese Nelke mit rosafarbenen, stark geschlitzten Blüten ist zwar im vorderasiatischen Raum heimisch, kommt aber auch auf der Insel Rhodos vor.

Einen schriftlichen Nachweis für die Nelke als alte Gartenpflanze finden wir in Theophrasts »Pflanzengeschichte«. Später erwähnte Ovid (43 v. Chr.–17 n. Chr.) die Nelken in seinen »Metamorphosen«. Darin ist auch die Legende von der Entstehung der Nelken enthalten: Diana, die Götting der Jagd, kehrte von einer ergebnislosen Pirsch zurück, wobei sie einen Schalmei blasenden Hirten traf, den sie verdächtigte, durch seine Töne das Wild verscheucht zu haben. Als Strafe riß sie ihm die Augen aus und warf sie zwischen die Steine. Als sie dies anschließend bereute, verwandelten sich die Augen in leuchtende Blumen. Es wird vermutet, daß der französische Name für die Nelke, *oeillet*, mit der Legende zusammenhängt.

Parallelen finden sich zu einem späteren Zeitpunkt in der römischen Götterwelt, wo der Göttervater nun nicht mehr Zeus, sondern Jupiter hieß. Zur Hochblüte des römischen Reiches mit seinen sinnesfrohen Festmählern, die beim Niedergang dieser Kultur in Orgien ausarteten, spielten Blumen, und besonders duftende Blüten, eine große Rolle. Es wird gewiß niemals geklärt werden, wann die erste Nelkenhybride entstanden ist und wann die erste gefülltblühende Mutation die Aufmerksamkeit der Menschen erregte, aber sicher dürfte es während der griechisch-römischen Hochkultur gewesen sein. Beteiligt an den Naturhybriden, die durch Zufall entstanden sind, war sicherlich *Dianthus arboreus*. Solche abweichenden Typen kamen aus Griechenland nach dem heutigen Italien, wo sie in den Gärten vornehmer Römer gepflegt und auch vegetativ vermehrt wurden. Unsere ersten Garten-Nelken waren entstanden.

Wenn es auch in der botanischen Nomenklatur eine *Dianthus caryophyllus* gibt, so ist es doch sehr umstritten, ob es je eine wildgewachsene, echte Art gab, entgegen allen anderslautenden Angaben. Alle in der Literatur belegten Fundorte der *Dianthus caryophyllus* (z.B. Sizilien, Dalmatien) beziehen sich auf Typen hybriden Ursprungs. Es handelt sich offenbar um robuste Gartenflüchtlinge, die sich im Laufe der Jahrhunderte der Natur angepaßt haben (siehe Seite 47). Anderen Quellen zufolge wurden auch besonders auffällige Nelken von Römern am Golf von Biskaya entdeckt und nach Rom gebracht.

Aus der Zeit zwischen dem Niedergang des Römischen Weltreiches und dem eigentlichen Mittelalter ist über die Nelke weniger bekannt. Ohne Zweifel wurden weiterhin Nelken in den Gärten des Mittelmeerraumes gepflegt und durch Auslesearbeit auch verbessert. Nachweislich gab es schon zahlreiche Nelken in den Gärten der Medici zu Florenz. Nördlich der Alpen dürften Nelken auch bald eine Heimstatt gefunden haben (wohl zur Zeit der Kreuzzüge gegen Ende des 11., Anfang des 12. Jahrhunderts). Neben den »Römischen Nelken«, die in den Gärten der Adeligen gezogen wurden, kamen auch in der Natur gefundene auffallende Varianten heimischer Arten, besonders solche mit betörendem Duft, in Kultur. Dazu gehörten sicher auch die ersten gefülltblühenden Federnelken. Ausgehend von den Klostergärten fanden diese Pflanzen bald auch Verbreitung in Burg- und Schloßgärten und kamen schließlich auch in die Gärten wohlhabender Handwerker. Hildegard von Bingen, Äbtissin eines Benediktiner-Klosters, hat wohl (im Jahre 1160) die erste botanische Abhandlung in deutscher Sprache geschrieben, worin auch von »Nelchen und Gariofiles« die Rede ist.

Die Erfindung der Buchdruckerkunst markiert den Zeitpunkt, ab dem man die Entwicklung der Nelke als Gartenpflanze bis in die heutige Zeit ziemlich lückenlos verfolgen kann. Vorher war man mehr auf bildliche Überlieferungen angewiesen. So findet sich beispielsweise auf dem Portinari-Altar von Hugo van der Goes (1435 bis 1482) ein Glas mit Akelei-Blüten und mit einigen einfachen roten Nelken neben einem Krug mit Iris und Lilien. Berühmt wurde das Gemälde van Eycks »Der Mann mit der Nelke«. Es stammt ebenfalls aus dem 15. Jahrhundert. Hinweise auf die Nelken erhält auch das Kräuterbuch von Otho Brunfels aus dem Jahre 1532. Eine einfachblühende Nelke ist dort abgebildet und als rotblühend beschrieben, bezeichnet als »Donder negelin«. Der Zeichnung nach dürfte es sich dabei höchstwahrscheinlich um *Dianthus carthusianorum* handeln. Der Text weist darauf hin, daß diese kleinblütige Nelke nicht gefüllt blüht und nicht mit einem so lieblichen Geruch ausgestattet ist wie die »Grasßblumen«. Brunfels vermerkt noch, da es sich ja um ein Kräuterbuch handelt: »Ist mir nit zu wißßen war zu soliche gut oder zu brauchen.« Wichtig ist dabei der Hinweis auf die »Grasßblumen«, auf Nelken also, die gefüllt blühen und lieblich duften. Sie waren somit zu dieser Zeit schon allgemein bekannt. Daß man hinter der Nelke auch offizinellen Wert vermutete, geht aus dem »Kreuterbuch« von Leonhard Fuchs (1543) hervor, der sie als Arzneipflanze beschrieb. Der deutsche Name Nelke soll sich von der Bezeichnung für die Gewürznelke ableiten. Ob es die Blüten- bzw. Fruchtform war, die zu einer gleichen Namensgebung führte, oder ob die heimische Nelke zeitweilig Ersatzdienste für das teuere tropische Gewürz leisten mußte – wie es verschiedentlich heißt –, ist ungewiß.

Die Entwicklung in England verlief wahrscheinlich parallel zu der auf dem Kontinent. Auch in England begann die Kultur nicht mit den im Mittelmeerraum entstandenen Hybriden, sondern mit denen aus nördlichen Breiten. So berichtete Jane Loudon, daß *Dianthus barbatus*, die Bartnelke, bereits während der Regierungszeit von Königin Elisabeth I., etwa um 1552, aus Deutschland eingeführt wurde. Da die Bartnelke auch in England winterhart war, wurde sie bald eine beliebte Gartenpflanze und ist es auch heute noch, bekannt als »Sweet William«. Zu den wichtigen Nelken dieser Zeit gehörten auf der Insel die Federnelken, dort kurz und bündig »Pinks« genannt. Diese Bezeichnung ist heute noch üblich. Zu Shakespeares Zeiten waren die Pinks bereits bekannt und beliebt, und der Dichter nennt sie in seinen Werken einige Male. So in »Romeo und Julia«, wenn Mercutio spricht: »The Pink of Courtesy«. Es gab im 16. Jahrhundert schon viele Sorten, wie im »Herbal« von Gerard nachzulesen ist (1597). Die Sorten tragen bereits Namen wie 'Pynkes', 'Soppers in Wine' und 'Small Honesties'.

Für den deutschen Raum finden sich Hinweise auf die Kultur der Nelken im kleinen Buch »Blumengarten« von Georgen Viescher aus Nürnberg, erschienen im Jahre 1645. Viescher teilt darin die Nelken in drei Gruppen: In die *Carypohyllus plumarius floribus plenis*, die »Feder- oder Biesamnägelein« (= gefüllte Federnelken), und in *Caryophyllus carthusianorum*, die »Cartheysernägelein roth und weiß gefüllt«. Als dritte Gruppe taucht hier erstmalig auch bei uns die »Römische Nelke« auf, die nicht völlig winterhart ist und wohl das Ausgangsmaterial unserer Edelnelken darstellt. Deren Entwicklung wird im folgenden Abschnitt näher behandelt. Bei Georgen Viescher wird sie als *Caryophyllus flore pleno vario colore*, als Graßblumen oder Nägelein, bezeichnet.

Auch auf dem Kontinent waren weitere Nelkenarten in die Gärten gekommen, so die Bartnelke, die auf der Pflanzenstudie des Malers Hyeronimi Pini de Pisro aus dem Jahre 1614 zu finden ist. In den Kräuterbüchern finden sich die Nelken, so im zweiten Band des Kräuterbuches von D. Jacobi Theodori Tabernaemontani aus dem Jahre 1664. Er hielt die Nelken für so wichtig, daß er diesen zweiten Band mit 18 Holzschnitten von Nelken beginnen läßt. Folgenden Arten widmet er eine besondere Beschreibung, wobei er zwischen »zam und wild Nägelein- oder Graßblumen« unterscheidet, also zwischen Gartenformen und Wildarten. Es ist interessant, sich das Sortiment einmal genauer anzusehen, das Tabernaemontani beschreibt:

Groß gefüllt Nägelein- oder Graßblumen, *Caryophyllus maximus multiplex*
Weiß gefüllt Nägeleinblumen, *Caryophyllus multiplex albus*
Gefüllt Nägeleinblumen *Caryophyllus multiplex*
Jungfraw Nägelein, *Caryophyllus virgineus*
Zame Nägeleinblumen, *Caryophyllus hortulanus*

Caryophyllus plenus pur,
purascens punctatis et la,
ciniatis folns.

Nach Hortus Eystettensis

Blauw Nägeleinblümlein, *Caryophyllus caeruleus*
Carthäuser Nägelein, *Caryophyllus carthusianorum* I–III.
Weiß Pflaumennägelein, *Caryophyllus plumarius albus*
Braun blauw wild Federnägelein, *Caryophyllus plumarius purpureocaeruleus*
Dondernägelein, *Caryophyllus montanus*
Weiß wild Steinnägelein, *Caryophyllus montanus albus*
Steinnägelein, *Caryophyllus montanus*
Gefüllt Steinnägelein, *Caryophyllus montanus multiflorus*
Weiß Wildfeder oder Pflaumnägelein oder wilder Mutwillen, *Caryophyllus sylvestris plumarius albus*
Klein Wildnägelein, *Caryophyllus sylvestris minimus*
Gauchblumen, *Caryophyllus pratensis*.

Betrachtet man die Namen und die Holzschnitte, so kann man noch ein ziemliches Wirrwarr feststellen. Die größte Unklarheit besteht sicher bei der Blauen Nelke, *Caryophyllus caeruleus*, da dazu wirklich eine Nelke abgebildet ist. Wenn es diese wirklich gäbe, müßte man nicht bis in die heutige Zeit weiße Nelken mit löslichen, organischen Farbstoffen im Vasenwasser blau färben! Bei der ersten abgebildeten *Caryophyllus carthusianorum* handelt es sich eindeutig um *Dianthus barbatus*, und damit wird auch klar, warum im schon genannten Buch von Georgen Viescher von weißen und roten gefüllten Kartäusernelken die Rede ist: Es handelt sich um Bartnelken und nicht um die botanische Art *Dianthus carthusianorum*, von der gefüllte Typen kaum bekannt sind.

Die besten Abbildungen der damaligen Zeit sind die Kupferstiche im »Hortus Eystettensis«, ein Werk, das im Auftrag des Fürstbischofs von Eichstätt geschaffen wurde und im Jahre 1613 erschien. Die Nelken nehmen darin einen hervorragenden Platz ein. *Dianthus bar-*

batus ist sechsmal abgebildet. Nur mit der Bezeichnung klappte es immer noch nicht so recht, die Bartnelken tragen den Wissenschaftsnamen *Flos Armerius albus*. Im Text ist dann von »Weiß Cartheuser Negelein«, »Rothe Cartheuser Negelein« oder »Scharlach-Blumen« und von »Gescheckte Scharlach-Blumen« oder »Gescheckte Cartheuser Negelein« die Rede. Der »Hortus Eystettensis« gebrauchte für die Bartnelke immer noch die Bezeichnung Cartheuser Negelein, die ja heute einer anderen Art zusteht. Im Hauptabschnitt des »Hortus Eystettensis« sind 23 Nelken abgebildet, die von einer hohen Entwicklungsstufe zeugen, in der Mehrzahl *Dianthus caryophyllus*-Typen. Aber auch einige Federnelken sind zu finden.

Im 17. Jahrhundert setzte auch schon ein reger Handel mit Nelken ein. So bietet William Lucas, der sein Geschäft in Strand Bridge in der Nähe von London hatte, in seinem Katalog von 1677, Nelken (»Double July Flower«) sowohl als Samen als auch als Wurzelstöcke an. Ähnlich verlief die Entwicklung auch auf dem Kontinent.

Im Laufe des 18. Jahrhunderts machte die Nelkenzüchtung weitere Fortschritte, hauptsächlich jedoch bei den verschiedenen *Dianthus caryophyllus*-Typen, die von allen Gärtnern gerne gepflanzt wurden. Alexandre le Bond erwähnt in seinem Buch »Die Gärtnerey« »die Nägelein von unterschiedener Art«. Mit den vielen botanischen Arten beschäftigte man sich erst im 19. Jahrhundert. Adalbert von Chamissons »Illustriertes Heil-, Gift- und Nutzpflanzenbuch« von 1827 erwähnt *Dianthus superbus*, die Prachtnelke, und *Dianthus deltoides*, die Heidenelke, obwohl sie beide weder Heil-, Gift- noch Nutzpflanze waren. Im gleichen Jahr ist auch von Jacob Ernst von Reider »Die Geheimnisse der Blumisterei« erschienen. Das Buch führt als Gartenpflanzen außer den *Dianthus caryophyllus* schon die folgenden Nelkenarten auf: *Dianthus atrorubens*, *D. armeria*, *D. prolifer*, *D. virgineus (= D. syl-*

»Bauernschürzen-Nägele« heißt im Schwäbischen diese alte Hybride, deren Herkunft man nicht mehr klären kann und die sich in Bauerngärten bis in unsere Zeit herübergerettet hat.

vestris), *D. moschatus*, *D. arboreus*, *D. superbus*, *D. barbatus*, *D. plumarius*, *D. chinensis* und *D. carthusianorum*. Schon 1820 hat Christian Reichart in seinem Buch »von der Erziehung der Apothekergewächse und Zierpflanzen« die Chinenser-, Bart- und Federnelken erwähnt, ebenfalls *Dianthus superbus*. Wie aus dem zwischen 1841 und 1848 erschienenen Werk von Jane Loudon »The Ladies Flowergarden« zu ersehen ist, porträtierte man jetzt auch andere Nelken als die verschiedenen Formen von *Dianthus caryophyllus*. Auf einer hübschen Tafel finden sich *Dianthus arbusculus*, *D. virgineus* (*D. sylvestris*), *D. caucasicus* (*D. seguieri*), *D. alpinus*, *D. arenarius*, *D. pubescens* (*D. diffusus*) und eine nicht mehr identifizierbare Nelke, die von der Gestalt her *Dianthus superbus* darstellt.

Je mehr naturnahe gestaltete Gärten und später Steingärten in Mode kommen, um so breiter wird das Interesse an Wildnelken. H. Jäger führt in seinem Blumenlexikon von 1873 schon 24 verschiedene Nelkenarten auf. In einem der wichtigsten Bücher, die erstmals für die neuerwachte Steingarten-Liebhaberei erschienen sind, das zweibändige Werk von David Wooster »Alpine Plants« aus dem Jahre 1874, sind *Dianthus glacialis*, *D. caucasicus* (= *D. seguieri*) und *D. carthusianorum* schon farbig abgebildet. Bereits seit dem Mittelalter kristallisiert sich eine Aufteilung der Nelken nach Verwendung und Kulturmethode heraus. Diese Entwicklung ist bis heute noch nicht abgeschlossen. Trotz aller Vielfalt bei den *Dianthus*-Arten sind aber nach wie vor die vielen Typen von *Dianthus caryophyllus* für den Erwerbsgärtner, für den Floristen, aber auch für den Hobbygärtner am wichtigsten. Deshalb beschäftigt sich der folgende Abschnitt allein mit den Formen dieser einen Art.

Die Historie der Edelnelke

Wie im vorhergegangenen Abschnitt erwähnt, läßt sich das Zustandekommen der *Dianthus*

caryophyllus wohl nie mehr genau klären. Auch wenn sie als Art überall geführt wird, sind sämtliche Pflanzen an den erwähnten Naturstandorten wohl Gartenflüchtlinge vergangener Jahrhunderte. Die Gartenformen des Mittelmeerraumes, besonders aus Italien und Südfrankreich, spielten in den Gärten nördlich der Alpen erst zu Beginn des 17. Jahrhunderts eine größere Rolle, was sicher auch an der ungenügenden Winterhärte lag. Einzelne dieser südländischen Nelken (»Römische Nelken«) sind wohl auch schon früher, etwa im 12. Jahrhundert, nach den ersten Kreuzzügen nach Deutschland, Frankreich und England gekommen, wo sie in den Gärten weltlicher und kirchlicher Potentaten von den Hofgärtnern gepflegt wurden. In Georgen Vieschers Buch vom »Blumengarten« aus dem Jahre 1645 sind schon diese schutzbedürftigen Graßblumen oder Nägelein (*Caryophyllus flore pleno vario colore*) aufgeführt. Er schreibt: »Solche Stöck können den Winterfrost nit leiden, wohl ein paar Reiffen verschmerzen, aber hernach steht ihr Verlangen nach dem warmen Keller.«

Etwa aus jener Zeit sind uns die ersten bildlichen Zeugen bekannt. Auf dem Bild von Balthasar van der Ast »Vase mit Blumen, Muscheln und Insekten« ist eine rot-weiß gestreifte, gefüllte, großblumige »Caryophyllus« zu sehen. Derartige Typen haben sich bis heute gehalten, und Abbildungen finden sich durch die Jahrhunderte, wobei selbstverständlich enorme Züchtungsfortschritte erzielt wurden. Aber die Grundform und die Farbkombination blieb. Ein Zeitgenosse des genannten Malers, Jacob van Walscapelle, der von 1644 bis 1727 lebte, hatte auf seinem Blumenbild fast die gleiche Nelke abgebildet. (Auch andere berühmte Maler, wie Leonardo da Vinci, Raffael, Goya, Rembrandt und Hans Holbein der Ältere verzichteten auf ihren Gemälden nicht auf die Nelke).

Sicher wurden zur damaligen Zeit noch keine gezielten Kreuzungen durchgeführt, ganz zu schweigen von Zuchtlinien, aber man las unter den Sämlingen neue Formen und Farben aus und achtete auf die Blütengröße. Die verbesserten Nachkömmlinge wurden vegetativ weitergereicht, und Samen wurden nur von solchen Spitzensorten abgenommen, so daß qualitativ immmer bessere Nelken mit immer größerer Bandbreite der Eigenschaften in die Gärten kamen. Davon zeugt auch der Bericht von William Turner, der in seinem »Libellus« 1550 über die Nelke schrieb. Auch John Gerard, Hofgärtner der Königin Elisabeth I., unter deren Regierungszeit – wie schon erwähnt – die Bartnelke als »Sweet William« zu Ehren kam, schrieb 1597 über die Nelkenkultur in seinem »Herbal«. Darin wird die Nelke »Incarnation« genannt, Shakespeare macht 1601 daraus »Carnation«. Dieser Name ist bis auf den heutigen Tag die landläufige Bezeichnung für die verschiedenen Formen von *Dianthus caryophyllus* im gesamten angelsächsischen Raum geblieben, wobei die heutigen Edelnelken meist als »Perpetual flowering Carnations« bzeichnet werden. Die Abkömmlinge von *Dianthus plumarius* werden dagegen als »Pinks« bezeichnet, wie schon zur damaligen Zeit. Der von Linné gegebene Gattungsname *Dianthus* wird dagegen nur für Wildarten benutzt und ist im Mittelalter unbekannt.

1671 beschrieb Wolff Albrecht Stromer von Reichenbach in seinem Buch »Die edle Gartenwissenschaft« schon 81 Typen der Edelnelke, die er als *Caryophylli flore pleno* bezeichnete. Wie groß das Sortenspektrum schon bald war, zeigt auch das im vorangegangenen Kapitel schon erwähnte Buch »Hortus Eystettensis«. Mindestens zwölf der abgebildeten Nelken gehören in diese Caryophyllus-Gruppe (1613). Bald erschien das erste Nelkenbuch »Die Nelke oder Grasblum« von J.N. Weissmantel (1779). Darin sind die Nelken schon nach einem bestimmten System geordnet, allerdings nicht nach botanischen Gesichtspunkten, sondern nach dem Aussehen der Blüten; also ob die Blüten ein-, zwei- oder mehrfarbig, ob sie gezeichnet oder nicht gezeichnet sind. Die Zeich-

nungen wurden dann wieder unterteilt in punktiert, gebändert, gestrichelt, geflammt oder getuscht. Nelken gab es also auch zur damaligen Zeit schon in enormer Vielfalt, und die ganze Bandbreite des modernen Nelkensortiments ist keine Errungenschaft neuerer Zeit.

Manchmal ist es direkt spannend, in älterer Literatur zu lesen, und man bekommt dadurch mancherlei Hinweise, so auch über den Zeitpunkt der Entstehung von gelbblühenden Sorten. Von Heinrich Christian von Brocke stammt das Buch »Beobachtungen von einige Blumen, deren Bau und Zubereitung der Erden« aus dem Jahre 1771. Er nennt die Caryophyllus-Nelken darin *Caryophyllus maximus hortensis*. Er schrieb zu dieser Zeit, daß man vor 40 Jahren eine gelbe Nelke für unmöglich gehalten hätte, was den Schluß zuläßt, daß die gelben Nelken etwa zwischen 1740 und 1750 entstanden sind. Über die Entstehung schreibt er wie folgt: »Aller Blumisten Verlangen war, eine gelbe Nelke zu haben. Die Natur richtete sich nach der Caprice des Menschen und brachte erst den Josephs-Rock hervor. Dieser hatt ein schmutziges Gelb, mit einem aus einander geflossenen Roth. Es wurde solche teuer bezahlet, nun achtet man diese aber nicht mehr, weil man solche jetzo weit schöner, und mit drey bis vier rein gezeichneten Farben hat.«

Eine weitere Stelle aus diesem kleinen Buch erscheint mir noch erwähnenswert, da sie die Liebe zu den Blumen in der damaligen unruhigen und kriegerischen Zeit ausdrückt. Heinrich Christian von Brocke berichtet: »Ein Bekker Meister (Anm.: Bäckermeister) zu Schweinfurth mit Namen Knessel, liebete keine andere, wie lauter gelbe Nelken und er gab diejenigen von anderen Farben, welche er aus dem Saamen erhielt umsonst weg. Sein Sortement von gelben Nelken bestand aus 60 auserlesenen Sorten, welche er zusammen für 10 Rthlr. (Reichsthaler?) verkaufte. Ich habe dasselbe einstmals von ihm kommen lassen.

Ich muß aber bekennen, daß ich so schöne Blumen nachher nicht wieder gesehen habe, weil solche mit 5 Farben darunter waren. Nach dem letzten Kriege aber schrieb ich wieder an denselben, er ist aber schon mit all seinen Blumen todt.« Wer also glaubt, gestreifte Nelken auf gelbem Grund wären etwas völlig Neues, irrt, denn die Vorläufer erfreuten schon vor über 200 Jahren.

Zu dieser Zeit waren besonders Typen mit wenig gezackten Blatträndern beliebt, und Brocke schreibt: »Denn so, wie die Moden in allen Sachen abwechseln, so ist es auch bei den Blumen, so daß jetzo eine Nelke mit ausgezackten Blatte wenig mehr geachtet wird, weil die Franzosen, von welchen wir was die Moden betrifft getreue Nachahmer sind, die Nelken mit den runden Blättern sehr lieben.« (Kommen einem solche alten Sätze nicht sehr modern vor?) Für die einzelnen Zeichnungsarten bildeten sich bald extra Namen, so sprach man von »Picotten«, wenn sie zwei Farben hatten und gestreift waren. Nelken mit breiten Streifen, die gesprenkelt waren, hießen »Bisarden«. Sorten, deren Blüten schmale Streifen in drei bis vier Farben aufwiesen, wurden »Picott-Bisarden« genannt. Sorten, deren Kronblätter unten weiß waren, oben aber einen andersfarbigen Spiegel zeigten, hießen »Fameusen«. Wenn auf rotem oder violettem Grund breite rote, braunrote oder auch violette Streifen vorhanden waren, also Blüten in ziemlich düsteren Farben ergaben, sprach man von »Concordien«.

Ein gewisser Fortschritt drückt sich im kleinen Buch von Christian Ernst Gabler aus dem Jahre 1802 aus, das unter dem Titel »Kleiner Katechismus oder Naturgeschichte einiger beliebter Blumengewächse« erschienen. Erstmals werden diese Nelken, der noch heute gültigen Klassifikation entsprechend, *Dianthus caryophyllus* genannt. Die Unterscheidung nach der Zeichnung der Blüte wird weiter fortgeführt. Zu den genannten Namen kommen noch die Begriffe »Doubletten« und »Feuerfaxen« hinzu.

Doubletten haben außer der Grundfarbe nur eine einzige Illuminationsfarbe, welche in breiter, langer, bis ins Herz reichender Zeichnung vorhanden ist. Wegen ihrer bandförmigen Streifung wurden sie mitunter auch »Panachées« genannt. Bei den »Feuerfaxen« ist die Blüte zweifarbig, weist aber weder eine Linie noch eine sonstige Zeichnung auf. Die kräftigere der beiden Farben befindet sich außen und die hellere mehr im Innern des Blütenblattes. Oft wurden die genannten Namen in neuen Bezeichnungen zusammengezogen, wenn sich zwei Merkmale in einer Blüte vereinigten. Es wird dann beispielsweise von »Bizard-Feuerfaxen« oder – wie oben schon erwähnt – von »Picott-Bizarden« gesprochen. Die Namen geben auch manchmal Hinweise auf die Herkunft. So werden deutsche Picotten erwähnt, römische Picotten, Picotten mit holländischer Zeichnung, englische Bizarden.

Die Holländer waren schon zur damaligen Zeit auch in bezug auf den Handel mit Nelken sehr rege, wie aus dem Buch von Brockes zu ersehen ist. An einer Stelle heißt es einmal: »Daß die Holländer schöne Nelken ziehen, und uns solche theuer verkaufen, daran hat unsere Faulheit und Unwissenheit Schuld. Sie ziehen diese alle aus Saamen. Wir können dies hier genau so gut wie sie, wenn wir nur die Mutterblumen, wovon der Saamen aufgenommen wird, kennen. Unsere Pflanzen, welche wir hier ziehen, sind weit dauerhafter, als die holländischen.«

Der Schritt von der Auslese schöner Samenträger zu gezielten Kreuzungen vollzog sich etwa im letzten Drittel des 18. Jahrhunderts. So heißt es in dem schon mehrfach zitierten Buch Brockes: »Daß man aber mit dem männlichen Saamen die Blumen einfacher Pflanzen befruchten, und solche dahin bringen könne, Saamen zu bringen, woraus gefüllte Blumen wieder werden, glaube ich mit dem D. Koelreuter, welcher 1761 eine vorläufige Nachricht von einigen das Geschlecht der Pflanzen betreffenden Versuchen geschrieben hat, und nachher diese Beobachtung fortgesetzt hat. Man findet bey der Nelke, daß sie zwey Staubfäden hat, welche oben aus der Blume wie Hörner hervorragen. Dieser Staub befruchtet die Stigmata in dem Kelch und wird durch den Wind auf andere Nelken geführet. Diese Stigmata ziehen den Blütenstaub vermittelst einer klebrichen Materie an sich und befruchtet damit den Kelch. Da nun der weibliche Dattelbaum mit dem Blumenstaube des männlichen befruchtet wird, daß er Datteln trägt, wenn dieser Blumenstaub nur als ein Pulver verschicket und in die weiblichen Bluethen geblasen wird: so ist es auch eben so leicht, durch dieses Kunststück bey den Nelken gefüllte und schön gefärbte Blumen hervorzubringen.« So weit Brocke 1771! Man muß darüber hinwegsehen, daß der Wind bei den Nelken als natürlicher Bestäuber genannt wird und auch vom Kelch und nicht vom Fruchtknoten die Rede ist. Auch die Grundsätze der Vererbungslehre waren damals noch nicht bekannt, aber Brokkes Erkenntnis bedeutete einen großen Schritt vorwärts in der Nelkenzüchtung!

Auch in England machte die Nelken-Liebhaberei große Fortschritte. Waren in dem Werk »Flora Ceres and Pomona« 1665 noch 91 kultivierte Carnations genannt, wuchs danach die Zahl sehr schnell an. Sorten dieser frühen Zeit, die Aufsehen erregten, waren beispielsweise 'The Greatest Granado', 'Red Hallo', und 'Blue Hallo', wie aus dem Lexikon von Parkinson hervorgeht. Auch in England wurden die Carnations – ähnlich wie in Deutschland – in Klassen nach der Zeichnung der Blüten eingeteilt, man sprach von »Bizarres«, »Flakes« und »Picotees«. Eine sehr bekannte Sorte dieser Zeit war eine Züchtung von Franklin, die etwa um 1780 herum entstanden ist, *Dianthus caryophyllus* 'Franklins Tatar', eine »Bizarre« mit großen gefüllten Blüten, scharlachroter Grundfarbe und scharf begrenzten schwarzen und weißen Streifen. Eine schöne Abbildung davon ist uns in dem Buch »Curtis Wunderwelt der Blumen« überliefert, das Blu-

Topfkultur im vergangenen Jahrhundert

menbilder aus den Jahren 1787 bis 1807 enthält. Wegen ihrer großen Vielfalt an Farben und Zeichnungen wurden diese Nelken auch Fantasienelken genannt und sie galt bis zum Anfang des 19. Jahrhunderts als die edelste und vornehmste Nelkenrasse.

Diese Supernelken der damaligen Zeit sind alle den nicht völlig winterharten, römischen Nelken entsprungen. Im Gegensatz zu den

Nelkensorten, die aus *Dianthus plumarius* und *D. barbatus* hervorgegangen sind, benötigen sie Winterschutz. Gezogen wurden diese Pflanzen meist in Tontöpfen, damals Scherben genannt. Sie überwinterten dann im Hause, im Keller oder auch in Kalten Kästen (früher Beschlechten genannt). Im Frühling kamen die Pflanzen dann ins Freie an einen sonnigen Ort, meist wurden sie auf größere Stellagen ausgepflanzt. Jeder Züchter, Gärtner und Nelkenliebhaber hatte hinsichtlich der Kultur seine eigenen, streng gehüteten Methoden. Das begann schon bei der Mischung der Kulturerde, die meist als Grundsubstanz sandigen Lehm und getrockneten Kuh- oder Pferdemist enthielt, wobei der tierische Dünger vorher besonders intensiv in der Sonne gedörrt wurde, damit alle schädlichen Larven vernichtet wurden. In Christian Reicharts »Land und Garten-Schatzes Fünfter Theil« heißt es: »Die Erde, in welche man sie setzt, muß weder zu schwer, noch zu locker seyn, am besten ist es, eine Mischung aus gleichen Theilen guter Gartenerde, vollkommen verwesten Pferdemiste und feinem lockeren Sande zubereiten und dieselbe wohl durchzusieben. Auch soll es besonders zur Größe der Blumen und zur Mannichfaltigkeit der Farben viel beitragen, wenn man eine salpetrige Erde, wie man sie an alten Erdwänden findet, beimischt. Schädlich ist dagegen eine allzufette, mit Rindermist gemischte Erde.« Wie man sieht, war man auch damals nicht immer einer Meinung.

Alle zu dieser Zeit kultivierten Edelnelken-Vorläufer blühten nur einmal, gleich aus welchem Land sie kamen. »Perpetual flowering Carnations« waren unbekannt. Etwa um das Jahr 1820 herum – genau läßt sich das nicht mehr feststellen – fand der französische Gärtner Dalmais aus Lyon eine Pflanze, die frostgeschützt auch in der kalten Jahreszeit Wachstum zeigte und Knospen zur Blüte brachte. Diese Entdeckung bildete die Grundlage der remontierenden Nelken. Der intelligente und geschäftstüchtige Gärtner besaß zehn Jahre

später schon ein breites Sortiment solcher Nelken. Sorten, die damals Aufmerksamkeit erregten, waren beispielsweise 'Atim', 'Belle', 'Mme Lacene' und 'Zora'. Andere Gärtnerkollegen dieser Gegend züchteten auf der gleichen Basis weiter, und schon bald gab es Sorten mit aufrechten kräftigen Stielen, die als »Einstieler« bekannt wurden. Im milden Klima Südfrankreichs, an der Riviera, konnte man diese Nelken auch auf Feldern im Freien kultivieren, wovon sich die Bezeichnung »Rivieranelken« ableitet. Sie wurden züchterisch immer weiter verbessert, traten dann etwa ab 1875 einen Siegeszug als Schnittblumen an und eroberten die europäischen Blumenmärkte.

Erwähnt werden muß noch, daß bei den Rivieranelken auch amerikanische Remontantnelken eingekreuzt wurden, die sich ebenfalls durch starke Stiele, dicke Kelche und eine fast plumpe Blütenform auszeichneten. Diese Nelken entstanden in den Vereinigten Staaten aus einem Material, das französische Auswanderer Mitte des 19. Jahrhunderts mit in die Neue Welt nahmen. Die Grundlage für die moderne Nelkenzucht war somit gelegt. Die Züchtung entwickelte sich in den einzelnen Ländern in etwa parallel, aber doch von Land zu Land verschiedentlich, wie die nächsten Abschnitte zeigen.

Nelkenanbau und -züchtung in Deutschland

In der ersten Hälfte des 19. Jahrhunderts waren die Abkömmlinge von *Dianthus caryophyllus* sehr beliebt, sowohl in den Parks und Gärten der Herrschenden und in den Gärten wohlhabender Bürger als auch in Gärten auf dem Lande. In dieser Zeitspanne entwickelte sich auch immer mehr eine Trennung in einzelne Rassen, besonders in die kurzlebigen, samenvermehrbaren, aber winterharten Landnelken und in die nicht winterharten, vegetativ zu vermehrenden Edelnelken. Auch in deutschen Landen wurde gezüchtet, andererseits stand man in regem Austausch mit französischen, niederländischen und britischen Gärtnern. Auf diesem Wege erhielt man auch die französischen Remontantnelken. Alles spielte sich aber noch in einem verhältnismäßig kleinen Rahmen ab, und es gab nur wenige Gärtnereien, die sich auf Nelken spezialisiert hatten. Das änderte sich erst gegen Ende des 19. Jahrhunderts, als etwa zwischen 1890 und 1895 die ersten amerikanischen Edelnelken zu uns kamen. Sie wurden teilweise von Gärtnern mitgebracht, die nach Amerika ausgewandert waren und in das damalige Kaiserreich zurückkehrten. Besonders in der Stuttgarter Gegend etablierte sich der Nelkenanbau. Zu den ersten Nelkenkultivateuren zählte wohl der Pfarrer und spätere Gärtner Philipp Albert Dorner in Fellbach bei Stuttgart. Dazu gesellten sich Nelkenanbauer wie Emil Münz in Waiblingen und A. Stahl in Lorch, Württemberg.

Fast parallel mit dem Nelkenboom, der nach der Jahrhundertwende in den USA einsetzte, entwickelte sich auch in Deutschland die Nelkenkultur sprunghaft weiter. Von dem Württembergischen Nelkenzentrum gingen Impulse auch in andere Teile des Reiches aus. Nelkenbetriebe, die bald einen guten Namen in Fachkreisen hatten, waren die Gärtnereien Kurt Moll in Berlin-Borgsdorf, Hermann Stähle in Ludwigsburg, Schlesische Nelkenkulturen in Falkenau, Arthur Moll in Bad Soden und Friedrich Sinai in Frankfurt. Der allergrößte Teil der produzierten Edelnelken entstammte Jungpflanzen, die aus dem Ausland importiert wurden, besonders aus England. Nach und nach setzte jedoch auch die Züchtung eigener Sorten ein. Die Produktivität auf diesem Sektor nahm in der Zeit bis zum Zweiten Weltkrieg zwar langsam, aber stetig zu, so daß etwa vor Ausbruch des Krieges eine Anbaufläche von annähernd 30 ha vorhanden war. Die Kriegsereignisse brachten tiefe Einschnitte, und die Anbaufläche ging vorübergehend drastisch zurück. Da die Nachfrage nach

Edelnelken schon bald wieder einsetzte, konnte sich dieser spezielle Sektor des Gartenbaus bald wieder erholen. Erhebungen aus dem Jahre 1961 zufolge gab es in der BRD, einschließlich West-Berlin, fast 3300 Betriebe, die sich mit dem Anbau von Edelnelken beschäftigten. Die Anbaufläche betrug über 180 ha. Trotz dieser imponierenden Zahl ist zu bedenken, daß damals nur etwa 17 % der verkauften Nelken aus Eigenerzeugung stammten: die überwiegende Menge wurde importiert.

Unter den Lieferländern stehen nach wie vor die Niederlande unangefochten an erster Stelle, mit großem Abstand gefolgt von Italien, Neuseeland, Spanien und Kenia. Eine geringere Rolle spielen Kolumbien, Israel und Frankreich. Während 1972 die Anbaufläche für Schnittnelken in der Bundesrepublik Deutschland ihre größte Ausdehnung mit rund 250 ha (unter Glas) erreichte, schrumpfte sie bis 1984 auf 91 ha zusammen. 39 ha davon befinden sich in Nordrhein-Westfalen, 19 ha in Baden-Württemberg. Bei der Niederrheinischen Blumenvermarktung Neuß, der bedeutendsten deutschen Blumenversteigerung, nahmen Schnittnelken 1987 15,2 % des Wertumsatzes bei Schnittblumen ein. Sie lagen damit dicht hinter den umsatzstärksten Schnittblumen, den Rosen, die 17,2 % des Wertumsatzes ausmachten (AIPH-Jahrbuch 1988).

Der größte Teil der bundesdeutschen Produktion fällt bei großblumigen Edelnelken in den Monaten Juli und August an. Auf diese beiden Monate kommen bei der NBV in Neuß 43 % der Jahresanfuhr. Die Erlöse liegen zu dieser Zeit um bis zu 20 % unter dem Jahresdurchschnitt. Die Hauptanfuhrmonate für Spraynelken sind dagegen August und September. Obwohl in dieser Zeit 65 % der Jahresanfuhr vermarktet werden, liegt der erzielte Erlös auf dem Niveau des Jahresdurchschnittspreises.

Schwieriger hatte es die DDR, auf deren Gebiet sich vor dem Zweiten Weltkrieg ebenfalls zahlreiche Nelkengärtnereien befanden. Aber man war dort in weit stärkerem Maße als in der Bundesrepublik bestrebt, die Produktion auf Nahrungsmittel zu beschränken. Der Zusammenschluß von Kleinbetrieben zu Genossenschaften und die dadurch zur Verfügung stehenden größeren Gewächshausflächen ermöglichen aber einen rationellen Edelnelkenanbau. Während in den fünfziger Jahren die Produktion noch völlig unbedeutend war, stieg die Zahl der erzeugten Stiele von 1961 mit 600000 Stück auf 25 Millionen im Jahre 1980 an, wobei sich diese Zahlen bis in unsere Tage weiterhin steigerten. Noch drastischer sehen die Zahlen bei den Stecklingen aus, die Produktion lag im Jahre 1961 bei Null und im Jahre 1980 bei 11 Millionen. Wobei zu bemerken ist, daß selbstverständlich auch in der DDR der größere Teil der Stecklinge und vermarkteten Schnittnelken importiert wurde.

Rationelle Kulturmethoden und die Verbesserung der Qualität standen in den letzten Jahren im Vordergrund der Nelkenkultur. Eine Qualitätssteigerung konnte durch strenge Selektion und durch Meristemkultur erreicht werden. Sorten-Neuzüchtungen führte die VEG Saatzucht Zierpflanzen Barth durch. Die rasante politische Entwicklung läßt Zukunftsprognosen für den östlichen Teil unseres wiedervereinigten Landes noch nicht zu.

Entwicklungen in anderen Ländern

Vereinigte Staaten

Wie schon erwähnt, spielten die USA eine nicht unwesentliche Rolle bei der Entwicklung der sogenannten Rivieranelken. Um das Jahr 1852 führte ein französischer Blumenzüchter namens Charles Marc die ersten »Perpetual-flowering Carnations« aus Frankreich in die USA ein. Er kultivierte in der Nähe von New York unter der Bezeichnung »Remontant Car-

nations«. Französische Nelkenzüchtungen importierte dann auch die Gärtnerei Dailledouze, Zeller and Gard. Das Material, die damals berühmten Sorten 'La Purite', 'Mont Blanc' und 'Manteaux Royal', stammte von einem Gärtner aus Lyon. Von diesen Nelken ausgehend, entstanden in den Jahren zwischen 1866 und 1872 viele Neuheiten. Besonders der Teilhaber Zeller der genannten Firma betätigte sich als Züchter. So finden sich in einem Katalog der Gärtnerei Dailledouze and Zeller aus dem Jahre 1872 schon 54 Sorten von »Remontant Carnations«, unter denen besonders eine reinweiße Sorte mit starkem, aufrechtem Stengel auffiel. Sie wurde unter dem Sortennamen 'Louise Zeller' verbreitet. Für die damalige Zeit lagen die Preise für die Nelken verhältnismäßig hoch, sie lagen für Jungpflanzen zwischen 75 Cents und drei Dollar.

Einem anderen Nelkenzüchter französischer Abstammung, Donati, gelang es zu dieser Zeit, eine Sorte zu züchten, deren Grundfarbe Gelb, und die rot gestreift war. Die Sorte hieß 'Victor Emanuel', wurde aber auch 'Astoria' genannt, nach dem Ort ihrer Entstehung. Es war eine der ersten berühmten amerikanischen Sorten, auf der die anderen gelben »Amerikaner« gründen. In den ersten 50 Jahren amerikanischer Nelkenzüchtung konzentrierte sich die Züchtertätigkeit hauptsächlich auf Long Island bei New York. Als die Züchtung immer weitere Fortschritte machte, entwickelte sich neben der Umgebung New Yorks dann auch das Umland von Chicago zu einem Nelkenzentrum. Aber auch in anderen Landesteilen mehrten sich die auf Nelken spezialisierten Gärtnereien. Zu den großen Erfolgen amerikanischer Nelkenzüchtung gehörten die von der Firma Thorpe in den Handel gebrachten Sorten, die den Vorteil hatten, daß die Kelche nicht platzten. Eine Spitzensorte der damaligen Zeit erzielte die Firma Dorner-Lafayette: Die Züchtung 'Spectrum' hielt sich 40 lange Jahre im Sortiment! Entsprechend dem Züchtungsfortschritt wuchs die Beliebtheit der Nelken, wobei für Spitzensorten durchaus beachtliche Preise erzielt wurden: bis zu 5 Dollar per Dutzend, Massensorten waren entsprechend billiger und brachten 4 Dollar für hundert Stück. Wie in Amerika üblich, gab es auch Sensationen. Ein Bankier kaufte dem Gärtner Peter Fischer, der in seinen Anzuchten 150000 Sämlinge stehen hatte, die schönste Sorte ab und zahlte dafür die fürstliche Summe von 30000 Dollar. Gegenstand des Handels war die Sorte 'T.W. Lawson', die bald weite Verbreitung fand. Im Jahr 1890 wurden in den USA insgesamt schon 7 bis 8 Millionen Stück Schnittnelken produziert, und eine Nelke im Knopfloch des Anzuges gehörte zum guten Ton für Banker, Großindustrielle und Gangsterbosse.

Während in der Umgebung von New York, Chicago und Boston die Nelkenzüchtung und -produktion in oft riesigen Glashäusern erfolgte, die selbstverständlich beheizt wurden, entdeckte man schon bald den Vorteil des milden kalifornischen Klimas. Hier wurde der größte Teil der Nelken im Freiland produziert, nur ein geringer Teil der Kulturen stand unter Glas. Einer der ersten Betriebe dort war die Firma E.J. Vawter in Santa Monica. Um die Jahrhundertwende gab es schon hervorragende Sorten, die als sogenannte Einstieler kultiviert wurden. Sie zeichneten sich durch kräftige Stengel aus, wenn auch die rundlichen Blüten fast etwas plump wirkten. Berühmte Sorten der Jahrhundertwende waren 'Mrs. T.W. Lawson', 'Prosperity', 'Golden Eagle', 'Viola Allen', 'Gloriosum' und 'A Scarlet'. Wie so vieles in Amerika wurde auch die Nelkenkultur in großem Stil betrieben. Man muß über die rationelle Massenproduktion staunen, die es schon Anfang unseres Jahrhunderts dort gab, wobei sich der Nelkenanbau immer weitere Gebiete eroberte, so Ohio, Indiana, Florida und Massachusetts, um nur einige wichtige Gebiete zu nennen.

Die Entwicklung der Nelkenzüchtung war nicht nur für die USA selbst wichtig, sondern auch in gleichem Maße für Europa, denn die frühen Spitzensorten wurden nach Frankreich zurückimportiert und führten nach dem Einkreuzen heimischer Sorten zu den sogenannten Rivieranelken. Selbstverständlich riß auch in Zukunft die Verbindung hinsichtlich der Nelken zwischen Europa und Amerika nicht ab, so sei nur an die weltbekannten Sim-Sorten erinnert. 'William Sim', wohl eine der bekanntesten Edelnelkensorten unserer Zeit, entstand im Jahre 1938. Die Sorte wurde im Jahre 1944 von der Firma Patten and Co. in den Handel gebracht und erhielt den Namen des inzwischen verstorbenen Züchters. So eine Sorte konnte wahrscheinlich nur in den USA entstehen, wo aus riesigen Mengen von Sämlingen vieler Generationen immer wieder selektiert wird, bis sich eine wirkliche Spitzensorte darunter befindet. Obwohl bisher über 200 Mutationen (andere Quellen sprechen von 450), der Sorte 'William Sim' bekannt wurden – besonders andersfarbige Sports befinden sich darunter – konnten die Eigenschaften der Ausgangssorte nur noch unwesentlich erhöht werden. Die gelben Sorten stehen qualitativ etwas hinter den andersfarbigen zurück.

In den USA selbst hat sich in den letzten Jahrzehnten die Produktion immer mehr nach Kalifornien verlagert. Die günstigen klimatischen Bedingungen, besonders an der Pazifikküste, bringen eine gute Winterernte (bedingt durch die verhältnismäßig starke Sonneneinstrahlung zu dieser Zeit), aber auch einen guten Ertrag im Sommer, wobei der etwas kühlend wirkende Kalifornienstrom eine gute Qualität ermöglicht. Es haben sich auch in den letzten Jahrzehnten verhältnismäßig viele Betriebe angesiedelt, die ohne große Investitionen diesen Schritt wagen konnten, da aufgrund des Klimas wenig kostenintensive Produktionsmittel erforderlich sind. Der Hauptanbau erfolgt unter einfacher Folieneindeckung. Es wird von einer jährlichen Ernte von durchschnittlich 500 Stielen je m² Netto-Anbaufläche berichtet. Kalifornien liefert etwa 40% des gesamten Nelkenbedarfs der USA, und 20% deckt Colorado ab. Weitere Zentren des Nelkenanbaus liegen derzeit in Massachusetts, New York, Illinois und Ohio. Ein großer Teil der heutigen Sorten sind Sim-Abkömmlinge, wobei sich die weißen Sorten in der Überzahl befinden, da sie vor dem Verkauf gelb oder blau eingefärbt werden.

Großbritannien

England ist schon seit langem das klassische Land der Nelken-Liebhaberei, man könnte sagen, schon von Shakespeares Zeiten an. Bald nach Beginn des 19. Jahrhunderts nahm die Sympathie für diese Pflanze weiter zu, zahlreiche Nelken-Ausstellungen wurden damals schon durchgeführt und die Spitzensorten prämiert. In der ersten Hälfte des 19. Jahrhunderts begeisterten die Rassen der Fantasie-, Grenadin- und Chornelken. Sie spielten aber auch noch in der zweiten Hälfte des Jahrhunderts eine Rolle. Die »National Carnation and Picotee Society« etablierte sich im Jahre 1850, zu einer Zeit also, als die »Perpetual flowering Carnations« (die Edelnelken) in Großbritannien noch nicht bekannt waren. Erst einige Jahre später, im Jahre 1856, kamen die ersten Sorten dieser Rasse nach England. Sie stammten von dem Züchter Alegatière und waren kompakter und reichblühender als die ersten Sorten von Dalmais aus der Umgebung von Lyon. Bis zum Ende des 19. Jahrhunderts entwickelten sich Zucht, Anbaumenge und Beliebtheit der Edelnelke kontinuierlich. Namen wie Allwood Brothers, Lancashire, Engelmann und Lorenson sind mit der Entwicklung der englischen Nelkenrassen eng verbunden. Einen besonderen Hinweis verdient Carl Engelmann, ein deutscher Auswanderer, der sich in Saffron Walden, Essex, eine weltberühmte Nelkengärtnerei aufbaute und der auch deutsche Nelkengärtnereien mit Jungpflanzen belieferte. Von Engelmann stammten Züchtungen wie 'Lady Northcliff'. Auch viele andere Züchter waren

erfolgreich. Berühmte Sorten der damaligen Zeit waren 'Miss Joliffe' (bläulichrosa) und 'Winter Cheer' (scharlachrot).

Im 19. Jahrhundert weitete sich der Nelkenanbau noch stärker aus. Der Anbau konzentrierte sich im wesentlichen auf den klimatisch bevorzugten Südosten Englands und auf die Kanalinseln. Meilensteine in der Züchtung dieses Jahrhunderts waren 'Saffron' (gelb, 1916), 'Mary Allwood' (scharlach, 1913), 'Wivelsfield White' (weiß, 1915), 'Cupid' (rosalachs, 1920) und 'Dorcas' (karmin, 1927). Weitere Firmen verzeichneten Erfolge wie Messrs. Stuart Low & Co. Enfield Nursery. Während der Zeit von 1912 bis 1920 wurden die Edelnelken-Züchtungen in Großbritannien auch unter der Bezeichnung »American Tree Carnations« bekannt. Übrigens hat sich noch im 19. Jahrhundert die alte »National Carnation and Picotee Society« in die »British Carnation Society« umbenannt.

Für 1930 wurde in Großbritannien ein Umsatz von 66 Millionen Nelkenblüten gemeldet. Die Zahlen liegen heute jedoch wesentlich höher, und der Eigenbedarf kann nicht gedeckt werden. Die meisten Importe stammen aus den Niederlanden, aus Neuseeland, Israel und Kolumbien. Schnittnelken wurden in Großbritannien 1987 nur noch auf 12 ha unter Glas angebaut. Im Vergleich dazu betrug die Anbaufläche 1975 noch 68, 1980 noch 40 ha (AIPH-Jahrbuch 1988).

Frankreich

Aus den vorigen Abschnitten geht hervor, daß Frankreich auf dem Gebiet der Nelkenzucht eine nicht unwesentliche Rolle gespielt hat. Hier war außerdem eine wesentlich ältere Tradition vorhanden als in den anderen genannten Ländern. Im Süden des Landes konnten klimabedingt auch die nicht völlig winterharten »Römischen Nelken« überdauern, so daß es hier schon lange Zeit eine gewisse Nelkenkultur gab. Auch hier wurde im 19. Jahrhundert züchterisch an der Pflanze viel gearbeitet. Die Erfolge des Gärtners Dalmais in Lacène bei Lyon, die zur Schaffung der Remontantnelken führten, wurden schon erwähnt. Hierauf gründen wiederum die amerikanischen Sorten von Remontantnelken. Ein französischer Gärtner namens M. Laisie schuf auch die Malmaisons-Rasse. Die erste dieser samenvermehrbaren Nelken entstand im Jahre 1857.

So groß der Anteil an der Entwicklung der Edelnelken in der ersten Zeit auch war, es erfolgte anschließend in Frankreich eine gewisse Stagnation. Man war seit Dalmais' Zeiten in den klimabegünstigten Gebieten im Süden des Landes, besonders in der Umgebung von Nizza, daran gewöhnt, die Nelken im Freien oder nur unter behelfsmäßigem Schutz anzubauen. Die französischen Betriebe waren nicht bereit, die aus Amerika kommenden Sorten, die sich für die reine Freilandkultur weniger eigneten, zu übernehmen. Deshalb hielt bis zur Mitte unseres Jahrhunderts der traditionelle Anbau der alten Freiland-Rivieranelken an, der aber dennoch bedeutende Ausmaße annahm: 1932 wurden auf einer Fläche von etwa 2000 ha Nelken angebaut. In den letzten vier Jahrzehnten hat sich jedoch auch in Südfrankreich das Sortenspektrum gewandelt und ein immer größerer Teil der Kulturfläche steht unter Folie und Glas. Das Anbaugebiet reicht jetzt von Mentone bis Nizza, und manche Firmen haben Weltruf, wie etwa Barberet & Blanc in Cap d'Antibes. Auch namhafte deutsche Firmen unterhalten Betriebe an der Riviera.

Die Anbaufläche für Nelken schrumpfte in den vergangenen 20 Jahren beträchtlich. Während sie 1970 noch bei 427 ha lag, betrug sie 1985 nur noch 108 ha (AIPH-Jahrbuch 1988).

Weitere Länder

Eine nicht unwesentliche Rolle bei der Nelkenproduktion spielte immer schon **Italien**, das klassische Land der »Römischen Nelken« des Mittelalters. Man machte sich das milde Klima der italienischen Riviera zunutze. Der eigentliche Beginn des Nelkenexports in der Neuzeit läßt sich ziemlich genau feststellen: 1874 ließ sich Ludwig Winter die ersten Nelken von Bordighera nach Deutschland liefern. Ab Anfang der neunziger Jahre des vergangenen Jahrhunderts entwickelte sich der Nelkenanbau an der italienischen Riviera parallel zu der französischen Côte d'Azur. Es handelte sich dabei lange Zeit um den Freilandanbau der sogenannten Rivieranelken, wobei in Frankreich und Italien im Prinzip die gleichen Züchtungen angebaut wurden. Berühmtheit erlangten die Blumenmärkte in den Städten Bordighera, San Remo und Ospedaletti. Bis zum Ersten Weltkrieg konnte sich der italienische Nelkenanbau einen guten Namen machen. Auch nach den Kriegsjahren ging es weiter aufwärts, woran die im Jahre 1925 gegründete Versuchsstation in San Remo einen nicht unbedeutenden Anteil hatte. Anfang der dreißiger Jahre umfaßte die Anbaufläche für Nelken etwa 2000 ha. Verhältnismäßig spät wurden die amerikanischen Edelnelken-Züchtungen übernommen, die sich aber dann schnell ihren Platz eroberten.

Der Zweite Weltkrieg brachte einen schweren Rückschlag, auch in bezug auf die Anbaufläche. Erst in den sechziger Jahren ging es wieder kräftig aufwärts, wobei die italienischen Betriebe besonders in die Bundesrepublik Deutschland, in die Schweiz und nach Schweden exportierten. Etwa um das Jahr 1950 herum vollzog sich die Umstellung auf die amerikanischen Sim-Sorten und damit eine Verlagerung des Freilandanbaus in Leichtbaugewächshäuser, oder es erfolgte zumindest ein Anbau unter Schutzgewebe. Kontinuierlich wurde dann auf Hybridsorten (Rivieranelken × Sim-Sorten) umgestellt.

Italien hat in den letzten 15 Jahren seine Anbaufläche für Nelken stark ausgedehnt. 1975 wurden auf 980 ha unter Glas Schnittnelken produziert. Die »amerikanischen« Edelnelken

Die Beliebtheit der Nelke als Schnittblume ist gewissen Schwankungen unterworfen. Im Gegensatz zu Mitteleuropa liegt die Nelke in südlichen Ländern immer noch an erster Stelle, so in der Türkei. Hier ein Nelkenverkäufer auf dem Basar von Alanya.

beanspruchten damals noch mehr als 90 % der Anbaufläche. 1985 wurden auf 958 ha amerikanische und auf 397 ha mediterrane Typen angebaut. Die Anbaufläche im Freien umfaßt knapp 500 ha, auf zwei Drittel davon werden Nelken vom mediterranen Typ (Rivieranelken) produziert. In den letzten Jahren entstand auf Sardinien ein neues Anbaugebiet.

Die **Niederlande** sind derzeit der mit Abstand bedeutendste Nelkenproduzent. Das Land ist mit der Nelkengeschichte eng verbunden, denkt man nur an die alten holländischen Meister des Mittelalters, deren Blumenstillleben schon ansehnliche Nelkenzüchtungen

verewigten. Nachweislich schon im 18. Jahrhundert importierten die deutschen Staaten im großen Stil Nelkenpflanzen und Saatgut aus Holland. Nach einer etwas weniger intensiven Phase im 19. Jahrhundert entwickelte sich der Nelkenanbau im 20. Jahrhundert kontinuierlich weiter. Das ziemlich ausgeglichene maritime Klima und die vorhandenen großen Unterglasflächen beschleunigten die Ausdehnung des Nelkenanbaus, wobei für die Niederlande besonders die Belieferung des europäischen Marktes im Sommer eine Rolle spielt, dann, wenn die Produktionsbedingungen an der Riviera weniger günstig sind. (Die Höhepunkte der Riviera-Ernte fallen in den Frühling und den Spätherbst.) Der Export aus den Niederlanden in die Bundesrepublik umfaßt nicht nur Schnittnelken, sondern auch Jungpflanzen. Eine ständige Kontrolle der Mutterpflanzenbestände durch Inspektoren des Anerkennungsdienstes für Zierpflanzen ist vorgeschrieben. Derzeit konzentrieren sich in und um Aalsmeer europaweit gesehen die meisten Stecklingsproduzenten.

Großblumige Edelnelken werden auf knapp 100 ha Anbaufläche produziert, Miniaturnelken nehmen im Vergleich dazu nunmehr 223 ha Anbaufläche ein (Stand 1987). Die Niederlande exportierten 1987 Schnittnelken im Wert von 180 Millionen Schweizer Franken. Das entspricht in etwa einer Menge von 950 Millionen Stielen. (An der VBA Aalsmeer entfielen auf Schnittnelken aber 1987 nur 7,2 % des Wertumsatzes.) Die Niederlande führen knapp die Hälfte ihrer Schnittnelken-

Anbau von Edelnelken in der Bundesrepublik Deutschland unter Glas (Quelle: Statistisches Bundesamt)

Jahr	Fläche in ha
1968	206
1969	252
1972	251
1975	210
1978	161
1981	117
1984	91
1988	59

Produktion in die Bundesrepublik Deutschland aus. Zweitwichtigstes Exportland ist für die niederländischen Produzenten Großbritannien (nach AIPH-Jahrbuch 1988).

Eine ähnliche Entwicklung wie in den Niederlanden hat in neuerer Zeit die Nelkenkultur

Entwicklung der Anbauflächen für Nelken in den wichtigsten europäischen Anbauländern (nach AIPH-Jahrbuch 1988)

Land	1970	1975	1980	1985
Frankreich (unter Glas)	427	416	260	108
Spanien und Kanarische Inseln (unter Glas und Freiland)				
Amerikanische Nelken		474	462	671
Typ 'Anita'		34	27	76
andere		364	486	471
Italien				
– unter Glas				
Amerikanische Nelken		889	965	958
Rivieranelken		91	264	397
– Freiland				
Amerikanische Nelken		677	249	162
Rivieranelken		1022	533	332
andere		14	21	9
Niederlande (unter Glas und Freiland)				
Standardnelken	299	246	138	109
Spraynelken		182	328	249

in **Dänemark** genommen. Auch hier spielt das ausgeglichene maritime Klima eine große Rolle, wobei Großgewächshäuser mit ausgeklügelter Regeltechnik die Produktion von guter Qualität noch unterstützen. Auch Dänemark erzeugt neben Schnittnelken auch Jungpflanzen. Ein Teil der Produktion wird in die Bundesrepublik Deutschland geliefert. Die Produktion schwankt der unterschiedlich hohen Nachfrage entsprechend. Außer Dänemark kann auch Norwegen (41 ha Anbaufläche) mit einer beachtlichen Nelkenproduktion aufwarten.

Nach einem enormen Nelkenboom im Anschluß an den Zweiten Weltkrieg ging die Produktion in vielen traditionellen Anbaugebieten zurück oder stagnierte. Teilweise läßt sich dies auf den geänderten Geschmack der Käufer zurückführen, teilweise aber auch auf die Tatsache, daß sehr viele Länder eine Eigenerzeugung von Edelnelken in größerem Maßstab aufnahmen. In Belgien und in Luxemburg hat der Nelkenanbau eine gewisse Tradition, die erzeugten Mengen reichen jedoch zur Deckung des Eigenbedarfs nicht aus. Ähnlich ist die Situation in der Schweiz, wo zusätzlich erhebliche Mengen aus Italien importiert werden. Nach dem Zweiten Weltkrieg kamen als Anbauländer für Nelken besonders Neuseeland, Spanien, Kenia, Kolumbien und Israel hinzu. Das Klima dieser Länder ermöglicht eben auch die Produktion während des hiesigen Winters.

Günstige Luftfrachtkosten lassen immer neue Produzenten auf den europäischen Markt vorstoßen. So kamen in letzter Zeit Algerien und Simbabwe hinzu. Das günstige Klima und billige Arbeitskräfte führen wie in Kenia und Kolumbien zu sehr niedrigen Produktionskosten.

Außer in der DDR hat sich auch in anderen osteuropäischen Staaten eine nennenswerte Nelkenproduktion entwickelt, wobei – wiederum klimabedingt – Bulgarien eine wesentliche Rolle spielt. Hier wurde zwar erst 1964 mit dem Nelkenanbau begonnen, die Produktion hat sich dort jedoch schnell entwickelt. Der Export in die Bundesrepublik Deutschland spielt aber noch keine wesentliche Rolle. Kleinere Nelkenanbauzentren haben sich in Ungarn, Rumänien und Jugoslawien gebildet. Auch in der Sowjetunion dehnt sich der Anbau von Edelnelken stark aus.

In der Tschechoslowakei hat Klatovy den Beinamen »Stadt der Nelken«! Die politischen Veränderungen werden diesen Ort mit seiner alten Nelkenrasse auch im Westen bekannter machen. Die Nelken von Klatovy *(Dianthus caryophyllus* var. *klatovyensis)* werden jährlich im Juli in einer vielbesuchten Nelkenausstellung gezeigt, 1813 gelangten die ersten Nelken dorthin, und seit 1831 werden sie exportiert. Die politischen Konstellationen werden auch in anderen Ländern Veränderungen mit sich bringen, selbst bei den Nelken!

Die Nelkenarten von A bis Z

Dianthus acantholimonoides Schischk.

Ziemlich seltene Art, auf der Roten Liste der Sowjetunion von 1978 verzeichnet. Wurde erst in neuerer Zeit (1945 von Grossheim und 1981 von Gabrisljan) bei Kontrollgängen in Gebieten des westlichen Kaukasus gefunden, wo die Pflanze in unteren Gebirgszonen auf trockenen Kalkfelsen wächst. Dekorative Staude mit linearen, gezähnten Blättern. Blütezeit Juli–August. Rosafarbene Blüte, mit dunklen rosa Adern gezeichnet. Blütenblätter am Rand stark gezähnt. Leider noch nicht in Kultur, aber sicher eine gute Steingartenstaude.

Dianthus acicularis Fischer ex Ledeb.

Östliche Tschechoslowakei, östliches Rußland und westliches Sibirien, besonders im Ural. Horstbildende, bis 30 cm hohe Staude mit vierkantigen Blütenstengeln, die mit 2 bis 4 Blattpaaren besetzt sind. Blatt etwa 0,5 mm breit, linear und gespitzt. 4 Kelchschuppen, verkehrt-eiförmig, stumpf gespitzt. Länge etwa ein Viertel der Kelchlänge. Kelch 20 bis 25 × 2,5 bis 4 mm, von der Mitte an aufwärts verschmälert. Die geschlitzten Kronblätter messen 10 bis 15 mm, der ungeteilte Teil ist länglich und gebärtet. Kaum in gärtnerischer Kultur verbreitet.

Dianthus algetanus Graells
ex F.N. Williams

Östliches Spanien, Umgebung von Madrid. Der Art-Status wird oft angezweifelt, da nahe verwandt mit *Dianthus costae* Willk. Von dieser unterscheidet sich *Dianthus algetanus* nur durch einen schlankeren, verlängerten Basistrieb, einen mehr knäuelartigen Blütenstand und meist etwas kürzeren Kelch. Nur aus botanischer Sicht interessant.

Dianthus alpinus L., Alpennelke

Endemit der Ost-Alpen, vom Toten Gebirge bis zum Semmering. Wächst ziemlich häufig und gesellig auf basischen bis neutralen Böden, an felsigen Hängen, in Zwergstrauch- und Grasheiden. Meist oberhalb der Waldgrenze und bis in Höhen von 2400 m steigend. In Geröllhalden wird die Art auch weiter talwärts getragen. Aus einer schwachen Primärwurzel entspringen die niederliegenden oder aufsteigenden, schwach bewurzelnden Sprosse.

Die staudige Pflanze überwintert mit ausgebreiteten Rosetten. Blütentragende Triebe mit 3 bis 6 Internodien, Höhe 5 bis 20 cm, unbehaart und rund. Blätter linear bis lanzettlich,

Dianthus alpinus

Kelch

Blütenblatt

31

1,5 bis 3 cm lang und 2 bis 5 mm breit, mit sichtbarem Hauptnerv und langer Blattscheide. Kelch 12 bis 18 mm lang, zylindrisch bis glockig, 2 oder 4 Kelchschuppen, lanzettlich bis eiförmig, halb so lang wie der Kelch, allmählich zugespitzt. Rote bis purpurrote Kronblätter, vorne unregelmäßig tief gezähnt, Platte 11 bis 15 mm lang. Die weiße Basis ist meist mit einem Streifen dunkelpurpurner Punkte besetzt. Samenkapsel kürzer als der Kelch. Chromosomenzahl 2n = 30.

Die Blüten der hübschen kleinen Nelke stehen gut über dem Laub, die Art ist aber nicht immer ganz einfach zu kultivieren. Attraktiv sieht *Dianthus alpinus* 'Albus' aus, (guter Partner zur Art). Sie benötigt einen hellen, aber etwas absonnigen Platz und durchlässigen Boden, dem man aber trotzdem etwas Lehm und Gesteinssplitt zusetzen sollte. Auch ein Umranden der Pflanze mit Steinen wirkt sich

Oben: Nicht ganz einfach zu halten ist die Alpennelke, *Dianthus alpinus*. Während höhere Luftfeuchtigkeit durchaus erwünscht ist, benötigt die Pflanze im Wurzelbereich gute Dränage. Positiv zu bewerten ist die leichte Anzucht aus Samen. Hier die weiße Form *Dianthus alpinus* 'Alba'.

Rechte Seite: Die Amur-Nelke (*Dianthus amurensis*) wächst zwar etwas breitsparrig, stellt aber trotzdem eine wichtige Nelke für den Stein- und Wildstaudengarten dar. Besonders die späte Blütezeit ist sehr erwünscht. Auch die rotvioletten Blüten sind ansehnlich, wenn sie auch nicht massiert erscheinen. Besonders hübsch wirkt diese Art zwischen niedrigen Ziergräsern.

positiv aus. Sie verträgt im Frühling durchaus Feuchtigkeit, ist später aber ziemlich trocken zu halten, wenn die Pflanze nicht faulen oder von Maden befallen werden soll. Wichtigster Schädling ist die Nelkenfliege *(Hylemia brunnescens)*. In manchen Gärten muß laufend für Nachzucht gesorgt werden, die Samenvermehrung ist aber einfach! Es gibt einige Auslesen, besonders in Großbritannien, so *Dianthus alpinus* 'Adonis', mit lachsrosa Blüten, die im Alter perlweiß verblassen. Neuerdings wird Samen einer Hybride angeboten, *Dianthus × alpinus* 'Cherry Beauty', Höhe bis etwa 15 cm. Sie blüht in glühendem Rosa.

Wenn *Dianthus alpinus* auch nicht ganz problemlos ist und etwas Mühe macht, so wirken Trupps voller blühender Pflanzen einfach bezaubernd. Blütezeit Juli–August. In Großbritannien ist eine von Joe Elliott gezüchtete Sorte unter der Bezeichnung 'Joan's Blood' verbreitet. Diese bildet dichte Matten dunkelgrüner Blätter. Die brillant-blutrote Blüte weist ein schwarzes Zentrum auf. Blütezeit Mai–Juni, 5 bis 7 cm hoch. Schön für Trog und Geröllbeet. Im Trog eignen sich als Partner beispielsweise *Asperula suberosa* und *Campanula arvatica*.

Dianthus amurensis Jacq., Amur-Nelke

Sibirien, Amurgebiet. 30 bis 40 cm lange, aufsteigende Sprosse, die rötliche bis rötlichviolette, verhältnismäßig große Blüten tragen. Trotz des etwas sparrigen Wuchses wertvoll für den Steingarten und ähnliche Plätze wegen der späten Blüte, die sich von Juli bis September erstreckt und mit Einzelblüten bis zum Frost dauert.

Dianthus anatolicus Boiss., Türkische Nelke

Türkei, Pakistan bis Kaschmir und Ladakh. In Höhen von 1800 bis 4500 m auf steinigem Untergrund. Schlanke, dichtbuschige, peren-

nierende Art mit vielen aufsteigenden Sprossen, die eine oder mehrere rosafarbene oder weiße Blüten tragen, 15 bis 25 cm hoch. Die Einzelblüten mit einem Durchmesser von etwa 1 cm. Kronblätter mit breiter, gezähnter Platte ohne Behaarung an der oberen Flächen. 6 breite Kelchschuppen mit einer zahnartigen Spitze. Laub 1 bis 2 cm lang, linear starr, mit einer dicken Mittelader und Rand versehen. Selten im Angebot, obwohl durchaus für Steingärten geeignet.

Dianthus andronakii Woronow

Südlicher Kaukasus und Türkei. Auf steinigen Abhängen und im Geröll. 35 bis 53 cm hohe Staude. Blätter linear, 3 bis 5 cm lang und 2 bis 3 mm breit, 5- bis 7aderig. Die 23 bis 27 mm langen und 5 mm breiten rosa Blüten erscheinen im Juli. Gehört wahrscheinlich zu *D. tristis*.

Dianthus angulatus Royle

Pakistan, Kaschmir. Wächst in Höhenlagen von 2500 bis 4000 m an trockenen, steinigen Hängen. Pflanze 10 bis 20 cm hoch; sie trägt einen bis viele steife Blütenstengel. Blätter linear, gespitzt und sehr fein gezähnt, 1,2 cm lang. Blüten weiß, manchmal auch mit einem leichten Anflug von rosa Tönung. Blütendurchmesser 1 bis 1,5 cm. Kronblätter tief zu schmalen Zähnen geschlitzt. Kelch 1,3 bis 1,6 cm lang, an der Basis etwas erweitert. 4 bis 6 eiförmige Brakteen, lang gespitzt, oft etwas gefärbt. Blütezeit Juni–Juli. Eine der wenigen Nelken aus dem Himalaja, aber in Kultur sehr selten.

Dianthus anticarius Boiss. et Reuter

Die Staude formt lockere Polster von 10 bis 20 cm Höhe. Stengel an der Basis verholzt. Blätter etwa 0,5 mm breit, vorne gespitzt. Pro Sproß normalerweise nur eine Blüte. 4 Kelch-

Baumnelke (*Dianthus arboreus*)

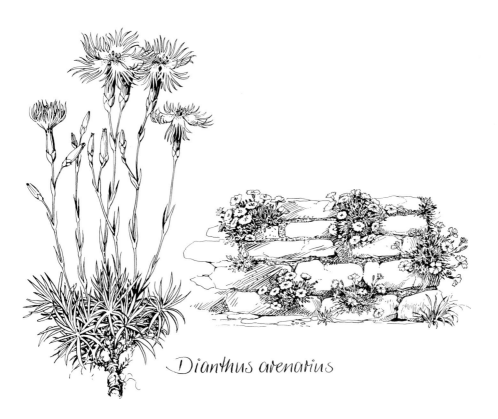

Dianthus arenarius

schuppen, die etwa ein Drittel der Kelchlänge messen, eirund, vorn zugespitzt, lederartig. Kelch von der Mitte an verschmälert, 14 bis 22 × 4,5 bis 5 mm, oft leicht purpurn angehaucht. Blütenkrone 6 bis 10 mm lang, verkehrt-eiförmig, gezähnt, glatt oder nur wenig gebärtet. Nur von botanischem Interesse.

Dianthus arboreus L., Baumnelke

Südwestliches Griechenland, Ägäis und Kreta. Bildet kleine, bis 50 cm hohe Sträuchlein mit gewundenen Zweigen und 3 mm breiten, linearen, abgestumpften, halb aufgerichteten, fleischigen, blaugrünen Blättern. Duftende, zahlreiche Blüten, Blütenstiele kurz. 10 bis 20 Außenkelchschuppen, verkehrt-eiförmig, kurz zugespitzt. Kelch 18 bis 22 × 2 bis 3 mm, oberhalb der Mitte verschmälert. Kronblatt etwa 10 mm lang, rosa, gezähnt und gebärtet. Blütezeit von Juni bis Sepember. Selten im Angebot. Benötigt einen sehr warmen, sonnigen Gartenplatz. Außerhalb des Weinbauklimas wohl nur für das Alpinenhaus zu empfehlen. Chromosomen 2n = 30.

Dianthus arenarius L., Sandnelke

Weitverbreitete europäische Nelke, kommt in Süd-Schweden, dem östlichen Deutschland, der Tschechoslowakei, in Polen, Ungarn, Rußland bis zur Ukraine vor. Wächst zerstreut, manchmal auch gesellig, oft in lichten Kiefernwäldern, auf sauren, sandigen Böden. Polsterpflanze mit kräftiger Hauptwurzel und sproßbürtigen Wurzeln. Blütentragende Triebe 10 bis 30 cm hoch, pro Sproße mit 3 bis 7 Internodien. Meist befinden sich unterhalb der Blüte 1 bis 3 Paar schuppenförmiger Hochblätter. Die linear-lanzettlichen Blätter sind 3nervig und 1 bis 2 mm breit, Blattscheide 1 mm breit. Kronblätter bis 13 mm lang und bis über die Mitte eingeschlitzt. Blütenfarbe weiß, der Schlund oft grünlich, weiß oder leicht purpur gebärtet. Jeder Sproß trägt

1 bis 2 Blüten, selten 4. Die 2 oder 4 eiförmigen Kelchschuppen, die eine kurze Spitze zeigen, erreichen ein Viertel bis ein Drittel der Kelchlänge. Kelch nach oben hin verschmälert. Chromosomenzahl 2n = 60.

Die »Flora Europaea« gliedert die Art in vier Unterarten (nach Vierhapper, Novak und Tutin):

D. arenarius ssp. *arenarius*. Kommt besonders in Schweden vor. Einfach oder wenig verzweigte Blütentriebe, 10 bis 20 cm lang, 20 mm langer Kelch. Untere Blätter meist stumpf.

D. arenarius ssp. *borussicus* (Vierh.) Kleopow. Form des östlichen Zentral-Europa. Pflanzen *nicht* graugrün. Etwa 20 cm lange und höhere Blütentriebe, die meist mehrfach verzweigt sind. Kronblatt-Platte über 10 mm, Kelch 10 bis 25 mm lang. Blätter meist 0,5 mm breit.

D. arenarius ssp. *pseudoserotinus* (Blocki) Tutin. Ukraine. Pflanzen graugrün, Blätter meist 1 mm breit, Platte der Kronblätter etwa 15 mm breit, pro Trieb 1 bis 3 Blüten mit 4 Kelchschuppen, Kelch 20 × 4 mm.

D. arenarius ssp. *pseudosquarrosus* (Novak) Kleopow (syn. *D. pseudosquarrosus* Novak). Weißrußland und Ukraine. Mehr locker-rasig, graugrün. Blätter kürzer, zugespitzt, zurückgebogen. Kelch 22 bis 30 × 3 bis 4 mm.

Zusätzlich ist eine *Dianthus arenarius* var. *suecius* Novak bekannt. Unabhängig von der systematischen Zuordnung kann gesagt werden, daß es sich hier um eine willig wachsende Pflanze handelt, die dem Gartenliebhaber, der seine Sympathie auch weniger spektakulären Nelken schenkt, uneingeschränkt empfohlen werden kann. Die erforderlichen vollsonnigen Plätze mit durchlässigem sandigem Boden finden sich in vielen Gärten oder lassen sich ohne große Mühe schaffen. Es ist eine dankbare Pflanze für den Steingarten, eignet sich für Tröge und ähnliche Behältnisse und fügt sich gut in den Heidegarten zwischen *Erica* und *Calluna* ein. Besonders gut paßt diese Nelke zu

Die heimische Büschelnelke, *Dianthus armeria*, ist keine eigentliche Gartenpflanze, man kann sie nur Sammlern und Wildstauden-Liebhabern empfehlen.

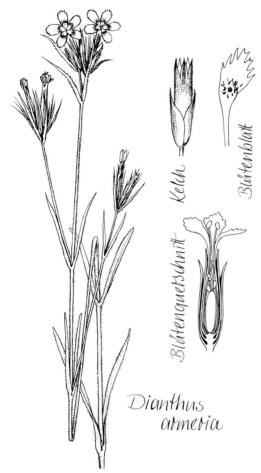

Blütenquerschnitt

Kelch

Blütenblatt

Dianthus armeria

nur mit kürzeren Blütenstielchen und mehr knäuelartigem Blütenstand. Kelch etwa 10 mm, Kelchschuppen etwa 7 bis 8 mm lang.

Dianthus armeria L., Büschelnelke

Synonym: *Dianthus epirotus* Hal.
Mitteleuropa, nach Norden zu weniger häufig, bis Süd- und Mittel-England, Süd-Europa, Kaukasus, Armenien. Oft auf basenreichen Lehm- und sandigen Lehmböden, die jedoch kalkarm sind. Zerstreut an Wald- und Gebüschrändern, seltener in lückigen Halbtrockenrasen und lichten Wäldern. Ein- bis zweijährige, und 40 cm hohe Pflanze, die mit einer vielblättrigen Rosette überwintert. Rosettenblätter spatelförmig, Stengelblätter linear-lanzettlich. Nach oben kurzhaarig, unten unbehaart oder nur spärlich behaart. Die Blüten bilden einen aus Zymen zusammengesetzten Teilblütenstand. Platte der Kronblätter nur 4 bis 7 mm, verkehrt-eiförmig, vorne mit wenigen unregelmäßigen Zähnen besetzt, hell-purpurrot, in den vorderen zwei Dritteln mit Punkten gezeichnet, nur schwach gebärtet. 2 oder 4 Kelchschuppen, die äußeren lanzettlich, die inneren eilänglich, allmählich in die Spitze übergehend. Kelch 13 bis 20 mm lang, zur Spitze verengt, behaart. Chromosomenzahl $2n = 30$.

Bei dem geringen Gartenwert ist die Pflanze nur für botanisch Interessierte und Sammler beachtenswert. Vermehrung durch Samen.

Dianthus arpadianus Ade et Bornm.

Griechenland, Türkei. Kissenartige, nur etwa 5 cm hohe, ausdauernde Nelke mit 5 bis 8 mm langen, linearen, zugespitzten Blättern, stengelständig, in 1 bis 2 Paaren. Meist 4 Kelchschuppen, etwa halb so lang wie der Kelch, pfriemenartig, eirund mit einer pfriemenartigen Spitze. Zylindrischer Kelch 6 bis 8 × 1,5 bis 2 mm groß. Kronblatt 2 bis 3 mm, gezähnt und gebärtet. In Kultur kaum verbreitet.

den Callunen, da die duftenden Blüten von Juli bis September erscheinen. Die Pflanze dauert gut aus, in meinem Garten steht sie seit vielen Jahren. Bei flächiger Pflanzung setzt man 9 Stück per m². Vermehrung durch Aussaat oder über Stecklinge und durch Topfen bewurzelter Sprosse. Selten im Angebot ist eine Auslese unter der Bezeichnung *Dianthus arenarius* 'Schneeflocke'. *D. arenarius* erhielt bei der Staudensichtung die Bewertung: Wertvolle Wildstaude (w).

Dianthus aridus Griseb. ex Janka

Süd- und Ost-Bulgarien, Griechenland. Weitgehend identisch mit *Dianthus campestris*,

Dianthus arrostii C. Presl

Eine Nelke Süd-Europas, die die »Flora Europaea« als selbständige Art aufführt. Wahrscheinlich handelt es sich dabei um einen Caryophyllus-Typ, der sich durch abstehende Kelchschuppen und durch eine glcichmäßig rosa Blütenfarbe auszeichnet.

Dianthus awaricus Charadze

Besonders im Nord-Kaukasus. An trockenen Hängen der mittleren Zone, etwa bis in Höhen von 2000 m. Staudige Nelke, 15 bis 50 cm hoch. 4 schuppenartige Vorblätter, Kelch 20 bis 30 cm lang, Krone fast spreuhaarig gezähnt. In Kultur bisher nicht verbreitet.

Dianthus azkurensis Sosn.

Südliches Kaukasusgebiet, kommt zwischen Achalzich und Azchir endemisch vor. Dort wächst die Pflanze auf Felsen. 20 bis 40 cm hohe Staude mit mehreren Blütenstengeln. Blütezeit Juni–Juli. Weitere Angaben sind nicht zu finden.

Dianthus baldschuanicus Lincz.

Pamir-Alai, besonders in der Gegend von Bartang und Vancz. Sehr seltene Art, wächst in Höhenlagen von 1800 bis 2800 m, meist auf Felsen. Staude von 25 bis 40 cm Höhe. Auffallende Kelchröhre, die 3,5 bis 4,5 mm lange Zähne aufweist. Bis jetzt kaum in Kultur verbreitet.

Dianthus barbatus L., Bartnelke

Pyrenäen bis Ost-Karpaten, Balkan, Südwest-Rußland bis Sibirien, Mandschurei und China, in anderen Teilen Europas oft eingebürgert. In lichten Wäldern und Strauchformationen, auf Wiesen und Waldrändern der montanen und subalpinen Stufe, oft auch in Vorberge herab-

steigend. Liebt insgesamt mehr anlehmige als sandige Böden. Eine bienne bis kurzlebige Staude mit kräftigen, aufrechten Trieben, aber auch schwächeren, mehr oder weniger kriechenden bis aufsteigenden Sprossen. Kräftige Hauptwurzel, Seitentriebe oft sproßbürtig bewurzelt. Stengel rund, sie erreichen im blühenden Zustand eine Höhe von 30 bis 60 cm. Überwintert mit verhältnismäßig großen Laubblattrosetten. Blätter breit-lanzettlich, 3 bis 12 cm lang und 5 bis 20 mm breit, manchmal auch breiter, nur selten aufsitzend mit einem wenig auffälligen Stiel. Kurze Blattscheiden von 5 bis 10 mm Länge. Blüten in kopfig zusammengezogenen, endständigen, zweigabeligen Trugdolden. Lanzettliche bis lineare, abstehende bis zurückgebogene krautige Hochblätter, die an der Basis des Blütenstands sitzen. Zylindrischer Kelch, 15 bis 18 mm lang. 4 krautige, hautrandige Kelchschuppen, etwa so lang wie der Kelch, eilanzettlich, mit einer langen, grannenartigen Spitze. Keilförmige Kronblatt-Platte, etwa 4 mm lang, vorne unregelmäßig gezähnt. Variierende Blütenfarbe von Hell- bis Dunkelrot. Blütenbasis leicht gebärtet, zeigt einen dunkleren, gezackten Querstreifen.

Die »Flora Europaea« unterteilt die Art in zwei Unterarten:

D. barbatus ssp. *barbatus*. Mit aufsitzenden Blättern und Hochblättern, die etwa die gleiche Länge haben wie der Blütenstand. Kelch und Kelchschuppen grün.

D. barbatus ssp. *compactus* (Kit.) Heuff. Mit Laubblättern an der Basis, die eine Verschmälerung der Blattspreite in einen kurzen Stiel erkennen lassen. Hochblätter kürzer als der Blütenstand. Kelchschuppen und Kelch meist purpurrot gefärbt.

Die Art hat für den Garten nur untergeordnete Bedeutung. Da sich diese Nelke aber seit 1573 nachweislich in Kultur befindet, sind im Laufe der Jahrhunderte viele Züchtungen entstanden, die aus den Gärten nicht mehr wegzudenken sind. Sie sind im Abschnitt »Zweijährige Nelkenzüchtungen« ab Seite 126 eingehend beschrieben.

Dianthus bessarabicus (Kleopow) Klokov

Nordost-Griechenland, Rumänien, Moldaugebiet. Kräftige, 30 bis 40 cm hohe, ausdauernde Nelke mit linearen, gespitzten Blättern. Untere, stengelständige Blätter etwa 2 mm breit. Die Blüten stehen zeitweilig kopfig. Deckschuppen länglich, oft mit einem grünen Punkt. Kelchschuppen verkehrt-eiförmig, mit einer Spitze versehen, lederig und mit einem durchsichtigen Rand. Kelch 18 bis 22 × 5 bis 6 mm. Zähne eiförmig. Kronblätter 10 bis 15 mm lang und gebärtet. Blütenfarbe ist ein tiefes Purpurrot. Nur von botanischem Interesse.

Dianthus biflorus Sibth. et Sm.

Synonym: *D. cinnabarinus* Sprun. ex Boiss.
Zentral- und Süd-Griechenland. Wächst dort in felsigen Bergpartien. Bildet lockere Polster, ausdauernde, etwa 15 bis 40 cm hohe Nelke mit 3 bis 4 Paar stengelständigen, gespitzten Blättern. Blüten einzeln oder mehrere pro Stengel. Normalerweise 6 Kelchschuppen, ein Drittel bis halb so lang wie der Kelch, verkehrt-eiförmig, lederig, grannig. Der Kelch mißt 20 bis 25 × 4 bis 5 mm. Kronblätter 8 bis 15 mm lang, im oberen Teil von einer Vielzahl kurzer Haare und Drüsen bedeckt. In Kultur hin und wieder anzutreffen, ähnelt einer etwas zierlichen Kartäusernelke, trägt aber pro Stengel meist nur zwei ziegelrote Blüten.

Dianthus borbasii Vandas

Polen und Sowjetunion, südlich des 57. Breitengrades. 30 bis 50 cm hoch, ausdauernd. Blütenstengel und kurze Blätter wachsen aus einem unverzweigten Wurzelstock. Blätter linear, etwa 1 mm breit, zugespitzt und zur Blütezeit bereits welkend. Stengel einfach oder nur nahe der Blüte etwas verzweigt. 2- bis 8blütig, Kelchschuppen eirund verschmälert in eine kurze Granne, breit-trockenhäutig und fahlbraun. Kelch 14 bis 17 × 3 bis 4 mm, rötlich. Kronblätter etwa 10 mm lang, rosafarben, gezähnt und gebärtet. Nur von botanischem Interesse.

Die »Flora Europaea« unterscheidet noch die folgenden Unterarten:

D. borbasii ssp. *borbasii*
Kelchschuppen normalerweise nicht mehr als halb so lang wie der Kelch und mit 3,5 bis 4,5 mm langen Kelchzähnen.

D. borbasii ssp. *capitellatus* (Klokov) Tutin
Brakteen und Kelchschuppen mehr als halb so lang wie der Kelch, Kelchzähne bis 5 mm lang.

Die Siebenbürger Nelke, *Dianthus callizonus*, ist ein kleiner liebenswerter Geselle, aber sie läßt sich gar nicht so einfach als Dauergast halten.

Dianthus campestris bildet zwar keinen auffälligen Farbfleck, da die Blüten über einen langen Zeitraum und nicht massiert mit einem Mal erscheinen, aber gerade das bedeutet einen Pluspunkt für stillere Pflanzungen im Steingarten, die durch den Pflanzenhabitus und weniger durch Farbe wirken.

Dianthus brachyzonus Borbas et Form.

Jugoslawien, Süd-Albanien und Nordwest-Griechenland. 50 cm hohe Staude mit linearen, zugespitzten 1 bis 3 mm breiten, flachen Blättern. Je Stengel 1 bis 7 Einzelblüten. Brakteen eirund bis lanzettlich, normalerweise mit einer langen pfriemenartigen Spitze. Kelchschuppen breit-verkehrteiförmig, abgestutzt, gebuchtet, weißlich-lederig und trockenhäutig. Granne 3 bis 6 mm lang. Kelch 15 bis 20 × 2 bis 3 mm, zylindrisch geformt. Kronblätter 4 bis 5 mm, gezähnt, gebärtet, tief-purpurrot. Nur von botanischem Interesse.

Samen

Dianthus brevicaulis Fenzl

Kleinasien, speziell im Taurus. Polsterbildende Kleinstaude von nur 5 bis 7 cm Höhe. Blätter etwa 1,8 cm lang, flach, gezähnt und sehr kurz gespitzt. Blüten einzeln stehend, oft auch sitzend, sind rosafarben, karmin oder auch rosa-mauve, nach unten gelblich. Die 4 bis 6 Kelchschuppen haben eine leichte Purpurtönung. Kelch etwa 1,8 cm lang, lang zugespitzt, purpurrot. Kronblätter etwa 1,8 cm lang. Basalblätter mit einem feinbehaarten, fransenartigen Rand. Eine hübsche Nelke für den Steingarten, die leider viel zu selten im Handel ist.

Dianthus burgasensis Tutin

Östliches Bulgarien. Rasenartig wachsende, bis 60 cm hohe Staude mit verholzendem Wurzelstock. Blätter 1 mm breit, oft zusammengerollt. Eine Vielzahl von Blüten steht in dichten Köpfen. Brakteen lederig, verkehrt-eiförmig bis länglich-eiförmig, mit grüner pfriemenartiger Spitze. Kelchschuppen sind ähnlich, aber schmaler und etwa so lang wie der Kelch. Dieser mißt 10 × 2 mm und ist von der Mitte an verschmälert. Kronblätter 3 mm, länglich-verkehrteiförmig, nur wenig geteilt. Nur von botanischem Interesse.

Dianthus callizonus Schott et Kotschy, Samen
Siebenbürger Nelke

Südliche Karpaten. Bildet kleine Polster von 10 bis 15 cm Höhe, unbehaart. Blätter linear-lanzettlich. Einzeln stehende Blüten. Kelchschuppen, eirund, pfriemenförmig an der Spitze. Kelch etwa 1,5 cm lang, zugespitzt, Kronblätter etwa 1,2 cm lang, karminrot oder rosarot, mit einem deutlich gezeichneten Zentrum, fein weiß gepunktet und im Schlund gebärtet.

Dianthus callizonus

Diese hübsche kleine Nelke, die nahe verwandt ist mit *Dianthus alpinus*, erweist sich im Tiefland leider als ein schwieriger Pflegling, der aber den Alpinen-Liebhaber immer wieder von neuem fordert, sein Glück zu versuchen und sein Können zu messen. Sie ist auch besonders anfällig für Nelkenrost. Empfohlen wird ein Substrat aus einem Drittel Steinschutt, einem Drittel sandiger Rasenerde und einem Drittel Torfmull, wobei man noch Ziegelsteinbrocken zusetzen kann. Diese Nelke liebt durchaus keine vollsonnig-brandigen

Lagen, sondern gedeiht wesentlich besser an absonnigen Stellen und verlangt nach mehr Bodenfeuchtigkeit als andere Nelken.

Dianthus calocephalus Boiss.

Der Art-Status dieser Nelke gilt als umstritten. Im »Hortus Third« und in der »Flora von Mitteleuropa« wird diese Nelke als selbständige Art geführt, in der »Flora Europaea« aber nicht. Die auf dem Balkan und in Transkaukasien vorkommende rotblühende Nelke kann 80 cm hoch und höher werden und hat kaum gärtnerische Bedeutung.

Dianthus campestris Bieb. *Samen*

Süd-Rußland, Ukraine, Moldauische Sowjetrepublik, Nordost-Rumänien, West-Sibirien. Staude von 15 bis 35 cm Höhe, schwach flaumhaarig. Blätter extrem schmal, Blüten einzeln oder paarweise auf vielen verzweigten Stengeln. 2 bis 4 Kelchschuppen, eirund und etwa ein Drittel so lang wie der Kelch, zugespitzt, mit einem trockenhäutigen Rand. Kelch etwa 1,8 cm lang. Kronblätter gezähnt, gebärtet, oben rosa oder purpurrosa, unten in Gelblichgrün übergehend. Blüten erscheinen vom Sommer bis in den Herbst. Eine anspruchslose leicht zu kultivierende Nelke für alpine Anlagen und Naturgärten.

Die »Flora Europaea« unterscheidet drei Unterarten:

D. campestris ssp. *campestris*. Weitverbreitete, bis 30 cm hohe Staude mit langer Verzweigung des Blütenstandes. Flaumigbehaart.

D. campestris ssp. *laevigatus* (Gruner) Klokov. In Bergen am Dnjepr. Pflanzen 40 bis 60 cm hoch, unbehaart, Zweige des Blütenstandes lang.

D. campestris ssp. *steppaceus* Sirj. Ukraine. Pflanze bis 50 cm hoch, Zweige des Blütenstandes kurz. Flaumhaarig oder unbehaart.

Die beiden letztgenannten Unterarten sind nicht von gärtnerischem Interesse.

Dianthus canescens C. Koch

Kaukasus, endemisch. Auf steinigen Abhängen und wüstenhaften Böden. 18 bis 23 cm hohe Staude mit linearen, bis 5 cm langen und 1 mm breiten Blättern. Die Blüten sind einzeln, weißlich bis rot, unterhalb gelblich. Blütezeit Juli. Steht wahrscheinlich *Dianthus orientalis* nahe.

Dianthus capitatus Balb. ex DC.

Unbehaarte, bis 70 cm hohe Staude. Blätter linear, 2 bis 3 mm breit, wobei die oberen 1 bis 2 Paare nahe der Basis stark vergrößert sind. Vielblütiger, kopfiger Blütenstand. Brakteen eirund, so lang wie der Kelch, lederig, mit einer grünen oder braunen Spitze. Kelchschuppen halb so lang oder fast so lang wie der Kelch, eiförmig, kurz begrannt. Ränder trockenhäutig. Kelch 9 bis 19 mm lang, nach oben verschmälert, Zahn lanzettlich bis eirund-gespitzt. Kronblätter 5 mm lang, purpurrot, gebärtet bis unbehaart. Für naturnahe Gärten brauchbar.

Die »Flora Europaea« unterscheidet zwei Unterarten:

D. capitatus ssp. *capitatus*. Vereinzelte Vorkommen rund um das Schwarze Meer. Kronblätter deutlich gebärtet, Kelchschuppen etwa so lange wie der Kelch.

D. capitatus ssp. *andrzejowskianus* Zapal (syn. *D. andrzejowskianus*). Balkangebiet. Kronblätter immer unbehaart, Kelch 10 bis 15 mm lang, Kelchschuppen nur halb so lang wie der Kelch.

Dianthus carbonatus Klokov

Moldaugebiet, Ukraine. Sehr nahe mit *Dianthus campestris* verwandt. Blätter breiter als 1 mm, borstig. Blüten zu 2 oder 3 zusammen. Kelchschuppen normalerweise halb so lang wie der Kelch, der 2,5 mm breit ist. Kaum in gärtnerischer Kultur.

Die meist unter dem Synonym *Dianthus andrze-jowskianus* verbreitete *Dianthus capitatus* ssp. *andrzejowskianus* ist eine jener zahlreichen höheren kopfigen Nelken.

Dianthus carthusianorum L.,
Kartäusernelke (auch Karthäusernelke)

Weitverbreitete Art, kommt in Süd-, West- und Mittel-Europa bis Südwest-Rußland vor. Dort weit verbreitet im Trockenrasen und Halbtrockenrasen an sonnigen Waldrändern, in Trockenwäldern an sonnigen Hügeln und Hängen von der Ebene bis in die alpine Stufe. Die Böden sind meist basen-, oft auch kalkhaltige Sand-, Lehm- oder Lößböden. Manchmal auch auf steinig-felsigem Untergrund. Staude mit kräftiger, wenig verzweigter Primärwurzel, überwintert sowohl mit Rosetten als auch mit ruhenden Knospen. Blühende Sprosse aufrecht, 15 bis 70 cm hoch, mit 5 bis 6 gestreckten kahlen Internodien, die nach oben mehr

oder weniger 4kantig sind. 2 bis 5 cm lange, lineare, spitze Blätter, 0,5 bis 5 mm breit. Blüten in kopfigen, endständigen zweigabeligen Trugdolden, 5- bis 10blütig, aber vereinzelt auch zu mehreren (bis 30). Lanzettliche Brakteen. Kelchschuppen eiförmig bis verkehrt-eiförmig, derb trockenhäutig, plötzlich in eine Granne unterschiedlicher Länge verschmälert, länger als der halbe Kelch. Dieser ist zylindrisch und 14 bis 20 mm lang, die Kelchzähne sind sehr spitz. Platte der Kronblätter 6 bis 12 mm lang, rosa bis purpurrot, oft dunkler geadert, schwach oder nicht gebärtet, vorne unregelmäßig gezähnt.

Durch das weite Verbreitungsgebiet bedingt, ist diese Art sehr vielgestaltig. Die »Flora Europaea« führt keine Unterarten auf, weist jedoch auf das Werk von Ascherson und Graebner hin. Erwähnt wird hier nur *Dianthus carthusianorum* var. *banaticus*. Eine neue systematische Bearbeitung dieser Gattung wäre wünschenswert. Die folgende taxonomische Einteilung fußt auf Hegi »Illustrierte Flora von Mitteleuropa«.

D. carthusianorum ssp. *carthusianorum*. Im nördlichen und mittleren Teil des Verbreitungsgebietes der Art, südlich bis zum Alpenkamm. 60 cm hoch. Eigenschaften wie beschrieben.

D. carthusianorum ssp. *latifolius* (Griseb. et Schenk) Hegi. Östliche Süd-Alpen. Unterart mit besonders breiten Blättern (3 bis 5 mm), Pflanze etwa 60 cm hoch.

D. carthusianorum ssp. *vaginatus* (Chaix) Schinz et Keller. Mittlere und westliche Süd-Alpen. Dichtwüchsige, niedrige bis mittelhohe Pflanze. Kelchschuppen trockenhäutig, am Grunde fast durchscheinend.

D. carthusianorum ssp. *atrorubens* (All.) Pers. Vorzugsweise in den West-Alpen. Nur geringfügig unterschiedlich zu *D. c.* ssp. *vaginatus*, Pflanze höher, bis 65 cm, Blüten kleiner, Kelch braunschwarz bis dunkelpurpur. In Nordwest-Jugoslawien findet sich die Blutnelke *D. c.* L. var. *sanguineus* (Vis.) Williams, auch als *D. san-*

guineus Vis. und als *D. atrorubens* All. var. *sanguineus* (Vis.) G. Beck bekannt.

    D. carthusianorum ssp. *capillifrons* (Borbas) Neumayer. Zerstreut auf Serpentinböden des Alpen-Ostrandes. Nur 20 bis 30 cm hoch, vereinzelt wird diese Spanne auch über- oder unterschritten. Blütenstand armblütig mit 1 bis 6 Blüten (höchstens 9). Kelchschuppen mit breitem Vorderrand, an dessen Ausrandung die Granne eingefügt ist.

Zu den verbreitetsten heimischen Nelken gehört die Kartäusernelke, *Dianthus cathusianorum*. Sie wächst meist auf kalkhaltigem Untergrund. Ihre Erscheinungsform variiert sehr stark, was auch die große Anzahl von Unterarten beweist. Die niedrigeren Typen lassen sich durchaus im Steingarten und in Wildstaudenpflanzungen verwenden.

Im »Zander Handwörterbuch der Pflanzennamen« werden die folgenden vier Unterarten genannt: *D. c.* ssp. *atrorubens* (All.) Hegi, *D. c.* ssp. *latifolius* (Griseb. et Schenk) Hegi, *D. c.* ssp. *tenuifolius* (Schur) F.N. Williams und *D. c.* ssp. *vaginatus* (Chaix) Rouy et Fouc.

Außer diesen werden in der Literatur noch einige Varietäten und Formen genannt. *D. carthusianorum* ssp. *carthusianorum* var. *alpestris* Neilr.

D. carthurisanorum ssp. *carthusianorum* var. *vernus* Doumolin. Nur 5 bis 10 cm hoch, 6blütig.

D. carthusianorum ssp. *carthusianorum* f. *scharlockii* Casp. Besonders in Nord-Deutschland. Stengel starr-aufrecht, oft verzweigt, sehr reichblütig, bis 74 Blüten je Stengel.

D. carthusianorum ssp. *carthusianorum* f. *nanus* Ser. An mageren Standorten, niedrig und schwach, nur 1- bis 2blütig. Wahrscheinlich identisch mit der im Handel befindlichen *D. carthusianorum* var. *humilis*, diese ist 10 bis 15 cm hoch.

Außer diesen Unterarten, Varietäten und Formen gibt es auch eine Reihe von Typen, die in Kultur entstanden sind. Schließlich befindet sich diese Nelkenart nachweislich seit dem 16. Jahrhundert ununterbrochen in Kultur.

D. carthusianorum 'Atrorubens'. Dunkelrote Blütenköpfe, wahrscheinlich identisch mit *D. carthusianorum* ssp. *atrorubens*.

D. carthusianorum 'Giganteus'. Blütenfarbe prächtig rosa.

D. carthusianorum 'Nanus', 10 cm hoch, purpurrote Blüten. Möglicherweise identisch mit *D. carthusianorum* ssp. *carthusianorum* var. *nanus*.

D. carthusianorum 'Saxigenus', Blütenstand 6blütig.

D. carthusianorum 'Vaginatus'. Sicher identisch mit *D. carthusianorum* ssp. *vaginatus*.

D. carthusianorum 'Fluo Napoleon'. Lachskarminfarbene Blüten, nur 12 cm Höhe.

Diese gesamte Gruppe der Kartäusernelken macht im Garten wenig Schwierigkeiten, wenn

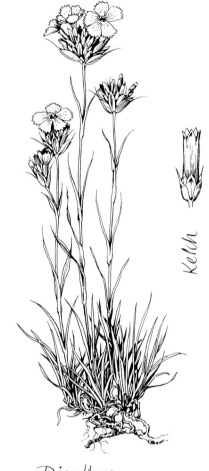

Kelch

Dianthus carthusianorum

man die Pflanzen an einen trockenen, sonnigen Platz mit kalkhaltigem Boden pflanzt. Besonders wirkungsvoll sind diese Nelken in naturnahen Partien, die niedrigen Typen auch in Steingärten. Die Blütezeit reicht von Juni bis in den Herbst. Gute Nachbarn sind die schwefelgelb blühende *Dianthus knappii*, *Gypsophila repens*, *Linum perenne*, *Hieracium pilosella*, *Carlina acaulis* ssp. *simplex*.

Die Stiftung zum Schutze gefährdeter Pflanzen (Schirmherrin Loki Schmidt) wählte die

Kartäusernelke zur Blume des Jahres 1989, da sie, obwohl bisher nicht geschützt, stark im Rückgang begriffen ist. Ergebnis der Staudensichtung: Wertvolle Wildstaude (w).

Dianthus caryophyllus L.

Hier handelt es sich um keine eigentliche Art, sondern um ein Kulturprodukt, welches aus verschiedenen Wildformen der Mittelmeerflora im Laufe vieler Jahrhunderte entstanden ist. Hinweise auf Fundorte in Spanien, Italien und Dalmatien sind wahrscheinlich irreführend, da es sich möglicherweise um verwilderte Gartenpflanzen handelt.

Die »Flora Europaea« umschreibt das Dunkel um *Dianthus caryophyllus* wie folgt: »Widely cultivated and frequently naturalized, but apparently not known wild, except perhaps in some Mediterranean countries (S. Spain, Italy, Sardegna, Sicilia, Ionioi Nisoi).« Näheres über die Entstehung der Gartennelke ist im Kapitel »2500 Jahre Nelkengeschichte« (ab Seite 13) nachzulesen.

Aus heutiger Sicht können unter der Bezeichnung *Dianthus carypohyllus* die folgenden Nelkengruppen zusammengefaßt werden: Land- oder Gartennelke, Gebirgshängenelken, Chornelken, Remontantnelken, Malmaisonnelken, Rivieranelken, Edelnelken, Chabaudnelken, Margaretennelken.

Dianthus cashemericus Edgew., Kaschmirnelke

Kaschmir, endemisch. Schlankere Pflanze als die ebenfalls in Kaschmir vorkommende *Dianthus falconeri*. Aufrechte Stengel, stark verzweigt schon von unten her. Blätter 2,4 bis 3,6 cm lang, sehr schmal, rinnig, Rand verdickt, gezähnt, Mittelrippe an der Unterseite kräftiger. Brakteen lanzenförmig mit sehr schlanker Spitze, manchmal so lang wie der Kelch. Dieser ist 2,4 cm lang, Kelchzähne ei- oder lanzenförmig, lang gespitzt, Ränder trokkenhäutig. Kronblätter verkehrt-eiförmig, die Platte ist 1,2 bis 1,6 cm groß, Rand gezähnt oder annähernd ganzrandig.

Dianthus chinensis L., Chinesische Nelke, Chinensernelke, Kaisernelke

Synonym: *Dianthus sinensis* Link.

Heimat China, Korea. Zweijährige Pflanze, bis kurzlebige Staude. 15 bis 35 cm hoch, aufrechtwachsend mit Stengelabschnitten, die kürzer sind als die Blätter. Die Basalblätter welken frühzeitig, die Stengelblätter sind 2,3 bis 7 cm lang, selten mehr als 0,6 mm breit, gewimpert. Die Blattscheiden haben eine Länge von etwa 0,6 mm. Der Blütenstand trägt 3 bis 13 Blüten, locker knäuelförmig angeordnet. 4 Kelchschuppen, die abrupt in einer langen Spitze münden. Blüten mit Durchmessern von 1,2 bis 2,4 cm, nicht duftend, rosalila mit einem leicht purpur getönten Auge. Kronblätter verkehrt-eiförmig.

Die ostasiatische Wildart hat keine gärtnerische Bedeutung, doch wurden während der langen Kulturzeit daraus beliebte Sommerblumen gezüchtet – von den alten Heddewigs- und Kaisernelken bis zu den neuen F_1-Hybriden, die meist einjährig gezogen werden. Sie sind im Kapitel »Einjährige Nelkenzüchtungen« (ab Seite 113) aufgeführt, da sie meist als solche kultiviert werden.

Dianthus cibrarius Clementi

Westliche Türkei. Nahe verwandt mit *Dianthus pinifolius*. Eine 25 bis 50 cm hohe Staude mit extrem schmalen linearen, zugespitzten Blättern. Der kopfige Blütenstand besteht meist aus 7 Blüten. Eiförmige, lederartige Brakteen. Die 4 Kelchschuppen sind verschmälert eiförmig. Kelch 1,7 bis 2,3 cm lang, mit einer Spitze versehen. Die roten Blüten haben bis 0,6 mm lange gezähnte Kronblätter. Nur botanisch interessant, wenig in Kultur verbreitet.

Dianthus ciliatus Guss., Gewimperte Nelke

Adriatisches Gebiet, Fels- und Grasfluren. Die Staude bildet lockere Polster von 20 bis etwa 60 cm Höhe. Blätter 1 bis 2 mm breit, linear, gespitzt, mehr oder weniger flach. Grundblätter am Rande mehr oder weniger bewimpert. Meist 8 Kelchschuppen, etwa halb so lang wie der Kelch, eirund, zugespitzt. Kelch 15 bis 23 × 3 mm, kegelförmig von der Mitte an abwärts. Kronblattplatte 5 bis 10 mm, unbehaart, gezähnt bis fast ganzrandig. Nur botanisch interessant. Blütezeit Juni–Oktober.

Die »Flora Europaea« unterscheidet zwei Unterarten:

D. ciliatus ssp. *ciliatus*. Verbreitet in Italien, Istrien, Dalmatien. Kräftige Pflanze mit geringer Verzweigung und 4 bis 6 Paar Stengelblättern. Kronblätter nur flach gezähnt oder fast ganzrandig.

D. ciliatus ssp. *dalmaticus* (Celak.) Hayek. Dalmatien bis Albanien. Schlankere Pflanze, vielverzweigt. Jeder Sproß mit 7 bis 13 Paar Stengelblättern besetzt. Gezähnte Kronblätter.

Mehr für den Botaniker oder den Pflanzensammler von Interesse ist die wenig auffällige, kleinblütige *Dianthus collinus* ssp. *glabriusculus*.

Dianthus cinnamomeus Sibth. et Sm.

Süd-Griechenland. 15 bis 30 cm hohe Staude, die aus einer kräftigen Basis entspringt. Runde Stengel, mehr oder weniger flaumigbehaart. Die unteren Blätter sind meist abgestumpft, die Basalblätter sind zur Blütezeit schon oft verwelkt. Kelchschuppen verkehrt-eiförmig und gespitzt bis lang zugespitzt und nur ein Viertel bis ein Drittel so lang wie der Kelch. Unbehaarte Kronblätter, nur 3 mm lang, oberseits cremefarben, unterseits zimtfarben. Nur von botanischem Interesse.

Dianthus cintranus Boiss. et Reuter

Spanien und Portugal. Unbehaarte, 15 bis 35 cm hohe Staude mit kriechendem, verholzendem Wurzelstock. Zugespitzte bis scharf spitzige, 0,5 bis 2 mm breite Blätter. Die unte-

ren sind manchmal auch abgestumpft. Blütenstand einfach oder verzweigt. 4 bis 6 Kelchschuppen, eirund und zugespitzt, ein Drittel bis halb so lang wie der Kelch, der 17 bis 25 × 4,5 bis 5 mm mißt. Kronblatt-Platte 4 bis 10 mm lang, verkehrt-eiförmig, gebärtet bis unbehaart, gezähnt.

Die »Flora Europaea« unterscheidet drei Unterarten: *D. cintranus* ssp. *cintranus*, *D. cintranus* ssp. *multiceps* (Costa ex Willk.) Tutin und *D. citranus* ssp. *charidemii* (Pau) Tutin. Sie unterscheiden sich nur in bezug auf Höhe, Verzweigung und Blütengröße.

Dianthus collinus Waldst. et Kit., Hügelnelke

Österreich bis Polen und Rumänien. Eine 20 bis 80 cm hohe Staude, flaumig behaart oder unbehaart. Blätter linear bis lanzettlich, 3 bis 8 mm breit. Wenige Basalblätter, aber zahlrei-

Zu den kopfigen, auf höheren Stengeln blühenden Nelken zählt auch die tiefrote *Dianthus cruentus*. Sie gehört in sonnige Wildstaudenflächen und liebt ähnliche Plätze wie *Dianthus carthusianorum*, mit der sie nahe verwandt ist. Eine langlebige Nelke.

che Stengelblätter, zwischen 7 und 15 Paar. Kopfiger Blütenstand, der meist gepaart ist, 2- bis 8blütig. Brakteen kürzer als die Blüten. Kelchschuppen eirund und gespitzt, halb so lang wie der Kelch, der 14 bis 18 mm lang ist. Die Blüten sind gebärtet, Farbe rosa oder purpurrot, etwa 1,2 mm lang.

Die »Flora Europaea« unterscheidet zwei Unterarten: *D. collinus* ssp. *collinus* und *D. collinus* ssp. *glabriusculus* (Kit.) Soo, die sich beide nur durch die Behaarung unterscheiden. Nur von botanischem Interesse.

Dianthus comutatus (Zapal.) Klokov

Zeigt nur sehr geringe Unterschiede zu *Dianthus carthusianorum*. Ein sehr robuster Typ mit breiteren Blättern und schwachflaumig behaartem Kelch.

Dianthus contractus Jan ex Nym.

Gehört zum *Dianthus sylvestris*-Komplex. Es handelt sich um eine auf Sizilien vorkommende Art mit wesentlich kürzeren Blättern, die nur 1,5 mm breit sind.

Dianthus corymbosus Sibth. et Sm.

Balkan-Halbinsel. Einjährige bis ausdauernde Nelke, 10 bis 40 cm hoch, mehr oder weniger flaumig oder oft auch drüsig behaart. Basalblätter linear, linear-lanzettlich oder spatelig; sie sterben während der Blütezeit oft schon ab. Stengelblätter linear und zugespitzt. Blüten in Trauben von 2 bis 3. Die Kelchschuppen sind ein Drittel so lang wie der Kelch, eiförmig-lanzettlich, mit einer grünen Spitze. Der zylindrische Kelch mißt 10 bis 17 × 2,5 bis 3 mm, gewöhnlich fein behaart. Kronblatt-Platte 7 bis 10 mm, gezähnt und gebärtet. Chromosomenzahl 2n = 30.

Dianthus costae Willk.

Östliches Spanien. Staude mit holzigem Wurzelstock, 10 bis 40 cm hoch. Blätter linear, flach und zugespitzt, normalerweise 2 bis 6 Paar Stengelblätter, meist am Stengel angedrückt. Blüten einzeln oder wenige zusammenstehend. 4 bis 6 Kelchschuppen, etwa halb so lang wie der Kelch, eiförmig, zugespitzt, mit einem breiten, trockenhäutigen Rand und grüner Spitze. 1 bis 2 Paar schuppenartiger Blätter direkt unterhalb der Kelchschuppen. Kelch 10 bis 16 × 3 bis 4 mm, ab der Mitte oder schon unterhalb verschmälert. Kronblatt 6 bis 8 mm lang, gezähnt und unbehaart. Ohne gärtnerische Bedeutung.

Dianthus crassipes R. de Roemer

Süd- und Zentral-Spanien. Kräftige Staude mit verholzendem Wurzelstock. Flaumig behaarte Blütenstengel, 30 bis 60 cm hoch. Stengelblätter bis 2,5 mm breit, spitz und ebenfalls leicht flaumhaarig. Doldentraubige Blütenstände mit etwa 20 bis 30 fast ungestielten Blüten. Die breiten, trockenhäutigen Brakteen sind etwa so lang wie die Blüten. Die 4 Kelchschuppen, die etwas kürzer als der Kelch sind, ähneln den Brakteen, lanzettlich, aber plötzlich und feiner gespitzt. Kelch 18 bis 25 mm lang. Die purpurroten, gebärteten und gezähnten Kronblätter sind 7 bis 9 mm lang. Kaum in gärtnerischer Kultur.

Dianthus crinitus Sm.

Nordwest-Afrika und von der Türkei bis Turkestan. Etwa 30 bis 35 cm hohe, aufrechte, robuste Staude mit linearen, 2,5 bis 11 cm langen, 1,2 cm breiten Blättern, wobei die Stengelblätter kürzer sind als die Stengelabschnitte. Blütenstiele 1,8 cm lang oder auch länger. Kelchschuppen 4, 6 oder 8, eiförmig, begrannt. Kelch 2,3 bis 4,4 cm lang. Grannenartige Kelchzähne. Die weißen bis fahlrosa Kronblät-

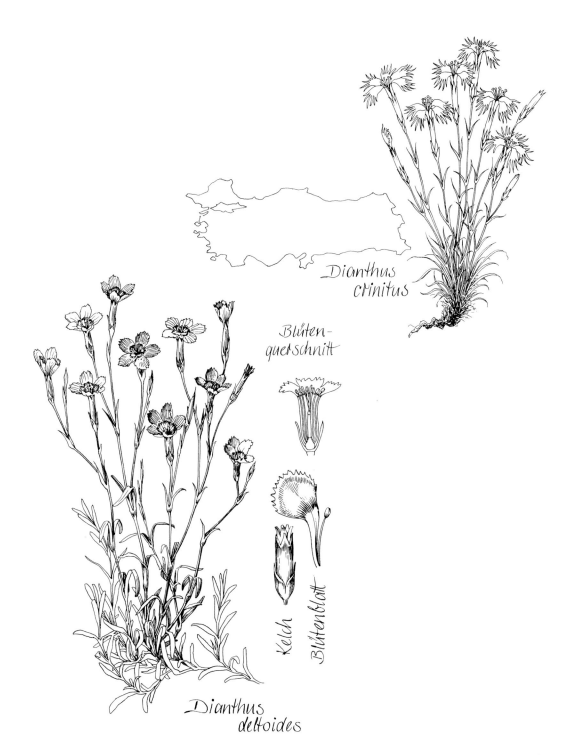

Dianthus
crinitus

Blüten-
querschnitt

Dianthus
deltoides

Kelch

Blütenblatt

ter sind gewimpert und 1,2 bis 1,8 mm lang. Hin und wieder bei Sammlern anzutreffen.

Dianthus crossopetalus Fenzl

Südliches Kaukasusgebiet, am Elbrus, Iran. Auf steinigen Abhängen. 5 bis 18 cm hohe Staude mit linearen Blättern, 1,5 bis 2,5 cm lang und 1 mm breit, 3aderig. Blüten im Juni, einzelnstehend, weiß.

Dianthus cruentus Griseb., Blutnelke

Balkan-Halbinsel. 60 cm bis 1 m hohe Staude, mit linearen, grünen, etwas glänzenden, bis 3 mm breiten Blättern und kopfigem Blütenstand. Bis zu 20 der kleinen Blüten stehen sehr dicht zusammen. Kelchschuppen eiförmig bis verkehrt-eiförmig, fahl-rötlichbraun. Kelch 18 bis 20 × 3 bis 4 mm, ab der Mitte verschmälert, flaumhaarig und purpurrot. Kronblätter 5 bis 8 mm, gezähnt, mehr oder weniger gebärtet und leuchtend-blutrot gefärbt. Diese, der *Dianthus carthusianorum* nahe verwandte Nelke findet man vereinzelt im gärtnerischen Angebot. Sie eignet sich durchaus für sonnige Naturgartenteile, wo sie sowohl mit dem dunkelgrünen, festen Polster als auch durch die Blüte ziert. Hauptblütezeit ist Juli. Es handelt sich um eine langlebige Art. Bei flächiger Pflanzung: 9 Stück per m².

Die »Flora Europaea« unterteilt in zwei Unterarten:

D. cruentus ssp. *cruentus* und *D. cruentus* ssp. *tauricus* (Velen.) Stoj. et Acht., die nur geringfügige morphologische Unterschiede aufweisen.

Dianthus cry Fisch. et Mey

Arabien, Türkei, Syrien bis Afghanistan. Einjährige Art, etwa 35 cm hoch, mit linearen Basisblättern. Ein vielverzweigter Blütenstand trägt an 1,8 cm langen oder längeren Stielchen die kleinen rosafarbenen, gezähnten Blütchen.

Kronblätter 6 mm lang. 4 Kelchschuppen, lang zugespitzt. Kelch 1,2 cm lang, warzig und mit einer Spitze versehen. Aus gärtnerischer Sicht ohne Bedeutung.

Dianthus dagestanicus Charadze

Kaukasus. An trockenen Hängen mittlerer Höhenlagen. Staude, 25 bis 50 cm hoch. Krone fast ganzrandig oder nur mit wenigen Zähnchen versehen. Kronblätter verkehrtdreieckig, sich schnell in den Nagel verschmälernd.

Dianthus darwasicus Lincz.

Pamir-Gebirge, verhältnismäßig selten. In Höhen von 2000 bis 3500 m bei Chorog, am Garm-Czaschma, Jasgulem und Vancz. Meist auf steinigen Abhängen, in der Wermut-Steppe (*Artemiseta vachanica*) und zusammen mit *Acanthophyllum*. Niedere, nur 10 bis 20 cm hohe, staudige Art. Gartenwert unbekannt.

Dianthus degenii Bald.

Balkan-Halbinsel. Eine *Dianthus deltoides* sehr nahe verwandte Art, die sich nur geringfügig in bezug auf die Stengelblätter, den Kelch und die Kelchschuppen unterscheidet.

Dianthus deltoides L., Heidenelke

Europa, gemäßigtes Asien. In den USA eingebürgert. Wächst gesellig in Heiden, auf Bergwiesen und auf Magerrasen, sowohl im Tiefland als auch in montanen Gebieten. Der Boden ist dort mäßig frisch bis halbtrocken, meist basenreich, aber kalkarm, leicht sauer, sandig oder anlehmig. Nicht sehr langlebige Staude mit dünnen Primärwurzeln. Die verzweigten, flach ausgebreiteten Triebe bewurzeln sich sproßbürtig. Die blühenden Triebe werden bis zu 20 cm hoch, erreichen meist je-

doch nur 10 bis 15 cm Höhe. Kleinblättrige, rasenartige, grüne oder braungrüne Polster. Kleine Blüten in wenigblütigen Rispen oder einzeln. 2 bis 4 Kelchschuppen eiförmig, krautig, plötzlich in eine Spitze übergehend und halb so lang wie der Kelch. Zylindrischer Kelch, 12 bis 18 mm lang. Kronblätter etwa 10 mm lang, rosarot, rot oder purpurrot, spärlich weiß gebärtet, unregelmäßig weiß gepunktet, im Mittelteil und in der unteren Hälfte mit einer unregelmäßigen purpurroten Linie versehen. Chromosomenzahl 2n = 30.

Die reizende, weit verbreitete kleine Nelke eignet sich für viele Sonnenplätze, für Steingärten, Tröge, Heidegärten. Als Nachbarn bieten sich viele Pflanzen mit gleichen Ansprü-

Heimisch ist auch die Heidenelke, die sauren Untergrund bevorzugt – im Gegensatz zur Kartäusernelke. Die Abbildung zeigt eine Aufnahme vom Wildstandort in den Pyrenäen.

chen an, so niedrige Blaugräser wie *Festuca* und *Sesleria*, weiter *Calluna* und *Erica*, *Gypsophila repens*, *Thymus serpyllum* 'Albus', kleine *Jasione*, *Veronica* und *Campanula*. Erwähnung verdient auch die Albinoform *Dianthus deltoides* 'Albus'. Von dieser liebenswerten Kleinstaude gibt es viele Rassen und Sorten, diese sind im Abschnitt »Perennierende Nelkenzüchtungen« eingehend behandelt. Bei flächiger Pflanzung: 9 Stück per m².

Dianthus diffusus Sibth. et Sm.

Südlicher Teil der Balkan-Halbinsel und in der Ägäis. Nahe verwandt mit *Dianthus corymbosus*, aber der Blütenstengel trägt nur 1 bis 2 Blüten und unterscheidet sich geringfügig hinsichtlich Kelch und Kelchschuppen. Aus gärtnerischer Sicht ohne Bedeutung.

Dianthus discolor Smith.

Es ist fraglich, ob der Art-Status seine Berechtigung hat, oder ob es sich um eine Hybride von *Dianthus seguieri* (syn. *D. caucasicus*) handelt. Endemisch im Kaukasus, wo die Nelke auf alpinen und subalpinen Wiesen und in Bergwäldern wächst. 20 bis 40 cm hohe Staude. Blütezeit von Juni bis September. Blüten 20 mm lang und 6 bis 7 mm breit. Die Pflanze wirkt insgesamt sehr dekorativ.

Dianthus diutinus Kit.

Ungarn. Bis 50 cm hohe, unbehaarte Staude mit borstenartigen Basalblättern und linearen Stengelblättern. 2 bis mehrere Blüten in dichten Köpfen, mit eiförmigen Brakteen und Kelchschuppen. Kelch 10 bis 15 × 2 bis 3 mm, ab der Mitte verschmälert. Kronblätter 5 bis 8 mm lang, gezähnt, unbehaart und rosalilafarben. Kaum in Kultur.

Dianthus dobrogensis Prodan

Rumänien, Bulgarien. Sehr nahe mit *Dianthus membranaceus* verwandt, lediglich die Kelchschuppen sind an der Spitze gerundet, der Kelch ist kürzer (10 mm) und die Blütenfarbe ist bei dieser Art rosa. Aus gärtnerischer Sicht ohne Bedeutung.

Dianthus drenowskianus Rech. f.

Östliches Mazedonien. Nahe verwandt mit *Dianthus gracilis*, von der sie sich durch wenige Merkmale unterscheidet, besonders durch die geringere Größe.

Dianthus elatus Ledeb.

Mittel-Asien (Tal des Irtysch, Tarbagatan, Dschungarei). Besonders auf trockenen und nackten Felsen. Staude von 25 bis 50 cm Höhe mit linearen, 2,5 bis 4 cm langen und 1 bis 2 mm breiten Blättern. Blütezeit Juni–Juli. Blüten einzeln oder zu zweien, Kelch zylindrisch. Blattoberseite der Kronblätter rosafarben, Unterseite gelb-grünlich.

Dianthus elbrusensis Charadze

Kaukasus. An trockenen Hängen der mittleren und oberen Zone bis in Höhenlagen von 2500 m. Staude, 20 bis 40 cm hoch. Kronblätter wenig und fein gezähnt, sich allmählich in den Nagel verschmälernd.

Dianthus erythrocoleus Boiss.

Türkei, nordwestlicher Iran. Bis 20 cm hohe Staude. Lineare, 1,2 cm lange Blätter, weniger als 3 mm breit. Die obersten Blattpaare angeschwollen und purpurrot an der Basis. Blütenstand oft mit einzeln stehenden Blüten. 4 Kelchschuppen, purpurbraun und lang zugespitzt bis begrannt. Kelch 18 mm lang, purpurrot, Kelchzähne bewimpert. Kronblätter 6 mm lang, fransig und von rosa oder weißer Farbe. Selten in Kultur.

Dianthus eugeniae Kleopow

Nord- und Ost-Ukraine, von dort in andere russische Gebiete ausstrahlend. In Steppen, Gebüschen und Bergwäldern. Unbehaarte, 40 cm (bis 60 cm) hohe Staude. Blätter linear oder linear-lanzettlich, 2 bis 5 mm breit und 4 bis 7 cm lang. Die Basalblätter welken schon zur Blütezeit. Blüten meist einzeln am Ende der Verzweigung. Kelchschuppen eiförmig, plötzlich in die pfriemenförmige Spitze übergehend. Kelch 15 bis 17 mm lang und 3 bis 4 mm breit. Purpurrote, 8 bis 10 mm lange Kronblätter, die an der Basis schwarze Punkte haben. In gärtnerischer Kultur kaum verbreitet.

Dianthus falconeri Edgew.

Kaschmir (unterhalb Gulmarg), West-Tibet. An trockenen steinigen Hängen, oberhalb 2300 m. Unten strauchig, Stengel 30 bis 60 cm hoch, kräftig-steif, verzweigt. 3 bis 6 Blätter, schmal, rinnig, 1- bis 3aderig. 4 Brakteen, selten 6, breit-eiförmig mit langer Stachelspitze, ein Drittel bis ein Viertel so lang wie der Kelch, der kräftig gestreift ist. Kronblätter pinkrosa, leicht gezähnt, glatt, Oberfläche ohne Bart. Blütezeit Juni–Juli. Kaum in Kultur.

Dianthus ferrugineus Miller

Samen

Synonym: *Dianthus balbisii*
Albanien, Jugoslawien, Italien. 30 bis 60 cm hohe Staude mit verholzendem Wurzelstock und einer Vielzahl einfacher Sprosse. Wenig- bis vielblütige, gedrungene Blütenköpfe. Eiförmige bis verkehrt-eiförmige Brakteen, lang zugespitzt, oben krautig, gleichmäßig um die Blüte herum angeordnet. Meist 4 Kelchschuppen, länglich bis eiförmig, plötzlich in eine Granne übergehend, etwa gleich lang wie der Kelch, der zylindrisch ist und 17 bis 24 × 3 bis 5 mm mißt. Blüten rosa, purpurrot gepunktet und mehr oder weniger stark gebärtet.

Die »Flora Europaea« unterscheidet drei Unterarten: *D. ferrugineus* ssp. *ferrugineus*, *D. ferrugineus* ssp. *liburnicus* (Bartl.) Tutin und *D. ferrugineus* ssp. *vulturwius* (Guss. et Ten.) Tutin.

Unterscheidungsmerkmale sind im wesentlichen die Blätter, der Kelch und die Größe der Kronblätter. Aus gärtnerischer Sicht keine Bedeutung. Die sogenannte Liburnische Nelke heißt jetzt *D. ferrugineus* Miller ssp. *liburnicus* (Bartl.) Tutin. Sie war auch unter der synonymen Bezeichnung *D. liburnicus* Barl. bekannt. Sie findet sich besonders im italienisch-jugoslawischen Grenzgebiet.

Dianthus fischeri Sprengel

Von Polen bis Ungarn und Rumänien. Unterscheidet sich nur geringfügig von *Dianthus collinus*. Meist 7 Paar schmalerer Stengelblätter, die oberhalb der Basis sofort abfallen.

Dianthus ferrugineus ssp. liburnicus

Dianthus floribundus Boiss.

Südlicher Kaukasus, Armenien, Kurdistan, wo sie an steinigen Abhängen wächst. Eine 15 bis 25 cm hohe Staude, mehrstielig, mit 1 bis 2 cm langen und 0,5 bis 1 mm breiten Blättern, die 3- bis 5aderig sind. Die im Juni–Juli erscheinenden Blüten sind weiß-rosa und haben einen zylindrischen Kelch. Kaum in gärtnerischer Kultur verbreitet.

Dianthus formanekii Borbas ex Form.

Süd-Jugoslawien, Griechenland. Drüsig-klebrige, bis 50 cm hohe Staude, die sehr schmale

Oben: Ebenfalls für sonnige Wildstaudenflächen eignet sich die aus dem adriatischen Raum stammende *Dianthus ferrugineus*, von der es drei Unterarten gibt. Ihre Blütezeit fällt zusammen mit der des Sommerenzians, *Gentiana septemfida.*

Rechte Seite: Diese Nelke befindet sich oft fälschlich als *Dianthus furcatus* im gärtnerischen Angebot, was aber keinesfalls stimmt, es handelt sich dabei einwandfrei um einen Typ von *Dianthus arenarius* und kommt besonders hübsch in Trögen zur Geltung.

(bis 1 mm breite) lineare, gespitzte Blätter hat. Eine Vielzahl von Blüten steht in kleinen dichten Köpfen. Brakteen eiförmig-länglich, mit einer kurzen Spitze. Kelchschuppen, ähnlich den Brakteen, halb bis dreiviertel so lang wie der Kelch, der 6 bis 7 × 1,5 mm mißt und sich von oberhalb der Mitte an verschmälert. Gezähnte Kronblätter, purpurrot, nur etwa 2 mm lang. Nur von botanischem Interesse.

Dianthus fragans Adams   *Samen*

Kaukasus, Dagestan. In Wäldern, auf subalpinen Wiesen, an steinigen Abhängen, auf Kalkfelsen. 30 bis 60 cm hohe, endemische Staude mit 3 bis 10 cm langen und 1 mm breiten Blättern. Blüten einzeln oder 2 bis 3 zusammen, weiß. Kelch 25 bis 40 mm lang. Blütezeit Juli–August. Ergebnis der Staudensichtung: Sehr wertvolle Wildstaude (**w**).

Dianthus freynii Vandas, Freyn-Nelke   *Samen*

Bosnien, Herzegowina (klassischer Fundort), Süd-Bulgarien. Dichte polsterbildende, bis 10 cm hohe Kleinstaude mit blaugrünen bis gräulichen Blättern. Manchmal sitzen die Blüten auch fast auf dem Polster auf. Nahe verwandt mit *Dianthus glacialis*. Kleine Blättchen, normalerweise weniger als 1 mm breit und dreinervig. Kelch 8 bis 10 × 3 bis 4 mm groß. 2 bis 4 Kelchschuppen, eiförmig-länglich. Kronblätter 4 bis 9 mm lang, prächtig rosa und gezähnt. Blütezeit Mai–Juni.

Diese aus den alpinen Regionen des Balkan stammende Nelke stellt einen echten kleinen Gartenschatz dar. Sonnige Lage und ein kalkschotteriger, frischer Boden bilden die Voraussetzungen für ein gutes Gedeihen. Ideal ist die Art für Steingärten, aber auch für die Troggärtnerei. Wichtig erscheint sie auch wegen der frühen Blütezeit. Die Vermehrung geschieht meist durch Aussaat. Samen findet man vereinzelt bei Samentauschaktionen. Die vegetative Vermehrung erfolgt durch Teilung und Frühjahrs-Stecklinge. Als Nachbarn in der »Geröllhalde« eignen sich *Myosotis rupicola* und schwachwachsende Kabschia-Saxifragen.

Dianthus freynii im Felsen

Dianthus fruticosus L., Strauchnelke

Griechenland, griechische Inseln mit Kreta. An steinigen und felsigen Plätzen. Nahe verwandt mit *Dianthus arboreus*. 4 bis 8 mm breite Blätter, nicht duftende Blüten und nur 8 bis 10 Kelchschuppen. Insgesamt gesehen kann man diese Art im Vergleich zu *Dianthus arboreus* als buschiger und kompakter bezeichnen. Die tiefrosa Blüten sehen durchaus attraktiv aus. Vereinzelt, besonders in England, in Kultur anzutreffen. Ein geschützter, warmer Platz ist Voraussetzung.

Dianthus furcatus Balb., Gegabelte Nelke

Gebirge Südwest-Europas, besonders in den Seealpen. Nur 10 cm hoch, manchmal auch höher, mit *Dianthus seguieri* verwandt. Graugrüne, kleine Polster mit reichlich Basalblättern. Einfache oder gegabelte Blütenstengel (Name!). Kelch 10 bis 17 mm lang, die Kelchschuppen messen die Hälfte, Kelchzähne lanzettlich gespitzt. Einzeln stehende, duftende Blüten, Durchmesser etwa 1,2 bis 1,5 cm. Kronblätter rosa oder purpurrot, seltener auch

weißlich, nicht punktiert und an der Basis dunkler. Sie sind unbehaart, oder aber selten spärlich behaart, oft ist die Unterseite gelblich gefärbt.

Die »Flora Europaea« unterscheidet vier Unterarten: *D. furcatus* ssp. *furcatus*, *D. furcatus* ssp. *tener* (Balbis) Tutin, *D. furcatus* ssp. *gemeniflorus* (Loisel.) Tutin, *D. furcatus* ssp. *gyspergerae* (Rouy) Burnat ex Briq.

Die hübsche kleine Nelke eignet sich für sonnige Steingartenplätze und für die Troggärtnerei. Für den letztgenannten Verwendungszweck kommt besonders die noch kleinere, niedriger als 5 cm bleibende Type *Dianthus furcatus* 'Lereschii' in Frage, die oft auch als *Dianthus lereschei* oder *Dianthus furcatus* var. *lereschei* bzw. *Dianthus furcatus* ssp. *lereschei* ('Leresches' Nelke) im Handel ist.

Dianthus gallicus Pers.

Atlantikküste von Frankreich, Spanien und Portugal. Auf sandigen Stränden. Bildet lokkere Polster. Staude bis 50 cm hoch, meist jedoch niedriger. 6 bis 10 Paar Stengelblätter, 10 bis 15 cm lang und 1,5 bis 3 mm breit, vorne stumpf oder nur schwach gespitzt. Die Blüten stehen zu 1 bis 3 zusammen und duften. 4 breite, verkehrt-eiförmige Kelchschuppen, lang zugespitzt, etwa ein Drittel der Kelchlänge. Kelch 20 bis 25 × 3 bis 4 mm. Geschlitzte Kronblätter, 10 bis 15 mm lang, gebärtet, rosa.

Dianthus gallicus ist keine herausragende Art, doch verdient sie es, in Steingärten gepflanzt zu werden. Samen wird bei Tauschaktionen hin und wieder angeboten.

Dianthus giganteus Urv.

Karpaten, Balkan, Mittel-Italien. Robuste, bereifte, staudige Nelke. Die Wuchshöhe schwankt zwichen 20 und 100 cm. Die in Kultur verbreiteten Typen werden meist etwa 40 cm hoch. Lineare, gespitzte Blätter von 2 bis 4 mm Breite, wobei die größte Ausdehnung in der Mitte liegt. Eine Vielzahl von Blüten stehen in dichten Köpfen, die meist unterhalb von einem Blattpaar umschlossen sind. Eiförmige, gespitzte, braune oder trockenhäutige Kelchschuppen, etwa halb so lang wie der Kelch, der 17 bis 22 × 3 bis 4 mm mißt. Purpurrote Kronblättchen, 5 bis 8 mm lang und gezähnt.

Bedingt durch das große und unterschiedliche Verbreitungsgebiet gibt es viele Unterarten. Die »Flora Europaea« unterscheidet:

D. giganteus ssp. *giganteus*. Rumänien, Bulgarien, Türkei. Besonders robust und mit vielblütigen Köpfen.

D. giganteus ssp. *croaticus* (Borbas) Tutin. Jugoslawien, Griechenland, Bulgarien. Schlankere und grünlichere Unterart. Die Köpfe sind wenigblütig.

D. giganteus ssp. *banaticus* (Heuff.) Tutin. Südwest-Rumänien. Nur durch die Kelchschuppen und den Kelch von der Art zu unterscheiden.

D. giganteus ssp. *haynaldianus* (Borbas) Tutin. Südlicher Teil der Balkan-Halbinsel. Wie *Dianthus giganteus* ssp. *croaticus*, nur mit breiteren (5 bis 7 mm) Stengelblättern.

D. giganteus ssp. *italicus* Tutin. Italien. Schlank, grünlich, wenig verschieden von der Art.

D. giganteus ssp. *leucophoeniceus* (Dörfl. et Hayek) Tutin. Albanien, Mazedonien. Kräftige, grüne Unterart, vielblütig, mit weißlichen Kelchschuppen.

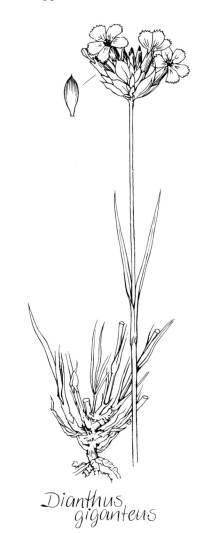

Dianthus giganteus

Die Art findet man im gärtnerischen Angebot, in Samentauschaktionen wird Saatgut offeriert. Es handelt sich keinesfalls um eine wichtige Gartenpflanze. In naturnahen Gärten und in Steingärten sieht sie aber zur Blütezeit im Juli–August ganz hübsch aus.

Dianthus glacialis Haenke, Gletschernelke

Ost-Alpen, Karpaten. Polsterbildende, unbehaarte, 5 bis 10 cm hohe Staude, weich- und feinblätterig, grün. Bildet dichte Rasen. Blüten auf dünnen 1-bis 3blütigen Stengeln. 2 bis 4 Kelchschuppen, eiförmig, gespitzt und gleich lang wie der etwa 7 mm lange Kelch, der sich

Oben: *Dianthus gratianopolitanus*, die Pfingstnelke, ist eine heimische Pflanze, die allerdings nur sporadisch vorkommt, so in der Schwäbischen Alb und in Oberfranken bei Rehau. Am letztgenannten Fundort wächst sie auf Serpentinfelsen. Was auf diesem Mineral wächst, gilt als sehr widerstandsfähig, und diese Eigenschaft überträgt sich auch auf Gartenplätze. Zusätzlich gibt es viele Gartensorten. Die Abbildung oben zeigt *Dianthus gratianopolitanus* 'Rubin' in einer Trockenmauerfuge.

Rechte Seite: Die Gletschernelke, *Dianthus glacialis*, gehört im Steingarten und Alpinum an Plätze, an denen dieses Kleinod aus der Nähe betrachtet werden kann, oder aber in den Trog. Zu den einfach zu kultivierenden Nelken zählt sie allerdings nicht.

nach oben erweitert. Einzeln stehende Blüten, leuchtendrosa bis rötlichpurpur, unterseits meist gelblich.

Die »Flora Europaea« unterscheidet zwei Unterarten:

D. glacialis ssp. *glacialis* mit immer unbehaartem Blattrand. 3 bis 4 mm breiten Kelch und 5 bis 7 mm langen Kronblättern.

D. glacialis ssp. *gelidus* (Schott, Nym. et Kotschy) Tutin syn. *D. gelidus* (Schott, Nym. et Kotschy). Süd- und Ost-Karpaten. Blätter zur Basis hin bewimpert. Kelch 5 bis 7 mm breit, Kronblätter 10 bis 12 mm lang. Blütezeit Mai–Juni. Chromosomenzahl 2n = 30.

Diese hübsche Nelke eignet sich für den Steingarten und das Alpinum, ist aber nicht immer ganz einfach zu kultivieren. Sie wächst auf kalkfreiem, kiesigem Boden und erweist sich auch im Garten als Kalkhasser. Sie liebt mehr absonnige Lagen. Es gibt auch eine weiße Albinoform, *Dianthus glacialis* 'Alba', die treu aus Samen fällt. Sehr hübsch ist ein reichblühender Bastard, der meist halbgefüllte Blüten trägt: *Dianthus × roysii*.

Dianthus godronianus Jord.

Die etwas unklar definierte Art steht zwischen *Dianthus sylvestris* ssp. *sylvestris* und *Dianthus sylvestris* ssp. *siculus*.

Dianthus glacialis

Dianthus gracilis Sibth. et Sm.,
Mazedonische Nelke

Nord- und Ost-Griechenland, Mazedonien, Albanien. Unbehaarte, 15 bis 40 cm hohe Staude mit einfachen oder verzweigten Stengeln. Die etwa 1 mm breiten Basalblätter fehlen oft schon wieder zur Blütezeit. 4 bis 6 Paar Stengelblätter, kürzer als die Stengelabschnitte, flach und gespitzt. 4 bis 6 Kelchschuppen, Länge ein Viertel bis ein Drittel der Kelchlänge, eirund, gespitzt oder seltener schon von der Mitte aus verschmälert. Kronblätter 5 bis 10 mm lang, gezähnt und gebärtet mit langen Haaren, oberseits tiefrosa, unterseits gelb oder leicht purpur getönt.

Die »Flora Europaea« unterscheidet fünf Unterarten:

D. gracilis ssp. *gracilis*. Mazedonien und Thessalien.

D. gracilis ssp. *xanthianus* (Davidov) Tutin. Lange Blütenstielchen, meist einzeln stehende Blüten und meist 4 Kelchschuppen.

D. gracilis ssp. *armerioides* (Griseb.) Tutin. Zur Blütezeit sind die Basalblätter noch vorhanden. Steife Stengelblätter und Kelchschuppen, die drei Viertel der Kelchlänge messen.

D. gracilis ssp. *friwaldskyanus* (Boiss.) Tutin. Kurze Blütenstielchen, Blüten in Gruppen von 2 oder mehr und meist 6 Kelchschuppen.

D. gracilis ssp. *achtarovii* (Stoj. et Kitanov) Tutin. Blüten kurzgestielt in kleinen Büscheln. Zylindrischer, 3 bis 4 mm langer Kelch.

Die gesamte Gruppe der *Dianthus gracilis* enthält wertvolle Pflanzen für den Steingarten und das Alpinum, aber auch für die Troggärtnerei. Unabhängig von den taxonomisch anerkannten genannten Unterarten gibt es noch einige spezielle Naturformen und Gartentypen. So wird vielfach *Dianthus gracilis* ssp. *simulans* genannt, auch als *D. gracilis* var. *simulans* bekannt (syn. *D. simulans* Stoj. et Stef.). Dieser vom Berg Ali Botusch in Mazedonien stammende Typ ist in Gärtnereien besonders verbreitet.

Unabhängig von der etwas unklaren systematischen Zuordnung handelt es sich um eine sehr wertvolle Zwergnelke. Sie bildet kleine, feste, spitzstachelige, grüne Polster und blüht zwei Wochen vor der ebenfalls zwergigen *Dianthus microlepis*.

Um allem nomenklatorischen Wirrwarr aus dem Wege zu gehen, sollte man die Schreibweise *Dianthus gracilis* 'Simulans' wählen und für die ebenfalls sehr hübsche Albinoform *Dianthus gracilis* 'Simulans Alba' schreiben. Blütezeit Mai–Juni. Am natürlichen Standort wachsen diese Zwergnelken alle auf kalkschotterigem Boden in voller Sonne. Das sollte man auch im Garten berücksichtigen. Weitere Gartenpflanzen sind bekannt unter den Namen *Dianthus gracilis* 'Degenii' (leuchtendrosa auf etwa 6 cm hohen Stengeln) und *Dianthus gracilis* 'Leuchtkugel' (leuchtend-lachsrosa).

Dianthus graniticus Jord.

Süd-Frankreich (Auvergne und Cevennen). Wächst dort besonders an Granitfelsen. Nahe verwandt mit *Dianthus scaber*, hat auch Ähnlichkeit mit *Dianthus deltoides*. Polsterbildende Staude, meist zwischen 15 und 20 cm hoch, Stengel mehr viereckig, an der Basis schwach flaumig. Blätter unbehaart, linear und gespitzt, meist 6 bis 7 Paar Stengelblätter. Blüten oft einzeln. Kelchschuppen eiförmig bis lanzettlich oder auch schmal-verkehrteiförmig, weniger als halb so lang wie der Kelch, der 10 bis 15 mm mißt. Chromosomen 2n = 30.

Dianthus graniticus ist keine hinreißende Schönheit, aber eine durchaus liebenswerte kleine Nelke mit ihren prächtig-rosa Blüten, die von Juni bis August erscheinen. Für Steingartenplätze!

(Pfingstnelke)
Dianthus
gratianopolitanus

Einen echten Zwerg und einen Schatz für intime Pflanzungen stellt die kleine *Dianthus gracilis* ssp. *simulans* dar. Zwar sind alle Unterarten dieser Art wertvoll, diese ist in gärtnerischer Kultur aber besonders verbreitet. Sie stammt vom Berg Ali Botusch in Mazedonien.

Dianthus gratianopolitanus Vill., *Samen!*
Pfingstnelke

= Caesius

Synonym: *Dianthus caesius* Sm.
West- und Mittel-Europa, bis West-Ukraine.
Wächst auf basenreichen, oft aber auch auf
kalkarmen, flachgründigen Böden (z.B. Ser-
pentinböden). Meist an felsigen Hängen, in
Felsspalten, nie sehr häufig. Ausdauernde, lok-
kerwüchsige Polsterpflanze, Blütenstengel 10
bis 20 cm hoch, mit 4 bis 6 Stengelabschnitten. Blätter 2 bis 6 cm lang und etwa 2 mm
breit, linear. Unterhalb der Blüte befindet sich
oft ein Paar schuppenförmige Hochblätter.
Eine Blüte je Stengel, seltener 2 bis 3 Blüten.
4 Kelchschuppen, elliptisch bis eiförmig, krautig, nur schmal hautrandig. Obere Schuppe
kurz gespitzt, die untere lang, beide sind ein
Drittel bis halb so lang wie der Kelch, der zylindrisch geformt ist und 12 bis 16 mm mißt.
Kelchzähne länglich-dreieckig. Platte der
Kronblätter 10 bis 12 mm lang, unregelmäßig
gezähnt, hellrot, zum Schlund zu mehr purpurrot oder heller gebärtet. Chromosomenzahl 2n = 60.

Dianthus gratianopolitanus ist wohl die wichtigste Steingartennelke überhaupt. Es gibt
zahlreiche Sorten, die im Abschnitt »Perennierende Nelkenzüchtungen« (ab Seite 146) näher
behandelt werden. Die von Mai bis Juni blühenden Nelken wirken auch außerhalb der
Blütezeit durch ihre graugrünen bis blaugrauen Polster dekorativ. Der feine, nicht auf-
dringliche Blütenduft bildet ein zusätzliches
Merkmal. Bei flächiger Pflanzung setzt man
6 Stück pro m². Kleine Typen eignen sich auch
für die Troggärtnerei. In Großbritannien ist
die Pfingstnelke als Cheddar-Pink bekannt.

Dianthus grossheimii Schischk.

Kaukasus. An steinigen Abhängen. 20 bis
30 cm hohe Staude mit lanzettlich-linearen
Blättern, die 3 bis 3,5 cm lang und 3 mm breit
sind. Meist einzeln stehende Blüten, rosa, 15
bis 17 mm lang und 5 bis 6 mm breit. Blütezeit
Juni–Juli. In gärtnerischer Kultur kaum verbreitet.

Dianthus guttatus Bieb.

Rumänien, Zentral- und Süd-Ukraine. Steht
Dianthus eugeniae nahe, bildet eine etwa 40 cm
hohe Staude mit schwach flaumbehaarten
Stengeln und Blättern. Einzeln stehende Blüten am Ende der Verzweigung in Rosa mit
weißlichen Punkten auf der Oberseite und
gelbgrüner Unterseite. Platte der Kronblätter
5 bis 8 mm. Kelchschuppen laubartig, wenigstens so lang wie der Kelch. Kaum in Kultur.

Dianthus haematocalyx Boiss. et Heldr. *Samen*

Albanien, Griechenland, Jugoslawien. Polsterbildende, unbehaarte Staude von 3 bis 30 cm
Höhe. Blätter linear bis linear-lanzettlich, gespitzt oder stumpf. 4 bis 6 Kelchschuppen, eiförmig bis lanzettlich mit einer mehr oder weniger offen stehenden Spitze. Kelch 16 bis 26
× 4 bis 7 mm, nach oben verschmälert, Kelch-
zahn gespitzt. Kronblätter oberseits purpurrot
unterseits gelblich und gebärtet. Blütezeit Juli–August.

Die »Flora Europaea« unterscheidet vier
Unterarten:

D. haematocalyx ssp. *haematocalyx*. Jugoslawien und Griechenland. Bis zu 30 cm hohe,
meist verzweigte Blütenstengel. Mehr grünlich, also nicht blaugrau gefärbte Pflanzen.
Kelchschuppen etwa so lange wie der Kelch.

D. haematocalyx ssp. *pruinosus* (Boiss. et
Orph.) Hayek. Graublaue Pflanze. Kelchschuppen kürzer als der Kelch.

D. haematocalyx ssp. *sibthorpii* (Vierh.)
Hayek. Meergrün, nur bis 10 cm hoch. Meist
einblütig, Kelch an der Basis geschwollen.

D. haematocalyx ssp. *pindicola* (Vierh.)
Hayek. Nicht meergrün. Blütenstengel nur bis
5 cm hoch. Kelch an der Basis nur wenig geschwollen.

Die etwas schwierige botanische Bezeichnung *Dianthus gratianopolitanus* sollte kein Hindernis sein, diese wichtige Nelke zu pflanzen oder eine jener zahlreichen Namenssorten, die sich im Handel befinden. Die alte synonyme Bezeichnung, *Dianthus caesius*, war allerdings einprägsamer. Die Pfingstnelke (der deutsche Name deutet auf die frühe Blütezeit hin) stellt sicher die wichtigste Nelke für Steingartenanlagen und ähnliche Pflanzungen dar.

Pfingstnelken gehören in jeden Garten, auch in solche, in denen ein Steingarten oder ein ähnliches Gebilde fehlt, man findet immer einen passenden Platz. Meist wird diese Nelke auch ihrem Namen gerecht und blüht am Pfingstfest. Das umfangreiche Sortiment beinhaltet klein- und großpolsterige, ganz niedrige und etwas höhere, einfach- und gefülltblühende Sorten. Das Bild zeigt die reizende 'Pink Juwel' mit ihren kleinen gefüllten Blumen, die in großer Anzahl erscheinen. Hier zusammen mit *Androsace sarmentosa* und *Veronica prostrata*.

Dianthus haematocalyx

Diese durchaus kulturwürdige Nelke wird öfter angeboten. Samen ist bei Samentauschaktionen zu erhalten. Besonders die Kultur der Unterarten *Dianthus haematocalyx* ssp. *pruinosus* und *D. h.* ssp. *pindicola* (meist als *D. pindicola* bezeichnet) lohnt sich. Letztgenannte sieht mit ihrem mehr polsterartigen Wuchs und den nur 5 cm hohen Blütenstielen auch in Trögen sehr attraktiv aus. Hübsch wirkt die Art auch im Geröllbeet.

Dianthus henteri Heuff. ex. Griseb. et Schenk

ev. Samen

Südliche Karpaten. Dort an mildfeuchten, grasbewachsenen Plätzen. Bildet ausdauernde, 15 bis 30 cm hohe Polster. Blätter linear, steif, gespitzt und etwa 0,5 mm breit. Stengelblätter kürzer als die Stengelabschnitte. Blüten meist zu 2 oder 3, Brakteen schmal und meist krautig, kürzer als der Blütenstand. Kelchschuppen breit-eiförmig bis verkehrt-eiförmig, gespitzt und oft etwas gebuchtet. Kelch grün oder purpurrot gefärbt, zylindrisch, 12 bis 14 × 4 bis 5 mm. Gezähnte Kronblätter, 8 bis 12 mm lang. Blütenfarbe rötlich. Samen vereinzelt bei Samentauschaktionen erhältlich, dort meist als *Dianthus heuterei* bezeichnet. Aus gärtnerischer Sicht nicht wichtig.

Dianthus hispanicus Asso

Spanien. Ausdauernde, 15 bis 40 cm hohe Staude mit verholzendem Wurzelstock. Einfache oder wenig verzweigte Blütenstengel. Blätter steif, 2 bis 3 cm lang und oft zurückgebogen. Meist 2 bis 4 Paar Stengelblätter, selten mehr. 4 verkehrt-eiförmige Kelchschuppen, meist trockenhäutig, lang zugespitzt. Kelch 13 bis 20 × 4 bis 5 mm. Ungebärtete Kronblattspreite mit nur 3 bis 5 mm Länge. Blüten purpurrosa mit purpurroten Staubgefäßen. Wenig in Kultur verbreitet.

Dianthus hoelzeri Winkl.

Mittel-Asien, Turkestan. Tien-Schan, Pamir-Alai. In Nadelwäldern und in subalpinen Wiesen. 15 bis 60 cm hohe Staude mit linear-lanzettlichen Blättern, die 4 bis 6 cm lang und 4 bis 5 mm breit sind. Blütezeit Juni bis September. Blüten zu 2 bis 4, 23 bis 25 mm lang und 4 bis 5 mm breit, dunkelrosa.

Dianthus humilis Willd. ex Ledeb.

Südliche Urkaine. Dichtpolsterige Staude von 5 bis 35 cm Höhe mit einfachen oder wenig verzweigten Blütenstengeln. Blätter kurz, steif und borstenartig, nur 0,5 bis 1 mm breit. Normalerweise 6 Kelchschuppen, die inneren sind eiförmig und messen zwei Drittel der Kelchlänge, die äußeren sind schmaler und schlanker. Kelch 10 bis 15 × 2 mm, von der Mitte an verschmälert. Die Platte der Kronblätter ist nur 2 bis 3 mm groß, gebärtet und gezähnt. Besitzt kaum Gartenwert.

Dianthus hungaricus Pers.

Tatra. Sehr nahe mit *Dianthus plumarius* verwandt, aber mit breiteren, trockenhäutigen Kelchschuppen und violetten Staubfäden.

Dianthus hypanicus Andrz.

Sehr seltene Nelke, wächst endemisch in einem sehr schmalen Küstenstreifen am Schwarzen Meer an wenigen Stellen oberhalb von Flüssen. Wird deshalb auf der »Roten Liste« der Sowjetunion von 1978 geführt. Wächst auf Granitfelsen und auf kahlen Gipsböden. Nur 10 bis 20 cm hohe Staude, die Ende Juni mit dem Blühen beginnt und deren Blütezeit etwa 70 Tage dauert. Samenreife ab Ende August bis November. Kronblatt oberseits rot, unterseits gelblich. Eine durchaus brauchbare Steingartenpflanze.

Dianthus japonicus Thunb.

Japan, Mandschurei. Unbehaarte Staude mit 18 bis 45 cm hohen, aufrechten Stengeln. Verkehrt-lanzettliche Blätter mit warzigem Rand. Basalblätter gestielt, Stengelblätter aufsitzend, 7 cm lang und 2,3 cm breit. Vielblütiger, kopfständiger Blütenstand. Kelchschuppen geschwänzt, Kelch 1,8 cm lang. Kronblätter 0,6 cm lang, dreieckig und gezähnt. Blütenfarbe rosa bis rosa-purpur. Die gesamte Pflanze erinnert stark an die Wildform der Bartnelke. Hin und wieder in Kultur. Samen wird bei Samentauschaktionen manchmal offeriert. Es gibt auch eine Albinoform: *Dianthus*

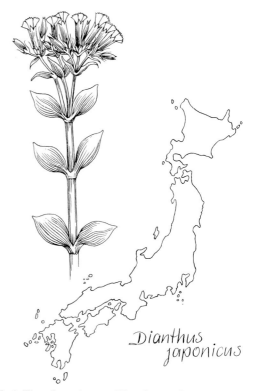

Nach Flora Japonica von Thunberg 1784

japonicus 'Alba'. Die Blütezeit liegt ziemlich spät (Juli bis Oktober). Neuerdings werden Hybriden für den Schnittblumen-Anbau angeboten, bezeichnet als »Japanische Schnittnelke«.

Dianthus jaroslavii Galuschko

Kaukasus, mittlerer Höhenbereich bis 1600 m. Staudige Nelke, 20 bis 35 cm hoch. Kelch 11 bis 16 mm, vereinzelt auch bis 18 mm lang, eiförmig-länglich, Kelchzähne dreieckig. Außer diesen dürftigen Angaben ist über diese Kaukasusnelke wenig bekannt.

Dianthus imereticus (Rupr.) Schischk.

Kaukasus bei Kutaisa. Auf Kalkfelsen, 30 bis 60 cm hohe Staude. Lanzettliche oder linear-

Eine niedrige, für den Steingarten geeignete Nelke ist die in mehreren Unterarten vorkommende *Dianthus haematocalyx*. Im gärtnerischen Angebot findet sich manchmal die hier gezeigte *Dianthus haematocalyx* ssp. *pindicola*. Sie eignet sich besonders für Plätze mit der Möglichkeit zur Nahbetrachtung.

Ein weiterer Typ von *Dianthus haematocalyx*. Die Hauswurzrosetten geben einen Hinweis auf das Größenverhältnis, entsprechende kleinbleibende Nachbarn sind daher zu berücksichtigen!

Dianthus imereticus ist in Kultur noch kaum verbreitet. Die aus dem Kaukasus stammende Pflanze hat aber durchaus Gartenwert, auch wenn sie etwas höher wird.

lanzettliche Blätter, 4 bis 7 cm lang und 3 bis 7 mm breit, mit 7 kleinen Adern. Blüten an kurzen Stielchen stehen in einem büscheligen Blütenstand. Die kleinen Blüten haben einen zylindrischen Kelch und sind 20 bis 30 mm lang. Die Vorblätter sind gleich oder halb so lang wie der Kelch. Blütezeit Juli bis September. Die Kronblätter sind rosa und fein gezähnt. Kaum verbreitet, hat aber durchaus Gartenwert. Wirkt wie eine vergrößerte *Dianthus deltoides*.

Dianthus inamoenus Schischk.

Kaukasus. Staude, 10 bis 45 cm hoch, mit linearen, 3 bis 7 cm langen und 1 bis 3,5 mm breiten, 5- bis 7adrigen Blättern. Blütezeit im Mai–Juni. Weniger bekannte Art.

Dianthus ingoldbyi Turrill

Halbinsel Gelibolu (Türkei). 30 cm hohe, polsterbildende Staude mit verholzendem Wurzelstock und unten flaumig behaarten Stengeln. Blätter lederartig, linear, gespitzt und etwa 2 mm breit. Halb aufsitzende Blüten, zu 2 bis 5. 10 bis 12 Kelchschuppen, eiförmig und gleichmäßig gespitzt. Kelch oberhalb der Mitte verschmälert, 15 bis 17 × 2 mm. Die Blüten zeigen ein bei Nelken seltenes weißliches oder grünliches Gelb. Kronblätter 2 bis 4 mm lang und feingezähnt. Kaum in Kultur.

Dianthus jacquemontii Edgew.

Pakistan, Kaschmir. In Höhenlagen von 1500 bis 2200 m, wächst an Felsen und steinigen

Hängen. Aus einer Vielzahl von 1 cm langen Basisblättern erheben sich die 10 bis 25 cm hohen, meist zahlreichen Blütenstengel, die nur mit wenigen am Rande sehr fein gezähnten Stengelblättern besetzt sind. Der 2,5 cm lange, breit-zylindrische Kelch hat steife, 3 bis 5 mm lange Kelchzähne. Die verhältnismäßig großen weißen Blüten (bis 2 cm Durchmesser) stehen meist einzeln. Kronblätter auffallend, etwa 1 mm tief gezähnt. Blütezeit Juni–Juli. Selten in Kultur.

Dianthus juniperinus Sm.

Kreta. Kleiner Strauch mit aufrechten, holzigen, verzweigten Trieben, die die 10 bis 15 cm langen, krautigen Blütenstiele tragen. Lineare Blätter, etwa 20 mm lang und etwa 1 mm breit, besonders an nichtblühenden Trieben. 4 bis 8 Kelchschuppen, ein Drittel bis halb so lang wie der Kelch, verkehrt-herzförmig mit einer pfriemenartigen Spitze. Kelch 13 bis 20 × 2 bis 3,5 mm groß, fast zylindrisch. Kronblatt-Platte 4 bis 8 mm lang, gebärtet und gezähnt. Blüten rosa. Blütezeit vom Hochsommer bis in den Herbst. Vereinzelt in Kultur. Nur für besonders geschützte, sonnige Plätze. Chromosomenzahl 2n = 30.

Dianthus karataviensis N. Pavl.

Endemische Art des westlichen Tien-Shan. Wächst dort auf steinigen und steppenartigen Abhängen. Staude, 20 bis 35 cm hoch, mit linearen, 2 bis 4 cm langen und 1 bis 2,5 mm breiten Blättern. Blüten einzeln, 12,5 bis 16 mm lang, rosapurpur. Blütezeit Juni bis September.

Dianthus kirghizicus Schischk.

Endemisch im Tien-Shan. An Ufern von Flüssen im Kiesgeröll, aber auch auf Felsen. 15 bis 35 cm hohe Staude mit linearen, 2,5 bis 3 cm langen und 1 mm breiten Blättern. 4 bis 6 Deckblattschuppen. Platte der Kronblätter mit gleichlangen, 0,5 bis 1 mm langen Zähnen besetzt. Blüten einzeln, aber auch zu 2 bis 3. Kelch zylindrisch, 12 bis 15 mm lang und 3 mm breit. Blüten weißlich-rosa, am Ende zipfelig. Blütezeit August.

Dianthus kiusianus Makino

Japan, Küstengebiete. Ähnlich Dianthus japonicus, aber kleiner, mit teils niederliegenden Stengeln an der Basis, etwa 15 bis 30 cm hoch. Stengelblätter länglich-schmal bis verkehrt-lanzettlich, 1 bis 4 cm lang und 4 bis 12 mm breit, meist stumpf oder gerundet. Traubenförmiger Blütenstand mit wenigen Blüten. Brakteen elliptisch, pfriemig an der Spitze. Kelchröhre 15 bis 20 mm lang, Zähne grannig gespitzt. Rosa-purpurne Kronblätter, 10 mm lang, stumpf-dreieckig, am oberen Rand gezähnt. Blütezeit Juni bis Oktober. Selten in Kultur.

Dianthus knappii (Pant.) Aschers. et Kan., Knapps Nelke, Schwefelnelke

Westliches Jugoslawien (Herzegowina, klassischer Fundort Trebinja). Etwa 40 cm hohe Nelke mit leicht flaumig behaarten, linearen bis linear-lanzettlichen Blättern, 5- bis 7aderig, wobei die Mittelrippe deutlicher hervorgehoben ist als die anderen. Jeder Trieb trägt meist zwei vielblütige Köpfe. Äußere Brakteen krautartig, die inneren mehr trockenhäutig. Kelchschuppen eiförmig, mit einer grünen pfriemenartigen Spitze versehen. Etwa gleichlang wie der Kelch, welcher 15 mm lang ist. Kronblätter schwefelgelb.

Sicher ist diese Art keine hinreißende Schönheit, sie wird aber wegen des bei Wildnelken seltenen gelben Farbtons gerne gepflanzt. Sie liebt die volle Sonne und lockeren Boden. Da sie im Habitus der tiefrot blühenden Dianthus cruentus ähnelt, stellt sie auch eine gute Partnerpflanze dar, besonders in

Kelchschuppe Kelch *Dianthus knappii* Blütenblatt

Kombination mit Gräsern. Ebenso eignen sich *Dianthus carthusianorum* oder die Sorten von *Veronica teucrium* und *Linum narbonnense*. Auch Pflanzplätze bei *Sedum*-Polstern, die Zone vor Zwergkoniferen oder einen Stand in rotblühendem Thymian kann man sich vorstellen. Hübsch sieht *Dianthus knappii* auch in Wildblumensträußen aus. Insgesamt gesehen ist sie nicht sehr langlebig, und man muß immer rechtzeitig für Nachschub durch Aussaat sorgen. Blütezeit Juli bis September. Ergebnis der Staudensichtung: Liebhaberstaude (Li).

Dianthus krylovianus Juz.

Ost- und Zentral-Rußland. Polsterbildende Staude mit 12 bis 28 cm hohen, verzweigten Trieben. Blätter etwa 1,5 mm breit und fast stumpf. 4 bis 6 Kelchschuppen, breit-eiförmig bis verkehrt-eiförmig, mit einer kurzen Spitze versehen und 4 bis 5 mm lang. Der fast zylin-

drische Kelch mißt 17 bis 20 × 2 bis 3 mm. Kronblätter etwa 8 bis 15 mm lang, weiß, geschlitzt und gebärtet. Kaum in Kultur.

Dianthus kubanensis Schischk.

Endemisch im Kaukasus, Tal des Kuban. In Busch-Steppen. 35 bis 60 cm hohe Staude mit linear-lanzettlichen, 4 bis 6 cm langen und 1 bis 3 mm breiten Blättern, die 7aderig sind. Schuppenförmige Vorblätter, gleich oder halb so lang wie der Kelch. Blüten einzeln oder zu 2, rosa-purpur. Kronblätter am Rand spitz gezähnt. Blütezeit Juli–August.

Dianthus kuschakewiczii Regel et Schmall.

Pamir-Alai, Tien-Shan. Auf steinigen, trockenen und lehmigen Abhängen und in der Nähe von Gletschern. Staude, 25 bis 35 cm hoch. Blätter linear, 2 bis 8 cm lang und 0,5 bis 2 mm breit, mit nur einer Ader. Einzelne Blüten. Kelch zylindrisch, 2,5 bis 3 cm lang und 3 bis 3,5 mm breit. Die äußeren Deckblattschuppen reichen bis zur Hälfte der Kelchlänge oder wenig höher. Die weißrosa Blüten erscheinen von Juli bis September.

Dianthus kusnetzovii V. Marcovicz.

Endemisch im Kaukasus, am Elbrus, am Schach-Dag, am Kinchorsker Paß. Auf Felsen und Wiesen der alpinen Zone. 10 bis 20 cm hohe Staude mit breit-lanzettlichen, 2 bis 4 cm langen und an der Basis 2 bis 7 mm breiten Blättern. Die rosa Blüten erscheinen im Juli–August. 2- bis 4schuppige Vorblätter. Kronblätter 10 bis 12 mm lang. Kelch länglich-zylindrisch, 18 bis 20 mm lang, 4,5 mm breit. Diese seltene Art könnte im Steingarten Verwendung finden.

Die Nelkenfarben sind rot, rosa und weiß, andersfarbige Blüten kommen selten vor, so auch gelbe Nelken. Die Schwefelnelke, *Dianthus knappii*, wird deshalb gerne gepflanzt, auch wenn sie einige Schönheitsfehler hat, sie wirkt oft etwas sparrig.

Dianthus lanceolatus Steven ex
Reichenbach

Sowjetunion, vom 51. Breitengrad südwärts.
Eine robuste, bis 50 cm hohe Nelke mit verholzendem Wurzelstock und ohne Basalblätter
während der Blüte. Blütenstengel im oberen
Teil beblättert mit 4 bis 7 Blattpaaren. Blätter
dünn, linear und gespitzt. 4 Kelchschuppen,
Länge ein Viertel bis ein Drittel der Kelchlänge. Äußere Kelchschuppen eiförmig und
plötzlich zugespitzt, die inneren verkehrt-eiförmig und lang zugespitzt. Der in der oberen
Hälfte verschmälerte Kelch ist 25 bis 30 × 4
bis 5 mm groß. Kronblätter weißlich, gezähnt
und unbehaart, Kronblattspreite 1 cm lang.
Kaum in Kultur.

Dianthus langeanus Willk.

Nordwest-Spanien. Lockerpolsterige Staude
mit oft niederliegenden Stengeln, die 10 bis
20 cm lang werden, einfach oder wenig verzweigt. Die 1 bis 2 cm langen, eher dicken
Blätter sind rinnig, wenn vertrocknet. 4 Kelchschuppen, nur etwa ein Viertel so lang wie der
Kelch, eiförmig, nahezu gespitzt oder stumpf,
die inneren wie die äußeren. Zylindrischer
Kelch, 8 bis 10 mm lang. Rosa Kronblätter,
gezähnt bis ganzrandig, unbehaart und 5 bis
7 mm lang. Verschiedentlich ist die Art in Kultur, wo sie einen geschützten, sehr sonnigen
Platz benötigt. Die Pflanze stellt keine Attrak-
tion dar, ist aber für den Sammler interessant.

Dianthus laricifolius Boiss. et Reut. _Samen_

Zentral- und West-Spanien, Zentral-Portugal.
15 bis 30 cm hohe, polsterbildende Staude mit
linearen bis pfriemenförmigen Basalblättern,
etwa 1,8 cm lang. Die Blüten stehen paarweise,
Kelch 1,8 cm lang, mit 4 bis 6 Kelchschuppen.
Die unbehaarte Kronblatt-Platte ist etwa
6 mm lang und zeigt ein prächtiges Magentarot. Hin und wieder in Kultur.

Dianthus leptopetalus Willd.

Südliches Europa, von Mazedonien bis zur
unteren Wolga. Nahe verwandt mit *Dianthus
lanceolatus*, nur mit kleinerem Kelch. Verschmälerte, rhombische Kronblattspreite, am
breitesten oberhalb der Mitte und beidseitig
purpurrot gefärbt. Aus gärtnerischer Sicht
ohne Bedeutung.

Dianthus libanotus L.

Südlicher Teil des Kaukasus, Kleinasien, Armenien, Kurdistan, Iran. Auf steinigen Abhängen. 25 bis 60 cm hohe Staude. Linear-lanzettliche Blätter, 4 bis 7 cm lang und 3 bis 7 mm
breit, 5aderig. Weißliche Blüten im Juni–Juli.

Dianthus lumnitzeri Wiesb.

Österreich, Hainburger Berge, bis Nordost-
Ungarn. Nur unwesentlich verschieden zu
Dianthus plumarius, wird aber teilweise als ei-
gene Art betrachtet.

Dianthus lusitanus Brot.

Spanien und Portugal, Nord-Afrika. 15 bis
45 cm hohe, blaugraue Staude mit aufrechten
bis aufsteigenden Sprossen, an der Basis verholzend. Basisblätter linear, 1 bis 2 cm lang,
manchmal fleischig. Der Blütenstand bildet
eine Trugdolde. 4 Kelchschuppen, etwa 7 mm
lang, eiförmig und gespitzt. Der Kelch mißt 20
bis 23 × 2 bis 3 mm. Die gebärteten, rosa
Kronblätter sind 7 bis 10 mm lang und tief
gezähnt. Manchmal in Kultur.

Dianthus macronyx Fenzl

Kopet-Dag-Gebirge, Turkmenien, Iran. Auf
Felsen und steinigen Abhängen. 15 bis 40 cm
hohe Staude, mehrstielig. Einzeln stehende
Blüten, rosa, 18 bis 24 mm lang und 2 bis
3 mm breit. Blütezeit Juli–August.

Dianthus lusitanus

seits gelblich-weiß, unterseits rosa-bleifarben. Blütezeit Mai bis Juli. Kaum in Kultur.

Dianthus mebranaceus Borb.

Von Nordost-Bulgarien bis Nord-Ukraine. 30 bis 70 cm hohe Staude mit linear-lanzettlichen Blättern und 3- bis 6blütigen Köpfen, die einzeln stehen oder zu 2 bis 3, Blüten kurz gestielt. 5 mm lange Kronblattspreiten von purpurroter Farbe.

Dianthus mercurii Heldr.

Griechenland. An Felsen. Ähnelt stark *Dianthus roseoluteus*, nur mit unbehaarten, längeren Blättern und einem 25 bis 30 mm langen Kelch. Blüten, die zu 2 bis 3 zusammenstehen, 15 mm lange Kronblätter.

Dianthus microlepis Boiss., *Samen*
Bulgarische Zwergnelke

Bulgarien. Nur 1 bis 10 cm hohe, polsterbildende Zwergstaude. Die stumpfen Basalblätter sind 1 bis 2 cm lang und bis 1,5 mm breit. Die kurzen Stengel sind blattlos oder tragen 1 bis 2 Paar schuppenartige Blätter. 2 Kelchschuppen, mehr oder weniger abstehend, trockenhäutig, eiförmig, Spitze krautig oder auch nicht. Kelch nach oben erweitert, etwa 1 cm lang, Kronblattspreite 6 bis 7 mm lang, rosapurpurrot.

Diese reizende Zwergnelke ist für den Steingarten, das Alpinum und die Trogbepflanzung sehr wichtig. Sie wünscht einen kalkfreien oder zumindest kalkarmen Boden. Schon die rundlichen, kleinen grauen Blattpolster sehen hübsch aus; die Attraktivität wird durch die fast aufsitzenden Blüten noch gesteigert. Die Pflanze ist möglichst mager zu halten, in fetten Böden ist sie kurzlebig.

Gleichermaßen wichtig ist die Pirin-Zwergnelke, *Dianthus microlepis* var. *musalae* Velen., *Samen* die auch oft als eigene Art in der Literatur zu

Dianthus malacitanus Haenseler ex Boiss.

Süd-Spanien, Süd-Portugal. Etwa 50 cm hohe Staude mit blaugrünen, linearen, gespitzten, 1 bis 2 mm breiten Blättern. 6 bis 8 Kelchschuppen, elliptisch bis eiförmig-lanzettlich, 12 bis 15 mm lang. Kelch bis 3 cm lang. Kronblattspreite geschlitzt und gebärtet, 15 mm lang. Chromosomenzahl 2n = 60. Hin und wieder werden Samen angeboten.

Dianthus marschallii Schischk.

Von Moldawien bis zur Krim. Auf steinigen Abhängen in Steppen und in lichten Wäldern. An der Basis verholzende, 20 bis 30 cm hohe Staude, die zur Blütezeit keine Basisblätter aufweist. Die Stengel sind lang verzweigt und tragen 3 bis 5 Paar lineare, 5- bis 7adrige Stengelblätter. Eiförmige, lang zugespitzte Kelchschuppen, 0,5 cm lang. Kronblattspreiten fast ungeteilt, unbehaart, 7 bis 10 mm lang, ober-

finden ist: *Dianthus musalae* (Velen.) Velen. Kommt am Naturstandort auf Kalk vor. 6 cm hoch mit rosa bis rosafarbenen Blüten. Die echte Type ist wuchs- und blühfreudiger als die Art. Ideal für Tröge und für Tuffstein.

Dianthus minutiflorus (Borb.) Halacsy

Süd-Jugoslawien, Nordost-Albanien, Griechenland. Steht *Dianthus subacaulis* sehr nahe und unterscheidet sich hauptsächlich durch lockere Polster, schlankere Blütenstengel und fast ungeteilte weiße Blüten. In gärtnerischer Kultur wenig verbreitet.

Dianthus moesiacus Vis. et Pancic

Serbien, Bulgarien. Polsterbildende Staude mit bis 60 cm hohen Blütenstengeln. Basalblätter bis 2,5 mm breit, fast borstenartig. Eine Vielzahl von Blüten steht in ziemlich schmalen, dichten Köpfen. Brakteen verkehrt-eiförmig bis eiförmig, abgestumpft, mit einer pfriemenartigen Spitze versehen, lederartig. Kelch

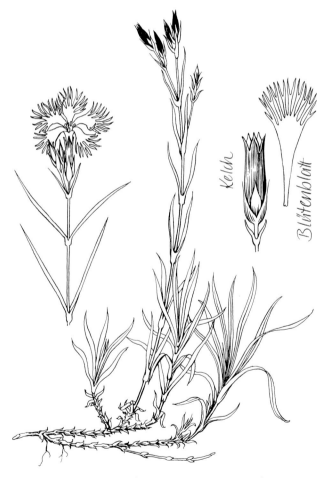

Kelch

Blütenblatt

Dianthus monspessulanus

Ebenfalls zu den Miniaturnelken für Steingärten, Tröge und ähnliche Pflanzplätze gehört die Bulgarische Zwergnelke, *Dianthus microlepis*. Man sollte sie in möglichst mageres Substrat pflanzen und auch berücksichtigen, daß sie Kalk nicht besonders liebt. Die Unterart *Dianthus microlepis* var. *musalae* kommt dagegen auf Kalk vor.

10 bis 12 × 1,5 bis 2 mm, von der Mitte an verschmälert. Kelchschuppen ähnlich den Brakteen, nur schmaler und kurz begrannt. Kronblätter 3 bis 4 mm lang, verkehrt-eiförmig, unbehaart und gezähnt. Aus gärtnerischer Sicht ohne Bedeutung.

Dianthus monspessulanus L., *Sama*
Montpelliernelke

Süd- und Zentral-Europa, von Portugal bis Jugoslawien und von den Schweizer Alpen bis Zentral-Italien. Wächst in Bergwiesen, in lichten Wäldern und Waldrändern, auch an Felsen, in mineralreichen, aber nicht immer kalkhaltigen Böden. Die Staude bildet lockere Polster, 20 bis 50 cm hoch (die in Kultur verbreiteten Sorten sind auf Kurztriebigkeit ausgelesen und werden meist nur um 20 cm hoch). Stengel schlank, einfach oder nur wenig verzweigt, meist mit 8 bis 10 Stengelabschnitten. Linear-lanzettliche Blätter, 3 bis 10 cm lang, 1 bis 4 mm breit, spitz und mehr oder weniger schlaff ausgebreitet. Blüten einzeln oder in wenigblütigen Rispen. 4 lanzettliche bis eiförmige Kelchschuppen, sie gehen in eine mehr oder weniger lange Spitze über und messen etwa die halbe Kelchlänge. Kelch zylindrisch und 25 bis 30 mm lang, im krautigen Zustand unterhalb der Zähne etwas aufgeblasen. Kronblattspreite 10 bis 18 mm lang, bis zur Mitte hin geschlitzt, die Zipfel meist aufwärts gebogen, manchmal gebärtet. Hinsichtlich der Blütenfarbe gibt es Unterschiede. Auf der Iberischen Halbinsel und in Nordwest-Jugoslawien trägt die Pflanze oft weiße Blüten, während sie sonst in verschiedenen rosa Schattierungen blüht. Blütezeit: Juni–Juli. Chromosomenzahl $2n = 60$.

Die »Flora Europaea« unterscheidet drei Unterarten:

Dianthus monspessulanus ssp. *monspessulanus*, am Naturstandort in den Pyrenäen fotografiert. Sie wächst auch noch im westlichen Teil der Alpen, während die verwandte *Dianthus monspessulanus* ssp. *sternbergii* die Ostalpen besiedelt. Beides sind Nelken auch für den Garten.

D. monspessulanus ssp. *monspessulanus*. Süd-Europa bis Nordwest-Schweiz. Pflanze nicht blaugrün, 20 bis 60 cm hoch, 2 bis 5 Blüten stehen zusammen. Kelchschuppen etwa halb so lang wie der Kelch. Platte der Kronblätter 10 bis 15 mm lang.

D. monspessulanus ssp. *marsicus* (Ten.) Novak. Abruzzen. Nur etwa 20 cm hoch, nicht blaugrün. Einzeln stehende Blüten, Kelch-schuppen mindestens so lang wie der Kelch. Platte der Kronblätter 15 bis 20 mm lang.

D. monspessulanus ssp. *sternbergii* Hegi, Dolomitennelke, Sternbergs Nelke. Alpengebiet. Meist weniger als 20 cm hoch und von blaugrüner Färbung. Einzeln stehende Blüten. Kelchschuppen weniger als halb so lang wie der Kelch. Platte der Kronblätter etwa halb so lang wie der Kelch. Blütezeit Juli–August.

Dianthus monspessulanus ssp. sternbergii

Die beliebte Wildnelke paßt für viele Gartensituationen wie Steingarten, Alpinum, größere Pflanzgefäße, Trockenmauern, Einfassungen. Sie stellt wenig Ansprüche. Wichtig sind volle Sonne und keine stehende Nässe. Bemerkenswert ist der starke, angenehme Duft. Bei der eigentlichen Art ist das lockere Polster etwas von Nachteil. Leicht durch Aussaat vermehrbar.

Dianthus multicaulis Boiss.

Südlicher Kaukasus, Türkei, Armenien, Kurdistan. Auf subalpinen Wiesen. Staude, 10 bis 40 cm hoch, mehrstielig. Blätter linear, 5 bis 7 cm lang und 1,5 bis 2,5 mm breit. Einzeln stehende Büten mit einem Durchmesser von 12 bis 15 mm, weiß-rosa. Blütezeit Juli. Kaum in Kultur.

Dianthus multinervis Vis.

Beschrieben von der Adria-Insel Pomo, der Art-Status dürfte sehr fraglich sein, doch wird diese Nelke in der »Flora Europaea« aufgeführt. Gehört zum *Dianthus caryophyllus*-Komplex, ist also wahrscheinlich keine reine Art. Hauptsächlich erkennbar an den breiteren 5- bis 7aderigen Blättern. Aus gärtnerischer Sicht ohne Bedeutung.

Dianthus myrtinervius Griseb. *Samen*

Mazedonien. Ähnelt *Dianthus deltoides*, ist nur wesentlich kleiner. Mehr oder weniger niederliegende Staude, dicht belaubt. 2 bis 5 mm lang, elliptische Blätter, länger als die Stengelabschnitte. 2 bis 4 Kelchschuppen, die äußeren blattähnlich und halb so lang wie der Kelch. Dieser ist krautig, glockenförmig und 5 bis 8 mm lang. Platte der Kronblätter 3 bis 5 mm lang, gebärtet, rosa mit Auge.

Die Pflanze ist durchaus für Steingarten und Alpinum zu empfehlen mit ihren kompakten, 5 cm hohen Tuffs. Die Vielzahl der stengellosen Blütchen gibt der Pflanze fast ein Aussehen wie *Silene acaulis*.

Dianthus nardiformis Janka

Niedere Donauberge und Dobrutscha. Polsterbildende, bis 10 cm hohe Staude mit 10 bis 12 mm langen, borstenartigen Basalblättern und 6 bis 10 Paar Stengelblättern, die länger sind als die Stengelabschnitte. Einzeln stehende Blüten. 4 bis 6 begrannte Kelchschuppen, eiförmig und halb so lang wie der Kelch. Der oberhalb der Mitte verschmälerte Kelch ist 15 bis 18 mm lang. Platte der Kronblätter etwa 5 mm, gezähnt, gebärtet, rosa. Hin und wieder im Angebot, Samen gibt es auch bei Tauschaktionen. Bevorzugt sandige Böden.

Dianthus nitidus Waldst. et Kit. *Samen*

Westliche Karpaten. Steht *Dianthus alpinus* nahe und wächst in lockeren Polstern. Blütenstengel 25 bis 30 cm hoch. Blätter linear und stumpf, die Blüten stehen zu 2 bis 5 zusam-

Dianthus myrtinervius sieht aus wie eine niedrige, dichte *Dianthus deltoides*. Sie hat dabei den Vorteil, wesentlich ausdauernder zu sein. Empfehlenswert für den Steingarten.

men. 2 bis 4 Kelchschuppen, Kelch 10 bis 12 mm lang. Kronblattspreite 8 bis 10 mm lang, rosa und gepunktet.

Die Art ist für Steingarten und Alpinum durchaus zu empfehlen. In kalkhaltigen Böden gedeiht sie besonders gut. Bei Gartentypen, die unter dieser Bezeichnung gehandelt werden und nur 2,5 cm Höhe erreichen, dürfte es sich eher um *Dianthus alpinus* handeln.

Dianthus orientalis Adams

Nordwest-Afrika bis Turkestan und Iran. Etwa 35 cm hohe Staude mit 7 cm langen und 4 mm breiten, linearen Blättern. Blüten einzeln an etwa 1,8 cm langen Stielchen, gefranst, leicht gebärtet, rosa. 4 bis 14 Kelchschuppen, lang zugespitzt bis begrannt, Kelchlänge etwa 2,3 cm. Hin und wieder in Kultur.

Dianthus oschtenicus Galuschko

Nord-Kaukasus. Auf schotterigen und felsigen Hängen der subalpinen und alpinen Zone. Staude, 10 bis 20 cm hoch. Schuppige Vorblätter, Blüten rosa, Kronblätter 8 bis 11 mm brcit. Zahlreiche Blütenstengel. Eventuell kulturwürdig.

Dianthus oxylepis (Boiss.) Kümmerle et Jav.

Diese Balkannelke verdient keinen Art-Status, sie steht *Dianthus degenii* nahe und gehört in den Formenkreis um *Dianthus deltoides*.

Dianthus pallens Sibth. et Sm.

Von Rumänien und der Balkan-Halbinsel bis zum Iran. Bis 40 cm (meist jedoch niedrigere) hohe Staude mit linearen Blättern, die unten etwa 5 cm lang sind. 4 bis 6 Kelchschuppen, an der Spitze pfriemenartig. Kelch 1,8 cm lang. Kronblatt etwa 12 mm lang, rosa, beidseitig grünlich.

Die Art befindet sich selten in Kultur, ist aber eine liebliche Nelke. Die Blattmatten erinnern etwas an *Dianthus gratianopolitanus*. Vermehrung durch Aussaat und über Stecklinge.

Dianthus pallidiflorus Ser.

Bulgarien, Süd- und Ost-Rußland, Ukraine. Reich verzweigte Staude mit kräftigem Wurzelstock, ohne Basalblätter zur Blütezeit und mit 6 bis 7 Paar 3,5 bis 6 cm langen Stengelblättern. Langgestielte Blüten. 4 eiförmige, trockenrandige, 4 bis 6 mm lange Kelchschuppen. Kelch 10 bis 14 × 2 mm, oberhalb der Mitte verschmälert. Kronblätter 4 bis 6 mm, gezähnt, gebärtet, weiß oder fahlrosa. Ohne Gartenwert.

Dianthus pamiroalaicus Lincz.

Pamir-Alai, sehr selten. An steinigen Abhängen, in Höhenlagen von 2000 bis 3000 m. 20 bis 40 cm hohe Staude mit 5 bis 9 cm langen und 2,5 bis 5 mm breiten Blättern. Wurzelhals verkahlend und sehr stark knotig. Kelchröhre 23 bis 25 mm lang, mit 6 bis 8 mm langen Kelchzähnen. Äußere Deckblattschuppen reichen bis zur Hälfte der Länge des Kelches oder wenig höher. Blütezeit Juni–Juli. Möglicherweise für den Steingarten interessant.

Dianthus pavonius Tausch, Gletschernelke, Vernachlässigte Nelke, Pfauennelke *Samen*

Synonym: *Dianthus neglectus* Loisel.
   Südwest-Alpen, in den Ost-Alpen sehr selten, Ost-Pyrenäen. Meist auf Urgetein, zwischen Felsen und Geröll der alpinen und subalpinen Stufe. Polsterbildende, 5 bis 10 cm hohe Staude mit 3 bis 5 Stengelabschnitten. Blätter 1 bis 3,5 cm lang, 1 bis 2,5 mm breit, schmal-linear, steif und spitz. Blüten einzeln, selten zu 2 oder 3. 2 oder 4 Kelchschuppen, allmählich in eine Spitze übergehend, etwa gleich lang wie der Kelch. Kelch 12 bis 16 mm lang, zylindrisch, mit bleichen, häutigen Kelchzähnen versehen. 10 bis 15 mm lange Platte der Kronblätter, rot, unterseits meist grünlichgelb und ohne Zeichnung, gezähnt und schwach gebärtet. Blütezeit Juni–Juli. Chromosomenzahl $2n = 30$.
   Diese hübsche Zwergnelke hat durchaus Gartenwert, auch wenn sich die Blüten nachts schließen. Die Blütezeit liegt je nach Höhenlage zwischen Juli und August. Die Art ist hinsichtlich der Bodenreaktion zwar nicht sehr empfindlich, doch wird ein kalkfreier Boden vorgezogen. Hübsch wirkt *Dianthus pavonius* im Geröllbeet des Alpinums oder an ähnlichen Plätzen des Steingartens oder in Trögen und Schalen. Die Pflanze sollte zum Anwachsen etwas feuchter gehalten werden, später verträgt sie viel Trockenheit. Alteingewachsene Exem-

Dianthus
pavonius-Polster

Kelch Blütenblatt

plare dieser niedrigen Nelke können durchaus einen beachtlichen Durchmesser erreichen. Diese Nelke blüht reich und regelmäßig. Die Vermehrung erfolgt meist durch Aussaat, aber auch über Stecklinge. Eine etwa 10 cm hohe, leuchtend karminlachsfarbene Auslese ist unter dem Namen 'Inshriach Dazzler' bekannt.

Dianthus pelviformis Heuff.

Jugoslawien, West-Bulgarien, Nordost-Albanien. 40 cm hohe Staude mit flachen, gespitzten, linearen, etwa 2 mm breiten Blättern. Eine Vielzahl von Blüten in dichten Köpfen, Brakteen eiförmig, übereinandergreifend, meist buchtig. Kelchschuppen eiförmig, breit-trockenhäutig und kurz gespitzt. Kelch meist etwas angeschwollen, 7 bis 8 mm lang und 2 bis 3 mm breit. Platte der Kronblätter 2 bis 3 mm lang, gezähnt, pupurrot und unbehaart. Blütezeit Mai bis Juli. Selten in Kultur.

Dianthus petraeus Waldst. et Kit. Samen

Balkan-Halbinsel, West- und Zentral-Rumänien. Grüne oder blaugrüne Staude, bildet meist lockere Polster, mattenbildend, bis 30 cm hoch, spitze, 3nervige Blätter, meist 3 bis 5 Paar Stengelblätter. 2, meist aber 4 eiförmige oder elliptische, spitze bis lang zugespitzte Kelchschuppen. Kelchgröße je nach Unterart sehr unterschiedlich. Platte der Kronblätter 4 bis 10 mm lang, kahl oder nur sehr wenig behaart, gezähnt oder fast ganzrandig, weiß oder sehr schwach rosa getönt.

Die »Flora Europaea« teilt diese Art in vier Unterarten:

D. petraeus ssp. *petraeus*, Geröllnelke. Der typische Vertreter der Art mit spitzen oder zugespitzten, krautigen Kelchschuppen und einem 22 bis 25 mm langen Kelch. Kronblätter gezähnt bis geschlitzt. Stengel kantig, meist 15 bis 20 cm hoch, meist einblütig. Die weißen, fein geschlitzten Blüten erscheinen von Juni bis August. Die graziöse Nelke eignet sich besonders für Steingärten und Trockenmauern.

D. petraeus ssp. *integer* (Vis.) Tutin. Besonders in Albanien und Jugoslawien. Kelch 12 bis 20 mm lang mit fast oder völlig ganzrandigen Blüten.

D. petraeus ssp. *simonkaianus* (Peterfi) Tutin. Zentral-Rumänien und Bulgarien. Kelch etwa

Dianthus nardiformis hat eine gewisse Ähnlichkeit mit *Dianthus campestris*. Das dichte Polster mit borstenartigem Laub trägt einzeln stehende rosa Blütchen.

Dianthus pavonius, die Pfauennelke, kennt man oft auch noch unter der synonymen Bezeichnung *Dianthus neglectus*. Sie ist eine der Zwergnelken, die keine großen Ansprüche im Garten stellt. Hauptsache, sie kommt an einen trockenen Platz, sonst besteht die Gefahr, daß Fäulnis an der Basis auftritt.

22 mm lang, Kelchschuppen kurz gespitzt, Blüten einzeln, Kronblätter gezähnt.

D. petraeus ssp. *noeanus* (Boiss.) Tutin, Igelnelke. Bulgarien. Blüten meist kurz gestielt und zu 2 bis 3 in kleinen Büscheln. Kelch etwa 27 mm lang, Kronblätter geschlitzt. Blütezeit Juli bis August. Die dichten halbkugeligen, starren Polster sind besonders für Trockenmauern ideal. Die kleinen weißen, stark zerschlissenen Blüten auf etwa 20 cm hohen Stengeln verströmen besonders am Abend einen starken, angenehmen Nelkenduft.

Alle vier Unterarten sind gute Nelken für den Steingarten und für die Trockenmauer. Sie akzeptieren jeden Boden, fordern aber eine sonnige Lage und einen trockenen Standort. Vereinzelt ist auch eine weiße, gefüllte Form im Handel als *D. petraeus* 'Albus Plenus'.

Dianthus pinifolius Sibth. et Sm., *Sama*
Mazedonische Fransennelke

Balkan-Halbinsel, Südwest-Rumänien. Dichtpolsterige Staude mit bis zu 40 cm Höhe.

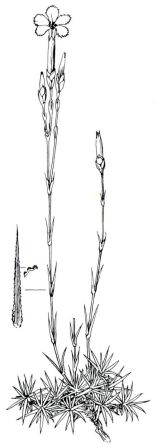

Dianthus petraeus
ssp. _simonkaianus_

Starre, lineare, extrem schmale Blätter und kurze Blattscheide. Blüten in dichten Köpfen, lederartige Brakteen. Gewöhnlich 6 Kelchschuppen, verkehrt-eiförmig, begrannt. Kelch 10 bis 20 mm × 2 bis 4 mm, oberhalb der Mitte etwas konisch. Platte der Kronblätter 5 bis 7 mm lang, bei einzelnen Unterarten auch bis 12 mm, purpurrot oder lila, gezähnt.

Die »Flora Europaea« unterscheidet drei Unterarten:

D. pinifolius ssp. _pinifolius_. Brakteen kürzer als der Kelch, der 12 mm oder länger ist. Blütenfarbe purpurrot.

D. pinifolius ssp. _lilacinus_ (Boiss. et Heldr.) Wettst. Brakteen ebenfalls kürzer als der Kelch, der aber nur 10 mm mißt. Blütenfarbe lila.

D. pinifolius ssp. _serbicus_ Wettst. Brakteen gleichlang wie der Kelch.

Alle sind durchaus akzeptabel für Steingarten und Alpinum oder für größere Schalen und Tröge, besonders die niedrigeren Typen um 12 cm Höhe. Voraussetzung für gutes Gedeihen sind sonnige Plätze. Besonders kompakte und attraktive Exemplare bekommt man auf mageren Böden.

Dianthus planellae Willk.

Nordwest-Spanien. Bis 30 cm hohe Staude mit holziger Basis und langen, schlanken, reich verzweigten Blütenstengeln. Schmale, zusammengerollte Blätter, 4 bis 7 Paar Stengelblätter. 4 bis 6 Kelchschuppen, meist nur ein Viertel des Kelches messend, eiförmig, gespitzt, mit einem trockenhäutigen Rand. Kelch fast zylindrisch, 9 bis 14 × 2,5 bis 3 mm. Blüten einzeln. Platte der Kronblätter 4 bis 6 mm lang, gezähnt und unbehaart. Kaum in Kultur.

Dianthus platycodon Klokov

Ukraine, Südost-Rußland. 10 bis 30 cm hohe Staude mit linearen, gespitzten, etwa 1 mm breiten Blättern. Blüten einzeln bis zu mehreren in einem kopfigen Blütenstand. Zugespitzte, lanzettliche Brakteen. Verkehrt-eiförmige Kelchschuppen, plötzlich gespitzt, lederig mit einem trockenhäutigen Rand. Kelch 10 bis 12 × 3 bis 4 mm. Kelchzähne länglich und mit einer Spitze versehen. Rosa Blüten, gebärtet. Platte der Kronblätter 5 bis 8 mm lang. In Kultur nicht verbreitet.

Dianthus plumarius L., Federnelke _Samen_

Kalkgebirge im östlichen Mittel-Europa, von den italienischen Alpen bis Nordost-Ungarn

Dianthus
plumarius

Kelch

Blütenblatt

und in die Tatra. Zerstreut in subalpinen Fels- und Geröllflächen oder in Felsheiden. Polsterbildende Staude, etwa 20 bis 30 cm hoch, vereinzelt auch noch höher. Die Sprosse sind meist 4kantig, kahl und bestehen aus 4 bis 7 Stengelabschnitten. Blätter 1 bis 3,5 mm breit, linear-lanzettlich, spitz oder gestumpft, starr-aufrecht. Blüten einzeln oder zu 2, selten zu 3. 4 Kelchschuppen, eiförmig, hautrandig, mit einer kurzen Spitze, ein Viertel bis ein Drittel so lang wie der Kelch. Kelch 17 bis 30 × 4 bis 6 mm groß und zylindrisch. Platte der Kronblätter 13 bis 15 mm lang, im Mittelteil rundlich bis eiförmig, bis zur Mitte unregelmäßig geschlitzt und an der Basis schwach gebärtet. Blütenfarbe rosa oder weiß, ohne dunkle Streifung. Blütezeit Mai–Juni. Chromosomenzahl 2n = 90.

Diese stark duftenden Polsternelken gehören in jeden Garten, ebenso wie die Hybriden mit *Dianthus gratianopolitanus*. Die Vermehrung geschieht durch Aussaat, Stecklingsschnitt, Teilung. Es gibt von der Federnelke eine enorme Sortenfülle (siehe Kapitel »Perennierende Nelkenzüchungen« ab Seite 138).

Dianthus pontederae Kerner

Östliches Europa, bis Bulgarien und Italien ausstrahlend. Wächst in trockenen Wiesen und in Trockenrasen-Gesellschaften. Steht *Dianthus giganteus* nahe, ist aber kleiner und schlanker, etwa 18 bis 20 cm hoch. Blätter linear, etwa 4 mm breit. Kelchschuppen verkehrt-eiförmig, kurz gespitzt. Kelch 8 bis 14 × 2 bis 3 mm groß, Platte der Kronblätter 3 bis 5 mm lang. Blütenfarbe purpurrot, Blütezeit Juni bis August.

Die »Flora Europaea« unterteilt in drei Unterarten:

D. pontederae ssp. *pontederae*. Kelch mehr als 12 mm lang. Die äußeren Kelchschuppen sind braun und plötzlich gespitzt.

D. pontederae ssp. *giganteiformis* (Borbas) Soo. 16 mm langer Kelch, zugespitzte, strohgelbe äußere Kelchschuppen.

D. pontederae ssp. *kladovanus* (Degen) Stoj. et Scht., Kelch nur 8 mm lang. Nicht häufig in Kultur.

Dianthus pratensis Bieb.

Südost-Europa. Kahle, 15 bis 60 cm hohe Staude mit einem schlanken, kriechenden

Die Geröllnelke, *Dianthus petraeus*, stellt mit ihren verschiedenen Unterarten eine ideale Pflanze für Steingärten und Trockenmauern dar. Sie kommt mit einem Minimum an Erde aus, wie hier die Pflanzung im Tuffstein zeigt.

Wurzelstock. Linear-lanzettliche Blätter, 2 bis 7 cm lang, 3 bis 4 Paar Stengelblätter. 1 bis 2 Blüten an langen Stielchen. Meist 4, manchmal auch 6 Kelchschuppen, eiförmig, gleichmäßig in eine pfriemenartige, krautige Spitze übergehend, bis zur Basis der Kelchzähne reichend. Der Kelch, in der Mitte verbreitert, mißt 10 bis 17 × 4 bis 5 mm. Platte der Kronblätter 5 bis 7 mm lang. Krone rosa bis purpurrosa, gezähnt und gebärtet. Kaum in Kultur anzutreffen.

Die »Flora Europaea« unterscheidet zwei Unterarten:

D. pratensis ssp. *pratensis*. Der eigentliche Typ, schlank und nur 15 bis 40 cm hoch.

D. pratensis ssp. *racovitzae* (Prodan) Tutin. Insgesamt robuster, 40 bis 60 cm hoch.

Dianthus preobrashenskii Klokow

Kaukasus, Armenien (Ararat), Kurdistan. In Bergwäldern und an steinigen Abhängen. 15 bis 30 cm hohe Staude mit linearen, 1,5 bis 2,5 cm langen und 1 bis 2 mm breiten Blättern. Blüten einzeln, am Ende zipfelig. Kronblattfarbe oberseits rosa und unterseits gelblich-grünlich, Blütezeit Juli–August. Kaum in Kultur, sicher für den Steingarten geeignet.

Dianthus pseudoarmeria Bieb.

Südost-Europa, von Ost-Jugoslawien bis Süd-Rußland. Im Tiefland. Unterscheidet sich von der nahe verwandten *Dianthus armeria* nur durch die eiförmigen Kelchschuppen, die plötzlich in eine pfriemenartige Spitze eingeschnürt sind, sowie durch rosa Blüten und einen nur 10 mm langen Kelch. Aus gärtnerischer Sicht ohne Bedeutung.

Dianthus pseudoversicolor Klokov

Südliches Zentral-Rußland, Nordost-Ukraine. Sehr ähnlich *Dianthus versicolor*, mit schmäleren Blättern und Kelch und eher kürzeren Kelchschuppen. Kelch immer zylindrisch. Kein Gartenwert.

Dianthus puberulus (Simonkai) Kerner

Nordteil der Balkan-Halbinsel, Rumänien. Unterscheidet sich nur unwesentlich von *Dianthus carthusianorum*. Stengel, Blätter,

Brakteen und Kelchschuppen sind jedoch leicht flaumig behaart. Platte der Kronblätter nur etwa 10 mm lang und rosa.

Dianthus pungens L.

Östliche Pyrenäen. 5 bis 20 cm hohe Staude, die lockere Polster bildet, mit einem schlanken, verholzenden Wurzelstock und nicht verzweigten Stengeln. Starre, gespitzte, etwa 2 cm lange und 0,5 mm breite Blätter. 4 eiförmige, gleichmäßig lang gespitzte Kelchschuppen, die halb so lang sind wie der 15 mm lange Kelch. Platte der Kronblätter etwa 5 mm lang, kahl und rosa. In Kultur kaum verbreitet.

Dianthus pygmaeus Hay.

Taiwan, Endemit in Höhen von 1600 bis 3900 m. An Abhängen und Felsen. Staude mit aufrechten, 15 bis 30 cm hohen Stengeln. Lineare, gegenständige, spitze Blätter, stengelumfassend an der Basis. Blüte rosa, einzeln oder wenige zusammen in einer Trugdolde. Kelch zylindrisch mit 5 Kelchzähnen, lang genagelten Petalen, an der Außenseite gefranst.

Dianthus pyrenaicus Pourr. *Samen*

Von Portugal bis zu den Pyrenäen. Lockere Polster. Staude mit bis zu 40 cm hohen Stengeln, Basis verholzend. Starre, steife Blätter, Stengel verzweigt. 4 bis 8 Kelchschuppen, eiförmig und gespitzt. Kelch etwa 2,3 cm lang, die Platte der Kronblätter 3 bis 8 mm lang. Kronblätter rosa, kahl und gezähnt.

Die »Flora Europaea« unterscheidet zwei Unterarten:

D. pyrenaicus ssp. *pyrenaicus*. Pflanze nicht blaugrün. Kelch etwa 15 bis 20 mm lang. Platte der Kronblätter 3 mm lang, Blütenfarbe rosa.

D. pyrenaicus ssp. *catalaunicus* (Willk. et Costa) Tutin. Pflanze normalerweise blaßgrün. 20 bis 30 mm langer Kelch und 6 bis 8 mm lange Kronblatt-Platte von tiefrosa Farbe. Hin und wieder in Kultur.

Dianthus quadrangulus Velen.

Nordost-Jugoslawien, Bulgarien, Ost-Griechenland. Unterscheidet sich nur unwesentlich von *Dianthus cruentus*, ist lediglich kleiner und weniger robust. Weißliche Brakteen und Kelchschuppen, die letztgenannten haben eine Spitze, die länger ist als die eigentliche Schuppe. Kelch 12 bis 14 mm lang, rötlichpurpurn gefärbt. Platte der Kronblätter 4 mm lang, gebärtet, purpur. Wegen der kleineren Blüten eignet sich diese Art für Gartenzwecke weniger.

Dianthus raddeanus Vierh.

Es ist fraglich, ob der Art-Status seine Berechtigung hat, die Art steht *Dianthus alpinus* sehr nahe. Kommt endemisch im Kaukasus vor. Nur 5 bis 13 cm hohe Staude mit linearen Blättern, 1,3 bis 3 cm lang und 2,5 bis 3 mm breit, 3aderig. Blüten einzeln, Kelch 10 bis 17 mm lang. 4 bis 5 mm breit. Blütezeit Juli–August.

Dianthus ramosissimus Pall.

Westliches Sibirien, Altai, Mittel-Asien, dort im Bergland auf steppenartigen Wiesen. 20 bis 50 cm hohe Staude mit linearen Blättern, 1 bis 4 cm lang und 1 bis 1,5 mm breit. Blüten einzeln, am Ende zipfelig, weiß. Kelch zylindrisch, 12 bis 14 mm lang und 3 mm breit. Blütezeit Juni bis August.

Dianthus recognitis Schischk.

Südlicher Teil des Kaukasus, Armenien, Türkei. Oft in Felsspalten. 15 bis 30 cm hohe Staude mit linearen, 1,5 bis 4,5 cm langen und 0,5 bis 1 mm breiten Blättern. Purpurne Blüte im Juni.

Dianthus repens Willd.

Arktische Regionen in Rußland, Sibirien und Alaska. Gehört zur Gruppe der *Dianthus alpinus*. Eine mattenbildende, unbehaarte, etwa 5 bis 20 cm hohe Staude mit linearen, abgestumpften Blättern. 4 lanzettliche Kelchschuppen, an der Spitze pfriemenförmig. Kelch 9 bis 12 mm lang und 4 bis 5 mm breit. Die Platte der Kronblätter ist bis 12 mm lang, gebärtet, rosa oder purpurrot. In den Gärten ist diese Art weniger verbreitet als die anderen Angehörigen dieser Gruppe *(D. nitidus, D. scardicus, D. callizonus)*.

Dianthus rigidus Bieb.

Südost-Rußland, Halbinsel Krim. Zwergstrauch unterschiedlicher Höhe (10 bis 50 cm) mit steifen, verholzten Stengeln, die vielfach verzweigt sind. Die Blütenstengel sind dagegen krautig. Lineare Blätter, an der Stengelbasis nicht gehäuft. 4 eiförmige, gespitzte Kelchschuppen, die etwa ein Viertel der Länge des Kelches messen, die äußeren schmaler als die inneren. Kelch 10 bis 12 × 2 mm groß, zylindrisch. Platte der Kronblätter etwa 5 mm lang, gezähnt, gebärtet und weiß. Kaum in Kultur verbreitet.

Dianthus roseoluteus Velen.

Bulgarien, Türkei. 30 bis 50 cm hohe, flaumig behaarte, verzweigte Staude, deren Basalblätter zur Blütezeit bereits verwelkt sind. Gewöhnlich 5 bis 10 Paar Stengelblätter, 2 bis 3 cm lang und 2 bis 3 mm breit. Normalerweise 6 unterschiedlich ausgebildete Kelchschuppen, die äußeren blattähnlich und etwa so lang wie der Kelch, die inneren eiförmig und mit einer pfriemenartigen Spitze versehen. Platte der Kronblätter 7 mm lang, gezähnt, gebärtet, oberseits rosafarben und unterseits gelblich. Es ist fraglich, ob sich die Art in Kultur befindet.

Dianthus rupicola Biv.

Süd-Italien, Sizilien, Mallorca. Kleiner Strauch von 30 bis 60 cm Höhe. Eher dickliche Blätter, linear bis verkehrt-eiförmig, die unteren abgestumpft, die oberen gespitzt. Blüten in deckblattumgebenen Köpfen an kurzen Stielchen. 12 bis 16 Kelchschuppen, verkehrt-eiförmig und gespitzt. Kelch 25 bis 30 × 4 bis 5 mm groß, zylindrisch. Platte der Kronblätter 10 bis 15 mm lang, gezähnt, gebärtet, rosa. Aus gärtnerischer Sicht kaum von Bedeutung.

Dianthus ruprechtii Schischk.

Zentral-Kaukasus, Dagestan. Auf subalpinen Wiesen in einer Höhenlage von 1600 bis 2000 m. Steht *Dianthus carthusianorum* sehr nahe. Die Eigenständigkeit als Art ist vermutlich nicht berechtigt. 20 bis 50 cm hohe Staude. Blätter linear, 7 bis 10 cm lang, 2 bis 4 mm breit, 3- bis 7aderig. Oft 4 bis 6 Blüten zusammen, rot. Blütezeit Juli–August.

Dianthus scaber Chaix

Südwest-Europa. Lockere Polster, 15 bis 40 cm hohe Staude mit flachen, linearen, gespitzten, 1 bis 3 mm breiten Blättern, davon 3 bis 4 Paar Stengelblätter. Blüten in Köpfen. Normalerweise 6 Kelchschuppen, eiförmig, gespitzt und halb so lang bis ebensolang wie der Kelch, der 17 bis 22 mm mißt. Platte der Kronblätter 5 bis 8 mm, gezähnt und gebärtet. Selten in Gärten zu finden.

Die »Flora Europaea« unterscheidet drei Unterarten:

D. scaber ssp. *scaber*. Nordost-Spanien und Südost-Franreich. Nur 10 bis 20 cm hoch. Platte der Kronblätter nur 4 bis 5 mm lang.

D. scaber ssp. *cutandae* (Pau) Tutin. Zentral- und Ost-Spanien. 20 bis 30 cm hoch, Platte der Kronblätter 7 bis 8 mm lang.

D. scaber ssp. *toletanus* (Boiss et Reuter) Tutin. Portugal, Zentral- und Süd-Spanien.

Dianthus scardicus Wettst. *Samen*

Südliches Jugoslawien. An Berghängen. Fast polsterbildende Art, 1,5 bis 10 cm hoch. 3nervige, 15 mm lange Blätter, einzeln stehende Blüten. 2 Kelchschuppen, halb so lang wie der Kelch, dieser ist 10 bis 20 mm lang, nach oben erweitert. Platte der Kronblätter 7 bis 8 mm lang, rosa. Die Art eignet sich durchaus für das Alpinum, für den Steingarten und für Tröge. Vereinzelt im Angebot.

Dianthus schemachensis Schischk.

Dagestan, Aserbaidchan. Auf steinigen, mit Gras bewachsenen Abhängen der alpinen und subalpinen Zone. 5 bis 18 cm hohe Staude mit linear-lanzettlichen Blättern, 2 bis 3 cm lang und 1 bis 3 mm breit, 5aderig. Kelch 21 bis 30 mm lang, 5 bis 6 mm breit, zylindrisch, Blüte rosa. Blütezeit Mai–Juni.

Dianthus seguieri Vill., Buschnelke

Südwest- und westliches Zentral-Europa, von Nordost-Spanien bis Nord-Italien. Wächst zerstreut, aber meist gesellig an Wald- und Gebüschrändern auf Magerrasen, in mäßig frischen, kalkarmen, humosen, meist sauren oder sandigen Lehmböden. In höheren Lagen auch auf Felsen. Lockere Polster. Nicht blaugrüne Staude, überwintert mit Rosetten, gabelartig verzweigte Sprosse. Blühende Triebe 30 bis 60 cm hoch mit 7 bis 12 Sproßabschnitten. Schmal-lanzettliche Blätter, 1 bis 6 mm breit, abstehend oder überhängend. Blüten in wenigblütigen Rispen oder seltener einzeln oder kopfig zusammengezogen. Meist 4 Kelchschuppen, lanzettlich oder eiförmig, allmählich zugespitzt oder auch plötzlich in eine Spitze übergehend, von unterschiedlicher Länge. Kelch 14 bis 20 mm lang, zylindrisch. Platte der Kronblätter 10 bis 15 mm lang, keilförmig, tief gezähnt und von hell- bis dunkelroter Farbe, ohne Zeichnung oder mit einem Strei-

Stengelknoten

Blütenblatt

Kelch

Dianthus seguieri

fen purpurroter Punkte. Saum unregelmäßig gezähnt. Blütezeit Juni bis August.

Die »Flora Europaea« unterscheidet vier Unterarten:

D. seguieri ssp. *seguieri*. Westliches Zentral-Europa, Süd-Frankreich und Nord-Italien. Oft paarweise stehende Blüten und Kelchschuppen, annähernd so lang wie der Kelch.

D. seguieri ssp. *gautieri* (Sennen) Tutin. Nordost-Spanien. Meist einzeln stehende Blüten und Kelchschuppen, etwa halb so lang wie der Kelch.

D. seguieri ssp. *glaber* Celak. Süd-Deutschland und Tschechoslowakei. 2 bis 4 mm breite Blätter und Kelchschuppen, die nur etwa ein Drittel der Länge des Kelches messen.

D. seguieri ssp. *italicus* Tutin. Nord-Italien. 4 bis 6 mm breite Blätter. Platte der Kronblätter meist mehr als 12 mm lang.

Dianthus seguieri ist eine eher hohe Nelke, die im Sommer durch ihre schirmförmigen Blütenstände auffällt. Besonders empfehlenswert für Heidegärten und naturnahe Gärten. Hübsch wirkt sie neben *Platycodon* und sommerblühenden Enzianen.

Dianthus semenovii (Regel et Herd.) Vierh.

Mittel-Asien (Dschungarei Alatan, Karatan, Tien-Schan). Auf Felsen der alpinen Zone in 2000 bis 2500 m Höhe. Nahe verwandt mit *Dianthus alpinus*. Es ist noch unklar, ob die Eigenständigkeit berechtigt ist. 5 bis 15 cm hohe Staude. Lineare, 1,3 bis 3 cm lange und 1 bis 2 mm breite Blätter mit 3 bis 5 Adern. Blüten einzeln, aber auch zu 2 bis 4 zusammen, rosa-purpur, 15 bis 19 mm lang und 4 bis 5,5 mm breit. Kronblätter am Rande gezähnt.

Dianthus seratifolius Sibth. et Sm.

Griechenland, in bergigen Gebieten. Lockere Polster. 15 bis 30 cm hohe Staude mit langen, verholzenden Stengeln und linearen, gespitzten, 1,5 bis 3 cm langen Basalblättern und 3 bis 7 Paar schmaleren Stengelblättern. Blüten gewöhnlich einzeln. 4 bis 6 Kelchschuppen, eiförmig, spitz oder zugespitzt, etwa ein Drittel so lang wie der Kelch, gewöhnlich gänzlich braun. Kelch 12 bis 15 mm lang. Platte der Kronblätter nur 3 mm lang, rosa, tief gezähnt. Hat kaum Gartenwert.

Dianthus seravschanicus Schischk.

Pamir-Gebirge, am Bartang in Höhen von 1700 bis 2200 m. Auf steinigen Abhängen und auf Felsen. Seltene, 30 cm hohe, staudige Nelke. Gartenwert unbekannt.

Dianthus spiculifolius ist eine wertvolle Nelke für den Steingarten und ähnliche Plätze. Ihre systematische Stellung ist etwas unklar, hier wird sie als eigene Art aufgeführt, manchmal aber auch als Unterart von *Dianthus petraeus* aufgefaßt. Die Abbildung zeigt sie neben *Erinus alpinus*.

Dianthus serotinus Waldst. et Kit.,
Spätblühende Nelke

Vom östlichen Österreich und der südöstlichsten Tschechoslowakei bis Ost-Rumänien. Meist auf sandigen Böden, auch auf kalkhaltigem Sand und in Dolomit-Felsheiden. Polsterpflanze mit kräftiger Hauptwurzel. Die blühenden Sprosse der 35 bis 50 cm hohen Nelke haben 4 bis 12 Stengelabschnitte. Blaugrüne, linear-lanzettliche Blätter, steif-aufrecht, 1 bis 2 mm breit, am Rande fein gewimpert. Unterhalb der Blüten stehen 1 bis 3 Paar schuppenförmiger Brakteen. 4 Kelchschuppen, eiförmig, mit einer kurzen Spitze versehen, ein Viertel bis ein Drittel so lang wie der Kelch, der sich nach oben verschmälert und 20 bis 28 × 2,5 bis 4 mm mißt. Platte der Kronblätter 13 bis 15 mm lang, an der Basis schmal gebärtet, bis zur Mitte unregelmäßig geschlitzt, weißlich bis cremefarben. Blütezeit von Juni bis September. Chromosomenzahl 2n = 90. Für naturnahe Gärten durchaus geeignet, aber selten in Kultur.

Dianthus serrulatus Desf.

Nord-Afrika. Sehr ähnlich *Dianthus malacitanus*, nur unterschiedlich durch die breiteren Blätter (3 bis 7 mm) und die kleineren Blüten mit den 6 bis 8 mm langen Platten der Kronblätter. Aus gärtnerischer Sicht ohne Bedeutung.

Dianthus shinanensis (Yatabe) Mak.

Bergtäler in Zentral-Japan. 20 bis 35 cm hohe, aufrechte Staude mit warzigen Stengelabschnitten. Kurzgestielte Blätter, linear-lanzettlich, 2,3 bis 5,8 mm lang und etwa 7 mm breit, unbehaart und dunkelgrün. Flacher, dichter, kopfständiger Blütenstand. Kelchschuppen lang, linear bis pfriemenartig. Kelch 1,8 cm, Platte der Kronblätter 7 bis 8 mm lang, an der Basis gebärtet, rosa-purpurn. Vereinzelt in Kultur anzutreffen.

Dianthus serotinus

Dianthus soongoricus Schischk.

Saisansker Gebiet. Auf wüstenartigen, heißen Böden und steinigen Abhängen. 10 bis 30 cm hohe Staude, mehrstielig, mit linearen Blättern. Einzeln stehende, weiße bis rote Blüten, 25 bis 32 mm lang und 3 bis 4 mm breit. Blütezeit Juni–Juli.

Dianthus sphacioticus Boiss. et Heldr.

Kreta. 2 bis 10 cm hohe Staude mit kräftigem, holzigem Wurzelstock und länglichen bis länglich-lanzettlichen Blättern. Blätter am Blütenstengel sind immer kürzer als die Blätter der Stengelabschnitte. 6 Kelchschuppen, ein Drittel so lang wie der Kelch, die äußeren eiförmig und laubartig, die inneren verkehrt-eiförmig und lang zugespitzt. Platte der Kronblätter 3 bis 4 mm lang, fast ganzrandig, gebärtet. Ohne Gartenwert.

Dianthus spiculifolius Schur, Fransennelke

Samen

Östliche Karpaten und westliche Ukraine. Auf kalkhaltigen Böden. Diese Nelke wird von Botanikern teilweise als eigene Art, teilweise aber auch als eine Unterart von *Dianthus petraeus* angesehen. Grüne, 25 bis 28 cm hohe Stengel mit langen linearen, gespitzten Blättern und normalerweise einzeln stehenden Blüten. Geschlitzte, gebärtete Blüten, weiß oder rosa. Dies sind neben der größeren (10 bis 15 mm) Platte der Kronblätter Unterscheidungsmerkmale zu *Dianthus petraeus*. Die dichten, fast stacheligen Polster sehen zu jeder Jahreszeit attraktiv aus. Durchaus empfehlenswert für den Steingarten.

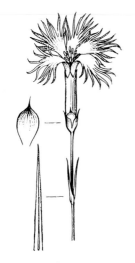

Dianthus spiculifolius

Dianthus squarrosus Bieb.   *Samen*

Ukraine bis Kasachstan. Bildet lockere Polster. 25 bis 30 cm hohe Staude mit 18 mm langen, linearen, gespitzten Blättern. Verzweigter Blütenstand. 4 verkehrt-eiförmige, lang zu-

gespitzte Kelchschuppen, nur ein Fünftel so lang wie der Kelch, wobei die äußeren viel schmaler sind als die inneren. Kelch etwa 25 × 3 mm groß. Platte der Kronblätter etwa 8 mm lang, tief geschlitzt und gebärtet. In Kultur befindet sich eine niedrigere kompakte Form unter der Bezeichnung *Dianthus squarrosus* 'Nanus'. Diese kann durchaus für Steingartenplätze empfohlen werden.

Dianthus stefanoffii Eig.

Nord-Griechenland (Athos). Ähnelt sehr *Dianthus petraeus*, unterschieden nur durch die Blätter, die 15 × 1,5 bis 2 mm groß und plötzlich in eine Spitze verschmälert sind. Kelchschuppen messen ein Drittel des Kelchs. Platte der Kronblätter unbehaart und fast ganzrandig. Kaum in Kultur verbreitet, aber im Steingarten durchaus brauchbar.

Dianthus stenopetalus Griseb.

Balkan-Halbinsel. Mattenförmige, etwa 18 cm hohe Staude, mit extrem schmalen, zusammengerollten Blättern. Kopfiger Blütenstand, eiförmige, begrannte Brakteen und Kelchschuppen. Kelch 6 mm lang. Blüten zu wenigen oder zu vielen stehend, von purpurroter Farbe. Vereinzelt in Kultur.

Dianthus strictus Banks et Solander   *o.v. Samen*

Synonym: *Dianthus multipunctatus* Ser.

Kreta, Türkei und westliches Syrien, Zypern. Polsterbildende, 30 bis 50 cm hohe Staude mit verholzendem Wurzelstock und einfachen oder verzweigten Stengeln. Das Basallaub ist zur Blütezeit bereits vertrocknet. Am Stengel sitzen 6 bis 12 Paar 1 bis 3 mm breite, gespitzte Blätter, etwa gleichlang wie die Stengelabschnitte. Eiförmige, gespitzte breit-trockenhäutige Kelchschuppen, etwa ein Drittel so lang wie der Kelch, der 15 bis 18 mm mißt. Kelch konisch, ungerippt, aber

Dianthus squarrosus empfiehlt sich wiederum für den Steingarten und für Tröge. Hier die niedrige *Dianthus squarrosus* 'Nanus', die sich vereinzelt in Kultur befindet, im Gegensatz zur Art. Gute Dränage und einen sonnigen Platz braucht sie für ein gutes Gedeihen.

mit purpurroten Linien versehen. Platte der Kronblätter etwa 10 mm lang, gezähnt und gebärtet, rosa und dunkler geadert.

Auf Zypern kommt im Troodos-Gebirge *Dianthus strictus* var. *troödii* vor. Es ist eine Gebirgsform mit wenigen, aber größeren Blüten als *Dianthus strictus* aus tieferen Lagen. Es gibt durchaus gute Typen, die sich auch für den Garten eignen. Solche sind beispielsweise *Dianthus strictus* 'Brigantiacus' mit schönem

rosa Blütenfarbton, die besonders großblütige *Dianthus strictus* 'Grandiflorus' und *Dianthus strictus* 'Integer' (Wiesen-Zwergnelke), ein mehr kriechender Typ (etwa 8 cm hoch), bei dem die Blüten kleiner und weiß sind, die Kronblätter ganzrandig und die Brakteen halb so lang wie der Kelch.

Es herrscht bei der Benennung der Kulturformen ein Durcheinander, da unter der Bezeichnung *Dianthus strictus* auch ein *Dianthus petraeus*-Typ verbreitet ist. Unklar ist auch die korrekte Zuordnung der Varietät *Dianthus strictus* var. *bebius*, von der Samen im Angebot ist (15 cm hoch, rein-weiß).

Dianthus strybrnyi Velen.

Nord-Albanien, Bulgarien. Steht *Dianthus cruentus* sehr nahe. *Dianthus strybrnyi* ist kleiner und weniger robust. Stengelblätter 2 bis 3 mm breit. Brakteen und Kelchschuppen leicht purpur gefärbt, Granne gleichlang wie die eigentliche Schuppe. Kelch 8 bis 10 mm lang. Platte der Kronblätter fahlrosa, nahezu oder völlig unbehaart. Für naturnahe Gärten und Heidegärten durchaus brauchbar.

Dianthus strymonis Rech. fil.

Nordost-Griechenland. Steht *Dianthus campestris* und *Dianthus hypanicus* nahe und unterscheidet sich durch den schlankeren Wuchs, weniger blütenreiche Köpfe und die bräunlichen Kelchschuppen. Brauchbar für den Steingarten, aber kaum in Kultur.

Dianthus subacaulis Vill. *Samen*
Kurzstengelige Nelke

Südwesteuropäische Gebirge. Dichtpolsterige, 3 bis 20 cm hohe Staude mit einem kräftigen, verholzenden Wurzelstock. Die Stengel sind unverzweigt. Die Blätter, an der Basis meist 10 × 1 mm groß, sind am Stengel kürzer und angepreßt. 4 Kelchschuppen, breit-eiförmig, spitz oder zugespitzt, etwa ein Drittel so lang wie der Kelch. Platte der Kronblätter 3 bis 5 mm lang, unbehaart, fast ganzrandig und fahl-rosa.

Die »Flora Europaea« unterscheidet zwei Unterarten:

D. subacaulis ssp. *subacaulis*. Süd- und Nordost-Frankreich. Ein Typ mit eher lockeren Polstern, mit zugespitzten Kelchschuppen, die fast halb so lang sind wie der Kelch.

D. subacaulis ssp. *brachyanthus* (Boiss.) P. Fourn. Pyrenäen, Berge Spaniens und Portugals. Entwickelt sehr dichte Polster und einen kräftigen, verholzenden Wurzelstock. Kelchschuppen zugespitzt und ein Drittel so lang wie der Kelch. Blütezeit Juni bis August.

Dianthus subacaulis ist eine durchaus akzeptable Gartenpflanze, deren Faulblütigkeit durch die schönen großen, flachen Polster ausgeglichen wird. Die in Kultur verbreiteten Typen zeigen oft auch kräftigere rosa und rote Töne. Unter der Bezeichnung *Dianthus subacaulis* 'Rosa Zwerg' ist eine etwa 6 cm hohe Sorte mit hellrosa Blüten im Handel, die im Mai–Juni unermüdlich blüht.

Dianthus subulosus Freyn

Endemisch im südlichen Teil des Kaukasus, Grusinien. In lichten Wäldern und an Berghängen mit Gebüsch. 40 bis 75 cm hohe Staude mit linearen Blättern von 6 bis 10 cm Länge und 2 bis 3,5 mm Breite. Nahe verwandt mit *Dianthus carthusianorum*.

Dianthus superbus L., Prachtnelke

Europa, Sibirien, Mandschurei, Japan, Sachalin. Moorwiesen, subalpine Gebüsche und Hochgrasfluren, lichte Eichenwälder, insgesamt wechselfeucht bis sickerfeuchte Böden. 25 bis 60 cm (manchmal auch bis 90 cm) hohe Staude, unten oft niederliegend, oben verzweigt. Blätter linear bis lanzettlich. 2 bis 4 Kelchschuppen, eiförmig, zugespitzt oder kurzgrannig, ein Viertel bis ein Drittel so lang wie der Kelch. Dieser ist 15 bis 30 × 3 bis 6 mm groß, nach oben verschmälert. Die Blüten duften stark. Platte der Kronblätter 15 bis 30 mm lang, mehr als bis zur Mitte geschlitzt, gebärtet, purpurrot, manchmal auch weiß. Blütezeit Juni bis September.

Die »Flora Europaea« unterteilt in drei Unterarten:

D. superbus ssp. *superbus*. Der eigentliche

Dianthus subacaulis ›Rosa Zwerg‹ blüht im Gegensatz zur Art wesentlich reicher. Die Art bildet zwar sehr schöne Polster, bringt aber oft nur wenige Blüten. Im Mai–Juni bildet die Pflanze ein unermüdlich blühendes Polster, das besonders für kleine Pflanzplätze eine wichtige Rolle spielt.

Typ kommt im gesamten Verbreitungsgebiet mehr in tieferen Lagen vor. Kelch 15 bis 30 × 4 bis 6 mm groß, purpurrot oder violett getönt. Platte der Kronblätter etwa 20 mm lang. Färbung der gesamten Pflanze nicht oder nur schwach blaugrün.

D. superbus ssp. *stenocalyx* (Trautv.) Kleopow. Ukraine und in Zentral- und Süd-Rußland. Kelch grün oder nur leicht purpur getönt, 24 × 3 mm groß.

D. superbus ssp. *speciosus* (Reichenb.) Pawl. Wächst im gesamten Verbreitungsgebiet der Art, aber in höheren Lagen. Pflanzen von blaugrüner Farbe, Platte der Kronblätter 30 mm lang. Blüten insgesamt etwas größer.

In der Flora von Japan befindet sich *D. superbus* var. *speciosus*, die identisch ist mit *D. superbus* ssp. *speciosus*. Weiter *D. superbus* var. *longicalycinus* (Maxim.) Williams, die außer in Japan auch in China, Korea und auf Formosa vorkommt. 30 bis 80 cm hohe Nelke mit 3 bis 4 paarweise stehenden Brakteen, wobei die oberen etwas länger sind und lang zugespitzt. Schlanke Kelchröhre, 2,5 bis 4 cm lang. Die Blütezeit dieser Varietät dauert von Juli bis Oktober. In Japan ist weiter *D. speciosus (D. superbus)* var. *monticola* Makino bekannt, mit den Formen *D. speciosus* var. *monticola* f. *bibracteatus* Tatewaki, *D. speciosus* var. *monticola* f. *chionanthus* Okuyama und *D. speciosus* var. *monticola* f. *amoenus* Nakei. Letztgenannte mit schmaleren und stärker genagelten Petalen. Es existiert auch eine spätblühende Form, bekannt als *D. speciosus (D. superbus)* ssp. *autumnalis*, die botanisch schlecht einzuordnen ist.

Die Prachtnelke wurde schon seit dem 13. Jahrhundert auch in Gärten gehalten, wo sie an mildfeuchten Plätzen willig wächst und ihren Duft verströmt. Ihren idealen Platz hat sie an Teich- und Beckenrändern, die Kontakt mit dem Wasser haben. Die Pflanzen kommen zwar in der Natur auch auf basischen Böden vor, doch liebt die Pflanze im Garten einen mehr anmoorigen, leicht sauren Boden. Es gibt eine ganze Reihe von Auslesen, die unter Namen wie 'Albus', 'Speciosus', 'Longicalycinus', 'Monticolus Albus', 'Oreadus' u.a. in Kultur verbreitet sind. Als gute Nachbarpflanzen eignen sich neben andern *Primula rosea* und *Gladiolus palustris*.

Dianthus sylvestris Wulfen, Sänu
Bergwaldnelke, Steinnelke

Von Süd- und Ost-Spanien bis Griechenland und nordwärts bis zum Schweizer Jura und den Alpen. Die Staude bildet dichte Polster. Kurzer, dicker, verholzender Wurzelstock und vielzählige, grüne, 0,5 bis 1 mm breite, oft zurückgebogene Blätter. 5 bis 30 cm hohe Blütenstengel, die 1 bis 2, selten 3, nicht duftende Blüten tragen. 2 bis 5, bei einer Unterart auch 8 Kelchschuppen, breit-verkehrteiförmig, trockenhäutig, gestutzt oder lang zugespitzt, ein Viertel so lang wie der Kelch, der

Dianthus superbus ssp. *autumnalis* ist wichtig als Spätblüher (und eignet sich für frischere Böden), auch wenn sie keinen ausgesprochenen Farbfleck bildet.

Die Prachtnelke, *Dianthus superbus*, hat duftende, filigranartige Blüten. Hier die weiße Form ›Albus‹. Diese bedeutsame Art liebt Feuchtigkeit.

Dianthus superbus

Dianthus
superbus var. longicalycinus

Kelch

Blütenblatt

Dianthus sylvestris

bis 4 zusammen. 5 bis 15 cm hohe Stengel, leicht aufrecht oder leicht überhängend. Blütezeit Mai–Juni. Diese gartenwürdige Nelke hat besonders im Steingarten oder im naturnahen Trog ihre Berechtigung, wo sie sich auch manchmal selbst aussät, aber ohne lästig zu werden. Es finden sich zu dieser Zeit viele geeignete Partner wie beispielsweise *Aster alpinus* (violette Typen) und *Biscutella laevigata* mit ihren gelben Blütchen.

D. sylvestris ssp. *tergestinus* (Rchb.) Hayek, Triestiner Nelke. West-Jugoslawien, Italien und Albanien. Wächst höher (20 bis 50 cm) und mehrköpfig. Blätter schmal, oben gabelig verzweigt und ein- bis wenigblütig. Fast ganzrandige Blüten (im Gegensatz zu den gezähnten Blüten der Art) mit nur schwacher Kerbung, reinrosa. Die Blütezeit liegt etwas später als bei der eigentlichen Art, in den Hochsommermonaten Juli–August.

Wegen ihrem schlanken Wuchs und der späteren Blütezeit, aber auch wegen der lieblichen Blütenfarbe wird die Unterart gerne an Steingartenplätzen verwendet. Sie verlangt einen etwas mehr sandig-kiesigen Boden. Selbstverständlich sind auch die anderen Unterarten im Garten brauchbar; sie finden sich aber sowohl als Pflanzen als auch in Form von Samen viel seltener im Angebot.

12 bis 29 × 4 bis 7 mm mißt und fast zylindrisch ist. Platte der Kronblätter unbehaart, rosa, ganzrandig bis gezähnt. Chromosomenzahl 2n = 30.

Die »Flora Europaea« unterscheidet fünf Unterarten:

D. sylvestris ssp. *sylvestris*, *D. slyvestris* ssp. *tergestinus*, *D. sylvestris* ssp. *nodos*, *D. sylvestris* ssp. *bertisceus*, *D. sylvestris* ssp. *siculus*. Gärtnerische Bedeutung haben besonders die beiden zuerstgenannten Unterarten.

D. sylvestris ssp. *sylvestris* wächst dichtrasigbüschelig mit schmalen, grasartigen, meergrünen, rinnigen Blättern. Rosarote, schwach duftende, verhältnismäßig große Blüten, jeweils 1

Dianthus tabrisianus Bienert ex Boiss.

Südlicher Kaukasus, Iran. An steilen Abhängen. 15 bis 40 cm hohe Staude mit linearen, bis 5 cm langen und 1 mm breiten Blättern. 4- bis 6blütig, Blütenfarbe rosa, purpur oder weiß. Blütezeit Juli.

Dianthus takyschensis Boiss. et Buhse

Kaukasus, Iran. Auf bewaldeten Abhängen. 25 bis 50 cm hohe Staude mit linearen Blättern, 5 bis 12 cm lang und 2 bis 4 mm breit. 1- bis 3blütig. Blütenfarbe rosa. Blütezeit Juli. Kaum in Kultur.

Dianthus tenuifolius Schur

Östliche Karpaten. Die Art steht *Dianthus carthusianorum* sehr nahe; sie unterscheidet sich von dieser durch die Vielzahl von etwa 25 cm hohen Blütenstengeln, die schmalen Blätter (0,5 bis 1 mm), die Stengelblätter, die länger sind als die Stengelabschnitte und durch kleinere Blütenköpfe (meist 1- bis 4blütig, seltener bis zu 6 Blüten). Durchaus brauchbar für den Garten, doch selten im Angebot.

Oben: *Dianthus uralensis*. Diese zarte Nelke ist in den Gärten noch wenig verbreitet, obwohl sie hübsch aussieht und obwohl ihr wegen der etwas späteren Blütezeit eine gewisse Bedeutung zukommt. Auf dem Gebiet der Sowjetunion gibt es zahlreiche Nelkenarten, die noch auf den Einzug in die Gärten warten, wenn auch ihre Stellung innerhalb der botanischen Systematik nicht voll geklärt ist.

Rechte Seite: *Dianthus webbianus* ist meist noch unter der synonymen Bezeichnung *Dianthus erinaceus* verbreitet.

Dianthus tesquicola Klokov

Zentral- und Ost-Ukraine. Ähnelt sehr *Dianthus eugeniae*. Unterscheidet sich durch den kleineren Wuchs, die leicht flaumhaarigen Stengel und Blätter, die nur 1 bis 2 mm breiten Blätter, die nur 3 bis 5 mm langen Platten der Kronblätter und durch die kurz begrannten Kelchschuppen, die etwa die Hälfte des 12 bis 15 mm langen Kelchs messen. Wohl kaum in Kultur.

Dianthus tetralepis Nevski

Pamir. Seltene Nelkenart, die auf steinigen Abhängen zusammen mit *Artemisia vachanica* und *Artemisia ferganensis* wächst. Eine 20 bis 40 cm hohe Staude mit 2 bis 4 cm langen und 1 bis 2 mm breiten Blättern. Am Wurzelhals verkahlend und knotig. Lange (30 bis 35 mm) schmale, kleine Blüten im Juni–Juli. Deckblätter kleinschuppig, stumpf oder zugespitzt.

Dianthus tianshanicus Schischk.

Tien-Schan in 2000 bis 2500 m Höhe. Im Kieselgeröll der Flußufer, an steinigen Felshängen und in Gletschernähe. 15 bis 25 cm hohe Staude, mehrstielig, mit linearen, 2 bis 3,5 cm langen und 0,5 bis 1 mm breiten Blättern. Blüten meist 1 bis 3, selten mehr, rosa oder dunkelpurpur. Blütezeit Juli.

Dianthus trifasciculatus Kit.

Südost-Europa. Bis zu 80 cm hohe Staude mit linear-lanzettlichen, 4 bis 10 mm breiten, an der Basis wenigen, am Stengel 10 bis 20 Paar Blättern. Kopfiger Blütenstand und vielblütig. Kelchschuppen eiförmig bis lanzettlich, etwa gleichlang wie der Kelch, Spitze pfriemig oder grannig. 4 grüne Brakteen, Kelch 1,2 cm lang. Platten der Kronblätter gebärtet, 4 bis 10 mm lang, rosa bis purpurrot.

Die »Flora Europaea« unterscheidet drei Unterarten:

D. trifasciculatus ssp. *trifasciculatus*. Rumänien, Bulgarien und Ost-Jugoslawien. Köpfe mit kurzgestielten, rosa Blüten, deren Kronblätter 10 mm messen.

D. trifasciculatus ssp. *deserti* (Prodan) Tutin. Unteres Donaugebirge. Lila Blüten, deren Platten der Kronblätter nur 4 mm messen.

D. trifasciculatus ssp. *euponticus* (Zapal.) Kleopow. Ukraine und Moldawien. Köpfe mit lang gestielten, purpurroten Blüten. Kaum verbreitet.

Besonders die eigentliche Art mit etwas größeren Blüten wäre in naturnahen Gärten durchaus denkbar.

Dianthus tripunctatus Sibth. et Sm.

Griechenland, Ägäis-Region, Teile Süd-Italiens, Portugal. Einjährig, sparrig verzweigt, 15 bis 40 cm hoch. Basalblätter 3 bis 8 mm breit und zur Blütezeit meist schon vertrocknet. Kelchschuppen eiförmig und mit einer langen pfriemigen, grünen Spitze versehen, 11 bis 12 mm lang. Kelch 15 bis 18 mm lang, konisch, breit gerippt und zu beiden Seiten der Rippen kleinwarzig. Platten der Kronblätter gezähnt, gebärtet, etwa 10 mm lang. Diese Annuelle ist in gärtnerischer Kultur kaum verbreitet.

Dianthus tristis *Velen.*

Jugoslawien, Albanien, Bulgarien und Nordwest-Griechenland. Nahe verwandt mit *Dianthus cruentus*. Von dieser unterscheidet sie sich durch die geringere Größe, die nur 1 bis 2 mm breiten Stengelblätter, die dunkelbraunen, unbehaarten Brakteen und Kelchschuppen, den dunkelpurpurnen, 10 × 2 mm großen Kelch und die rosa, unbehaarten oder fast unbehaarten Blüten. Hin und wieder in Kultur.

Dianthus turcestanicus Peobr.

Tien-Schan. Auf Bergwiesen und auf Felsen mit dichtem Graswuchs. 20 bis 40 cm hohe Staude. Blüten rosa bis purpurn, 15 bis 22 mm lang und 4 bis 6 mm breit. Blütezeit Juni–Juli.

Dianthus turcomanicus Schischk.

Endemisch in Turkmenien, Kopet-Dag-Gebirge. Auf steinigen Abhängen in Höhenlagen von etwa 2100 m. 20 bis 50 cm hohe Staude mit linearen, 4 bis 6 cm langen und 1 bis 2 mm breiten, 3aderigen Blättern. Stengel in der gesamten Länge bis zum Kelch mit kurzen Härchen besetzt. Blüten einzeln, weiß-rosa, 25 bis 30 mm lang und 4 bis 5 mm breit. Blütezeit Mai bis Juli.

Dianthus uralensis Korsh.

Ural. Nahe verwandt mit *Dianthus rigidus*. 20 bis 50 cm hohe Staude mit verholzender Basis, viel verzweigten Stengeln, linearen, 3nervigen Blättern und einzeln stehenden Blüten.

4 Kelchschuppen, verkehrt-eiförmig oder verlängert und kleingespitzt. Kelch 12 mm lang, Platte der Kronblätter oberseits rosa, unterseits gelbgrün. Vereinzelt in Kultur anzutreffen.

Dianthus urmoffii Stoj. et Acht.

Westliches Bulgarien. Nicht sehr verschieden von *Dianthus trifasciculatus*. Lediglich die Blattscheiden sind fünf- bis neunmal so lang wie der Durchmesser der Stengel, und die Brakteen sind zahlreicher. Schmal-zylindrischer Kelch, nach oben noch verschmälert, 16 bis 20 × 3 bis 3,5 mm groß. Kaum in Kultur.

Dianthus vandasii Velen.

Bulgarien. Entspricht in vielen Eigenschaften *Dianthus pontederae*, hat jedoch sehr schmale (0,5 mm), oft zusammengerollte Blätter, ist mit weniger Stengelblättern ausgestattet und hat lang zugespitzte Kelchschuppen. Wird wohl kaum kultiviert.

Dianthus versicolor Fischer ex Link

Östliches Rußland, Ukraine. Ähnelt *Dianthus pratensis* sehr, unterscheidet sich durch den kräftigen Wurzelstock, die mehr oder weniger flaumig behaarten Stengel und Blätter, die Kelchschuppen, die halb so lang sind wie der Kelch, und die plötzlich in eine pfriemige Spitze übergehen. Kronblätter oberseits rosapurpur und unterseits grünlich. Vereinzelt in Kultur, erinnert insgesamt etwas an *Dianthus pavonius*. Den Namen erhielt diese Nelke durch die vielfarbigen Blüten, die beim Öffnen oft weißlich und lederig-rosa aussehen, später tiefrosa erscheinen. Wenn frisch geöffnete und ältere Blüten nebeneinander stehen, ergibt sich ein mehrfarbiger Effekt.

Dianthus viridescens Vis.

Süd- und West-Jugoslawien, Nord-Albanien. Einjährige Nelke von etwa 60 cm Höhe mit reich verzweigten Blütenstengeln, deren Basisblätter zur Blütezeit bereits verwelken. 5 bis 7 Paar Stengelblätter. 2 Kelchschuppen, verkehrt-eiförmig, etwa gleichlang wie die Kelchröhre, mit grüner, pfriemiger Spitze. Platte der Kronblätter 7 bis 10 mm lang, gebärtet, gezähnt, rosa. Normalerweise nicht in Kultur.

Dianthus viscidus Bory et Chaub.

Griechenland. Nicht sehr unterschiedlich zu *Dianthus corymbosus*, doch ist der Blütenstand eine größere Traube. Kelch 18 bis 22 × 3 bis 4 mm groß, Kelchschuppen mehr oder weniger angeschwollen, glänzend, mit einer borstenartigen Spitze. Kaum in Kultur.

Dianthus vladimiri Galuschko

Kaukasus. An grasigen Hängen der subalpinen Zone. Staudige Nelke, nur 3 bis 7 cm hoch. 2, manchmal auch 4 schuppenförmige Vorblätter. Kronblätter dunkel-kirschrot, grobgezähnt, bis 15 mm breit. Eine Einführung in die Kultur wäre wünschenswert.

Dianthus volgicus Juz.

Östliches Rußland. Entspricht weitgehend *Dianthus krylovianus*; sie unterscheidet sich lediglich durch den mehr lockerpolsterigen Wuchs, die 4 gespitzten oder lang zugespitzten Kelchschuppen und den längeren, etwa 25 mm langen Kelch. Kaum in Kultur.

Dianthus webbianus Vis., Igelnelke *Sawa*

Synonym: *Dianthus erinaceus* Boiss.
Kleinasien. Staude mit festen Polstern, 10 bis 20 cm hoch. Blätter graugrün, starr und sehr spitzstachelig. Stengel kurz, 2- bis 3blütig.

Dianthus × allwoodii hat viele Gesichter, entsprechend der Vielgestaltigkeit der Eltern. Ihre sehr breit gestreuten Einsatzmöglichkeiten reichen vom Trog über Einfassungen oder Terrassenbeete bis hin zur Verwendung als Schnittblume. In England zieht man diese Nelken gern in Töpfen.

Die *Dianthus* × *allwoodii*-Hybriden entstanden in England aus Kreuzungen von alten *Dianthus caryophyllus*-Sorten mit *Dianthus plumarius*. Hier eine einfachblühende Sorte mit *Helianthemum*, es gibt aber auch gefülltblühende, fast edelnelkenartige Züchtungen.

Kelchschuppen lang und borstig, die rosa Blüten überragend. Die Blütezeit liegt im August, was die Pflanze für Steingärten, Trockenmauern und Tröge besonders wertvoll macht. Allerdings ist die Pflanze in der Jugend nicht sehr reichblütig. Sämlinge wachsen schnell zu einem Polster, das einem *Acantholimon*-Polster ähnelt. Für trockenste Plätze. Interessante Pflanze für Sammler.

Dianthus xylorrizus Boiss. et Heldr.

Kreta. Nur 5 bis 15 cm hohe Staude mit einem dicken holzigen Wurzelstock. 4 mm breite, lineare, gespitzte oder stumpfe Blätter, eher dick und weich. 3 bis 6 Paar Stengelblätter, kürzer und schmaler als die Basalblätter. Normalerweise 4 Kelchschuppen, eiförmig, gespitzt oder lang zugespitzt, lederartig und nur ein Viertel so lang wie der Kelch. Dieser ist 20 bis 25 × 4 bis 5 mm groß und weist unterhalb der Mitte den größten Durchmesser auf. Platte der Kronblätter 4 bis 6 mm groß, unbehaart, schmutzig-weiß. Kaum in Kultur.

Dianthus zonatus Fenzl

Türkei, westliches Syrien. 8 bis 30 cm hohe Staude mit 1,5 mm breiten, gespitzten Blättern. Verzweigter Blütenstand mit bis zu 5 cm langen Stielchen. 4 bis 8 Kelchschuppen, dreiviertel so lang wie der Kelch, etwa 1,8 cm lang und 4 mm breit, hellgrün, leicht purpurfarben überhaucht. Kronblätter bis 1,2 mm lang, gebärtet, oberseits tiefrosa und unterseits gelblich.

Dianthus-Hybriden der ersten Generation

Ein Großteil der in diesem Buch behandelten Nelken sind Hybriden, selbst die als eigenständige Art geführte *Dianthus caryophyllus* ist letztendlich schon hybriden Ursprungs. Bei den meisten Nelkensorten lassen sich die Stammeltern gar nicht mehr genau feststellen. Im folgenden werden nur Hybriden der ersten Generation genannt, bei denen man beide Eltern kennt. Es kann sich dabei sowohl um Naturhybriden als auch um gärtnerische Kreuzungsprodukte handeln.

Dianthus × allwoodii Hort. Allw.
D. caryophyllus × *D. plumarius*. Bei der Firma Allwood in England erzielte und in den Handel gebrachte Kreuzung. Polsterbildende Staude mit festen, derben, breiten Blättern. Blütenfarbe sehr variabel. Die Blüten sind mehr oder weniger gefranst. Insgesamt eine sehr harte, widerstandsfähige Nelke, die sich vielfältig im Garten verwenden läßt: in Trockenmauern, mobilen Gärten, für Einfassungen, in Steingärten, zum Schnitt für kleine Sträuße und für viele weitere gärtnerische Verwendungszwecke. Aus dieser Kreuzung entwickelte sich eine ganze Nelkenrasse. (Siehe Abschnitt »Perennierende Nelkenzüchtungen«)

Dianthus × arvernensis Rouy et Foucaud
D. monspessulans × *D. seguieri*. Ost- und Zentral-Frankreich. 25 bis 40 cm hohe Staude mit schmalen Blättern und langen Blattscheiden. Kronblätter etwa 1,2 cm lang, gezähnt, rosa-rot-purpurrot. Die flach-halbkugeligen, dichten, blaugrauen Polster wirken auch außerhalb der Blütezeit attraktiv. Die im Handel befindlichen Typen sind meist nicht mehr die Naturhybriden, sondern haben sich weiterhybridisiert. Ihre Blütenhöhe beträgt auch meist nur 10 cm. Es handelt sich um schöne, (im Juni!) reichblühende Pflanzen. Ein solch hübscher Typ ist unter der Bezeichnung 'Graukissen' im Handel, ebenfalls gibt es eine Albinoform *Dianthus × arvernensis* 'Albus'.

Dianthus × aschersonii M. Schulze
D. armeria × *D. carthusianorum*.
Naturbastard in Thüringen.

Dianthus × callizonoides Sündermann
D. pavonius × *D. callizonus*. Spontan entstandene Gartenhybride.

Dianthus × christii Thellung
D. arenarius × *D. gratianopolitanus*. Spontan entstandene Gartenhybride.

Dianthus × courtoisii Rchb.
D. superbus × *Dianthus barbatus*. Kommt als spontan entstandene Gartenhybride vor, wurde auch als Bastard in der Natur gefunden.

Dianthus × dallafiori J. Murr
D. seguieri × *D. armeria*. Naturbastard.

Dianthus × dominii Hegi
D. plumarius × *D. gratianopolitanus*. Spontan entstandene Gartenhybride.

Dianthus × duftii Hauskn. ex Aschers.
D. deltoides × *D. carthusianorum*.
Naturbastard in Tirol, Süd- und Mittel-Deutschland.

Dianthus × arvernensis des Handels ist meist nicht mehr die Naturhybride aus Ost- und Zentralfrankreich, sondern sie hat sich weiter hybridisiert. Es sind aber alles liebenswerte Gesellen für den Steingarten und für Tröge.

Dianthus × fallax Kern.
D. alpinus × D. deltoides. Spontan entstandene Gartenhybride.

Dianthus × fritschii Rob. Keller
D. superbus ssp. *speciosus × D. barbatus.* Naturbastard aus Salzburg und Kärnten.

Dianthus × gizellae Borbas
D. barbatus × D. caryophyllus. Spontan entstandene Gartenhybride.

Dianthus × gremblichii Aschers.
D. chinensis × D. caryophyllus. Spontan entstandene Gartenhybride.

Dianthus × hellwigii Aschers. ex Borbas
D. deltoides × D. armeria.
Mehrfach beobachteter fertiler Naturbastard.

Dianthus × huebneri Seehaus
D. superbus × D. carthusianorum.
Naturbastard.

Dianthus × jaczonis Aschers.
D. deltoides × D. superbus. Naturbastard aus Brandenburg und Mähren.

Dianthus × latifolius Willd.
Abstammung ungewiß. 22 bis 35 cm hohe Staude mit steifen, aufrechten Stengeln, 5 bis

Eine etwas »dubiose« Nelke ist diese in botanischen Gärten verbreitete *Dianthus moori* aus Japan. Mit größter Wahrscheinlichkeit handelt es sich um eine Hybride, und die Schreibweise müßte dann *Dianthus × moori* lauten. Nähere Angaben sind nicht bekannt.

8 cm langen und 1,4 cm breiten Blättern, wobei die Basalblätter gestielt sind. Der Blütenstand ist 1- bis 6blütig. Die meist 6 Kelchschuppen haben unterschiedliche Länge. Blüten einfach oder auch gefüllt. Kronblätter gezähnt, rosa bis dunkelrot. Es gibt einige farblich unterschiedliche gärtnerische Auslesen unter den Namen 'Atrococcineus' (dunkelrot) und 'Atropurpureus' (kräftig purrot).

Dianthus × laucheanus Bolle
D. deltoides × D. barbatus. Naturbastard aus der Umgebung von Berlin.

Dianthus × lucae Aschers.
D. arenarius × D. carthusianorum.
Naturbastard aus Nordost-Deutschland und Schlesien.

Dianthus × melzeri Janchen
D. superbus ssp. *alpestris × D. sylvestris.*

Dianthus × mikii Reichardt
D. monspessulanus × D. barbatus.
Naturbastard aus Istrien.

Dianthus × nammingioranum J. Murr
D. seguieri × D. sylvestris. Naturbastard aus Südtirol.

Dianthus × **oenipontanus** Kern.
D. alpinus × *D. superbus*. Spontan entstandene Gartenhybride.

Dianthus × **paradoxus** Rob. Keller
D. carthusianorum ssp. *vaginatus* ×
D. sylvestris. Naturbastard aus dem Blegotal.

Dianthus × **roysii** Hort.
D. callizonus × *D. gratianopolitanus*. In der Literatur wird auch manchmal von einer Naturhybride gesprochen, was aber zweifelhaft ist. Verschiedentlich wird auch von einer Hybride von *D. pavonius* gesprochen. Hübsche kleine Nelke mit verhältnismäßig großen, tiefrosa Blüten. Eine gärtnerische Auslese ist unter der Bezeichnung 'Roseus' bekannt. Diese hat besonders leuchtende, tiefrosa Blüten. Schöne Steingartenpflanze, aber selten echt im Handel.

Dianthus × **seehausianus** Aschers.
D. deltoides × *D. arenarius*. Naturbastard aus Nordost-Deutschland.

Dianthus × **spurius** Kern.
D. carthusianorum × *D. sylvestris*. Naturbastard aus Tirol und Graubünden.

Dianthus × **ticinensis** Beauverd
D. seguieri × *D. carthusianorum* ssp. *vaginatus*. Naturbastard aus dem Tessin.

Dianthus × **tschackeanus** A. et G.
D. armeria × *D. superbus*.

Dianthus × **varians** Rouy et Fouc.
D. seguieri × *D. monspessulanus*. Tirol?

Einjährige Nelkenzüchtungen

Wie schon bei den botanischen Aspekten erwähnt, bastardisieren Nelken sehr leicht, bedingt durch die günstigen Chromosomen-Verhältnisse. In der Natur hat diese Eigenschaft zu zahlreichen Naturhybriden geführt. Sie wurde seit Jahrhunderten auch gärtnerisch genutzt. Wie schon mehrfach angesprochen, verbirgt sich hinter der botanischen Bezeichnung *Dianthus caryophyllus* wahrscheinlich keine reine Art. Zu diesem Konglomerat sind später als wichtige Arten *Dianthus barbatus* und *Dianthus chinensis* hinzugekommen. Im Laufe der Zeit haben sich durch Einkreuzungen immer neue Rassen gebildet und auch manche ursprüngliche Eigenschaft hat sich verändert: aus perennierenden Ausgangssorten wurden oft einjährig kultivierte Züchtungen. Die Grenze zwischen Annuellen, Biennen und Perennierenden hat sich immer mehr verwischt. Um das gesamte Feld noch einigermaßen transparent zu gestalten, wird in den folgenden Abschnitten die Trennung in diese drei Gruppen beibehalten, wobei der Verwendungszweck das ausschlaggebende Kriterium darstellt. So werden die Chinenser-Nelken bei den einjährigen Nelken genannt, obwohl sie zwei oder drei Jahre ausdauern: Sie werden aber in der Mehrzahl als annuell kultivierte Sommerblumen verwendet.

Chinensernelken (Kaisernelken)

Die Entwicklung der Chinensernelken

Gemeint sind hier im wesentlichen die einjährigen Chinensernelken. Die Entstehung der annuellen Gartenformen liegt fast genauso im Dunkel wie der Ursprung von *Dianthus caryophyllus*. Man muß davon ausgehen, daß es sich bei der echten Wildart von *Dianthus chinensis* keinesfalls um eine annuelle Pflanze handelt, sondern daß diese mehr oder weniger ausdauert. Diese ostasiatische Art ist eine Staude mit Kriechsprossen, aus der sich durch lange züchterische Tätigkeit eine einmalblühende Sommerblume entwickelte. Ganz können selbst die modernsten F_1-Hybriden ihre Herkunft nicht verleugnen, denn sie blühen im zweiten Jahr oft schöner als im ersten, sofern man sie stehen läßt. Die züchterische Bearbeitung erfolgte keineswegs erst in Europa, sondern es wurden schon aus Ost-Asien Kultursorten eingeführt. Wenn die Angaben stimmen, wurde *Dianthus chinensis* schon im Jahre 1713 eingeführt als 'Indian-Pink' oder 'China-Pink'. Wahrscheinlich basiert der von Linné gegebene botanische Name auf einer Kulturform, so daß eigentlich die Wildform ein eigenständiges Taxon ergeben würde.

Daß die früheren *Dianthus chinensis*-Sorten nicht im gleichem Maße Annuelle waren, geht aus der Beschreibung von Jacob Ernst von Raider in seinem Buch »Die Geheimnisse der Blumisterei« aus dem Jahre 1827, hervor, wo es heißt: »Die Sinensernelke, mit 1 Schuh hohen Stengeln, linienlanzettförmigen Blättern. Man hat hievon solche, von dunkelstem purpurroth, bis zum incarnat, mit den schönsten Schattierungen und Zeichnungen, mit einfachen und gefüllten Blumen. Dieselben gedeihen am besten im Garten in fettem, nicht zu trockenem Boden. Man säet solche im April, sie blühen schon im ersten Jahr und *dauern 3 bis 4 Jahr*. Sie sollten in keinem Garten fehlen.« Aus der englischsprachigen Literatur geht hervor, daß man kurz nach der Einführung dieser Nelke die Pflanze als Zweijahresblume behandelt hat. Sie wurde im Juni gesät. Wenn die Sämlinge groß genug waren, wurden sie auf ein gut präpariertes Beet gepflanzt. Um vielblütige, kräftige Pflanzen zu erhalten, wurde die Blüte im ersten Jahr rigoros unterdrückt. Folglich standen auf diese Art und Weise im zweiten Jahr attraktive, reichblühende Pflanzen zur Verfügung. (Bemerkt sei am Rande, daß man das gleiche Kulturverfahren ohne weiteres auch bei den modernen Züchtungen der Chinensernelken anwenden kann.)

Die ohnehin schon große Variationsbreite der *Dianthus chinensis*-Sorten erhielt eine weitere kräftige Belebung, als um das Jahr 1860 herum die Heddewigsnelken aus Japan über das damalige St. Petersburg eingeführt wurden. Ihre Bezeichnung verdanken sie einem Gärtner aus St. Petersburg namens Heddewig. Ihre damalige offizielle Bezeichnung lautete *Dianthus chinensis* var. *heddewigii* Regel. Diese Form stellt aber keine eigenständige Züchtung dar, sondern ist in *Dianthus sinensis* aufgegangen. Die deutsche Bezeichnung Heddewigsnelke ist selbstverständlich weiterhin in Gebrauch. Es gab bald nach der Einführung verschiedene Rassen. Attraktiv waren besonders die Diadem-Heddewigsnelken. Ein kräftiger Spiegel auf schwach gefärbten Kronblättern zeichnet sie aus. Im vergangenen Jahrhundert war man schnell dabei, Kulturformen mit botanischen Namen zu belegen, deshalb finden sich in älterer Literatur oft Namen wie *Dianthus heddewigii laciniatus* und *Dianthus heddewigii diadematus*. Gefüllte Formen, besonders die weißblühenden, hießen *Dianthus chinensis plenissimus*, nur 15 cm hohe Zwergsorten nannte man *Dianthus chinensis nanus*, und mit *Dianthus chinensis diadematus* ersetzte man die Bezeichnung *Dianthus heddewigii diadematus*.

Schon bald wurden auch Kreuzungen mit anderen Nelkenarten durchgeführt, besonders mit Arten aus der Sektion Plumaria. Gute Ergebnisse brachten auch Züchtungen mit *Dianthus barbatus* als Elternteil, die in England in den Anfängen der Nelkenzüchtung als *Dianthus chinensis imperialis* bekannt waren. Als erste Hybride dieser Art entstand 'Fairchild's Sweet William'. (»Sweet William« hießen die Sorten von *Dianthus barbatus*.)

Auch noch in der ersten Hälfte unseres Jahrhunderts spielten die Heddewigsnelken eine große Rolle. Sie wurden in einzelne Rassen eingeteilt, die Verbesserungen der alten Typen des vorhergegangenen Jahrhunderts darstellten. Die Schlitznelken (alte Bezeichnung *Dianthus chinensis* var. *laciniatus* Regel) mit ihren tief eingeschlitzten Kronblättern waren besonders beliebt, auch wegen ihrer enormen Blütengröße. Blüten der einfachblühenden Typen erreichten Durchmesser von 10 cm! Die gefüllten Blüten waren mit 8 cm Durchmesser etwas weniger groß. Auch die Diadem-Heddewigsnelken waren nach wie vor beliebt wegen ihrer schön gefärbten, dicht gefüllten Blüten mit zwei bis drei anderstonigen Spiegeln pro Kronblatt, die nach außen zu in Federn oder Striche auslaufen und dort auch weiß oder heller getönt sind.

Bedauerlicherweise sieht man diese Heddewigsnelken bei uns jetzt nicht mehr so häufig. Die neuen F₁-Hybriden der Chinensernelken haben in vielen Fällen ihren Platz eingenommen. Im traditionsreichen England sind sie dagegen nach wie vor beliebt.

Das moderne Sortiment

Das Feld beherrschen jetzt die in den letzten Jahrzehnten entstandenen F₁-Hybriden, deren Ursprung meist in den USA liegt. Es handelt sich dabei um reichblühende, farbenfrohe, kompaktwachsende, 10 bis 30 cm hohe Nelken. Fast jährlich erscheinen Neuheiten im Sortiment. Ihre Einsatzmöglichkeiten können fast als universell bezeichnet werden. Wichtig ist die Verwendung als bunter Farbfleck in Beetpflanzungen, als Einfassungspflanze, als kurzlebige Topfblume, für mobile Pflanzgefäße, im Steingarten (wenn nicht zu naturnah gestaltet), als Balkonpflanze, zur Grabbepflanzung, und sicher lassen sich noch weitere Anwendungsbereiche finden. Folgende F_1-Hybriden sind derzeit im Angebot:

Aristo-Serie. Die Sorten dieser Serie zeichnen sich besonders durch den kompakten Wuchs, gute Verzweigung, große Blüten und Frühzeitigkeit aus. Es gibt die Farbsorten 'Aristo Zartrosa' (violettes Auge, etwas variierend), 'Aristo Hellviolett' (mit dunklem Auge), 'Aristo Hellachs' (mit dunklem Auge), 'Aristo Reinweiß' (besonders großblumig). Sehr gut für Sommertopfpflanzen.

Carpet-Serie. Etwa 20 cm hohe, kuppelartig geformte Pflanzen, mit 4 cm großen Blüten bedeckt. Im Bestand sehr gleichmäßig. Blühbeginn etwas später als bei anderen Serien, blüht dafür aber sehr lange. Für Beet und Topf geeignet. Folgende Einzelfarben: 'Fire Carpet' (lachs-scharlach), 'Rose Carpet' (rosa-violett), 'Crimson Carpet' (karmesinrot), 'Oriental Carpet' (hell-karmesinrot mit dunkler Mitte), 'Snow Carpet' (weiß).

Charm-Serie. Etwa 20 cm hohe, gut verzweigte Pflanzen, kompakt und kräftig. Große Blüten ab Mitte Mai. 'Magic Charm' (Mischung aus sechs Farben), 'Crimson Charm' (karmesin-rot), 'Coral Charm' (korallenrosa), 'Pink Charm' (rosa mit dunklem Auge), 'Scarlet Charm' (leuchtend-scharlach, wichtigste und leuchtendste Einzelfarbe), 'White Charm' (reinweiß).

Pluto. Besonders lange Blütezeit. Diese Hybriden bilden eine Verbesserung der früher verbreiteten Magic-Serie, die Pflanzen schieben immer noch Blüten nach. Kräftiger Wuchs, etwas höher als die Pflanzen der Charm-Serie und etwa gleicher Blütebeginn wie diese. Zwei bis drei Pflanzen in einem 11- bis 12-cm-Topf ergeben Schaupflanzen! 'Pluto Red' (leuchtend-scharlachrot, Höhe 25 bis 30 cm, Blütendurchmesser etwa 3 cm), 'Pluto White' (reinweiß) ist der richtige Partner zu 'Pluto Red'.

Prinzess-Serie. Die neue Topf- und Beetnelke zeichnet sich ebenfalls durch lange Blütezeit aus, durch buschigen Wuchs und die reiche Verzweigung. Höhe je nach Kulturführung 20 bis 30 cm. Für die Anzucht als blühende Beet- und Topfpflanze sollte der Erwerbsgärtner rechtzeitig stauchen. 'Prinzess Scharlach' (scharlachrot) beginnt etwas früher mit der Blüte als andere Farben. 'Princess Lachs' (lachsrosa) blüht besonders reich. Die Blüten von 'Princess weiß' (reinweiß) harmonieren besonders gut mit der blaugrünen Blattfarbe. 'Princess Salmon' ist eine kompakte Sorte in leuchtendem Lachsrosa. Die 'Princess-Mischung' enthält außer den genannten Einzelfarben auch noch karminrote Töne.

Telstar-Serie. Sehr erfolgreiche Serie. Zuerst kam 'Telstar Mix' auf den Markt. Die überaus reichblühende Formelmischung bringt etwas kleinere Blüten hervor als die übrigen Varianten der Serie, ist aber besonders kräftig. 'Telstar Mix' erhielt 1982 eine Fleuroselect-Medaille. 'Telstar Crimson', eine 30 cm hohe, runde, buschige, leuchtend-karminrote Züchtung, erhielt 1989 eine Fleuroselect-Medaille. 'Telstar Picotee' hat weinrote Blüten mit weißem Rand. AAS-Medaillen-Gewinnerin 1989 in Amerika.

Einzelsorten

'Alice' ist eine besonders kompakte Zwergnelke, die nur 15 cm hoch wird und sich besonders als Sommertopfpflanze eignet. Entwickelt viele, 2 cm große, zartrosa Einzelblüten. Zwei bis drei Pflanzen werden im 9- bis 10-cm-Topf kultiviert.

'Bradamante'. Hier handelt es sich um eine Formelmischung neuer großblumiger Typen mit meist zweifarbigen Blüten, sonst weitgehend mit der Charm-Serie vergleichbar.

'Feuersturm' ('Firestorm'). Blüte leuchtendhellscharlach, buschig aufgebaut, 30 cm hoch. Der Vorteil dieser Sorte beruht primär auf der leuchtenden Blütenfarbe, die selbst bei regnerischem Wetter besticht.

Unter den Sommerblumen erlangen die Chinensernelken eine zunehmende Bedeutung, besonders seit die neuen F_1-Rassen entstanden sind. Dabei wird an ihrer Verbesserung noch laufend gearbeitet. Sie können zur flächigen Pflanzung, in Schalen und Trögen verwendet werden, zunehmend erlangen sie auch Bedeutung als Sommer-Topfpflanzen, wobei man bei großblumigen niedrig bleibenden Sorten auch ohne Stauchemittel auskommt. Für den Endverbraucher ist wichtig zu wissen, daß ein Rückschnitt nach der Blüte zu weiterem Flor anregt und daß die Pflanze überwintert und im Folgejahr sich oft noch attraktiver präsentiert als im Aussaatjahr. Die Abbildungen geben einen Eindruck von der Vielgestaltigkeit der Chinensernelke. Linke Seite oben: 'Telstar Crimson'. Linke Seite unten: 'Snowfire'. Oben: Gefüllte Heddewigsnelke (*D. chinensis* 'Heddewigii'). Rechts: *Dianthus chinensis* 'Orchid Lace'.

'Herzkönigin'. Besonders starker Wuchs, 25 bis 30 cm hoch. Blüte scharlachrot.

'Orchid Lace'. Stark geschlitzte und gefranste Blüte von Cattleyenrosa bis Hellviolett. Blütendurchmesser bis 5 cm. Fällt aus der Reihe und erinnert noch am ehesten an die alten Heddewigsnelken.

'Snowfire'. Eine rote Sorte mit weißem Rand, von besonders drahtigem Wuchs, eine Lieblingssorte des Autors!

'Telstar'. Überreich blühende Formelmischung mit etwas kleineren Blüten als bei der Telstar-Serie (siehe oben), dafür kräftiger und auch reichblütiger.

So sehr man den Züchtungsfortschritt bei den neuen F₁-Hybriden auch begrüßt, er hat auch eine gewisse Uniformität mit sich gebracht. Deshalb ist es erfreulich, daß man nach einigem Suchen – oft wird man in englischen Samenlisten fündig – auch ältere Sorten findet, manche vom Typ der Heddewigsnelken. Dazu gehören die folgenden Sorten:

D. chinensis 'Bravo'. 25 cm hoch, scharlachrot.

D. chinensis 'Dwarf Baby Doll Mixed'. Hübsch gezonte weiße, rosa oder scharlachfarbene, 5 cm große Blüten.

D. chinensis 'Flore Pleno'. Gefüllte Kaisernelken von 30 cm Höhe in verschiedenen Farben. (Auch als 'Heddewigii Plenus Mischung' im Angebot.)

D. chinensis 'Giganteus Nanus Gartenzwerg Mischung'. 10 bis 15 cm hoch, völlig mit Blüten bedeckt.

D. chinensis 'Heddewigii'. 30 cm hohe Mischung mit prächtigem Farbenspiel und Füllung.

D. chinensis 'Heddewigii Black and White Minstrels'. Eine Neuheit aus Großbritannien von 25 bis 30 cm Höhe. Blüten in Form von Edelnelken. Die schwarz-karminroten Blüten sind weiß gerandet. Ein wundervoller Kontrast!

D. chinensis 'Imperialis Plenus'. Reizende Kaisernelke. Gefüllte weiße, rosa, rot und mehrfarbig blühende Pflanzen.

D. chinensis 'Laciniatus Double Gaiety'. Nur 7 bis 8 cm hohe, voll gefüllte, duftende Blüten mit tief geschlitzten Kronblättern und einer breiten Blütenfarben-Palette.

D. chinensis 'Merry Go Round'. 15 bis 20 cm hoch. Weiße, 3 bis 4 cm große Blüten mit scharlachrotem Herz. Kompakter Wuchs.

D. chinensis 'Nana Flore Pleno Colorama'. Mischung verschiedener Rottöne (rosa, lachs, rubinrot). Große gefüllte Blüten auf 25 cm hohen und 40 cm breiten Büschen.

D. × heddewigii 'T&M Frosty Mixed'. Zwei- und dreifarbige, stark und voll gefüllte Blüten, die weiß gerandet sind und duften. Auch hübsch für kleine Sträuße.

Die Kultur der Chinensernelken

Beim Hobbygärtner. Die Aussaatzeit wird normalerweise mit März–April angegeben, doch ist die Märzaussaat vorzuziehen, da eine gewisse Zeit vergeht, bis man kräftige, auspflanzbare Jungpflanzen erhält. Man kann in das halbwarme Frühbeet säen. Wenn die Sämlinge erstarkt sind, wird pikiert und mit Topfballen weiterkultiviert. Nach den Eisheiligen wird mit einem Abstand von etwa 20 cm ausgepflanzt. Selbstverständlich kann auch noch früher ausgesät werden, wenn ein heizbares Kleingewächshaus vorhanden ist oder wenn die Anzucht auf dem Fensterbrett durchgeführt werden kann. Wer besonders kräftige Pflanzen haben möchte, kann auch zwei bis drei Pflanzen zusammenpflanzen oder Sämlinge gleich zusammenpikieren. Der endgültige Standort muß sonnig sein, bei Nässe leiden die Chinensernelken. An den Boden werden keine zu großen Ansprüche gestellt, dieser sollte aber etwas kalkhaltig sein, stark saure Böden führen zu Mißerfolgen. Eine Nachdüngung mit einem voll löslichen Mehrnährstoffdünger wirkt sich positiv aus. Hingewiesen werden muß noch darauf, daß auch diese Nelken nicht mehrere Jahre hintereinander auf den gleichen Pflanzplatz kommen sollten!

Beim Erwerbsgärtner. Der Bedarf im öffentlichen Grün und auch der Kauf durch den Gartenliebhaber zeigt steigende Tendenzen, wobei die Verwendung zusammen mit anderen Sommerblumen in Fensterkästen Zukunftsperspektiven hat, da abzusehen ist, daß einmal die »Geraniaritis« etwas abklingen wird. Auch bei der Verwendung als Topfpflanze für den Muttertag sind noch Steigerungen zu erwarten. Der Saatgutbedarf für 1000 Pflanzen beträgt etwa 2 g. Die Keimfähigkeit bleibt etwa vier Jahre lang erhalten, zumal das Saatgut meist in Keimschutzpackung geliefert wird. Es ist sowohl flächige Saat möglich als auch Direktsaat in Töpfen (3 Korn pro Topf). Wo ein Pikieren notwendig ist, geschieht dies von Februar bis Mai in Topf oder Kultipack. Um kräftige und besonders gedrungen wachsende Pflanzen zu erzielen, muß gestaucht werden. Sechs Wochen nach der Aussaat wird ein- bis zweimal im Abstand von zwei Wochen 0,5- bis 1 %ig mit Gartenbau-Cycocel gegossen. Auch Stutzen führt zu besonders gut verzweigten Pflanzen, was allerdings die Kulturzeit verlängert.

Der Erwerbsgärtner sät ab Ende Januar bis April unter Berücksichtigung einer dreimonatigen Kulturdauer. Die Substratzusammensetzung kann etwas weiter gefächert sein, doch ist ein nährstoffreiches, mittelschweres Substrat vorzuziehen. Idealer pH-Wert 6,5 bis 7. Die Keimung erfolgt nach 7 bis 14 Tagen bei einer Temperatur von 16 bis 20 °C. Die spätere Kulturtemperatur liegt zwischen 12 und 16 °C. Eine regelmäßige schwache Nachdüngung ist obligatorisch. Auch bei den Chinensernelken können Nelkenrost, Alternaria-Blatt- und Stengelflecken, sowie Fusarium auftreten. Von den tierischen Schädlingen können Blattläuse und Spinnmilben Probleme bereiten. Näheres dazu ab Seite 178.

Chabaudnelken

Es handelt sich dabei um Nelken der Caryophyllus-Gruppe, die soweit durchgezüchtet wurden, daß sie normalerweise einjährig kultiviert werden, obwohl eine mehrjährige Kultur möglich ist. Allerdings ist in Mitteleuropa eine Überwinterung im Freien nur in ganz milden Wintern und an sehr geschützten Plätzen möglich. Zweijährig kultivierte Pflanzen kommen dann zwar sehr früh in Flor, aber die Blüten erreichen nicht die Größe des Vorjahres. Aus diesem Grund werden Chabaudnelken als Annuelle kultiviert, man könnte sie vereinfacht als »einjährige Edelnelken« bezeichnen.

Entwickelt wurde diese Rasse von dem französischen Apotheker Chabaud aus Toulon in Südfrankreich. Er kreuzte die Margaretennelken mit französischen Remontantnelken. Der erste Elternpartner brachte die Reichblütigkeit und der zweite die umfangreiche Farbpalette. Gegenüber den Remontantnelken zeigen Chabaudnelken wesentlich stärker verzweigte Blütenstengel, guten Duft und größere Blüten; die Blütezeit beginnt jedoch etwas später. Auch hier war die Züchtertätigkeit mit dem einmaligen Erfolg nicht abgeschlossen, sondern die Kreuzungsarbeit wurde laufend fortgesetzt, so daß es hiervon jetzt auch F_1-Hybriden gibt, die wüchsiger und auch höher sind. (Ältere Sorten der Chabaudnelken werden durchschnittlich 30 cm hoch, während moderne F_1-Hybriden bis 60 cm Höhe erreichen.)

Samen von Chabaudnelken mit hohem Standard liefert die Firma Josef Martin in Nizza, welche weiter mit Originalstämmen des Züchters Chabaud arbeitet. Selbstverständlich haben auch andere in- und ausländische Züchter einen hohen Standard erreicht. Das Saatgut von Chabaudnelken wird in Namensorten gehandelt. Bei den F_1-Hybriden ist auch ein etwas früherer Flor erreicht sowie hundertprozentig gefüllte Blüten. Das ist sehr wichtig, da der späte Blütebeginn immer schon einen Nachteil aus der Sicht des Erwerbsgärtners

darstellte. Die Blütezeit beginnt im August und hält bis zum Frost an. Selbstverständlich kann durch Überbauen mit Folientunnels oder -gewächshäusern die Ernte noch etwas hinausgezögert werden. Es ist jedoch fraglich, ob sich dies lohnt, da bei tieferen Temperaturen die Wuchskraft einfach fehlt.

Man kann davon ausgehen, daß die Chabaudnelken fünf bis sechs Monate nach der Aussaat blühen, wobei sechs Monate meist die realistischere Angabe ist. Um eine Sommerblüte zu erreichen, wird bereits im Februar–Anfang März in Kistchen und Schalen im Gewächshaus gesät. Wichtig ist, daß die Sämlinge nach dem Auflaufen sehr hell und luftig gehalten werden. Später, nachdem die Sämlinge genügend erstarkt sind, wird in Handkisten pikiert. Viele Betriebe verpflanzen die Chabaudnelken dann nochmal in Frühbeete, was vor allem der Abhärtung dient. Schon ab Ende

Linke Seite: Eine weitere einjährig gezogene Chinensernelke mit unterschiedlich gezeichneten Blüten ist unter dem Sortennamen 'Marguerite Malmaison' bekannt.

Oben: Eine ähnliche niedrig bleibende Mischung hat den Namen 'Dwarf Baby Doll Mixed' mit Einzelblüten bis zu 5 cm Durchmesser.

April wird dann auf die endgültigen Beete ausgepflanzt, wenn auch in der Anfangsphase oft noch etwas geschützt werden muß.

Für 1000 Pflanzen werden 3 bis 5 g Samen benötigt, die ideale Keimtemperatur liegt bei 15 °C, Keimdauer 7 bis 14 Tage, Weiterkultur bei 12 °C. Für Topfkultur können Folgesaaten von Februar bis Mai erfolgen, bei Einzelpflanzen wird ein 9- bis 10-cm-Topf benötigt; wenn drei Pflanzen zusammengepflanzt werden, ein

12-cm-Topf. Späteres Aufstellen im Freien! Bei Topfkultur verringert sich die Kulturzeit auf drei bis vier Monate. Im Vierer- oder Sechserpack zum Weiterverkauf an den Hobbygärtner kann eine Kulturzeit von zwei bis drei Monaten angenommen werden. Besonders bei der Topfkultur empfiehlt es sich, mit einem Stauchemittel zu spritzen oder zu gießen, sobald Seitentriebe sichtbar sind (Gartenbau-Cycocel zwei- bis viermal spritzen im Abstand von etwa 14 Tagen oder Alar 0,3 %ig ausbringen).

Um noch einmal zusammenzufassen: Für den **Erwerbsgärtner** bieten sich drei Möglichkeiten für die Kultur der Chabaudnelken an: einmal die Kultur als Schnittblumen, zweitens der Verkauf als reich- und schönblühende Topfpflanzen und drittens die Vermarktung im Vierer- oder Sechserpack als Sommerblume, auch wenn die Chabaudnelke keine eigentliche Beetpflanze ist und die Blüte eine zu geringe Dauer hat, um im Garten eine hervorragende Wirkung zu erzielen. Außer den bei Nelken üblichen Hauptfarben gibt es auch Sorten mit gestrichelten und geflammten Blüten.

Zur Kultur als Schnittblume (Pflanzabstand 25 bis 30 cm) wird auf ein Beet mit etwas anlehmigem, kalkhaltigem Boden gepflanzt. Um größere Blüten zu erzielen, können die Seitentriebe ausgebrochen werden, was sich aber kaum lohnt. Auch im Freiland ist ein Stütznetz zu empfehlen. Besonders schöne Exemplare kann man auch vegetativ durch Absenker vermehren (im August), es ist aber fraglich, ob sich das lohnt. Mit Frostbeginn sollen Chabaudnelken kompostiert werden, obwohl sie ausdauern würden.

Im Sortiment finden sich etwas unterschiedliche Typen, was den Vorteil hat, daß für jeden Verwendungszweck geeignetes Material zur Verfügung steht:

Riesen-Chabaudnelke Original William Martin. Diese französische Spezialzucht liefert zu 98 % gefüllte, hochwertige Blüten auf langen, 50 cm hohen Stengeln. Blütezeit von August bis Oktober. Besonders für den Schnittblumenanbau geeignet. Das Sortiment umfaßt neben der Prachtmischung folgende Einzelsorten: 'Aurora' (lachsrosa), 'Carmen' (kirschrot) 'Étincelant' (feurigrot), 'Jeanne Dionis' (reinweiß), 'La France' (lachsfarben), 'Legion d'honneur' (ziegelrot), 'Magenta' (violett), 'Marie Chabaud' (reingelb), 'Nero' (dunkelrot), 'Princess Alice' (weiß mit Rosa), 'Rose pale' (zartrosa), 'Reine Rose vif' (lebhaft rosa), 'Rubin' (rubinrot). Von diesen Originalsaaten gibt es auch hochwertige Nachzuchten, die als Pracht- oder Marktmischungen im Handel sind.

Cavalier-Serie. F_1-Hybriden. Niedrige Topf- und Beetnelken mit einer Höhe von etwa 30 cm und 25 cm Breite, besonders kompakt und gleichmäßig. Außer der Mischung gibt es Einzelfarben in Karmesinrot, Schar-

lachrot, Weiß, Rosa und Cremegelb mit orangefarbenem Hauch.

'Scarlett Luminette'. Fleuroselect-Gewinner von 1982. 60 cm hohe Schnittnelke, ein verbesserter Chabaudnelken-Typ. Bringt hundertprozentig gefüllte, leuchtend-scharlachrote Blüten. Aussaat Januar, Pflanzung im April, ergibt ab August eine gute Schnittstielernte. Die duftenden Blüten platzen nicht! Paßt sehr gut in der Kulturfolge im Anschluß an Beet- und Balkonpflanzen, auch unter Hochglas. Im Folienhaus ist auch eine Verfrühung möglich.

'King of the Blacks'. Neuheit aus Großbritannien. Etwa 45 cm hoch mit starken Stielen. Früh und reich blühend. Blütenfarbe purpurschwarz. Gut zum Schnitt.

Nizzaer-Kind-Nelken (Enfant-de-Nice-Nelken). Dies sind besonders großblumige Chabaudnelken mit ganzrandigen Kronblättern. Kultur wie bei den Standard-Chabaudnelken. Die Blüten sind hundertprozentig gefüllt, sie stehen auf straffen Stengeln. Höhe 45 cm. Es gibt davon eine Prachtmischung.

Lillipot-Serie (auch 'Lilliput'). Sehr niedriger, nur 25 cm hoher Typ, sehr kompakt. 'Lillipot Scharlach' (intensiv rot) muß normalerweise nicht gestaucht werden. Blüht früher als die Ritter- und Knight-Serie. Auch für Beete und Einfassungen geeignet. Weiter 'Lillipot Weiß' und 'Lillipot-Mischung'.

Ritter-Serie. Niedrige F_1-Hybriden mit mittelgroßen, wohlriechenden Blüten vom Chabaudnelken-Typ. Bildet kompakte, früh und reichblühende Büsche. Sehr gute Beet- und Topfnelken. Außer der Prachtmischung gibt es folgende Einzelfarben: 'Scharlach Ritter' (leuchtend-scharlachrot), 'Karmin Ritter' (dunkelrot, früh- und reichblühend), 'Orange Ritter' (cremegelb, orangefarben angehaucht), 'Karmin-weiß Ritter' (reinweiß mit kräftigem karminrosa Blütenrand; »Picotee«), 'Gelber Ritter' (reingelb, nur 20 bis 30 cm), 'Weißer Ritter' (reinweiß). Die Sorte 'Karmin Ritter' war 1979 Fleuroselect-Preisträger. 'Scharlach Ritter' stellt eine der besten aus Samen erzielbaren Topfnelken dar. Im Topf wird sie etwa 20 cm hoch, im Gegensatz zur Freilandpflanzung, wo sie 30 cm erreicht.

Knight-(Knecht-)Serie. Ebenfalls ein Chabaudnelken-Abkömmling mit ähnlicher Blüte. Eine F_1-Hybride mit buschig-kugelrundem Wuchs von nur 20 bis 25 cm Höhe. Kulturzeit etwa sechs Monate. In gleichem Maße als Beet- wie als Topfpflanze geeignet. Außer der Mischung gibt es folgende Einzelfarben: 'White Knight', 'Yellow Knight', 'Rose Knight', 'Orange Knight', 'Crimson Picotee Knight', 'Crimson Knight', 'Scarlet Knight', 'White Knight'.

Kamelienblütige Nelken. Einige weitere Rassen gehören in den Formenkreis der Chabaudnelken, so auch die einjährigen kamelienblütigen Remontantnelken mit Edelnelkenähnlichen, stark gefüllten Blüten mit glattem Rand. Die Kronblätter sind leicht einwärts gebogen. Der Stengel ist lang und drahtig, auch weist diese Rasse feste Kelche auf. Einzelfarben sind aus dem Angebot fast ganz verschwunden, meist wird nur die Prachtmischung angeboten. Zu erwähnen ist noch, daß diese Nelken hundertprozentig gefüllte Blüten bringen und etwa 40 cm hoch werden. Bei Februarsaat ergibt sich eine Blüte ab Anfang August. Gute Schnittblume.

Reginanelken. Diese in den Formenkreis der Chabaudnelken gehörende Rasse zeichnet sich aus durch drahtige Stengel, große Blüten und ganzrandige Kronblätter. Feste, nicht platzende Kelche.

Bei den F_1-Hybriden, die zu diesem Formenkreis gehören, muß noch 'Mini Skirt' erwähnt werden, ein Typ, der sich auch für den Hobbygärtner gut eignet. Ergibt 30 bis 35 cm hohe Pflanzen, die bei Februaraussaat zwei bis drei Wochen früher blühen als ähnliche Sorten. Wächst kompakt, blüht reich und in vielen Farben. Im Angebot als Prachtmischung. Eine weitere Nelke ähnlicher Art ist die F_1-Farbmischung 'Juliette', die ebenfalls Blüten wie kleine Chabaudnelken entwickelt und nur 20 cm hoch wird. Die Mischung enthält leuchtende Farben.

Margaretennelken (»*Dianthus caryophyllus semperflorens florepleno*«). Diese Nelken sollen hier erwähnt werden, auch wenn diese Rasse heute keine Bedeutung mehr hat. Sie waren aber wichtig für die Zucht der heutigen Rassen und bildeten ein Elternteil der wichtigen Chabaudnelken, denen sie im Aussehen ähneln. Doch haben dann die besseren Edelnelken und auch die genannten Chabaudnelken die Margaretennelken völlig verdrängt. Da sie ihren Ursprung in sizilianischen Gärten hatten, wurden sie nach der Königin von Italien, Margarete von Parma, die im 16. Jahrhundert regierte, benannt. Ein Vorteil war die kurze Kulturzeit, sie blühten schon vier Monate nach der Aussaat. Nachteilig waren die federigen, stark geschlitzten Blütenblätter und die zwar drahtigen, aber dünnen Stengel. Die Pflanzen erreichten eine Höhe von 40 bis 50 cm. Erwähnt werden muß auch der kräftige, angenehme Duft. Eine verbesserte Rasse mit starkem Wuchs, weniger gefransten Kronblättern und insgesamt größeren Blüten ist unter dem Namen »Riesen-Malmaisonnelke« verbreitet worden. Diese behielten länger ihre Bedeutung, mußten dann aber auch den Nelken des heutigen Sortiments weichen. Saatgut ist noch als Margaretennelken-Prachtmischung und als Riesen-Malmaison-Prachtmischung im Handel. Deren Vorteil beruht auf der etwa zwei Wochen früheren Blütezeit.

Schnittwunder-Nelken. Ganzrandige Blütenblätter, Blüten auf drahtigen Stielen, mit festem Kelch, kaum platzend. Werden die Nebenknospen rechtzeitig ausgebrochen, erhält man besonders große Blüten. Kultur wie bei den Chabaudnelken. Erhältlich in den Farben Weiß, Gelb, Rosa, Leuchtendrot, Purpur und als Prachtmischung.

Unter der Bezeichnung *Dianthus × isensis* 'Better Forms' ist diese Nelke in Japan verbreitet. Ein Elternteil läßt sich kaum verleugnen und hat dieser Hybride das typische Aussehen weitervererbt, denn die tiefe Schlitzung der Blüten stammt von *Dianthus superbus*, der Prachtnelke.

Annuelle Bartnelken

Bartnelken werden normalerweise zweijährig kultiviert, doch gibt es neuerdings im Angebot Saatgut von Sorten für einen Anbau als Sommerblumen. Die Aussaat erfolgt im Februar–März unter Glas. Bereits im Juli kann man blühende Pflanzen haben, die Blütezeit dauert in der Regel dann bis September. Annuelle Bartnelken sind wertvolle Gruppenpflanzen von 30 bis 40 cm Höhe, es gibt aber auch noch niedrigere Typen. Höhere Sorten sind 'Red Empress' (scharlachrot, 40 cm), 'Red Monarch' (scharlachrot, 35 cm), 'Summer Beauty Mixed' (verschiedenfarbige, meist zweitonige Blüten, 35 cm). Die genannten Sorten ergeben auch gute Schnittblumen.

Für den **Erwerbsgärtner** sind noch folgende Daten wichtig: Für 1000 Pflanzen werden etwa 2 g Saatgut benötigt, die Keimzeit beträgt 7 bis 14 Tage. Die Keimtemperatur beträgt 15 °C, die Temperatur für die weiterführende Kultur liegt bei 12 bis 15 °C. Der Abstand beim Auspflanzen für die Schnittblumengewinnung beträgt 25 cm. Möglich ist auch ein Verkauf in Töpfen, wobei einzeln pikiert wird oder zwei bis drei Samen pro Topf gesät werden (4 bis 6 cm). Zu empfehlen ist auch die Anzucht im Sechserpack. Die Kulturzeit beträgt zweieinhalb bis drei Monate. Die genannten Sorten reagieren nicht auf unterschiedliche Tageslängen, und sie können bei Herbstaussaat und frostfreier Überwinterung schon ab April zur Blüte kommen. Hierfür eignet sich besonders die Sorte 'Red Empress'.

Außer den genannten Sorten gibt es einige ganz niedrige, die sich allerdings nur für Beete eignen. Dazu gehört *Dianthus barbatus* 'Roundabout Mixed' (in deutschen Katalogen auch unter dem Sortennamen 'Karussel' zu finden) mit 15 cm Höhe. Im zeitigen Frühjahr gesät, blühen die Pflanzen von Juni bis Oktober. Die hübschen, kompakten Pflanzen, die etwa einen Durchmesser von 15 cm haben, sind zweifarbig gezont und geäugt, die Blütenfarbe ist rosa, karmin, rot oder weiß. Ähnlich ist die Mischung 'Indischer Teppich' (auch 'Indianerteppich' genannt; englische Bezeichnung: 'Indian Carpet Mixed'). Es sind hübsche, einfache Zwergpflanzen, die allerdings etwas mehr Winterschutz benötigen als die anderen annuellen Bartnelken.

Japanische Nelken

Neuerdings werden für die einjährige Kultur Sorten von *Dianthus japonicus* angeboten. Diese Nelke eignet sich gut für den modernen Schnittblumenanbau. Die Kultur ist einfach, die Blütezeit fällt in den August. Sorten: 'Ginza White' (reinweiß, 40 cm), 'Ginza Red' (scharlachrot, 40 cm). Kulturdaten: Aussaat März–April (1 g Saatgut für 1000 Pflanzen). Keimdauer 7 Tage, Keimtemperatur 20 °C, pikieren nach drei bis vier Wochen in 6- bis 8-cm-Töpfe oder Multitöpfe bzw. Packs. Auspflanzen ab Mai (Abstand 20 × 20 cm), Kulturzeit fünf Monate. In warmen Klimaten Direktsaat ab September, da eine gewisse Frostresistenz vorhanden ist. Dann Blüte ab Juli. Die Pflanze kann auch als Ganzes geerntet werden.

Da diese Nelken sehr leicht vom Nelkenrost befallen werden, ist vorbeugendes Spritzen zu empfehlen.

Zweijährige Nelkenzüchtungen

Wie schon im vorhergegangenen Abschnitt erwähnt, läßt sich bei den Nelkenzüchtungen eine genaue Trennung nach Lebensdauer nicht durchführen. Das Kriterium, nach dem die Einteilung erfolgt, ist die hauptsächlich angewandte Kulturmethode. So können Bartnelken oder auch Landnelken wesentlich älter werden als zwei Jahre, aber ihr Anbau erfolgt durchwegs im zweijährigen Rhythmus.

Bartnelken

Die Entwicklung der Bartnelken

Diese Nelke Südeuropas, besonders des Balkans, ist eine sehr alte Gartenpflanze. Zwar ist sie eine Staude, aber schon ab dem dritten Jahr läßt sie in ihrer Wuchskraft merklich nach, so daß sie schon in der Frühzeit der Gartenkultur zweijährig kultiviert wurde. Seit dem 16. Jahrhundert wächst die Pflanze in den Gärten, schon frühzeitig waren gefüllte Typen dabei. In England heißt die Pflanze Sweet William. Sie soll zu Zeiten Williams des Eroberers ins Land gekommen sein. Für den deutschen Sprachraum finden sich schon schöne Abbildungen im »Hortus Eystettensis«. Besonderer Beliebtheit erfreute sich die Bartnelke in der Biedermeierzeit, und bald gehörte sie zum Standardinventar der Bauerngärten. Die Sortenvielfalt war damals bereits sehr groß. So gab es Berichte aus England, denen zufolge ein Mr. Hunt of High Wycombe in der Mitte des 19. Jahrhunderts ein Sortiment von über hundert Typen kultivierte.

An der weiteren Verbesserung wurde beständig gearbeitet, teils um die Füllung der Blüten weiter genetisch zu stabilisieren, oder um farblich einheitliche Sorten zu bekommen. In der bekannten englischen Firma Allwood wurde etwa um das Jahr 1920 *Dianthus barbatus* mit *D. × allwoodii* gekreuzt. Die Kreuzungsprodukte sind als »Sweet Wiveldfield« bekannt geworden. Sie sind sicher als Vorfahren in neueren Bartnelken-Züchtungen noch enthalten, doch spielen sie selbst keine Rolle mehr.

Die Kultur der Bartnelken

Beim Hobbygärtner. Man kann im Frühling fertige Pflanzen kaufen, die man an einen geeigneten sonnigen Platz in den Garten setzt. Wo nur einige Pflanzen benötigt werden, ist dies die bessere Methode. Da aber andererseits die Bartnelke eine ausgezeichnete Freilandschnittblume ist, wird oft eine größere Stückzahl benötigt, etwa um ein Schnittblumenbeet zu füllen, so daß sich die eigene Aussaat lohnt. Gerade zur Blütezeit der Bartnelken im Juni sind schnittfähige Blumen im Garten ziemlich rar.

Für die Selbstanzucht wird im Juni dünn auf ein Freilandsaatbeet gesät. Man kann auch in ein Kistchen säen, das in den zu dieser Zeit meist freien Kalten Kasten gestellt wird. Nach Erstarken der Sämlinge (bei den eng im Saatkistchen stehenden Sämlingen muß zwischenpikiert werden), wird auf das Gartenbeet in fünf bis sechs Reihen gepflanzt, Abstand 20 × 20 cm. Bis zum Herbst bilden die Pflanzen mehrköpfige Schöpfe mit breit-lanzettlichen Blättern aus. Da man nie vorher weiß, wie der folgende Winter wird, sollte man zumindest in Gegenden mit rauherem Klima einen Winterschutz aus Koniferenästen geben. Ein zu dichtes Abdecken mit anderem Material kann wiederum zu Ausfällen führen.

Im folgenden Frühling treiben die Blütenstengel, um dann ab Anfang Juni zur Blüte zu kommen. Obwohl die Einzelblüten verhältnismäßig klein sind, lassen die großen kopfigen Trugdolden die Pflanze attraktiv erscheinen. Leider werden die Bartnelken beim Hobbygärtner leicht vom Nelkenrost befallen, da dieser weniger häufig als der Erwerbsgärtner vorbeugend dagegen spritzt.

Beim Erwerbsgärtner. Der Erwerbsgärtner sät von April bis Juli im Haus oder in den Kasten aus, die späteren Aussaaten können auch direkt ins Freiland erfolgen. Für die Vorkultur wird in normale Praxiserde gesät. Zur Schnittblumenkultur sollte rechtzeitig an den endgültigen Platz ausgepflanzt werden, etwa

im Abstand von 25 × 30 cm. Für 1000 Pflanzen werden etwa 2 g Saatgut benötigt. Die Keimzeit beträgt 7 bis 14 Tage, die Keimtemperatur liegt bei 15 °C und die Mindesttemperatur zur Weiterkultur bei 5 bis 12 °C. Für den Erwerbsgärtner empfiehlt es sich, etwa vier Wochen nach der Aussaat zu pikieren. Für den Weiterverkauf in Töpfen (6 bis 8 cm) oder im Pack wird Pikieren oder Direktsaat mit zwei bis drei Samen pro Topf angeraten. Die Weiterkultur muß an einem hellen und luftigen Platz erfolgen bei 12 bis 15 °C. Die Kulturzeit beträgt für die Topfkultur zwei bis drei Monate, um eine verkaufsfähige Qualität zu erhalten.

Hier soll nochmals auf die Möglichkeit der Kultur als einjährige Sommerblume hingewiesen werden, für die sich einige Sorten gut eig-

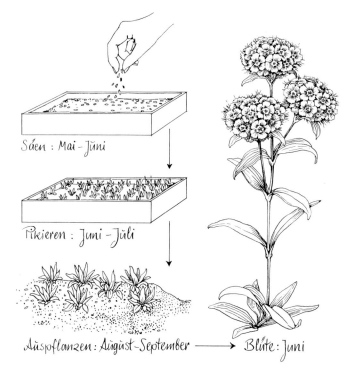

Säen: Mai-Juni

Pikieren: Juni-Juli

Auspflanzen: August-September ⟶ Blüte: Juni

Zweijahres-Rhythmus am Beispiel der Bartnelke

Entsprechend ihrer langen Kulturzeit gibt es die Bartnelke in den verschiedensten Formen. Die Abbildung zeigt eine zwergige Mischung, die als 'Dwarf Pinocchio Mixed' im Handel ist.

nen, besonders beispielsweise 'Red Empress' (siehe Kapitel »Einjährige Nelkenzüchtungen«). Auch die folgende Methode zur Schnittblumen-Gewinnung ab Dezember wird empfohlen: Ausgesät wird im April bis Juni. Nach etwa drei bis vier Monaten kommen die Pflanzen für acht Wochen in einen Kühlraum bei 5 °C, wobei die Pflanzen gegen Austrocknen mit Folie abgedeckt werden sollten. Die Lehr- und Versuchsanstalt für Gartenbau Straelen empfiehlt auch folgenden Kulturablauf im Gewächshaus: Aussaat Ende Juni–Anfang August, kurzes Zwischenpikieren oder direktes Pikieren in den 9-cm-Topf, Aufstellen im Freiland bis zum Umpflanzen ins Gewächshaus. Dort Auspflanzen von Ende November bis Mitte Februar. Blüte je nach Pflanztermin ab Ende März, Hauptblüte Mitte April. Pflanzdichte 48 Pflanzen je m². Temperaturführung während der Kultur: November–Dezember 4 bis 6 °C, Januar–Februar 7 bis 8 °C, März–pril 12 bis 13 °C. Hinweise zur Schädlingsbekämpfung siehe ab Seite 178. Lediglich auf den häufig vorkommenden Nelkenrost sei hier hingewiesen. Abhilfe schafft vorbeugendes Spritzen mit Mancozeb (Handelsprodukt Dithane Ultra W) oder Maneb (Maneb-Schacht), zweimal im Abstand von 14 Tagen.

Das Bartnelken-Sortiment

Das Bartnelken-Sortiment ist enorm umfangreich, und die züchterische Aktivität hält noch immer an. Aus dem derzeitigen Angebot seien die folgenden Sorten genannt:

'Albus'. Einfache, weiße Blüten auf Stielen von 60 cm Höhe.

'Atrosanguineus'. Dunkelpurpur, 60 cm.

'Bellevue'. Besondere Mischung, nach Blütenköpfen, Stiellänge und Frühzeitigkeit ausgewählt.

'Bellini'. Mittelfrühe Selektion, starkstielig, großblumig, blüht etwa sieben bis zehn Tage nach den frühen Sorten, hervorragend zur Verfrühung unter Glas geeignet. Folgende

Einzelfarben gibt es außer der Mischung in Weiß, Dunkelrot mit weißem Auge, Hellrot, Dunkelrot mit dunklem Laub, Lachsrosa.

'Dunnets Dark Crimson'. Einfach, dunkelrot, 40 cm.

'Dwarf Double Pinocchio Mixed'. Gute Containerpflanze, einfache und zweifach gefüllte Blüten (zwei Kronblattkreise). 18 bis 23 cm.

'Electron Mischung'. 60 cm hohe Pflanzen, mit kräftigen Stengeln und großen Blüten in verschiedenen Farben. Besonders zur Schnittblumen-Produktion geeignet.

'Excelsior Mixed'. Spezialmischung kräftiger Farben.

'Gefüllte Blaupunktmischung'. Stark gefüllte Blüten, schönes Farbspiel, 50 cm.

'Harlequin'. Auffallende, ballförmige Köpfe, in rosa und weißen Tönen, 35 bis 40 cm.

'Heimatland'. Einfach, dunkelrot mit weißer Mitte. 50 cm.

'Messager'. Original Clause-Rasse, sehr früh (zwei Wochen vor allen anderen), in den Einzelfarben Dunkelrot, Scharlach, lachsfarbige Töne, Rotweiß, Weiß und in Mischung. 50 cm.

'Mischung niedriger gefülltblühender Sorten'. 35 cm.

'Newport Pink'. Einfach, lachsrosa.

'Nigrescens'. Einfach, schwarzrot, 50 cm.

'Oculata Marginata'. Einfach, rot mit weißem Rand und Auge.

'Pink Beauty'. Einfach, scharlachrot, 50 cm.

'Pink Beauty Roseus Splendens', Kirschrosa, 50 cm.

'Prachtmischung einfach blühend'. 60 cm.

'Praecox Floriade ZP'. Besonders ausgeglichener Wuchs, frühzeitig wie 'Bellevue', bewährt auch im Unterglasanbau. Kontrastreiche Mischung mit einem hohen Anteil zweifarbiger Sorten.

'Roter Monarch'. Großblumig, sehr früh, 20 cm hohe, aufrechte Stiele.

'Salmon'. Einfach, kupferrot, 50 cm.

'Scarlet Baby'. Nieder, scharlachrot.

'Electron' heißt diese einfachblühende Mischung. Die 60 cm hohen Pflanzen mit kräftigen Stengeln bestechen durch ihre Gleichmäßigkeit und sind ideale Schnittblumen.

Neben den zweijährig kultivierten Sorten gibt es bei den Bartnelken auch einjährig gezogene, hier die hübsche englische Mischung 'Wee Willie'.

'Scarlet Beauty'. Einfach, scharlachrot, 50 cm.

'Super Duplex'. Hochprozentig gefüllte Mischung mit herrlichem Farbenspiel, 50 cm. Hervorragend zur Verfrühung unter Glas geeignet.

'T&M Auricula-eyed Mixed'. Mischung alter Formen, hübsch und duftend.

'Vorläufer'. Mischung einfachblühender, 50 cm hoher Pflanzen, sehr früh! Einzelfarben: 'Vorläufer Bicolor' (zweifarbig), 'Vorläufer Dunkelrot' und 'Vorläufer Scharlach'.

Landnelken

Wie mehrfach erwähnt, verlaufen die Grenzen zwischen den verschiedenen züchterisch bearbeiteten Nelken ziemlich fließend. Als Gartennelken wird der Hobbygärtner die Landnelken akzeptieren und auch die Linnésche bo-

tanische Bezeichnung, *Dianthus caryophyllus*, wird hier verstärkt angewandt. Ihren Ursprung haben diese Nelken in den mittelalterlichen »Negelein«, wobei durch die verschiedenen Kulturmethoden eine frühzeitige Trennung erfolgte: Auf der einen Seite gab es die Nelken in Töpfen, die an geschützten Plätzen überwintert wurden. Aus ihnen entwickelten sich später die Edelnelken. Auf der anderen Seite sprach man von Nelken »auf dem Felde«. Jacob Ernst von Reider beschreibt diese Kulturform in seinem Buch »Die Geheimnisse der Blumisterei« schon vor über 150 Jahren ziemlich genau: »Sehr häufig zieht man Nelken im freien Felde welche gar keine Mühe machen. Man düngt dieselben im Frühjahr, läßt solche dann heranwachsen, gibt ihnen später Stäbe. Man erhält oft 200 Blumen an einem Stocke, welche aber freilich nicht so groß als Topfblumen sind. Hiervon kann man auch dann ein paar Fechser zur Nachzucht einschneiden, *da gewöhnlich die Nelkenstöcke im Felde nicht alt werden*. Am besten stehen dieselben auf einem trockenen hohen Beete, welches auf den Seiten abhängig ist, und wollen gegen Glatteis, und die späten Märzfröste durch eine leichte Bedachung verwahrt seyn; Laub und Strohdecken richten dieselben aber zu Grunde. Man vermehrt dieselben auch durch Samen. Man läßt die schönsten und vollkommensten Blumen auf der Stellage neben einander stellen, wählt daher recht sehr verschiedene grelle vorzüglich einzelne Farben, dann versucht man vor allem die künstliche Befruchtung; deshalb nimmt man nur solche Blumen, welche als Saamblumen an den größeren Pistillen erkannt werden. Man muß von verschiedensten Farben Blumenstaub mit einem Pinsel auf der weiblichen befruchtenden Nelke, auf deren Pistill (Narbe-) aufhäufen, und solches immer über den andern Tag wiederholen, wenigstens 6 bis 8mal. Man säet solchen erst im zweiten Jahr aus, im Monate Mai, am besten in Kästen, und verpflanzt dann die Pflanzen sogleich an Ort und Stelle. Kommen solche auf fettem Boden zu stehen, so blühen solche im andern Jahre hierauf.« Wie man sieht, hat sich gar nicht so viel an der Kultur der Landnelke geändert. Obwohl auch diese Nelken länger ausdauern würden, hat sich doch die Behandlung als zweijährig zu kultivierende Pflanze bewährt.

Die Kultur der Landnelken

Beim Hobbygärtner. Wer nur eine geringe Stückzahl benötigt, wird fertige Landnelkenstöcke im Frühling beim Gärtner kaufen. An einem sonnigen Platz, in einem anlehmigen, gut gedüngten, kalkhaltigen Boden wachsen die Pflanzen schnell weiter und bringen reichlich Blüten zur Zierde und zum Schnitt. Wer

größere Mengen benötigt, vermehrt generativ. Ende Mai bis Mitte Juni wird in den Kalten Kasten gesät, oder auch auf gut vorbereitete Freilandsaatbeete. Anschließend wird pikiert, und etwa Ende August erfolgt das Pflanzen an den endgültigen Platz, meist auf Beete in vier bis fünf Reihen. Etwas Winterschutz durch Koniferenreisig ist nötig. Hasen, Kaninchen und Mäuse fressen alle überwinternden Nelken gern, egal ob es sich um Typen von *Dianthus caryophyllus* oder um solche von *Dianthus barbatus* handelt, deshalb ist ein Schutz mit Netzen und Gittern zu empfehlen. Falls die Stöcke nicht zur Schnittblumen-Gewinnung auf den Beeten verbleiben, werden sie im Frühling mit gutem Erdballen an den endgül-

Ein Schopf Gartennelken
Landnelken 2-jährig

tigen Platz gesetzt. Die Blütezeit beginnt etwa Mitte Juni, zu einer Zeit, wo Freilandschnitt nicht gerade in größerer Menge vorhanden ist. Schon aus diesem Grunde lohnt sich im Privatgarten die Kultur von Landnelken.

Beim Erwerbsgärtner. Im großen und ganzen unterscheidet sich die Kultur des Erwerbsgärtners nicht grundlegend von der des Hobbygärtners. Für 100 Pflanzen werden etwa 5 g Saatgut benötigt. Die Aussaat erfolgt von April bis Juni in Praxiserde (pH-Wert 6,5 bis 7) bei einer Mindest-Keimtemperatur von 15 °C. Nach 7 bis 15 Tagen keimen die Pflanzen. Wenn sie genügend erstarkt sind, wird pikiert.

Weiterkultiviert wird bei einer Mindesttemperatur von 10 bis 12 °C. Man sollte möglichst frühzeitig auspflanzen. Es kann für den Jungpflanzen-Verkauf auch in Töpfe (6 bis 8 cm) oder im Sechserpack kultiviert werden, wobei sich Direktsaat (drei Samen je Topf), bewährt hat. Landnelken sind hell, kühl und luftig zu kultivieren. Die Kulturzeit bis zum Verkauf dauert drei Monate.

Das Landnelken-Sortiment

D. caryophyllus 'Biskra Rot'. Original Clause, glänzend-scharlachrot. 65 cm hoch. Besonders blütenreich bei zeitiger Aussaat.

D. caryophyllus 'Bunte Mischung'. 60 cm hohe Mischung mit reichhaltigem Farbenspiel.

D. caryophyllus 'Edel-Landnelke'. Große, edle Blumen auf langen kräftigen Stielen. Zu einem hohen Prozentsatz gefüllt. 60 cm hoch.

D. caryophyllus 'Floristan'. Benary-Neuheit. Für Landnelken enorme Blütengröße und Füllungsqualität. Lange, gerade und kräftige Stiele. Unter frostreichen Bedingungen gezüchtet, deshalb besonders winterhart. Die folgenden Einzelfarben sind im Angebot: 'Floristan Gelb', 'Floristan Lachsrosa', 'Floristan Scharlach' und 'Floristan Weiß'. Außerdem ist mit 'Floristan Mix' eine Mi-

schung mit besonderem Farbenreichtum vorhanden.

D. caryophyllus 'Johannistag'. Sehr früh blühende Mischung aus guten Farben, 50 cm.

D. caryophyllus 'Meisterwerk-Prachtmischung'. Aus Einzelfarben zusammengestellte Mischung hochprozentig gefüllter Riesen-Landnelken, 60 cm.

D. caryophyllus 'Muttertag'. Hochprozentig gefüllte, gute Farbmischung, 50 cm, Blüte im Juni–Juli.

D. caryophyllus 'Non Plus Ultra'. Mischung aus besonders ausgewählten Einzelpflanzen. Zu einem hohen Prozentsatz gefüllt, voll winterhart, Blumen mit 5 bis 6 cm Durchmesser, 60 cm. Einzelfarben in Lachsrosa, Reinrosa, Scharlach und Dunkelrot.

D. caryophyllus 'Simons Triumph'. Eine Mischung hoher Formen mit ganzrandigen Blüten auf straffen Stielen und mit schönem Farbspiel (außer Gelb).

D. caryophyllus 'Rasse Teichert'. Zu einem hohen Prozentsatz gefüllte und besonders winterharte Mischung, 60 cm. Folgende Einzelfarben sind ebenfalls erhältlich (im Sortiment von Bruno Nebelung, Münster) in Dunkelrot, Ziegelrot, Reinrosa, Gelb, Weiß.

D. caryophyllus 'Triumph'. 60 cm hohe Prachtmischung mit starken Stielen.

D. caryophyllus 'Wiener Prachtmischung'. Nur 35 cm bis 40 cm hohe Landnelken für Beete, Einfassungen, zum Schnitt geeignet. Diese Rasse ist auch unter der Bezeichnung 'Wiener Zwergnelke' bekannt.

Weitere ähnliche Rassen

Tige-de-Fer-Nelke. Diese Nelke wird als zweijährige, winterharte Remontantnelke propagiert. Es handelt sich dabei um eine bunte Mischung vieler reiner Farben und um große, ganzrandige Blumen auf starken Stielen (»Eisenstiel« = französisch *tige de fer*). Diese zweijährige Schnitt- und Gruppenpflanze verlangt

etwa die gleiche Kulturführung wie die Bartnelke im Erwerbsbetrieb. Für 1000 Pflanzen
werden 5 g Saatgut benötigt. Ausgesät wird
von März bis Mai, die Pflanzen keimen bei
15 °C, in 7 bis 14 Tagen. Die Kulturtemperatur liegt danach bei 10 bis 12 °C. Bis zum Ver-
kaufstermin dauert die Kultur drei Monate (im
Juni bis September). Den Pflanzen sollte Winterschutz gegeben werden, sie sind bis zu etwa
− 6 bis − 8 °C kältebeständig. Der Vorteil liegt

Landnelken sind ideale Freilandschnittblumen sowohl für den Erwerbsgärtner als auch für den Hobbygärtner. Ihre Beliebtheit schlägt sich auch im um-
fangreichen Sortiment nieder, an dessen Verbesserung laufend weitergezüchtet wird. Eine neuere
Züchtung sind die 'Floristan'-Nelken der Firma
Benary. Die Abbildung auf dieser Seite zeigt 'Floristan rot' inmitten von Schleierkraut. Rechte Seite:
'Floristan weiß' und 'Floristan rosa'.

hauptsächlich in der vier Wochen früher beginnenden Blüte gegenüber den Chabaudnelken (bei Aprilaussaat). Angeboten wird meist französische Originalsaat vom Züchter Martin. Die Tige-de-Fer-Nelken werden auch als »Freiland-Edelnelken« bezeichnet.

Granat- oder Grenadinnelke. Die Rasse zeichnet sich durch meist einfarbige, granatrote Blüten von sehr angenehmem Duft aus. Die Kronblätter sind fast ungezähnt oder nur leicht fransig. Insgesamt sind es zu einem hohen Prozentsatz gefüllte Nelken für den Massenanbau. Sie werden meist 50 cm hoch. Es gibt Mischungen, die aus Einzelfarben zusammengestellt sind. Die Grenze zu der eigentlichen Landnelkenrasse ist jetzt ziemlich verwischt. Einzelfarben: 'Mohrenkönigin' (dunkelrot), 'Rosakönigin' (lebhaft rosa), 'Sonnengold' (hellgelb), 'Mont Blanc' (weiß), 'Scharlach' (scharlachrot).

Perennierende Nelkenzüchtungen

Von der Chor- zur Hängenelke

Bevor wir zu den eigentlichen winterharten, ausdauernden Nelkenzüchtungen kommen, muß auf eine schwierig einzuordnende Gruppe von Nelken aufmerksam gemacht werden, die nur gut geschützt überwintern kann und die in der Vergangenheit eine wesentliche Rolle bei den Nelken spielte. Es sind die sogenannten Chornelken, die ebenfalls zum *Dianthus caryophyllus*-Komplex gehören. Sie entsprangen vermutlich der Kreuzung *Dianthus caryophyllus* × *D. suffruticosus*. Im vergangenen Jahrhundert waren zeitweilig bis zu tausend Chornelkensorten bekannt und beliebt. Besonders in England hatten sie vor 100 bis 175 Jahren eine hohe Zeit. Der Name Chornelken wird aufgrund der runden, unzerschlitzten, nur leicht gezähnten, ganzrandigen Blüten von chorus = Kreis abgeleitet. Ihre Blüten haben jene der Landnelken an Größe übertroffen und wirkten auch eleganter gebaut. Hinzu kamen die starke Füllung und die gewünschten langen Stiele. Die Pflanzen waren aber leider nicht winterhart, und Aussaaten spalteten genetisch auf. Man war auf vegetative Vermehrung durch Stecklinge oder Absenken angewiesen. Außerdem mußten die schweren Blüten aufgebunden werden.

Die Chornelken sind trotz ihrer ehemals großen Bedeutung aus dem Reigen der Nelkenzüchtungen verschwunden, wohl bedingt durch die großen Erfolge bei der Edelnelkenzucht einerseits und auch durch die erreichten Fortschritte bei den ein- oder zweijährig kultivierten Nelken, mit denen sich auf einfachere Art und Weise großblumige, gefüllte Nelken erzielen lassen.

Gebirgs-Hängenelken

Es gibt lediglich einen Bereich, für den diese Nelken immer noch Bedeutung haben. Gemeint sind die sogenannten Gebirgs-Hängenelken, die auch unter der Bezeichnung Tiroler Hängenelken verbreitet werden. Sie sind aus den Chornelken entstanden, indem besonders leuchtendrot blühende, aber schwachstengelige Typen ausgelesen und vegetativ vermehrt wurden. Dadurch bildete sich der hängende Wuchs heraus, der diese Nelken für Balkonkästen und ähnliche Pflanzgefäße brauchbar machte. In den Gebirgstälern der Alpen und auch im Voralpenland, also in Gegenden mit hoher Luftfeuchtigkeit, können sie auf Fenstersimsen und den oft umlaufenden Holzbalkonen phantastische Wirkungen erzielen. Die Pflanzen stehen dabei oft vor Regen geschützt. Einen gewissen Einfluß auf die Farbintensität dürfte auch der höhere UV-Licht-Anteil in diesen Gegenden haben. Dies verlockt immer wieder Garten- und Blumenfreunde, die in trockeneren Klimaten wohnen, es ebenfalls mit diesen Nelken zu versuchen, zumal sich der Versandhandel damit ein großes Geschäft verspricht und sein Angebot aber oft nicht mit den entsprechenden Hinweisen versieht.

Die Pflanzen werden jährlich aus Stecklingen herangezogen und im Frühling angeboten. Normalerweise eignen sich Gebirgs-Hängenelken in den bevorzugten Gegenden für Balkon- und Ampelbepflanzungen, unabhängig von der Himmelsrichtung. Halbschatten ist vorzuziehen. Plätze, die ungeschützt von früh bis abends direkte Sonneneinstrahlung haben, eignen sich nicht. Deshalb wirkt sich ein Dachüberstand, wie er für die Häuser der Alpenregion typisch ist, besonders gut aus. Zusätzlich sollten die Pflanzplätze nicht zu sehr windexponiert sein. Gebirgs-Hängenelken wünschen mittelschwere Erde, die humusreich und nahrhaft sein sollte, und während der Vegetationsperiode sollte etliche Male nachgedüngt werden.

Die Kultur der Gebirgs-Hängenelken

Die Stecklinge werden von Mutterpflanzen entnommen oder fallen beim Einkürzen an. Die beste Zeit für die Stecklingsvermehrung ist September bis November, jedoch kann man auch noch von Januar bis März Stecklinge schneiden. Die ideale Kulturtemperatur liegt zwischen 12 und 14 °C. Als Bewurzelungssubstrat eignet sich besonders ein Sand-Torf-Gemisch 1:1. Auch bei der Weiterkultur sollte den Pikiererden immer Sand zugesetzt werden. Im Endtopf (9- bis 10-cm-Topf) werden Substrate mit hohem mineralischen Anteil verwendet. Erfolgt die Weiterkultur unter Hochglas, sollten Temperaturen von 6 bis 10 °C eingehalten werden. Auch im Kasten muß diese Temperatur gewährleistet sein. September-November-Vermehrungen werden bei 5 bis 6 °C überwintert. Falls mehrmals entspitzt wird, erhält man besonders reich verzweigte Pflanzen, was den Blütenreichtum etwas schmälert. Das eigentliche Sortiment ist nicht sehr groß, sieht man von Phantasienamen ab, die oft von Versandfirmen gegeben werden. Folgende Sorten sind am Markt:

'Feuerkönig' (auch als 'Napoleon III.' bekannt). Wichtigste leuchtendrote Standardsorte.

'Feuerkönig Compacta'. Leuchtendrot, wie die vorhergegangene Sorte, aber mit mehr aufrechtem und gedrungenem Wuchs, deshalb besonders für Töpfe, Schalen und auch als Beetpflanze zu verwenden.

'Gruß vom Chiemgau'. Zeigt ein helleres Rot, ziemlich großblütig, duftet.

Inwieweit die folgenden Sorten eigenständig oder mit obigen identisch sind, konnte nicht voll geklärt werden, sie befinden sich jedoch im Handel.

'St. Johann'. Starkduftend. Mit 30 cm langen Trieben, zartgrüner, grasartiger Belaubung und roten Blütenkaskaden von Juni bis September. Verträgt Frost bis − 4 °C.

'Balkonfeuer'. Hängenelke, starkwüchsig, duftend. Blütezeit (falls das Verblühte regelmäßig entfernt wird) von Mai bis Oktober. Außer für Balkon und Terrasse auch für niedrige Beete geeignet. Verträgt etwas mehr Frost, eine luftdurchlässige Abdeckung ist jedoch nötig.

'Duftende Tirolerin'. Sie ist zwar eine Hängenelke, stellt aber eine nur leicht hängende Balkonsorte dar. Blütezeit von Mai bis zum Frost. Gesund und kräftig, schöner rosa Blütenfarbton.

'Tiroler Blut'. Wie die vorhergenannte Sorte, nur in leuchtendem Rot.

'Romeo'. Lachsrot.

'Julia'. Rosa.

Unter den zuletzt genannten Sorten sind sicher etliche, die mit den eigentlichen Gebirgs-Hängennelken nichts mehr zu tun haben. Teilweise sind sie aus dem Edelnelken-Sektor hervorgegangen (sind also niedrige Spraynelken). Unter der geschützten Bezeichnung 'Almglut' bietet eine Versandgärtnerei vier Farbsorten von Gebirgs-Hängenelken an: in Feuerrot, Schneeweiß, Zitronengelb und Leuchtendrosa.

Border Carnations

Für diese Nelken gibt es keine entsprechende deutsche Bezeichnung, da diese Rasse in Mitteleuropa keinerlei Bedeutung hat. In Großbritannien stehen sie hoch im Kurs. Der Vollständigkeit halber sollen sie aber kurz erwähnt werden. Es handelt sich dabei um aus-

'Balkonfeuer' heißt diese derzeit recht beliebte Sorte für die Verwendung im Fensterkasten. Sie ist auch nicht so empfindlich wie die im Alpenraum verbreiteten alten Sorten der Tiroler Gebirgshängenelke. Verblühtes sollte laufend entfernt werden.

dauernde, in Mitteleuropa keinesfalls winterharte Nelken aus dem *Dianthus caryophyllus*-Komplex, die vegetativ vermehrt werden. Teils werden sie geschützt auf Beete gepflanzt, teils in Topfkultur gezogen. Sie spielen eine wichtige Rolle bei den jährlichen Nelken-Ausstellungen in Großbritannien. Die Border Carnations sind noch am ehesten mit hochgezüchteten Landnelken zu vergleichen, deren Vielfalt an Zeichnungen, Blütenformen und Farben sie aber bei weitem übertreffen.

Federnelken (Pinks)

Wenn man liest, unter welchen Phantasienamen die Züchtungen, die auf der Federnelke basieren, hierzulande angeboten werden, kann man unweigerlich der Versuchung, sie kennenlernen zu wollen, nicht widerstehen: Da ist von Stechnelken, Nordlandnelken, Römernelken und sonstigen Phantasienamen die Rede. Das schöne deutsche Wort Federnelke steht für die Art *Dianthus plumarius*. Die Züchtungen

Die Sorten der Federnelke, *Dianthus plumarius*, sind für Steingärten wichtig, denn sie setzen zusammen mit den Glockenblumen den großpolsterigen Blütenflor fort, den die Frühjahrspolster eingeleitet haben. In Gärten mit naturnaher Gestaltung sollte man einfachblühende Sorten vorziehen.

müßten bei korrekter Schreibweise Federnelken-Hybriden heißen, ein langes Wort. Da lobe ich mir die englische Bezeichnung: Pinks! Dieses Wort wurde ja später (etwa um 1750) als Farbtonbezeichnung in die englische Sprache übernommen, und nachdem man bei uns in modebewußten Kreisen diesen Begriff sowieso schon übernommen hat, spricht nichts dagegen, den Namen für diese Nelkengruppe auch bei uns zu übernehmen. Hingewiesen werden muß allerdings darauf, daß man in Großbritannien die Bezeichnung nicht nur im engeren Sinn gebraucht. Deshalb kennt man auch Hybriden mit *Dianthus alpinus*, *D. knappii*, *D. deltoides* (in England Maiden Pink) und *D. gratianopolitanus* unter diesem Namen.

Die Entstehung der Federnelken-Hybriden

Wie zu erwarten, ist auch die Entstehung dieser Hybridgruppe nicht voll geklärt. Fest steht lediglich, daß es von *Dianthus plumarius* schon im 16. und 17. Jahrhundert halbgefüllte und gefüllte Formen gegeben hat. Sie hatten in England den Namen Gillyflowers oder auch Gilofres. Zu Shakespeares Zeiten kam der Name Pink auf, der bis heute seine Gültigkeit behielt.

Bei uns gab es keine solche sprachliche Trennung. Alle Nelken wurden im Deutschen anfänglich als Graßblumen (oder Grasblumen) und später als Nägelein bezeichnet, gleichgültig, ob es sich um solche aus dem *Dianthus caryophyllus*-Komplex oder um Formen und Hybriden von *Dianthus plumarius* handelte. Unter den schönen Nelkenabbildungen des »Hortus Eystettensis« finden sich aber schon Formen der Federnelken, wenn auch unter anderer botanischer Bezeichnung. Etwas später (1771) schreibt Heinrich Christian von Brocke: »Es gibt auch noch unterschiedliche Species von denen Nelken, welche mit zu diesem Geschlechte gerechnet werden, als die kleine und große Federnelke (›Caryophillus plumosus‹).« Weiter heißt es an anderer Stelle: »Jetzo fehlen uns noch die blauen, grünen und kohlschwarzen Nelken. Von den aschgrauen und kupferfarbigen hat man aber schon schöne Sorten.«

Gegen Ende des 18. Jahrhunderts kamen die ersten zweifarbigen, gezonten Sorten auf, und von da an schnellte die Zahl der Sorten hoch. 1832 führte Thomas Hogg in seinem Buch »Concise and practical Treatise on the Growth and Culture of the Carnation, Pink and other Flowers« ein großes Sortiment von Pinks auf, beginnend mit 'Archers Seedling' und endend mit 'Wallaces Queen', insgesamt 157(!) Sorten. Bei uns scheint zu dieser Zeit die Pink-Liebhaberei noch nicht dieses große Ausmaß erreicht zu haben. Jacob Ernst von Reider schreibt 1827: »Die Federnelke mit schmalen glatten Blättern, wird ½ Schuh hoch. Man hat gefüllte, halbgefüllte und einfache von vielen Farben und verschiedener Gestalt. Sie schikken sich nur allein in Gärten zur Einfassung der Rabatten und sind alle wohlriechend.«

Viele dieser Sorten der damaligen Zeit hatten die unangenehme Eigenschaft, daß wegen der starken Füllung die Kelche platzten. Aber es gab besonders in England auch schon hochwertige Sorten, zu ihnen gehört die noch jetzt beliebte 'Mrs. Sinkins', weitere Vorläufersorten der heutigen Pinks 'Inchmery' (reinrosa), 'Musgraves Pink' (einfach, rosa mit einem grauen Auge), 'Paddington' (zweifarbig auf rosa Grund), 'Sam Barlow' (zweifarbig auf weißem Grund), 'The Earl of Essex' (zweifarbig auf rosa Grund), 'White Ladies' (reinweiß, stark duftend) und 'William Brownhill' (weißer Grund, kastanienbraun gezeichnet). In Deutschland gehörten 1873 zu den beliebtesten Federnelken-Sorten (laut dem Blumenlexikon »Die schönsten Pflanzen« von H. Jäger): 'Anna Boyleyn' (weiß mit Dunkelrosenrot), 'Laura' (atlasweiß mit Dunkelweinrot), 'Königin der Schotten' (weiß mit Dunkelweinrot), 'König von Sachsen' (ähnlich der vorhergenannten).

In Deutschland entstanden bald die ersten Staudengärtnereien, die selbstverständlich auch die dankbaren Federnelken-Züchtungen in ihrem Sortiment hatten (das Wort Pink war noch nicht übernommen worden). Der Altmeister der Staudenbewegung, Karl Foerster, führt in seinem Buch »Winterharte Blütenstauden und Sträucher der Neuzeit« aus dem Jahre 1911 die folgenden Sorten auf: 'Maischnee' (weiß, gefüllt), 'Altrosa' (rosa, gefüllt), 'Diamant' (reinweiß, gefüllt), 'Gloriosa' (rosa, gefüllt) und 'Delicata' (seidig-lila). Das Buch »Unsere Freilandstauden« von E. Silva Tarouca und C. Schneider nennt zusätzlich noch den cattleyarosa Sport von 'Delicata' namens 'Juwel'.

In England wurden verschiedene Züchtungsversuche unternommen. Am meisten Erfolg hatte die Wivelsfield Nursery (Allwood Brothers). Der Beginn dieser züchterischen Tätigkeit, die bis heute andauert und auch unser heutiges Sortiment stark beeinflußt hat, liegt um das Jahr 1910. Nach dem ersten Züchter Montague Allwood wurde später die gesamte neue Rasse benannt: *Dianthus × allwoodii*. Die ersten Züchtungen, die in den Handel kamen, waren 'Alice', 'Daphne', 'Eileen' und 'Thomas'. Alle gingen aus Kreuzungen zwischen *Dianthus caryophyllus*-Sorten (»Perpetual flowering Carnations«) und alten geschlitzten Pinks hervor. Unzweifelhaft stammt aus dieser Gruppe die Sorte 'Doris', die erst 1952 entstand.

Eine andere Gruppe Pinks, die in Allwoods Gärtnerei entstanden ist, sind die sogenannten Show Pinks mit auffallenden Blüten, die sich besonders für die in England beliebten Ausstellungen, aber in geringerem Maße für den Garten eignen. Sie entstanden aus einer Kreuzung von *Dianthus × allwoodii* mit *D. × herbertii*. Die letztgenannte erzielte ein C.H. Herbert im Jahre 1915 aus einer Kreuzung von alten Pink-Sorten mit sogenannten Border Carnations. Die letztgenannten sind etwa mit unseren Landnelken vergleichbar. Um das Jahr 1940 unternahm C.H. Fiedler ebenfalls Kreuzungen mit *Dianthus × allwoodii* und *Dianthus × herbertii*, die Ergebnisse wurden als »Imperial Pinks« bekannt. Aufbauend auf diesen Kreuzungen ging nach dem Zweiten Weltkrieg die Züchtung weiter, so daß jetzt ein umfangreiches Sortiment zur Verfügung steht, das kaum Wünsche offen läßt.

Betrachtet man die weitere Entwicklung der Federnelken-Züchtung in Deutschland, so wird man feststellen, daß diese sehr viel verhaltener, aber zweispurig vor sich ging. Es wurden sowohl wertvolle, vegetativ zu vermehrende Gartensorten als auch hochwertige samenvermehrbare Sorten gezüchtet. Vor dem letzten Krieg waren folgende Sorten in Kultur: 'Apollo' (lachsrot), 'Artis' (weiß, gefüllt, wüchsig), 'Diamant' (weiß, gefüllt), 'Duchesse of Fife' (lilarosa, einfach), 'Feuerzauber' (leuchtendrot, gefüllt), 'Flak' (magentarot, gefüllt), 'Frühbote' (malvenrosa, dicht gefüllt), 'Jupiter' (rot, dunkel geäugt), 'Liberty' (frisch rosa, gefüllt), 'Mrs. Sinkins' (reinweiß, gefüllt), 'Saxonia' (rot, gefüllt) und 'Scoticus' (rosa, großblumig). Auch nach dem Kriege ging es mit der Züchtung wieder zaghaft los, und es entstanden weitere Sorten. So kamen von der Firma Kayser und Seibert 'Maiglanz' (leuchtend-rosarot, früh) und 'Morgenlicht' (leuchtendrosa, gefüllt, spätblühend) hinzu. Aus der Schweiz stammte die Sorte 'Heidi' von Frikart. Bekannt wurde weiterhin 'Ine' von Hendriksen.

Das Sortiment samenvermehrbarer Federnelken-Züchtungen

Hier gibt es durchaus gute Qualitäten, in Einzelfarben, aber in noch größerem Maße bei den Prachtmischungen. Da die Anzucht auch beim Hobbygärtner keine Schwierigkeiten bereitet, sind diese Nelken besonders zum Schnitt sehr beliebt, während für Gartenanlagen wegen des kompakteren Wuches mehr die vegetativ zu vermehrenden Namensorten vorgezogen werden. Aus dem derzeitigen Sortiment seien die folgenden Sorten genannt.

'Albus'. Reinweiß, gefüllt und halbgefüllt. 40 cm.

'Ballade'. Exzellente, großblumige, gefüllte Mischung in unterschiedlichen Farbtönen.

'Frühlingsschönheit'. Prachtmischung gefüllter, riesenblumiger, duftender Federnelken in allen Farben. 40 cm.

'Frühlingswonne'. Mischung aus gefüllten Typen in Rosa, Weiß, Lachs und Rosarot. 30 cm.

'Gefüllte Prachtmischung'. Zur Hälfte gut gefüllt blühend, besonders zum Schnitt geeignet. 50 cm.

'Highland Hybrids'. Süß duftende Pinks mit 3,5 cm großen Blüten in einem auffallend gezonten Karmin. Sowohl zum Schnitt als auch für Einfassungen und für den Steingarten. 25 bis 35 cm.

'Innocent'. F_1-Hybride, hundertprozentig gefüllte, weiße Federnelke. 50 cm.

'Alice' ist eine jener zahlreichen *Dianthus × allwoo-dii*-Hybriden, die derzeit durch den Versandhandel meist als Stechnelken verbreitet werden.

'Nanus Rosa Töne'. Niedrig, kompakt, stark gefüllt. 25 cm.

'Old Laced Pinks'. Alte einfache, halbgefüllte und gefüllte Blüten, alle kontrastreich gezont. 27 cm.

'Roseus'. Rosa, gefüllt und halbgefüllt. 40 cm.

'Sonate'. Teils ganzrandige, teils schwach gefranste, gefüllte Blumen. Mischung mit vielen roten Farbtönen. 50 cm.

Moderne, vegetativ zu vermehrende Federnelken (Pinks) und Federnelken-Hybriden (Dianthus × allwoodii) in Mitteleuropa

Das Sortiment ist augenblicklich ziemlich umfangreich. Staudengärtnereien, Versandfirmen und Gartencenter bieten die folgenden Sorten an.

'Alice'. Grundfarbe weiß mit rotem Spiegel und rotem Rand. 25 bis 30 cm.

'Altrosa' (Foerster 1906). Zartrosa, dicht gefüllt. 25 bis 30 cm.

'Annabel'. Rosa, gefüllt. 20 cm.

'Belchen' (v. Zeppelin 1958). Rosa mit leicht violettem Stich, purpurviolettes Auge, halbgefüllt. Reichblühend, Einzelblüte 4 cm breit. 30 cm.

'Charles Edwards'. Weiß, gefüllt. 20 cm.

'David'. Scharlachrot, gefüllt. Remontiert gut zum Schnitt.

'Delicata' (O. Mann). Rosa, gefüllt. 20 bis 30 cm.

'Desmond'. Weinrot, gefüllt. 30 cm.

'Diadem'. Karminrot mit dunkler Mitte, gefüllt. 35 cm.

'Diamant' (O. Mann). Weiß, gefüllt, ganzrandige Petalen. 20 bis 30 cm.

'Doris'. Lachsrosa mit rotem Auge, gefüllt. 25 bis 30 cm.

'Elke'. Rosa, starkduftend. Blüte Juni bis September. Starkwüchsig und reichblühend. 25 bis 40 cm.

'Heidi' (Frikart). Lachsrosa, gefüllt. 20 bis 30 cm.

'Helen'. Sehr großblumig, auffallend lachsrosa. Sehr gut zum Schnitt.

'Ine' (Hendriksen). Weiß mit rotem Rand, halbgefüllt. Gut zum Schnitt.

'Julia'. Lachsrosa mit dunkler Zone. 20 cm.

'Linda'. Leuchtendrot, gefüllt.

'Maggie' (Hendriksen). Dunkelrosa mit Auge, gefüllt.

'Maischnee'. Weiß, gefüllt. Gut für Einfassungen.

'Morgenlicht' (Kayser und Seibert 1957). Rosa, gefüllt. Spätblühend. 30 cm.

'Mrs. Sinkins' (Sinkins). Weiß, halbgefüllt, grünliche Mitte, großblumig. 25 bis 30 cm.

'Munot' (Frei). Leuchtend dunkelrot, gefüllt. Gut zum Schnitt. 25 cm.

'Pikes Pink'. Cattleyenrosa, gefüllt, großblumig. Bildet lockere, blaugrüne Matten. 10 bis 15 cm.

Unter den Federnelken-Hybriden gibt es viele süß duftende Sorten. Die niedrigen, meist vegetativ vermehrten, eignen sich auch für Einfassungen.

Den einfachen Federnelken, *Dianthus plumarius*, sollte man in naturnahen Gartensituationen den Vorzug geben, gefülltblühende Sorten stören darin oft.

'Romeo'. Rot-weiß marmorierte Nelke.

'Roseus Plenus'. Dunkelrosa, gefüllt, reichblühend. 15 cm.

'Saxonia'. Purpurrot, gefüllt. 25 cm.

'Thymele'. Reinrosa, gefüllt. 25 bis 30 cm.

Die meisten Sorten können universell verwendet werden. Besonders gute Polsterbildner sind die folgenden Sorten. Sie finden ihre Hauptanwendung in Steingärten und an ähnlichen Plätzen: 'Altrosa', 'Delicata', 'Diamant', 'Maggie', 'Maischnee', 'Morgenlicht', 'Rotkäppchen'.

Besonders zum Schnitt geeignet sind: 'David', 'Diadem', 'Heidi', 'Helen', 'Ine', 'Lotte Forjahn' und 'Munroth'. Diese Sorten müssen im Gegensatz zu den vorher genannten öfter neu aufgeteilt werden.

Ausgezeichnete Einfassungspflanzen sind 'Maggie' und 'Maischnee'. Darüber hinaus sind, besonders in Holland, folgende Sorten verbreitet: 'Alderhouse', 'Anthony', 'Artis', 'Diana', 'Fürst Bismarck', 'Garland', 'Ideal', 'Portrait', 'Richard Gibbs', 'Rose de Mai' und 'Snowdrift'.

Das englische Pink-Sortiment (Dianthus × allwoodii)

Erscheint schon das in Mitteleuropa verbreitete Sortiment der Federnelken-Hybriden umfangreich, so muß dieses im Vergleich zu der in Großbritannien vorhandenen Sortenflut als gering bezeichnet werden – ein Zeichen, wie sehr geschätzt diese Blumen dort sind. Besonders die bekannte Firma Allwood bietet laufend Neuzüchtungen an, aber auch andere

Züchter wie Thomas, Wyatt, Whetman und andere sind rege. Der normale Nelkenfreund des Kontinents kapituliert schon vor der Einteilung in verschiedene Gruppen. Man findet folgende Einteilung:

Allwoodii Pinks. Hybridgruppe, die auf der Arbeit von Montague Allwood aufbaut. Für Mitteleuropa wichtig, da sie gut winterhart sind.

Tudor Laced Pinks. Alte und winterharte Hybriden in meist zarten Pastellfarben mit dunklerem Rand, welche auf die (am Feierabend betriebene) Züchtertätigkeit der Musselin-Weber von Paisley zurückgehen.

Show-Pinks. Sie sind sozusagen die Aristokraten unter den Pinks mit ihren stark gefüllten Blüten auf kräftigen Stielen. Sie haben einen hohen Anteil von *Dianthus caryophyllus*-Erbmasse und stehen zwischen den eigentlichen Federnelken-Hybriden und den in Großbritannien beliebten Border Carnations. Sie blühen länger als die letztgenannten, aber nicht so lange wie die Allwoodii Pinks. Es sind vorwiegend Pflanzen, die bei den in Großbritannien beliebten Shows um Medaillen ringen. Sie sind gegen zentraleuropäisches Klima empfindlich und, auch weil es derartige Wettbewerbe bei uns nicht gibt, für Mitteleuropa ohne Bedeutung.

Old World Garden Pinks. Dies sind die alten Gartenpinks mit gefedertem Blattrand (Federnelken!) und süßem Nelkenduft. Bei ihnen merkt man den genetischen Anteil der eigentlichen Federnelke *(Dianthus plumarius)* noch am stärksten.

Dwarf Rock Pinks (auch öfter Miniature Pinks genannt). Bei deren Entstehung waren weitgehend andere Arten beteiligt, besonders auch *Dianthus gratianopolitanus*. Sie sind nach dem Verständnis des Autors bei den Federnelken fehl am Platze und deshalb in diesem Buch bei den *Dianthus gratianopolitanus*-Hybriden zu finden oder bei den Sorten von perennierenden Züchtungen, deren Elternpaare nicht mehr genau zu identifizieren sind.

Eine Auflistung sämtlicher Hybriden würde zu weit führen. Hier interessieren nur die winterharten Typen, die auf die Arbeit von Montague Allwood zurückgehen, da sie größtenteils auch in Mitteleuropa gut winterhart sind. Die Sorten 'Alice', 'David', 'Doris', 'Helen' und 'Linda' wurden schon unter den bei uns verbreiteten Sorten aufgeführt. Zu den von der Royal Horticultural Society ausgezeichneten Sorten gehören noch die folgenden:

'Alkor'. Rot. Blaugrünes Laub. 30 cm.

'Alyson'. Reines Petunienrosa.

'Clare'. Amethyst mit kastanienbraunem Zentrum, voll gefüllt, duftend.

'Daphne'. Einfache, große Blüten, mauve-rosa mit dunklem Auge.

'Duchess of Fife'. Hübsche, 20 cm hohe Hybride mit rosaroten Blüten.

'Edna'. Rosenrosa mit kastanienbraunem Auge.

'Edward'. Karmin-kastanienbraun mit unregelmäßigem, rosa Rand.

'Fiona'. Reichblühend, tiefrosa, große Blüten, die geschlitzt sind.

'Haytor White'. Große weiße, duftende Blüten. Zum Schnitt.

'Joy'. Lachsrosa, Form ähnlich 'Doris'.

'Laced Monarch'. Petunienrosa mit kastanienbrauner Zeichnung.

'Laura'. Orangescharlach-farbener Sport von 'Doris'.

'Martin'. Karminrosa mit dunklem Auge.

'Oliver'. Rein kirschrosa. Robuste Pflanzen mit graugrünem Laub.

'Paul'. Gefüllte, muschelrosa, karmin gestrichelte Blüten.

'Robert'. Rosa-magenta mit hellem kastanienbraunem Zentrum.

'Susan'. Fahllila mit einem kräftig gefärbten Auge.

'Trevor'. Mittelgroße, rote Blüten, sehr guter Duft. Zum Schnitt.

Wie erwähnt, handelt es sich nur um eine beschränkte Auswahl der in Großbritannien verbreiteten Sorten.

Für die *Dianthus × allwoodii*-Hybriden sind ein sonniger Platz und gute Dränage Voraussetzungen für eine mehrjährige Freude an diesen Pflanzen. Man kann sicherheitshalber Stecklinge im August schneiden oder auch die alte Absenkermethode versuchen. Bei Stecklingen ist die Bezeichnung »Kopfsteckling« wörtlich zu nehmen: Nur die Spitze eines Triebes wird zur Vermehrung geschnitten – und nicht 10 cm lange Stücke, die oft schlecht wurzeln. Die Abbildung oben zeigt die verbreitete Sorte 'Martin' (viele Hybriden dieser Nelkenrasse tragen als Sortenbezeichnung menschliche Vornamen). Rechts die reinweiße 'Haytor'.

Die Kultur der Pinks

Es handelt sich dabei um weitgehend problemlose Nelken. Die Vermehrung dieser Federnelken-Hybriden (Namenssorten) erfolgt vegetativ. Große Pflanzen können geteilt werden, wobei es ratsam ist, die Teilstücke erst im Container weiterzukultivieren und nach der Bewurzelung wieder auszupflanzen. Besonders verbreitet ist – besonders beim Staudengärtner – die Stecklingsvermehrung, sie ist auch recht ergiebig. Die beste Zeit für diese Vermehrungsmethode liegt zwischen Ende Mai und Mitte Juli, wobei kräftige, aber nicht blühende Triebe ausgewählt werden, die weder zu dick noch zu dünn sein sollten. Normalerweise beläßt man den Stecklingen an der Spitze vier Blattpaare. Etwas besser in Saft stehende Triebe wurzeln zuverlässiger als sehr trockene. Die Gesamtlänge von Stecklingen der Federnelken-Hybriden beträgt etwa 10 cm. Die zusätzliche Verwendung von Bewurzelungshormonen erhöht die Chance der Bewurzelung.

Hobbygärtner vermehren auch oft durch Absenker, da sie keine größeren Stückzahlen der Pflanzen benötigen. Diese Methode läßt sich besonders gut von Juli bis August anwenden. Ein geeigneter Trieb von der Außenseite der Pflanze wird zur Erde niedergebogen und durch eine Klammer so festgehalten, daß ein kurzes Stengelstück in der Erde steckt. Dieses Stengelstück sollte dabei horizontal liegen. Manchmal werden Absenker auch gleich in einen mit Erde gefüllten Topf gelegt, der am Rande der Mutterpflanze eingesenkt wird (s. auch Seite 190). Als Substrat, sowohl für die Stecklingsvermehrung als auch zum Absenken, eignet sich ein Gemisch aus Weißtorf und scharfem Sand im Verhältnis 1 : 1 oder aus Perlite und Torf (1 : 1). Wer nicht unbedingt uniforme Pflanzen benötigt, kann die Pinks auch aus Samen ziehen, was keinerlei Schwierigkeiten bereitet (siehe Liste der samenvermehrbaren Federnelken-Hybriden Seite 141).

An den Boden werden keine besonderen Ansprüche gestellt, gleich ob dieser etwas leichter oder schwerer ist. Lediglich die Reaktion sollte nicht sauer sein, was manchmal die Zugabe von Düngekalk notwendig macht. (Ideal ist ein pH-Wert von 7!) Ungünstig wirkt sich ein Mangel an Magnesium und Bor aus. Einer der Hauptfaktoren für den Kulturerfolg ist allerdings eine vorzügliche Dränage, und zwar unabhängig davon, ob in Töpfen, Containern oder im Freiland gepflanzt wird. Bei der Kultur im Freien ist eine Pflanzung von September bis Oktober besser als ein Frühjahrstermin, da die Nelken dann eine lange Vorbereitungszeit bis zur Blüte haben. Stecklinge kommen im Herbst in 7-cm-Töpfe, die in Kästen geschützt überwintern. Wird im Frühling ins Freiland gepflanzt, sollte dieser Arbeitsschritt bis Ende April abgeschlossen sein. Eine spätere Pflanzung wirkt sich auf den Blütenreichtum nachteilig aus. Keinesfalls sollten diese Nelken unter überhängenden Bäumen gepflanzt werden, ideal ist für sie eine volle Sonneneinstrahlung. Hinweise zu den Schädlingen und zum Pflanzenschutz finden sich im entsprechenden Kapitel.

Drei Hauptrichtungen der Kultur spielen eine größere Rolle: einmal die Verwendung in dekorativen Steingärten, dann die Verwendung als Einfaßpflanze und schließlich der Anbau zur Gewinnung von Schnittblumen. In Großbritannien kommt noch die Topfkultur hinzu.

Die Dianthus gratianopolitanus-Hybriden

Wie aus den vorhergegangenen Ausführungen hervorgeht, werden in Großbritannien die Hybriden, die einen größeren Anteil von *Dianthus gratianopolitanus* in sich tragen, weniger deutlich getrennt als in Mitteleuropa. (Die alte synonyme Bezeichnung war *Dianthus caesius*.) Besonders die deutschen, österreichischen und schweizer Staudengärtner vermehren ein namhaftes Sortiment niedriger Typen für den Steingarten, denn diese Verwendung steht hier im Vordergrund. Hinsichtlich der Kultur besteht kein Unterschied zu den Pinks (Federnelken-Hybriden). Vermehrt wird vegetativ durch Stecklinge. Es gibt aber auch Mischungen, die ein breites Spektrum ergeben, obwohl einzelne auch schon eine gewisse Uniformität erreicht haben.

Samenvermehrbare Dianthus gratianopolitanus-Hybriden

Diese lassen sich ohne Schwierigkeiten heranziehen, die Keimung erfolgt schon nach kurzer Zeit. Für 1000 Pflanzen werden etwa 3 g Saatgut benötigt. Die Keimtemperatur liegt bei etwa 20 °C. Die Weiterkultur nach der Keimung erfolgt bei etwa 15 °C. Die folgenden Sorten sind derzeit im Angebot.

D. gratianopolitanus 'Elfe'. Rosa Blüte, ganzrandig.

D. gratianopolitanus 'Grandiflorus'. Rosa Typen. Polsterbildend. 20 cm.

D. gratianopolitanus 'Ornament' (Benary). Rosa, lachsfarbene, rote und weiße Blütenfarben gemischt. 20 cm.

D. gratianopolitanus 'Rosafeder'. Reinrosa, großblumige, gefranste Blüten. 20 cm.

D. gratianopolitanus 'Rot mit dunklem Auge'. Heucherarot, spielt im Farbton, teilweise halbgefüllt. 20 cm.

D. gratianopolitanus 'Semiplenus' (= 'Rotkäppchen'). Leuchtend-karminrot, halbgefüllte Blüten. 20 cm.

D. gratianopolitanus 'Splendens'. Leuchtend-karminrosa, dunkle Mitte, spielt im Farbton, gezackter Blumenrand. 40 cm.

Bei früher Aussaat erhält man bei den meisten der oben genannten Züchtungen schon im Herbst die ersten Blüten. Die Aussaat erfolgt im März bis Juli im Haus oder Kasten. Die Keimtemperatur liegt bei 18 °C, bis zur Keimung dauert es 7 bis 14 Tage. Pikiert wird nach sechs Wochen. Für die Weiterkultur beträgt die Mindesttemperatur 10 bis 12 °C. Anstatt einzeln zu pikieren, können auch drei bis vier Samen gleich in Topf oder Pack gesät werden. 3 g Saatgut ergeben etwa 1000 Pflanzen.

Vegetativ vermehrte Namenssorten von Dianthus gratianopolitanus-Hybriden

'Achievment'. Reinrosa. 20 cm hohe Züchtung.

'Agathe'. Dunkelrote Blüten von Juni bis August. 15 bis 20 cm.

'Arnold Cihlarz'. Einfache, dunkelrote Blüten auf 15 cm hohen Stielen.

'Badenia'. Leuchtendrote, einfache Blüten von Mai bis August. 5 bis 10 cm hoch. Dankbare Sorte.

'Barkers Variety'. Rosa-hellkarmin, halbgefüllt. Lockerer Wuchs. Blütezeit Mai bis Juli. 15 cm.

'Betty Norden'. Leuchtendes Rosarot mit dunklem Auge. 15 cm.

'Blauigel' (Penzler und Jurl). Bildet feste, geschlossene Polster in intensivem Stahlblau. Einfache, hellpurpurrote Blüten in Massen. 10 cm.

'Blaureif' (Foerster). Rosa. Ältere Sorte. 15 cm.

'Blue Hill'. Karminrote Zwergform. Nur 5 cm hoch.

'Bodensee'. Dunkelrot mit schöner Zeichnung. 20 cm.

'Bombadier'. Rosa. Sehr schwachwüchsige Sorte für kleinste Pflanzplätze. 15 cm.

'Carina' (Knecht). Silbrig-graugrüne, dichte Polster. Blüten halbgefüllt, karminrot. 12 cm.

'Cilli'. Einfache, kardinalrote Blüten auf 15 cm hohen Stielen.

'Elisabeth' (Lang). Karminrosa Dauerblüher im Juli–August. 25 cm.

'Emmen' (Eschmann). Magenta-purpurkarmin. Blüht von Mai bis Juli. 10 bis 15 cm. Sehr schöne Sorte.

Von den Sorten der Pfingstnelke, *Dianthus gratia-nopolitanus*, kann man nie genug im Garten haben. Staudengärtnereien vermehren ein breites Sortiment, und laufend kommen neue Sorten hinzu. Als in ganz Europa verbreitet kann man die wüchsige Sorte 'La Bourbille' ansehen, sie gehört auch in Großbritannien und in anderen Ländern zum Standardsortiment. Sie bildet reichblütige große Polster (oben). Kleiner bleibt 'Pummelchen', die sich mehr für intime Pflanzplätze eignet. Diese Sorte empfehle ich besonders für Tröge (links unten). Das Gegenstück zur rosa blühenden 'La Bourbille' ist die auf der rechten Seite oben wiedergegebene 'La Bourbille Alba'. Bewährt hat sich auch die rechts unten abgebildete 'Badena'.

'Eydangeri'. Robuste, dichtgeschlossene, graugrüne Blattpolster. Blüten karminrosa,
reichblühend ab Mai. 15 cm hoch. Eigentlich eine Wildstaude.

'Fanal'. Große, blutrote Blüten. 15 cm.

'Feuerhexe' (Kayser und Seibert). Blattpolster
blaugrau, silbrig bereift, Form igelähnlich.
Blüten leuchtend-rhodaminpurpur. Blütezeit Mai bis Juli. 15 cm.

'Feuerzauber' (Eschmann). Scharlachrot mit
Zone. 15 cm.

'Freddy'. Blüte gefranst, dunkelpurpurrot,
Blütezeit Mai bis Juli. 15 bis 20 cm.

'Fritz'. Rote Blüte. 15 cm.

'Frosty Fire'. Neuheit aus Kanada. Feurig-
purpurrot gefüllt, Blütezeit Mai bis Juli.
Kompakter Wuchs. 10 bis 15 cm.

'Glut' (Eschmann). Glutrot mit dunklem Rand, Blütezeit Mai bis Juli. 15 bis 20 cm.

'Hannoversch Münden'. Grüne Polster mit blutroten Blüten.

'Inglestone'. Gefüllte rosa Blüten auf 15–20 cm hohen Stielen.

'Jutta' (Knecht). Graugrüne Polster. Halbgefüllte, leuchtendrote Blüten. 12 cm.

'La Bourbille'. Dichte Polster, übersät mit einfachen rosa Blüten, Blütezeit April bis Juni. Duft ähnlich *Dianthus petraeus* ssp. *noeanus*. Etwa 3 bis 5 cm hoch. Für Steinspalten, Geröllbeet, Tröge und ähnlich kleine Pflanzflächen.

'La Bourbille Alba'. Weißes Gegenstück zur obigen Sorte.

'Leuchtfeuer'. Rot. 20 cm.

'Lucia'. Karminrosa, halbgefüllt. 20 cm.

'Mars'. Stahlblaue, dichte Polster. Feurigdunkelrot, halbgefüllt, Blüten verhältnismäßig groß. Blütezeit Juni bis September. 10 bis 15 cm.

'Mucki'. Nachzucht vom Wildstandort mit rosa, duftenden Blüten. Besonders niedriger Klon (Polster 3 cm und Blüte 10 cm hoch).

'Nagelfluh'. Wahrscheinlich ein Wildstaudentyp.

'Nordstjernen' (Entstanden an der landwirtschaftlichen Hochschule Aas in Norwegen). Bildet feste Polster. Blüten rosarot. 15 cm.

'Oakington Pink'. Polster graugrün, flächig wachsend. Blüte halbgefüllt, rosa. 10 cm.

'Pikes Pink'. Lachsrosa, gefüllt, 15 cm.

'Pink Juwel'. Frisch-rosa, gefüllte, kurzgestielte Blüten. Miniaturnelke für Tröge.

'Pummelchen' (Kayser und Seibert). Zierliche, stahlblaue Blattpolster. Blüten leuchtendrosa. 10 cm. Für Tröge.

'Purpurstjernen'. Stahlblaue Polster. Purpurrosa Blüten. 15 cm.

'Purpurzauber' (Eschmann). Purpurrot mit Zone, Blütezeit Mai bis Juli. 15 cm.

'Red Penny'. Scharlachrote engl. Sorte, 15 cm.

'Red Star'. Blaugraue, flache Polster. Leuchtendrote Blüten. 15 cm.

'Rosabella'. Große Polster. Dunkelrosa, federige Blüten. 20 cm.

'Rotkäppchen' (K. J.). Halbgefüllte, leuchtendpurpurrote Blüten von Mai bis Juli. Diese Sorte findet sich manchmal auch bei den *Dianthus plumarius*-Hybriden (Pinks).

'Rubin' (Knecht). Silbergraue Blattpolster mit einfachen, rubinscharlachroten Blüten. 12 cm.

'Sasa'. Graulaubige, schöne Polster. Reichblühend mit zartrosa, starkduftenden Blüten.

'Scayness Hill'. Kompakte, dichte Polster. Sehr feine Sorte mit tiefrosa Blüten. 15 cm.

'Stäfa'. Leuchtendrosa Blüten im Mai–Juni. 15 cm.

'Stivin'. Schöne rosa Blütenpolster. 15 cm.

'Vreny' (Eschmann). Blüten leuchtend-flammenrot mit Zone, Blütezeit Mai bis Juli. 15 cm.

Verschiedene der oben genannten Züchtungen enthalten auch einen Anteil von *Dianthus plumarius*. Manche wären möglicherweise deshalb besser bei den *Dianthus plumarius*-Hybriden aufgehoben, aber eine Trennung läßt sich nicht exakt durchführen. Besonders bei Sorten mit über 20 cm Höhe und bei solchen mit gezonten Blüten ist ein hoher Anteil von *Dianthus plumarius* zu vermuten.

Verwendung der Dianthus gratianopolitanus-Hybriden

Die Verwendungsmöglichkeiten dieser Hybriden sind breit gestreut. Sie liegen aber doch schwerpunktmäßig im Steingartenbereich oder in ähnlichen Anlagen, wobei Sorten mit sehr leuchtenden Farbtönen und dicht gefüllten Blüten in naturnahen Gestaltungen vorsichtig zu verwenden sind. Hervorzuheben ist ebenfalls die Verwendung der echten Zwerge in Trögen, Schalen und ähnlichen Gefäßen. Wichtig ist dabei die hohe Trockenheits-Resistenz, die diese Nelken zu Partnern von anderen Trockenheitshelden wie *Sedum* und *Sem-*

pervivum macht. Selbst in Löchern von Tuffsteinen machen sie noch gut mit.

Die Heidenelken-Sorten (Dianthus deltoides)

Bei der Heidenelke handelt es sich um eine liebenswerte, wenn auch verhältnismäßig kurzlebige Staude. Diese heimische Pflanze ist sehr spät in unsere Gärten gekommen. Die Polster mit den kleinen, einfachen Blüten tauchen in den Gartenbüchern erst mit Beginn der Steingarten-Liebhaberei auf, haben aber dann einen ziemlich steilen Aufstieg genommen. Die reichblühenden Polster sind vielseitig verwendbar – vom Trog bis zum großflächigen Heidegarten. Die Kurzlebigkeit von nur einigen Jahren wird schnell durch die leichte Reproduzierbarkeit aus Samen wettgemacht. An zusagenden Plätzen kommt es auch sehr leicht zur Selbstaussaat. In der Natur gab es immer schon etwas unterschiedliche rote Farbtöne. Dies hat man sich zunutze gemacht und eine Reihe von Sorten geschaffen. Vermehrt wird normalerweise ausschließlich durch Aussaat. Für 1000 Pflanzen werden 0,5 bis 1 g Saatgut benötigt(!). In Großbritannien ist diese Nelke unter der Bezeichnung »Maiden Pink« bekannt. Die folgenden Mischungen und Auslesen befinden sich augenblicklich im Angebot.

D. deltoides 'Alba-Rosea'. Flachwachsende Typen in Weiß und Rosa.
D. deltoides 'Albus'. Schöne Albinoform in Weiß. 20 cm.
D. deltoides 'Brilliancy'. Eine großblumige, frühblühende Hybride (mit *Dianthus chinensis*), amarantrot. Besonders auffallend lange Blütezeit. Blüht schon wenige Monate nach der Aussaat. Nicht immer, aber oft ausdauernd. Nicht mit der Sorte 'Brillant' zu verwechseln. 20 cm.
D. deltoides 'Brillant'. Leuchtendrot. Blüht von Juni bis September. 20 cm.

D. deltoides 'Broughty Blace'. Dunkelscharlach. Besonders flachwachsend.
D. deltoides 'Erectus'. Rote Blüten von Juni bis September. Niedrige (15 cm), buschige Pflanzen, die sich nicht so leicht legen.
D. deltoides 'Heideblut'. Tief-scharlachrote Blüten im Mai–Juni. Dunkles Laub. 20 cm.
D. deltoides 'Leuchtfunk' (Benary). Scharlachrote Blüte, Blütezeit Juni bis September. Dunkles Laub. Ebenfalls nur 15 cm hoch. In englischsprachigen Ländern als 'Flashing Light' bekannt.
D. deltoides 'Lueur'. Leuchtendrote Blüten. Dunkles Laub. 15 cm.
D. deltoides 'Microchips'. Englische Züchtung mit einer großen Bandbreite von Farbschattierungen, oft »aurikel-geäugt«. 26 bis 35 cm. Universell verwendbar für Steingärten, zwischen Plattenwegen, Einfassungen, Trockenmauern und für Container.
D. deltoides 'Rosea'. Leuchtendrosa Blüten. 20 cm.
D. deltoides 'Samos'. Leuchtendrot. 20 cm.
D. deltoides 'Vampir'. Karmesinrot, besonders reichblühend. 20 cm.
D. deltoides 'Wisley Variety'. Tief-magentarote Blüten.

Ausdauernde Nelkenzüchtungen unbekannter Herkunft

Es gibt eine ganze Reihe von hübschen Hybriden, bei denen es gewagt wäre, sie einzelnen Nelkengruppen zuordnen zu wollen, wenn auch sicher *Dianthus gratianopolitanus* bei der Entstehung der meisten eine Rolle gespielt hat. Ebenfalls läßt sich *Dianthus plumarius-*»Blut« bei einigen nachweisen. In Großbritannien geht man einem Entscheid aus dem Wege, indem alle diese Nelken unter der Bezeichnung »Miniature Pinks« oder »Alpine Pinks« zusammengefaßt werden. Man unterscheidet allein aufgrund der Wuchshöhe. Der wichtigste Elternpartner, *Dianthus gratianopolitanus*,

Daß Bezeichnungen aus der Computerwelt auch Eingang in die Gärten finden, beweist diese Mischung der Heidenelke, *Dianthus deltoides*. Sie trägt den Namen 'Microchips'.

taucht dabei überhaupt nicht auf. In Mitteleuropa können wir uns dieser Gepflogenheit nicht anpassen, da eine Trennung nach Herkünften in den Staudengärtnereien üblich ist.

Dianthus 'Ariel'. Diese Sorte wird jetzt auch unter der Bezeichnung 'Crossways' angeboten. Eine hübsche Hybride mit unbekannten Eltern. Dichte, immergrüne Polster aus schmalen, gespitzten Blättern, etwa 10 cm hoch. Tief-brillantrosa Blüten ab Mai–Juni, die leicht geschlitzt und 2,3 × 3 cm groß sind und intensiv duften. Liebt anlehmigen Boden und volle Sonne.

Dianthus 'Aubrey Prichard'. Gefüllte, rosarote Blüten, duftend. 10 bis 12 cm hohe Polster.

Dianthus 'Betty Norden'. Rosa Blüten mit dunkler zentraler Zone.

Dianthus 'Blue Hills'. Langlebige Hybride mit bläulichen Blättern und zahlreichen karminmagentafarbenen Blüten im Juni. 15 cm. Steingarten- und Einfassungspflanze.

Dianthus 'Brigadier'. Graugrüne Blattmatten. Gefüllte rote Blüten auf kurzen Stielen.

Dianthus 'Chastity'. Mit halbgefüllten cremeweißen Blüten im Sommer. Ca. 10 cm.

Dianthus 'Elf'. Blüht in Dunkelkarmin von Mai bis September. 18 cm hoch. Wichtige Sorte wegen der langen Blütezeit.

Dianthus 'Hidcote'. Graues Laub. Halbgefüllte, tiefrote Blüten auf kurzen Stielen.

Dianthus 'Highland Fraser'. Eine liebenswerte, im Mai–Juni blühende Nelke. Blüten auf 14 cm hohen Stielen.

Dianthus 'Judy'. Rosa Blüten mit kastanienbraunen Flecken.

Dianthus 'Jupiter'. Lachsrosa, gefüllt. Blütezeit Mai bis September. 12 cm.

Dianthus 'Little Jock'. Apfelblütenrosa, duftende, halbgefüllte Blüten mit rotem Auge. Blütezeit Juni bis September. 10 bis 15 cm.

Dianthus 'Mozart'. Graue Blätter. Dunkelkarminrote Blüten im Juni–Juli. Etwa 18 cm.

Dianthus 'Nellie Clark'. Halbgefüllte Blüten von kräftigstem Karminrot, sehr reich blühend. 15 cm.

Viele Gartennelken lassen sich keiner bestimmten Art zuordnen, zu viele Vorfahren haben mitgemischt. Zu ihnen gehört die schöne 'Waithmanns Beauty'.

Dianthus 'Nyewoods Cream'. Cremeweiße Blüten im Juni–Juli. 8 cm. Habitus ähnelt etwas *Dianthus deltoides*.

Dianthus 'Pink Baby'. Hübsche, ansehnliche Polster. Rosa Blüten.

Dianthus 'Pixie'. Zwergnelke, bildet kleine, graugrüne Matten, mit rosaroten Blüten besetzt, die an kurzen, 5 cm hohen Stielen sitzen. Blütezeit Mai–Juni. Sehr hübsch für Trog und Schotterbeet.

Dianthus 'Prince Charming'. Große, tiefrosa Blüten.

Dianthus 'Spark'. Hübsche Polster mit großen, karmin-scharlachroten Blüten. 9 bis 12 cm.

Dianthus 'Spencer Bickham'. Kompakte Polster aus grauem Laub, besetzt mit zahlreichen, tiefrosa Blüten im Mai–Juni. 15 cm. Sehr gute Hybride für den Steingarten.

Dianthus 'Tiny Rubies'. Kleine Polster aus blaugrauem Laub tragen kleine gefüllte, rosa

Blütchen auf 2,5 cm hohen Stielchen. Eine exquisite Steingartenpflanze.

Dianthus 'Waithmanns Beauty'. Wunderschöne Nelke mit samtig-blutroten Blüten und je einem weißen Mal pro Blütenblatt. Blütezeit Mai bis Juli. 15 cm. Dauerblüher des Sommers.

Dianthus 'Weetwood Double'. Neuheit mit duftenden, voll gefüllten, kräftigrosa Blüten und dichten, grauen Blattpolstern.

Dianthus 'White Hills'. Kleine starre, graue Laubpolster mit lachsrosa Blüten und karminrotem Zentrum. Einzelblüten bis 1,8 cm im Durchmesser. Blütezeit Juni bis August. 4 bis 6 cm. Eine wichtige Nelke für Steingarten und Geröllbeet.

Prachtnelken-Hybriden (Dianthus superbus-Hybriden)

Vereinzelt sind auch Sorten von Prachtnelken im Angebot, wenn auch meist in namenloser Mischung, manchmal aber auch unter speziellen Namen:

D. superbus 'Fantasy Mixed'. Britische Neuheit. Eine Auslesezüchtung mit starken Stengeln, die die tief eingeschnittenen, duftenden Blüten tragen. Blüten in Reinweiß oder prächtigem Karmin. 40 bis 60 cm Höhe.

D. superbus 'Rainbow Loveliness'. Schöne Mischung mit unterschiedlicher Bandbreite der Farben und Formen.

Die Freilandnelken

Verwendung im Garten

Unzweifelhaft spielen im kommerziellen Gartenbau die Schnittnelken die wichtigste Rolle, wobei hier wiederum die Unterglaskultur überwiegt. Den Schwerpunkt bilden dabei die Edelnelken, aber auch andere Nelkengruppen werden für diesen Zweck angebaut. Für die Millionen Gartenbesitzer und Pflanzenliebhaber stehen jedoch viele Nelken im Vordergrund, die im Gartenbau eine weniger wichtige Rolle spielen.

Auch der Hobbygärtner schätzt die Nelke als Schnittblume, schließlich ist er ja auch Abnehmer der vom Erwerbsgartenbau produzierten Blumen. Oft wird der Gartenbesitzer darüber hinaus im eigenen Garten auf speziellen Schnittblumenbeeten selbst Nelken zum Schnitt ziehen. Wichtig sind für ihn besonders die Landnelken, die Bartnelken und die Chabaudnelken. Aber auch viele Federnelken-Sorten eignen sich bereits für diesen Zweck. Vollsonnige Beete sind für einen guten Erfolg Voraussetzung. Der ideale Boden ist dabei lehmigsandig-humos und neutral bis leicht kalkhaltig. An solchen Plätzen und auf geeigneten Böden halten sich dann auch die Pilzkrankheiten im erträglichen Rahmen.

Der Schwerpunkt der Nelkenverwendung im Privatgarten liegt jedoch in der freien Gestaltung. Eigentlich kann man sagen, es gibt keinen Gartensektor, in dem nicht auch Nelken verwendet werden können, auch wenn es im ersten Augenblick nicht so scheint. Eine Einschränkung muß allerdings gemacht werden. Nelken sind keine Schattenpflanzen und jeder Versuch in diese Richtung führt zu einem Fiasko! Meidet man die schattigen Plätze, so kann man mit der Gattung *Dianthus* rundum arbeiten. Selbst an den jetzt so beliebt gewordenen Gartenteichen jeder Größe mit ihren feuchten Uferbereichen lassen sich Nelken verwenden, denn mit der Prachtnelke *(Dianthus superbus)* und ihren Sorten steht entsprechendes Material zur Verfügung. Schwerpunktmäßig wird die Verwendung jedoch bei trockeneren Plätzen liegen. Ein nicht unwesentlicher Anwendungsbereich liegt im Steingarten, können doch hier sehr viele Arten, die sonst sehr schwer im Garten einzuordnen sind, ihren Platz finden. Andererseits wäre es schade, auf diese kleinen Schätze zu verzichten. Wie schreibt doch unser Altmeister, der Gärtnerphilosoph Karl Foerster: »Der Wildnelkenzauber beginnt langsam mit seiner Schönheit und seinen Düften in die Gärten und in die Ahnungslosigkeit der Gartenfreunde einzudringen.« In den letzten Jahrzehnten ist eine Steigerung dieser Verwendungsform hinzugekommen, da Nelken als ideales Material zur Gestaltung von naturnah bepflanzten Trögen, Schalen und anderen Elementen mobiler Gärten zu gebrauchen sind.

Wer prächtigere Effekte liebt, kann die neuen F_1-Hybriden der Chinesernelken in flächigen Sommerblumen-Pflanzungen verwenden. Als Lückenbüßer eignen sie sich für vielerlei andere Plätze. Selbst als ein- bis zweijährigen Schmuck in Steingärten kann man sich diese Nelken vorstellen. In bunt bepflanzten Fensterkästen sind sie ein wichtiges Element, um etwas von der »Geranienmanie« loszukommen. Hier sei auch an die Gebirgs-Hängenelken erinnert, die zwar an vielen Plätzen problematisch sind, aber andererseits wieder am richtigen Ort phantastisch aussehen können. Ein Chamäleon unter den Nelken ist sicher die Federnelke *(Dianthus plumarius)* mit ihren vielen Sorten. Mit den gut polsterbildenden Sorten steht uns Material zur Verfügung, um hübsche und dauerhafte Einfassungen zu schaffen. Die Verwendung der Federnelke als Schnittblume wurde schon erwähnt. Neben anderen Nelkenarten eignet sie sich gut zur Bepflanzung von Trockenmauern; weitere Einsatzzwecke sind Steingartenplätze und kleinere Staudengruppen. Die einfachblühenden Sorten mit nicht so knalligen Farbtönen lassen sich in trockensten Xerophytengärten pflanzen. Wer etwas nachdenkt, wird bald weitere Einsatzmöglichkeiten im Garten entdecken, nähere Einzelheiten finden sich in den folgenden Abschnitten.

Im Steingarten

Eine breitere Verwendung von Nelken als im Steingarten kann man sich kaum vorstellen. Normalerweise sind diese beliebten Gartenteile meist sonnig; denn das bildet die wichtigste Voraussetzung für eine erfolgreiche Pflanzung und Kultur. Der Einsteiger in diese Materie wird sicher am Anfang einige Fehler machen, die aber leicht wieder zu korrigieren sind, denn Nelken, gleich welcher Gruppen-Zugehörigkeit, lassen sich im eigenen Garten zu jeder Jahreszeit umpflanzen. (Sofern man sie mit kräftigem Erdballen versetzt.) Das ist öfter nötig, als man denkt, denn Steingarten ist nicht gleich Steingarten und Nelke nicht gleich Nelke. Auf der einen Seite kann so ein Steingarten architektonisch gestaltet sein mit regelmäßigen Trockenmauern, Plattenflächen und Treppen, oder aber man tendiert andererseits mehr zu einer naturnahen Gestaltung oft bis hin zum Alpinum, wo schreiende Farben und gefülltblühende gärtnerische Züchtungen verpönt sind. Nicht jede Nelke ist aus ästhetischen Gründen für jeden Platz geeignet, und man bekommt erst mit der Zeit ein Gefühl dafür, was paßt und was nicht.

Regelmäßige Anlagen sind derzeit weniger beliebt als zu den Zeiten Karl Foersters. In ihnen lassen sich aber oft prächtige Effekte erzielen, denn hier steht auch der Verwendung von Federnelken und Hybriden *(Dianthus × allwoodii)* mit gefüllten Blüten und leuchtenden Farbtönen nichts entgegen. Aber auch einfachblühende Sorten mit gezonten Blüten lassen sich in anderen Steinanlagen schlecht unterbringen, und ihre Verwendung bleibt auf diese regelmäßigen Anlagen beschränkt. In verstärktem Maße werden solche Sorten jetzt von Staudengärtnereien, Gartencentern, aber ganz besonders von Versandfirmen angeboten, die die Pflanzen in speziellen Klarsichtpackungen verschicken. Als zweite große Nelkengruppe bieten sich die *Dianthus gratianopolitanus*-Hybriden an, wobei gefülltblühende Sorten, die größere Polster bilden, hierfür besonders geeignet sind. Es soll nicht heißen, daß einfachblühende Nelken und auch weitere Arten für regelmäßige Steingartenanlagen nicht geeignet wären. Soweit ihr gesamter Habitus und ihre Blütengröße nicht zu unauffällig wirken, haben sie auch in regelmäßigen Anlagen ihre Berechtigung. Warum sollte man beispielsweise hier auf die einfachblühende weiße Igelnelke *(Dianthus petraeus* ssp. *noeanus)* verzichten, oder auf die überquellenden Polster von *Dianthus monspessulanus* und auf die Spielarten der Hybride *Dianthus × allwoodii?*

Einen wesentlichen Verwendungsbereich für Nelken bildet die Bepflanzung von **Trockenmauern.** Man kann fast behaupten, daß es für diesen Standort – besonders für südseitige Anlagen – keine besser geeigneten Pflanzen gibt als die verschiedenen größerpolsterigen Nelken, wie sie besonders bei den *Dianthus plumarius*- und *Dianthus gratianopolitanus*-Hybriden zu finden sind. Sie halten hier auch große Hitze und länger währende Trockenheit aus, ohne daß man gleich mit dem Gartenschlauch nachhelfen muß. Bei der Bepflanzung müssen logischerweise Pflanzen mit Topfballen verwendet werden, was sicher keine Schwierigkei-

Die Heidenelke, *Dianthus deltoides*, in einem unregelmäßigen Steingarten. Diese Art ist zwar nicht sehr ausdauernd, sät sich aber selbst aus, wenn man die Samenstände beläßt. Gerade an solchen nicht vorgeplanten Plätzen ergeben sich oft reizende Kombinationen.

ten bereitet, da alle aus Gärtnereien bezogenen Pflanzen im Plastik-Kleincontainer gezogen sind. Im Versandhandel begnügt man sich sogar mit Kleinstcontainern mit einem Durchmesser von 6 oder 8 cm. Auch selbstgezogene Steingartennelken werden grundsätzlich nach dem Pikieren in Töpfchen weiterkultiviert, wobei das Material des Topfes keine Rolle spielt, es kann sich also auch um Joghurt- und Sahnebecher handeln, wie sie im Haushalt zwangsläufig anfallen. Ein Wasserabzugsloch ist dabei obligatorisch.

Ideal ist es, wenn eine Trockenmauer gleich beim Aufbau bepflanzt werden kann, wobei wichtig ist, daß die Nelken und auch die anderen Pflanzen nicht in Fugen kommen, wo die Gefahr besteht, daß die Erde des Topfballens mit der Zeit herausgespült wird. Den Wurzelballen setzt man bei der Bepflanzung soweit nach hinten wie möglich. Das Laub kann dabei ziemlich zusammengedrückt werden, darf aber andererseits nicht mit Erde bedeckt sein. Auf diese Weise erhält man gleich kompakte Polster. Wo Nelken erst nachträglich in die Trokkenmauer gepflanzt werden können, ist eine Fuge freizumachen. (Als Werkzeug dient ein schmaler, länglicher Handspaten.) Der Wurzelballen der Nelkenjungpflanzen aus den Töpfen wird dann vorsichtig in die Länge gedrückt und zwar so, daß möglichst wenig Erde zwischen den Wurzeln herausfällt. Deshalb ist es auch schon aus diesem Grunde nützlich, bei der Eigenanzucht etwas anlehmige Erde zu verwenden. Der längliche, zu einer »Wurst« zusammengedrückte Wurzelballen wird dann in das vorbereitete Loch geschoben, wobei ehrlicherweise gesagt werden muß, daß dies oft nicht ohne Druck abgeht. Gerät die Pflanzung etwas locker, ist es vorteilhaft, die neugesetzte Pflanze mit Steinchen zu verkeilen, damit sie sich fest verankern kann und nicht vom Regen herausgespült wird. Dies ist bei Herbstpflanzung wichtiger als zu anderen Zeiten der Vegetationsperiode.

Oft sind in solchen regelmäßigen Steingarten-Anlagen plane Pflanzungen von Plattenflächen unterbrochen, bei denen wiederum einzelne Platten ausgespart sind, damit sich der Platz bepflanzen läßt. Solche Plattenflächen können im Sommer eine gehörige Menge Hitze speichern, was an die Pflanzen in den ausgesparten Stellen große Anforderungen stellt. Auch hier bieten sich Nelken als ideale Pflanzen für diesen Zweck geradezu an. Entweder nimmt man *Dianthus gratianopolitanus*-Hybriden oder kompakte Sorten von *Dianthus plumarius*. Als Lückenbüßer kann man auch die neuen, einjährig zu ziehenden Bartnelkensorten zwischenpflanzen oder auch die neuen F_1-Hybriden von *Dianthus chinensis*.

Oft sieht man in Steingärten, daß bei den Treppen, an die Trittfläche anschließend, ein Streifen zur Bepflanzung freigelassen wird. Hierfür wählt man kleinere Sorten von *Dianthus gratianopolitanus*, die 10 cm Höhe nicht überschreiten. Diese dehnen sich auch nicht so sehr in die Breite aus, so daß die Trittflächen nicht schon nach kurzer Zeit überwachsen sind. Die Treppenwangen sind oft ähnlich

einer Trockenmauer gestaltet und können selbstverständlich ebenso mit Nelken bepflanzt werden. Werden größere Flächen von regelmäßigen Anlagen mit Nelken bepflanzt, ist das Breitenwachstum zu beachten. Außerdem sollte man sich vor einem »Streuzucker-Effekt« hüten. Besser ist es, von einer Sorte drei, fünf oder sieben Stück in Gruppen zu pflanzen, als alles durcheinander. Bleibt noch der Hinweis, daß Nelken auch besser geeignet sind als viele andere Pflanzen, um an den brandheißen, trockenen Stellen oberhalb der Trockenmauer zu stehen. In feuchten Jahren sind dies sogar die besten Plätze für Nelken.

Das Gegenstück zur oben besprochenen Form ist der **unregelmäßig gestaltete Steingarten**, man spricht auch vom naturnahen Steingarten. Es ist einleuchtend, daß gerade in der jetzigen Zeit ein Trend in diese Richtung geht. Es gibt eine enorme Bandbreite für solche Gestaltungen, wobei als Element des regelmäßigen Steingartens die Trockenmauer in einer naturnahen Anlage durchaus ihre Berechtigung hat, analog zu einer waagerechten Lagerung von Sedimentgesteinen in der Natur. Die Pflanzung geschieht dann in gleicher Art und Weise wie beim regelmäßigen Steingarten geschildert. Wenn man sich vor Augen hält, daß es Nelken ausgesprochen sonnig haben wollen und keine stehende Nässe vertragen, wird man im naturnahen Steingarten immer den richtigen Platz auswählen.

Die Bedeutung der »Steinnelken«, wie man sie oft bezeichnet, wird oft nicht richtig erkannt. Das bunte Blütenfeuerwerk der bunten Polster beginnt meist Ende April und währt bis Ende Mai, es ist die hohe Zeit der »Eye-Catcher« mit den leuchtenden Farbtönen von Blaukissen, Gänsekresse, Polsterphlox, Schleifenblume und Steinrich. Aber schon bald nach diesem Blütenfeuerwerk wird es an solchen Plätzen ruhig und langweilig. Das muß nicht sein, denn mit verschiedenen polsterbildenden Glockenblumen und Nelken läßt sich der großflächige Flor bis weit in den Juli fortsetzen, ohne dann ganz aufzuhören. Denn es gibt Nelkenarten, die oft noch im Herbst beim ersten Frost blühen (beispielsweise *Dianthus amurensis*).

Je näher man in der naturnahen Gestaltung wirklich an Vorbilder in der Natur herankommen will, um so strenger muß man in der Auswahl der verwendeten Nelken sein. Die Federnelken-Züchtungen fallen dann ganz weg, selbst viele einfachblühende Sorten wirken wegen ihrer verschiedenfarbigen Zonung oft zu prächtig für solche Gartenteile. In bezug auf die Benachbarung kann man nicht viel falsch machen, obwohl es auch hier wieder Idealpartner gibt. So harmonieren zu den meist rot und rosa blühenden Nelken außer den schon erwähnten Glockenblumen *(Campanula)* kleine Silbergarben *(Achillea)*, silberblaue kleine Gräser *(Festuca*-Arten und -Sorten), Veronika-Arten und -Sorten (besonders *Veronica spica* ssp. *incana* 'Silberteppich'), Alpenastern in Blau und Violett *(Aster alpinus)*, *Sedum*-Arten, Thymian, besonders in Weiß und Hell-lila *(Thymus serpyllum* und *Thymus vulgaris)*. Wer sucht, wird noch viel mehr geeignete Partner finden.

Der Anfänger möchte ein attraktives Nelkensortiment pflanzen, das wenige Probleme aufwirft. Im Gegensatz dazu will der Steingarten-Spezialist sein Können auch an schwierigeren Arten beweisen. Er pflanzt echte Raritäten, auch wenn diese hinsichtlich der Attraktivität mit vielen alteingeführten Gartennelken nicht mithalten können. Der Anfänger wird sicher mit den Federnelken beginnen, einem bunten, aus Samen gezogenen Sortiment, oder mit vegetativ vermehrten Namenssorten, die es in jeder Staudengärtnerei und jedem Gartencenter gibt. (Beispielsweise die gefülltblühenden 'Maggi', 'Munoth', 'Diamant', 'Mrs. Sinkins'). Wer sich etwas intensiver beschäftigt, wird dann das breite Sortiment der *Dianthus gratianopolitanus*-Hybriden bevorzugen, die zwar nicht mit so großen, prächtigen Blüten aufwarten wie die Federnelken, aber zu jeder

Jahreszeit gut aussehen mit ihren mehr oder weniger großen, grünen, blaugrünen oder blaugrauen Blattpolstern. Die Blüten können einfach oder halbgefüllt sein, rosa oder rot, und sie sitzen nur auf kurzen Stengeln, so daß sie nie unordentlich umfallen. Im Abschnitt über perennierende Nelkenzüchtungen ist ein großes Sortiment aufgeführt (siehe Seite 146).

Je mehr sich der Steingarten-Besitzer mit seiner Anlage beschäftigt, um so stärker wird der Wunsch, auch einige der zahlreichen Wildnelken zu pflanzen. Folgende können auch dem Anfänger empfohlen werden: *Dianthus arenarius*, *D. deltoides* (Heidenelke), *D. campestris*, *D. monspessulanus*, *D. nardiformis*, *D. nitidus*, *D. pavonius*, *D. petraeus* ssp. *noeanus*, *D. petraeus* ssp. *petraeus*, *D. strictus*, *D. sylvestris*, *D. subacaulis*, *D. webbianus* (syn. *D. erinaceus*).

Schon bald wird der stärker interessierte Pflanzenliebhaber auch etwas heiklere Nelken hinzunehmen, wie *Dianthus alpinus*, *D. callizonus*, *D. microlepis* und ähnliche. Je nach Größe des Steingartens können auch etwas hochstengeligere Arten in die Pflanzung mit hereingenommen werden, sie sollen aber nicht überwiegen. Zu ihnen gehören die einfach zu kultivierenden *D. carthusianorum*, *D. giganteus*, *D. cruentus* und *D. knappii* mit der für Wildnelken seltenen schwefelgelben Blütenfarbe. Ist ein Steingartentümpel vorhanden oder auch nur eine etwas dauerfeuchte Senke, kann *Dianthus superbus* gepflanzt werden. Sie wird allerdings etwas höher.

Die Endstufe der Steingarten-Liebhaberei ist eine Anlage, die sich kaum vom Alpinum eines botanischen Gartens unterscheidet. Hier wird man auf gefülltblühende Nelken verzichten oder überhaupt auf alle Kulturformen. Die Gestaltung wird insgesamt so naturnah wie möglich durchgeführt, die Bodenzusammensetzung den Ansprüchen entsprechend gemischt und die Nachbarn sorgfältig ausgewählt. Übrigens hängt so eine Anlage nicht von der zur Verfügung stehenden Größe ab,

Nelken eignen sich für extreme Pflanzplätze, wie diese beiden Bilder zeigen. Die Abbildung oben gibt eine Pflanzengemeinschaft auf Kalktuff wieder, bei der die Hungerkünstler lediglich in kleine Löcher gesetzt wurden, ohne Anschluß an gewachsenen Boden. Diese Nelke, ein *Dianthus arenarius*-Typ, wird begleitet von *Saxifraga longifolia* und *Sempervivum ciliosum*. Links: Die Chinensernelke 'Princess White' wurde im Trog überwintert und wächst neben *Sempervivum*.

was grundsätzlich für jeden Steingartentyp gilt.

Es wäre auch irrig anzunehmen, ein Steingarten oder eine steingartenähnliche Anlage setze ein »Hochgebirge« im Garten voraus. Das ist keineswegs der Fall. Die Nelken kommen sowieso zum allergrößtem Teil an mehr flacheren Hängen in der Natur vor und nicht in steilen, zerklüfteten Felsen. Aus diesem Grunde ist einleuchtend, warum sich gerade auch Nelkenarten in idealer Weise für flachere Steinbeete eignen, wobei die gesamte Anlage an der höchsten Stelle nur 30 bis 50 cm über dem normalen Niveau liegen muß. Bei noch flacheren Anlagen, die selbstverständlich auch möglich sind, wird man aber dann lieber gänzlich auf die Verwendung von Stein verzichten. Gleich um welche Anlage es sich handelt, die wichtigsten Voraussetzungen sind so viel Sonne wie möglich und gute Dränage. Beachtet man diese Grundforderungen, wird man kaum Enttäuschungen erleben, wobei auch hier die Regel nicht ohne Ausnahmen gilt, denn einige Arten weichen in ihren Ansprüchen ab. Entsprechende Hinweise finden sich bei der Artenbeschreibung.

Im Troggarten

Praktisch kann man alle Nelken auch in Tröge und Schalen pflanzen. Mobile Gärten haben in den meisten Fällen einen sonnigen Platz, so daß es aus dieser Sicht keine Einschränkungen gibt. Andererseits erweist sich das Sortiment, das zum einen problemlos ist und bei dem zum anderen die Proportionen stimmen, als gar nicht so groß. Positiv wirkt sich die gute Winterhärte der vielen Nelkenarten aus, die dafür in Frage kommen. Ihrer Abneigung gegenüber zu viel Nässe kommt ein Pflanzbehälter eher entgegen als viele Standorte im Freien. Das Substrat in Kübeln, Schalen und Trögen trocknet an sonnigen Tagen schneller aus als an anderen Stellen. Da Nelken in bezug auf Trockenheit wesentlich resistenter sind als

Pflanzen aus anderen Gattungen, bieten sie sich auch in dieser Hinsicht direkt als Pflanzmaterial an.

Es kommen sehr unterschiedliche Behältnisse in Frage, sowohl was die Größe und die Form betrifft als auch hinsichtlich des Materials. Der Gesamteindruck des Gefäßes bestimmt auch etwas die Auswahl des Pflanzenmaterials. Mit etwas Fingerspitzengefühl wird man aber die richtige Wahl treffen, und falls der Gesamteindruck einmal nicht befriedigt, läßt sich nichts leichter korrigieren als eine Nelkenpflanzung.

Mobile Gärten können durchaus aus rein dekorativen Überlegungen heraus mit Nelken bepflanzt werden, also auch mit auffallenden, gefüllten Sorten. Hier muß allerdings die Gesamthöhe berücksichtigt werden. In Betracht kommen besonders die einfach- und gefülltblühenden Sorten der Federnelken, soweit sie nur im Wuchs kompakt bleiben, denn nichts sieht häßlicher aus als ein Gewirr eines vom Wind zerzausten Nelkenpolsters. In größeren Behältnissen lassen sich als Partner alle bekannten großpolsterigen Stauden wie Blaukissen, Polsterphlox, Schleifenblume, Gänsekresse, Steinrich u.a. verwenden. Es ist aber darauf zu achten, daß die ausgewählten Nelken nicht mit diesen Pflanzen zeitsynchron blühen. Die Federnelken schließen sich in der Blütezeit an die genannten Polsterstauden an, was keinen Nachteil darstellt, sondern ihren Wert noch unterstreicht. Auf die Wichtigkeit der Glockenblumen wurde schon im Steingartenabschnitt hingewiesen, sie sind ideale Partnerpflanzen zu den Nelken. Für den Trog werden ebenfalls wüchsige und robuste Glockenblumen gewählt. Zu ihnen gehören kompakte Sorten von *Campanula carpatica*, besonders auch *Campanula carpatica* var. *turbinata*. Selbst die kompakten, nicht auseinanderfallenden, samenvermehrbaren Sorten 'Weiße Clips' und 'Blaue Clips' finden hier noch ihren Platz. Sehr gut wirken als Nelkenpartner natürlich auch die großpolsterigen Glockenblumen, die oft dekorativ über den Rand der Pflanzgefäße herabhängen. Zu ihnen gehören *Campanula portenschlagiana* und *Campanula poscharskiana* mit ihren Sorten, weiter *Campanula garganica* und die feinere, nicht so breit werdende *Campanula tommassiniana* mit ihren schmalen Glöckchengehängen. Man hüte sich aber vor den zwar reizenden, aber wuchernden *Campanula rotundifolia* und *Campanula cochleariifolia*, die schnell die verhältnismäßig ordentlichen Nelkenpolster durchwuchert haben, was sicher in manche Naturgartenszenerie paßt, aber nicht in eng begrenzte Gefäße.

Für unproblematische Trogbepflanzungen gibt es außer den Nelken und den anderen schon genannten, großpolsterigen Pflanzen noch viele andere Partner. Überhängend wachsen auch die Polsterschleierkräuter oder der oft breitlagernde Sommerenzian *(Gentiana septemfida)* mit seinen vielen Spielarten. Strandnelke *(Armeria)*, Alpenaster *(Aster alpinus)*, Fingerkraut *(Potentilla aurea)*, Leimkraut *(Silene alpestris)* und Ehrenpreis *(Veronica*

prostrata) sind ebenfalls geeignet, um nur einige wenige zu nennen. Schon zu diesen »Allerweltspflanzen« sollte man einige Pflanzen kombinieren, die keine so auffallende Blüte zeigen, sondern durch ihren gesamten Habitus zur Gesamtgestaltung beitragen. Dazu gehören einige Gräsertrupps, wobei die Arten von *Festuca* und *Sesleria* mit bläulichem Halm sehr gut zu den oft bläulichen Nelkenpolstern passen. In Verbindung mit den anderen Polsterpflanzen sehen aber auch andere kleine Ziergräser in so einer Pflanzung gut aus, wobei bei oben erwähnten Partnern auch panaschierte Sorten wie beispielsweise *Carex ornithopoda* 'Variegata' ihre Berechtigung haben. Gut wirken in solchen Pflanzungen auch Zwerggehölze. Die verwendete Anzahl richtet sich nach der Größe des Pflanzgefäßes. In vielen Fällen genügt ein Exemplar. Bei der

Dianthus subacaulis

Trog mit Pflanzen überwiegend niedere, polsterbildende Nelken, aber auch Gras, Stein und sonstige Beigaben

Frage, ob Nadel- oder Laubgehölz, sollte man den Laubgehölzen den Vorzug geben. Aus dem reichhaltigen Sortiment sollen Rosmarin-Seidelbast *(Daphne cneorum)*, Geißklee *(Cytisus decumbens)*, Zwerg-Eberesche *(Sorbus reducta)* genannt werden. Bei den Nadelgehölzen sind es die echten, zwergigen Typen von Kiefer und Wacholder, die gut mit Nelken harmonieren. Zu so einer Trogbepflanzung passen von den Nelken auch noch Hybriden von *Dianthus gratianopolitanus*, besonders die wüchsigen, gefülltblühenden Typen oder solche mit schreienden Blütenfarben, die in einer mehr der Natur angelehnten Pflanzung stören würden. Auch *Dianthus × allwoodii* muß hier genannt werden.

Die Pflanzung steht – wie schon erwähnt – auch immer etwas in Zusammenhang mit dem Pflanzgefäß. Für eine Pflanzung aus auffallenden Nelken und ihren Partnerpflanzen muß es sorgfältig ausgewählt werden. Die Behältnisse dürfen in diesem Fall nicht zu klein sein, denn es handelt sich bei allen genannten Pflanzen um durchaus wüchsige Arten und Sorten. Waschbetongefäße würden sich eignen, ebenso alle Kunststeinbehälter aus der Nachfolgegeneration der Asbest-Zement-Periode. Holzhandlungen bieten vielfältig gestaltete Tröge und Kästen an, aus einem verhältnismäßig dauerhaften, kesseldruck-imprägnierten Material. Es gibt auch größere Tröge, Schalen und Kübel aus Kunststoff, wobei der Kunststoff-Charakter aber nicht ins Auge fallen sollte. So sehen holzähnliche Werkstoffe aus Polyurethan-Isocyanat-Schaum oft durchaus akzeptabel aus.

Zwischen den Nelken und ihren Partnerpflanzen kann zusätzlich etwas schmückendes Beiwerk Verwendung finden wie schöne Steine oder Kleinplastiken aus unterschiedlichsten Materialien.

Die genannten Möglichkeiten stellen die erste Stufe der Troggärtnerei mit Nelken dar. Als nächste Variante bietet sich die rein naturnahe Verwendung an, bei der von seiten des Nelkensortiments auf hochgezüchtete und gefüllt-blühende Sorten von vornherein verzichtet wird. Hier muß man schon wesentlich stärker auf die Pflanzgefäße achten, denn nicht alles gibt ein harmonisches Bild. Die eigentlichen Tröge spielen dabei eine große Rolle, wobei solchen aus Natursteinmaterial selbstverständlich der Vorzug gebührt. Sandsteintröge sind ideal oder solche aus Muschelkalk und Travertin. Selbstverständlich können auch teurere Tröge aus Urgestein verwendet werden. Man kann auch trogähnliche Gebilde aus Schichtgestein aufbauen (Schiefer, Muschelkalk, Sandstein). Es eignen sich die jetzt zahlreich angebotenen, alten Vorbildern nachempfundenen Kunststeintröge oder selbstgebastelte aus Torfzement. Durchaus passen für naturnahe Pflanzungen auch alle Behälter aus Holz, soweit sie dauerhaft imprägniert und in warmem Braun gebeizt sind. Das eigentliche Material gibt nicht den Ausschlag für die Eignung, es kommt auf ein möglichst natürliches Aussehen an.

Für eine naturnahe Trogbepflanzung kommen von den Nelken alle Sorten aus dem *Dianthus gratianopolitanus*-Komplex in Betracht, soweit es sich nicht um sehr großpolsterige und gefülltblühende Sorten handelt. Zusätzlich eignet sich eine ganze Reihe von Arten für die Trogbepflanzung:
Dianthus callizonus, D. freynii, D. glacialis, D. haematocalyx, D. microlepis, D. myrtinervius, D. pavonius, D. petraeus ssp. *noeanus, D. haematocalyx* ssp. *pindicola.*

Darüber hinaus gibt es sicher noch weitere Arten aus der großen Gattung *Dianthus*. Wichtig ist, daß sie ein gewisses Höhen- und Breitenwachstum nicht überschreiten und sich für die volle Sonnenlage eignen. Das obengenannte Sortiment läßt sich verhältnismäßig leicht zusammentragen. Wer darüber hinaus noch weitere Arten sucht, kann durch Samentauschaktionen in- und ausländischer Pflanzenliebhaber-Gesellschaften oder durch Kontaktaufnahme mit botanischen Gärten an solche Raritäten herankommen. Oft erweist sich auch eine bilaterale Verbindung zwischen Hobbygärtnern mit gleicher Interessenlage als sehr nützlich. Es darf nicht verschwiegen werden, daß einige der oben angeführten Nelkenarten nicht ganz einfach zu kultivieren sind.

Andererseits gehören manche Nelken zu den widerstandsfähigsten Pflanzen bei der Troggärtnerei. Aus dem großen Sortiment der für diesen Zweck geeigneten Partnerpflanzen schälen sich nur wenige für Extrembeanspruchungen heraus. Solche exponierten Plätze finden sich in Trögen an der Südseite eines Hauses. Zusätzlich zur vollen Sonneneinstrahlung während des Tages kommt noch die Wärmereflektion der Hauswand und oft noch die Beanspruchung durch austrocknende Winde. Nach der Rückkehr aus dem Sommerurlaub wird der Besitzer bei unsachgemäßer Bepflanzung viele Ausfälle vorfinden. Das ist nicht der Fall, wenn von vornherein auf extreme Durstkünstler gesetzt wurde.

Eine solche widerstandsfähige Kombination kann heißen: Zwergkiefern, *Sempervivum*, *Jovibarba*, *Sedum*, *Antennaria*, *Thymus*, *Festuca* und *Dianthus*. Die Zwergkiefer wurde mit aufgeführt, da eine naturnahe Trogbepflanzung sehr gewinnt, wenn sparsam Zwerggehölze mit verwendet werden. Für kleinste Flächen eignen sich beispielsweise: *Pinus leucodermis* 'Schmidtii', *P. mugo* 'Adocks Dwarf', *P. strobus* 'Minima', *P. sylvestris* 'Beauvronensis'. Von den *Sempervivum* wählt man etwas kleinere und kompaktere Typen aus, von den zahlreichen Arten können nur wenige aufgeführt werden, das Sortiment ist zu breit. Erwähnt werden müssen: *Sempervivum arachnoideum*, *S. ballsii*, *S. calcaratum*, *S. ciliosum*, *S. cantabricum*. Hinzu kommen von den Arten viele hübsche Sorten. Bei den nahe verwandten *Jovibarba* stehen die verschiedenen Standortvarietäten und Sorten von *Jovibarba heuffelii* im Vordergrund. Sie dehnen sich kaum in die Breite aus, da sie keine Ausläufer bilden, sondern sich durch Rosettenteilung vermehren.

Auch bei den *Sedum* gibt es kleine und kompakte Trockenheitssieger wie beispielsweise *Sedum dasyphyllum*, *S. hispanicum* 'Aureum', und *S. nevii*. Hierher gehören auch die nur zweijährigen *Sedum pilosum* und *Sedum sempervivoides*. Bei *Antennaria*, dem Katzenpfötchen, gibt es eine besonders kompakte Form: *Antennaria dioica* 'Minima' ist eine hübsche Sorte, die ganz niedrig bleibt und auch dekorativ über den Trogrand herunterwächst. Ähnliche Sorten gibt es beim *Thymus* (Thymian). Breitet er sich zu stark nach innen aus, muß er durch Abstechen in seine Schranken verwiesen werden. Von den blausilbernen Ziergräsern eignet sich besonders *Festuca vallesiaca* 'Glaucantha'. Im Mittelpunkt stehen beim Nelken-Liebhaber selbstverständlich die *Dianthus*. Von den schon erwähnten, für Tröge zu verwendenden Arten eignen sich einige für Extremplätze, wie *Dianthus freynii*, *D. haematocalyx*, *D. haematocalyx* ssp. *pindicola* und *D. petraeus* ssp. *noeanus*. Im gleichen Maße gibt es Hitzesieger bei den Sorten, zu ihnen gehören: 'Highland Fraser', 'Jupiter', 'Blue Hill', 'Bombadier', 'Pink Juwel', 'Pummelchen' und 'Pixie'. Es handelt sich auch hier nur um eine kleine Auswahl. Man kann mit den für extreme Plätze geeigneten Pflanzen noch weiter gehen. Die meisten Nelken gedeihen sogar in Löchern von Tuffsteinen, auch die Nelkensorten. Es läßt sich aber auch ins andere Extrem gehen. Handelt es sich beim Trog oder allgemein dem Pflanzbehälter um ein Gefäß an einem absonnigen oder halbschattigen Platz, muß man durchaus nicht auf Nelken verzichten. Besonders *Dianthus alpinus* und *Dianthus glacialis* lieben solche Plätze.

In Zusammenhang mit Trogbepflanzungen muß durchaus noch auf eine weitere Variante hingewiesen werden, nämlich auf eine Bepflanzung mit Sommerblumen. Hier spielen selbstverständlich die neuen F_1-Hybriden von *Dianthus chinensis* eine große Rolle, man muß nur bei der Partnerwahl etwas vorsichtig sein. Durchlässige Erde und ein sonniger Platz sind auch hier sehr wichtig. Gut geeignete Partner sind hier Lobelien (Männertreu). Besonders mit den hängenden Sorten, die über den Trogrand herunterwachsen, lassen sich bezaubernde Bilder schaffen. Das gleiche gilt auch für die Hängeformen der Verbenen. Hübsch für diesen Zweck sind auch die in den letzten Jahren eingeführten und als Sommerblumen gezogenen *Brachyscome multifida* (Blaues Gänseblümchen), *Chrysanthemum tenuiloba* (Gelbes Gänseblümchen) und *Erigeron karvinskianus* (Spanisches Gänseblümchen). Als weitere Partner zu den F_1-Hybriden der Chinesernelken kommen *Dorotheanthus bellidiformis* (Mittagsblümchen) in Frage, sowie *Lobularia maritima* (Duftsteinrich), *Portulaca grandiflora* (Portulakröschen), *Senecio bicolor* 'Silberzwerg' und niedrige Tagetes. Auch hier handelt es sich um eine beschränkte Auswahl, die sich sicher noch erweitern läßt. Aus dem Kreis der F_1-Hybriden von *Dianthus chinensis* können alle Verwendung finden, wobei es sich empfiehlt, die kompakteren Sorten für kleinere Behälter vorzuziehen.

Im Heidegarten

Mancher denkt sicher zunächst, Nelken hätten im Heidegarten nichts zu suchen, da es zwar Heidenelken *(Dianthus deltoides)* gibt, diese aber überall auf sonnigen, sandigen und trockenen Plätzen vorkommen und keinesfalls an echte Heideflächen gebunden sind. Dem muß man entgegenhalten, daß die Heide ja auch kein natürliches Gebilde darstellt, sondern erst durch jahrhundertelange intensive Beweidung mit Schafen geschaffen wurde. Ein Heidegarten kann sehr unterschiedlich gestaltet sein. Er setzt immer nur die primäre Verwendung von *Calluna vulgaris*, der Sommerheide, voraus. Teilweise wird diese auch durch Schneeheide *(Erica herbacea)* und in klimatisch begünstigten Gebieten auch durch andere *Calluna*- oder *Erica*-Arten und -Sorten ersetzt. Im Heidegarten sind hinsichtlich der Pflanzenkombination

größtmögliche Freiheiten erlaubt, wenn nur die Pflanzen gleiche Ansprüche an Boden und Standort stellen und außerdem zum Gesamtbild passen. Fehl am Platze sind Nelken mit gefüllten Blüten und solche, die zugleich große Blüten und schreiende Blütenfarbtöne zeigen. Zwischen den eigentlichen Heideflächen können durchaus kleinere, mit Nelken bepflanzte Stellen eingefügt werden, wobei kleine Gräsertrupps die Gesamtwirkung steigern. Königskerzen *(Verbascum)* läßt man dazwischen als Raketen aufsteigen. Die gleiche Funktion kann durchaus auch der Säulenwacholder übernehmen, der ja zum eigentlichen Heidebild gehört.

Die folgenden *Dianthus*-Arten sind für den Heidegarten zu empfehlen.

Dianthus deltoides (Heidenelke). Hier gibt es keine Einschränkung. Die Polster mit den grasartigen, grünlichen oder rötlichen Blättern und den kleine Blüten passen in jede Heidegarten-Situation. Ob es sich um die Sorten 'Brilliancy', 'Albus', 'Splendens', 'Leuchtfunk' oder die neue Mischung 'Microchips' handelt, ist gleichgültig. Die Heidenelke wird nicht sehr alt, aber sie sät sich leicht selbst aus, besonders in den leichteren, sandigeren Böden eines Heidegartens. Mit Wuchshöhen von 15 bis 20 cm paßt sie auch noch in sehr kleine Anlagen. Von Juni bis September dauert der Heidenelkenflor.

Dianthus gratianopolitanus (Pfingstnelke). Diese Nelke, besonders aber ihre Auslesen und Züchtungen können ebenfalls ihren Platz im Heidegarten finden. Sie dauert im Gegensatz zur vorhergenannten Art sehr gut aus. Ihre blaugrauen oder silbergrauen Blattpolster schmücken auch schon außerhalb der Blütezeit. In die engere Auswahl kommen besonders diejenigen Sorten, die größere, flache Polster bilden, wie 'Blaureif', 'Nordstjernen' und 'Edrangeri'. Es eignen sich auch alle anderen Sorten, soweit sie im Farbton nicht zu grell sind. Von der Höhe her (8 bis 15 cm) paßt die Pfingstnelke auch für kleinere Flächen.

Dianthus arenarius (Sandnelke). Die weißen geschlitzten Blüten passen sehr gut in den Heidegarten, ebenso wie das spitze grüne Laub. Es gibt durchaus auch im Heidegarten Nachbarschafts-Situationen, bei denen weiße Blütenfarben als verbindendes Element nötig sind, um Farbunverträglichkeiten zu mildern.

Wenn es sich um größere Heidegartenanlagen handelt, erweitert sich das Nelkensortiment beträchtlich, da es viele höhere Arten gibt, die in eine solche Umgebung passen. Der bekannteste Vertreter ist sicher *Dianthus carthusianorum* (Kartäusernelke), darüber hinaus haben folgende Arten einen ähnlichen Habitus: *Dianthus giganteus, D. cruentus* und die schwefelgelbe *D. knappii.* Das sind nur die bekanntesten Arten. Es gibt darüber hinaus noch eine ganze Anzahl ähnlicher Nelken, nur sind diese schwieriger zu erhalten oder müssen aus Samen gezogen werden. Wenn ein Heidegarten in eine anmoorige Feuchtfläche übergeht, ergibt sich die Möglichkeit, *Dianthus superbus*, die Prachtnelke, mit zu verwenden, einschließlich ihrer Unterarten und Formen.

Im Alpinenhaus

Im ersten Augenblick erscheint es so, als seien Nelken im Alpinenhaus ziemlich überflüssig, da bei ihnen eine Resistenz gegenüber tieferen Temperaturen vorliegt und auch sonst keine klimatischen Umstellungen eine Rolle spielen wie beispielsweise bei den Pflanzen aus Neuseeland. Diese Betrachtung trifft aber nur vordergründig zu. Andererseits ist es so, daß bei Nelken oft im Winter große Ausfälle zu verzeichnen sind, gerade bei großen Raritäten. Ursache ist die Winternässe. Selbst während der Vegetationsperiode, zur Blütezeit, können Dauerregen der Nelkenpracht ein Ende setzen. Das kommt zwar nicht oft vor und ist bei den normalen Arten und Sorten auch zu verkraften. Wenn es sich aber um ausgesprochene Raritäten handelt, die man nur unter großem Aufwand erwerben konnte oder die man mühevoll selbst aus Samen gezogen hat, ist ein Verlust mehr als ärgerlich. Deshalb scheint es durchaus angebracht, kleine Nelkenarten und manche Sorten unter dem regenschützenden Dach eines Alpinhauses zu halten. Wenn nicht vorhanden, tut es auch schon ein Kalter Kasten, wobei hier nur die Kultur in Schalen oder Töpfen aus Ton uneingeschränkt zu empfehlen ist.

Ein weiteres Argument, das für die Unterglas- oder »Unterkunststoff«-Kultur spricht, sind die Temperaturen. Das größte Problem in einem Alpinenhaus sind überhöhte Temperaturen, wie sie bei langer Sonneneinstrahlung auftreten können. Die Lüftungsmöglichkeiten reichen dann oft nicht mehr aus. Während in solchen Extremsituationen viele Hochalpine leiden, fühlen sich verschiedene *Dianthus*-Arten erst richtig wohl. Die oft vorhandene blaugraue oder blausilberne Blattfarbe wird dann noch intensiviert, und die Pölsterchen wachsen noch kompakter. Weitere Vorteile sind die bei Tischkultur mögliche nahe Betrachtung, bei der Form, Farbe, Schlitzung, Zeichnung und Zähnung erst richtig ins Auge fallen. Bei dem geringen Abstand zum Auge kommt auch die Nase nicht zu kurz, man kann die unterschiedlichen Duftnuancen erst so richtig in aller Deutlichkeit wahrnehmen.

Es gibt, wie auch bei den anderen Pflanzen, verschiedene Möglichkeiten, Nelken im Alpinenhaus zu präsentieren. In den wenigsten Fällen wird man ins Grundbeet auspflanzen oder dort die Töpfe oder Schalen mit den Pflanzen einsenken. Der Vorteil der Tischkultur liegt auf der Hand. Bleibt die Frage, ob man dort auspflanzen soll und die Nelken mit anderen Pflanzen kombiniert, oder ob in Töpfen kultiviert wird. Hier hat der persönliche Geschmack zu entscheiden, wobei mir persönlich die letztgenannte Möglichkeit sympathischer ist. Es ist bei den Nelken wegen ihrer Trockenheitsresistenz nicht so ausschlaggebend, ob sie frei oder eingefüttert in Sand oder einem ähnlichen Material stehen. Günstig ist es, die frei stehenden Töpfe in eine Wanne zu stellen, damit man hin und wieder einmal gründlich von unten her wässern kann, was vorteilhafter ist als häufiges Gießen von oben.

Bei der Kultur im Alpinenhaus lassen sich auch die oft verschiedenartigen Bodenansprüche leichter berücksichtigen. Zwar lieben Nelken im allgemeinen durchlässigen, kalkhaltigen Boden, also eine Reaktion von neutral bis schwach alkalisch (pH-Wert 7 bis 7,5), aber es gibt unter den Arten auch einige, die Kalk fliehen.

Alpinenhäuser werden allgemein während der Sommermonate schattiert, aber einige Stellen im Haus werden trotzdem stärker besonnt als andere. Diese warmen Plätze kann man den Nelken vorbehalten. Auch bei der Unterglaskultur sollte auf gute Dränage geachtet werden (mit Topfscherben das Wasserabzugsloch abdecken und bis zu 25 % des Topfinhalts mit grobem Material auffüllen). Im Winter können die Pflanzen trocken gehalten werden. Die im Sommer vorhandene höhere Luftfeuchtigkeit schützt vor dem völligen Austrocknen.

Alpinenhaus-Besitzer sind sowohl bei der generativen als auch bei der vegetativen Vermehrung der Nelken im Vorteil. Hingewiesen sei nur auf die Möglichkeit, grüne Stecklinge im Juli zu gewinnen. Die folgende Liste erhebt keinen Anspruch auf Vollständigkeit, es ist ein Vorschlagssortiment etwas bekannterer Arten und Sorten, andererseits gibt es bei den Arten noch viele ungehobene Schätze, die sich für die Kultur im Alpinenhaus eignen.

Vorschlagssortiment:
Dianthus alpinus, D. alpinus 'Albus', *D. arenarius, D. subacaulis, D. callizonus, D. fragans, D. freynii, D. freynii* 'Alba', *D. glacialis, D. glacialis* 'Alba', *D. haematocalyx, D. haematocalyx* ssp. *pindicola, D. microlepis, D. microlepis* var. *musalae, D. furcatus, D. furcatus* 'Lereschii', *D. glacialis* var. *simulans, D. pavo-*

nius, D. petraeus ssp. *noeanus, D. webbianus.* Bei den Hybriden müssen die viel kleineren, kompakteren Sorten von *Dianthus gratianopolitanus* erwähnt werden, aber auch Abkömmlinge von anderen Arten (Beispiele sind 'Ariel', 'Boydii', 'Elf', 'Jupiter', 'Little Jock', 'Mars', 'Mucki').

Eine Möglichkeit der Verwendung unter Glas bieten auch die englischen Pinks, zumindest die kompakteren Sorten für die Topfkultur, die als sogenannte Stechnelken öfter von Versandgärtnereien angeboten werden. Diese *Dianthus plumarius*-Hybriden (*Dianthus × allwoodii*) wurden im Abschnitt der perennierende Züchtungen beschrieben. Gerade diese Sorten, die oft verschiedenfarbig gezont und gezeichnet sind, können erst bei näherem Hinsehen voll gewürdigt werden. Wer es nicht zu streng nimmt, kann auch einige Annuelle mit ins Alpinenhaus hereinnehmen, die modernen F_1-Hybriden von *Dianthus chinensis* zum Beispiel oder die liebenswerten, altmodischen Heddewigsnelken.

Nelken als Schnittblumen

Bei den in diesem Abschnitt behandelten Nelken handelt es sich nicht um die für den Schnitt so wichtigen Edelnelken oder um solche, die diesen nahestehen, sondern um Pflanzen aus dem Freiland. Wegen ihrer ausgezeichneten Vasen-Eigenschaften, lohnt es sich auch für den Hobbygärtner, ein reines Beet für den Schnitt anzulegen.

Es gibt einige sehr gute, neuere Schnittnelken-Gruppen, die jedoch weniger beim Hobbygärtner als beim Erwerbsgärtner Eingang gefunden haben. Im Privatgarten werden nach wie vor Landnelken und Bartnelken als Schnittblumen bevorzugt, und das unverändert seit dem Mittelalter. Die meist zweijährig kultivierten Nelken haben gleiche Ansprüche. So gehört zu den wesentlichen Forderungen ein sonniger Platz. Die Besonnung muß nicht unbedingt vom Morgen bis zum Abend

*Vase mit Bartnelken
(D. barbatus)*

Besonders die Schnittblumenkultur von Bartnelken empfiehlt sich, da die *Dianthus barbatus*-Hybriden eine Lücke ausfüllen, in der im Garten wenig Schnittmaterial vorhanden ist: Die Zeit des Frühjahrschnittes aus Blumenzwiebeln ist vorbei und Stauden oder Sommerblumen zum Schnitt stehen noch kaum zur Verfügung, wenn die dankbare Bartnelke ab Juni(–August) blüht. Die Landnelken beginnen mit der Blüte etwas später. Hochstengelige Sorten, die zum Schnitt günstiger sind, sollte man rechtzeitig mit weitmaschigen Netzen vor dem seitlichen Lagern hindern. Man verwendet ähnliche Netze wie sie bei der Kultur der Edelnelken üblich sind. Man kann aber auch anderes Material nehmen, wie etwa Rohr oder Stengel vom Chinaschilf, die man in etwa 35 cm Höhe rasterartig über dem Beet befestigt. Gut ist es, noch einmal kurz vor Beginn der Schnittblumenernte flüssig nachzudüngen, um das Remontieren zu unterstützen. Näheres über die Kultur dieser Schnittnelken ist im entsprechenden Abschnitt ab Seite 176 nachzulesen.

Wichtige Schnittblumen sind auch einjährige Nelken, wie die Hochzuchten der Chabaudnelken und verwandter Sorten, wenn auch hier das Interesse des Erwerbsgärtners überwiegt. Gute Schnittblumen sind ebenso die langstengeligen Sorten der Federnelke *(Dianthus plumarius)*, die aber der Hobbygärtner weniger auf extra angelegten Beeten für den Schnitt kultiviert, sondern die er von Exemplaren aus der übrigen Gartenanlage schneidet. Das gilt auch für die vielen Nelkenarten, die für den Erwerbsgärtner keine Bedeutung haben, die aber der Hobbygärtner zu reizvollen Wildblumensträußen verarbeiten kann.

Die Behandlung von Schnittnelken aus dem eigenen Garten unterscheidet sich kaum von der anderer Blumen. Selbst Nelken als ausgesprochene Sonnenkinder sollte man, wenn möglich, nicht in glühender Mittagshitze schneiden, sondern frühmorgens. Auch ein Nachschneiden der Schnittstellen im Haus ist

dauern, aber doch mehr als den halben lichten Tag, falls man nicht negative Folgen akzeptieren will. Das Schnittblumenbeet wird selten allein stehen, sondern man wird es immer in Verbindung mit dem Nutzgarten, meist mit dem Gemüsegarten anlegen, also an Stellen, an denen sowieso auf Beeten kultiviert wird. Beide genannten Nelkenrassen stellen hinsichtlich des Bodens kaum Ansprüche, wenn auch ein anlehmiger, leicht kalkhaltiger Boden in guter Dungkraft und mit einwandfreier Dränage ideal ist.

Kleiner Wildblumen-Strauß mit Karthäusernelke (D. carthusianorum)

nis chalcedonica) und gelbe Edelgarben (Achillea filipendulina). Bei den Landnelken und ähnlichen Typen mit rundlichen Blütenformen, die der Edelnelke schon ziemlich nahekommen, passen als Partnerpflanzen alle ähnlichen Blumen mit Ball-, Kugel- oder Rosettenform, wobei man bei regelmäßiger Gestaltung auch gerne rundlichen Gefäßen den Vorzug gibt. Man kann aber auch unregelmäßig gestalten, wobei man mit farblich möglichst stillerem Beiwerk arbeitet, beispielsweise mit entblätterten Zweigen der Korkenzieher-Haselnuß. Als weitere Partner seien Kugeldisteln (Echinops ritro) und Gladiolen genannt oder Eisenhut (Aconitum) und panaschierte, einjährige Wolfsmilch (Euphorbia marginata 'Bergschnee' oder 'Eiszapfen'). Die farbliche Abstimmung muß aber immer stimmen.

Wer etwas Phantasie hat, wird viele mögliche Partner entdecken, wobei besonders solche bevorzugt werden, die eine hängende Form haben oder seitlich ausschwingen. Besonders bei den Gehölzen im Garten findet sich allerlei Brauchbares, so Clematis oder Rankrosen, um nur etwas zu nennen. Es muß sich dabei aber keinesfalls um etwas Blühendes handeln. Am Schluß sei noch auf eine der beliebtesten Partnerpflanzen zu Nelken hingewiesen, auf *Gypsophila paniculata* (Schleierkraut) und ihre Sorten, die jetzt durch die Ganzjahreskultur immer zur Verfügung stehen.

Nelken für Topf, Kübel und Fensterkasten

Auf die Kultur in Trögen wurde bereits eingegangen. Die Kultur in Kübeln unterscheidet sich davon nicht wesentlich: Sonnige Lage und gute Dränage sind Voraussetzung für ein zufriedenstellendes Gedeihen der Nelken. Naturnahe Bepflanzungen für Kübel können aus dem Trogabschnitt übernommen werden. Kübel, recht- oder viereckige Pflanzbehälter aus Palisaden, Waschbeton oder den Nachfolgematerialien von Asbest-Zement können aber

zu empfehlen. Schnittblumen mit dickerem Stiel sollten schräg geschnitten werden, wenn möglich wird der Stengel ein Stück aufgespalten. Frischhaltemittel, wie sie der Florist verwendet, sind ebenfalls zu empfehlen (Nelkenchrysal). Solche Mittel fördern außerdem bei Bartnelken das Aufblühen in der Vase.

Mit diesen Nelken lassen sich besonders schöne Bauerngarten-Sträuße gestalten, man denke bei der Wahl der Partnerpflanzen an Margeriten (Chrysanthemum maximum), Gräseriris (Iris sibirica), Brennende Liebe (Lych-

auch für nur ein Jahr bepflanzt werden, wobei der Schwerpunkt der Bepflanzung wiederum bei den Nelken liegen kann. Es kommen die neuen F_1-Hybriden von *Dianthus chinensis* in Frage, besonders solche, die kompakt bleiben, wie beispielsweise die Farbsorten der Charm-Serie.

Man sollte bei solchen Sommerblumenpflanzungen versuchen, an den Rand der Gefäße möglichst einige hängende Pflanzen zu setzen, wie beispielsweise Ampeltypen von Lobelien oder hängende Verbenen. Auch der Husarenknopf *(Sanvitalia procumbens)* breitet sich stark aus und wächst über den Rand hinab. Schön sieht die neu im Sortiment vorhandene Sorte 'Mandarin' aus. Ihr breit gefächerter Wuchs lockert die strengen Konturen des Gefäßrandes etwas auf. Die Fläche innerhalb des Gefäßes kann ruhig etwas Bewegung aufweisen, das heißt, die Partnerpflanzen der Chinesernelken können etwas niedriger oder höher sein als diese, soweit sie einen gewissen Rahmen nicht überschreiten. Bei diesen Partnern gibt es eine enorme Fülle brauchbarer Pflanzen, wobei besonders Langeblüher wie zwergige Tagetes eine große Rolle spielen. Dabei sehen dicht gefüllte Sorten allerdings weniger gut aus. Wichtig bei der flächigen Pflanzung ist die richtige Blütenfarben-Kombination. An Stellen, wo Farben gefährlich werden, spielen die weißblühenden Chinesernelken eine große Rolle. Je nach Kübelgröße können auch einige mehr oder weniger hoch aufragende pflanzliche »Raketen« einer solchen Pflanzung einen gewissen Pfiff geben, in Betracht kommen dafür beispielsweise annuelle Ziergräser.

Für den Fensterkasten gibt es verschiedene Möglichkeiten. So kann durchaus eine naturnahe Pflanzung gestaltet werden oder – die übliche – rein dekorative, wie vorher bei den Kübeln geschildert. Bei der naturnahen Pflanzung spielen die Auslesen und Naturhybriden von *Dianthus gratianopolitanus* eine große Rolle. Als Partnerpflanzen können besonders sukku-

lente Pflanzen dienen *(Sempervivum, Jovibarba, Sedum)*, aber auch sonstige Hitzehelden, wie *Antennaria, Thymus, Festuca*, kleine *Helianthemum* und ähnliche. Nicht zu vergessen sind bei einer dekorativen Bepflanzung die Gebirgs-Hängenelken. Ausführlich wurden diese für viele Standorte nicht unproblematischen Nelken im Kapitel der perennierenden Nelkenzüchtungen beschrieben.

Verbleibt noch, auf die Nelken in Töpfen hinzuweisen. Von der leidenschaftlich betriebenen Topfkultur des vergangenen Jahrhunderts ist heute nicht mehr viel übrig geblieben. Hin und wieder sah man in den zurückliegenden Jahrzehnten eingetopfte Landnelken, gestäbelt und hochgebunden, oder auch manchmal einen Busch Federnelken auf den Fenstersimsen von Bauernhäusern. In den letzten Jahren hat sich der Trend zur Topfkultur wieder etwas verstärkt. Viele der in England gezüchteten sogenannten Pinks werden in Gartencentern und von Versandgärtnereien angeboten, und auch Nichtgartenbesitzer kultivieren sie im Topf am Fenster oder auf dem Balkon weiter. Einige Topftypen sind auch als Teneriffanelken in Gartencentern zu finden. Der Trend hin zu Topfnelken wird sich in Zukunft sicher noch verstärken, da weitere Kreuzungen zwischen einzelnen Hybridgruppen sicherlich neue Typen hervorbringen, die auch kompakte Dauerblüher für die Topfkultur ergeben werden. Siehe auch Seite 222.

Nelkenduft

Es gibt durchaus Nelken ohne Duft, wenn man auch normalerweise den Begriff Nelken mit der Vorstellung von süßen Duftschwaden verbindet. Der Nelke im Erwerbsgartenbau ging es ähnlich wie den Rosen: es wurden im Laufe der letzten Jahrzehnte viele Eigenschaften züchterisch verbessert, nur der Duft wurde vergessen. Man erhält manchen Edelnelken-Strauß, bei dem man nur noch Spuren vom

Nelkenduft feststellen kann. Da hat es der Hobbygärtner als Eigenproduzent besser: Er kann diejenigen Nelken berücksichtigen, die auch hinsichtlich des Duftes ein Optimum bieten. Unter den ausdauernden Arten zeichnen sich besonders die Federnelke (*Dianthus plumarius*) und ihre Sorten durch Wohlgeruch aus. An sonnigen Tagen können sie ganze Gartenecken verzaubern, oder sie begrüßen als Einfassungspflanzen, beiderseits eines Weges gepflanzt, den Besucher mit Schwaden süßen Duftes. Unter den englischen Pinks, Nelken also, die ebenfalls *Dianthus plumarius*-»Blut« enthalten, wird die Sorte 'Old Laced Pink' gerühmt, die rosa, dunkler geränderte Blüten hat und die bis spät in den Herbst hinein mit unvergleichlichem Duft bezaubert. Die vielen Namensorten, die meist mit Mädchennamen ausgestattet und jetzt oft im Angebot von Versandgärtnereien zu finden sind, duften alle mehr oder weniger stark und in unterschiedlichen Nuancen. 'Oakfield Clove', eine Züchtung, die auch zu dieser Gruppe gehört, erinnert in ihrer Duftnote sogar an Gewürznelken. Zu den stark duftenden Nelken gehört auch die Montpelliernelke (*Dianthus monspessulanus*), die im Hochsommer in den Pyrenäen ganze Hänge in Duftwolken hüllt. Ähnliches gilt für die Dolomitennelke, eine Unterart der vorhergenannten (*Dianthus monspessulanus* ssp. *sternbergii*). In die gleiche Gruppe gehören auch die bekannten Hybriden von *Dianthus × allwoodii*.

Nicht ganz so süß, aber nicht weniger angenehm, duften die Pfingstnelken (*Dianthus gratianopolitanus = D. caesius*) und deren Auslesen und Hybriden. Ähnlich ist die hübsche, kleine, nur 10 cm hohe Naturhybride aus der Auvergne *Dianthus × arvernensis* mit ihren flach-halbkugeligen Polstern und den über lange Zeit erscheinenden rosaroten, duftenden Blüten.

Man muß die verschiedenen Wildnelken im Garten haben, um die zarten, aber doch ziemlich deutlich zu unterscheidenden Duftnuancen kennenzulernen. Die heimische Kartäusernelke (*Dianthus carthusianorum*) duftet beispielsweise etwas anders als die Heidenelke (*Dianthus deltoides*). Der weißen oder zartrosa blühenden, stark geschlitzten Igelnelke (*Dianthus petraeus* ssp. *noeanus*) sieht man keinesfalls an, was für starke Düfte von ihr ausgehen können. Man geht an Trockenmauern vorbei und muß erst suchen, ehe man die Ursache dieses Nasenvergnügens entdeckt. Die heimische Sandnelke (*Dianthus arenarius*) kann beschnuppert werden, und auch die Steinnelke (*Dianthus sylvestris*) hat einen intensiven Wohlgeruch. Nicht nur an trockenen Stellen des Gartens begegnet uns der Nelkenduft, sondern auch an feuchteren Plätzen ist dies dank der Prachtnelke (*Dianthus superbus*) möglich, deren Duftnuancen etwas an Vanille erinnern und deren Geruch ich persönlich sehr liebe.

Nicht zuletzt bilden die Nelken unserer Schnittblumenbeete einen Quell von Wohlgeruch. Die Bartnelke (*Dianthus barbatus*), eine alte Bauerngartenstaude, hat auch einen kräftigen, rustikalen Wohlgeruch. Besonders die Engländer haben für diese Pflanze einen treffenden volkstümlichen Namen, sie nennen die Bartnelke »Sweet William«, bezogen auf den süßen Duft. Es ist anzumerken, daß einfachblühende Sorten stärker duften als die gefülltblühenden, die letztgenannten aber in der Vase länger halten. Auch alle Land- und Gartennelken (*Dianthus caryophyllus*-Hybriden) duften angenehm, wenn auch in unterschiedlicher Intensität und in etwas unterschiedlichen Nuancen. Gleiches gilt für die Gebirgs-Hängenelken der Balkone, bei denen die Sorte 'Feuerkönigin' einen besonders intensiven Duft verströmt. Dies waren nur einige wenige Hinweise auf heimische und auf bekannte Nelken, ein »Vorgeschmack« auf die vielen Wohlgerüche, die uns die vielen, weniger bekannten Arten verschaffen.

Ansprüche an den Standort

Lage

Eigentlich ist mit einem Satz alles gesagt: Nelken lieben eine sonnige, warme Lage! Hinsichtlich der Forderung nach Licht und Sonne gibt es kaum eine Ausnahme. Selbst die wenigen feuchtigkeitsliebenden Nelken wie *Dianthus superbus* weichen davon nicht ab. In Mitteleuropa gibt es viele Klimazonen, und man kann daher von mehr oder weniger nelkenfreundlichen Gegenden sprechen. So sind Gärtner und Hobbygärtner in Weinbaugebieten in Hinsicht auf die Nelken bevorzugt, Küstengebiete und kühlere waldreiche Gegenden etwas benachteiligt. Nelken gedeihen in jedem Garten, aber doch unterschiedlich gut, was sich besonders in Jahren mit einem für die Nelke ungünstigen Witterungsverlauf zeigt.

Um das zu begreifen, genügt es eigentlich schon, die Standorte der heimischen Wildnelken wie Heidenelke *(Dianthus deltoides)*, Kartäusernelke *(D. carthusianorum)* oder Pfingstnelke *(D. gratianopolitanus)* zu betrachten. Nelken kommen immer an warmen, sonnigen und trockenen Plätzen vor. In Gegenden mit günstigem »Nelkenklima« ist der Standort im Garten nicht so wichtig, wenn die Hauptforderungen erfüllt werden. In weniger begünstigten Gärten sollte man sich dagegen den Standort gut überlegen. Wo mit relativ hohen jährlichen Niederschlagsmengen zu rechnen ist, muß ein Platz zur Verfügung stehen, der eine gute Dränage gewährleistet. Unter Umständen ist extra eine Dränageschicht einzubauen, was nicht allzu schwierig sein dürfte. Der Standort hängt auch von der Bodenqualität ab. Wenn in mittelalterlichen Abhandlungen über die Nelke von anlehmiger Erde gesprochen wird, dann bezieht sich das auf die Kultur in »Scherben«, womit Tontöpfe gemeint sind. Nahrhafte, anlehmige Böden sind zwar auch im freien Land günstig, aber dann sollten es Lagen sein mit wenig Niederschlägen.

Nicht jeder Gartenplatz ist auch von der Besonnung her günstig, und da wirken sich oft kleine Dinge entscheidend aus. Wenn möglich, sollte man versuchen, die Nelken so zu pflanzen, daß die Polsterfläche möglichst lange der Sonnenlaufbahn zugewandt ist, was sich selbstverständlich in Steingärten oder bei Trog- und Schalenpflanzungen leichter bewerkstelligen läßt als auf einem Schnittnelkenbeet. Aber qualitative Unterschiede finden sich selbst auf den Beeten eines Gartens. Der Nelkenfreund wird aber selbst Unmögliches möglich machen.

Boden

Im vorhergegangenen Abschnitt wurde schon auf die früher oft empfohlene Kultur in schwereren, lehmigen Böden hingewiesen. Auch viele *Dianthus*-Arten, die im mediterranen Raum heimisch sind, wachsen auf ziemlich strengen, anlehmigen Böden, die im Sommer oft völlig austrocknen, ja manchmal von der Sonnenglut hart gebrannt sind. Man kann behaupten, viele Nelkenarten, aber auch die Abkömmlinge des *Dianthus caryophyllus*-Komplexes akzeptieren oder lieben etwas schwerere Böden. Nur muß dies mit einer geringen sommerlichen Niederschlagsmenge gepaart sein, und die ist bei uns oft nicht gewährleistet. Deshalb muß mit steigender Regenmenge (im langjährigen Mittel) eine erhöhte Durchlässigkeit des Bodens einhergehen.

In meinem Garten beobachtete ich bei derselben Landnelkensorte einen geringeren Ausfall durch Basisfäule an den Stellen mit einer leichteren Erdmischung im Vergleich zu den Plätzen mit stärker anlehmiger Zusammensetzung. Die physikalische Struktur von schwereren Böden kann durch Zusatz von lehmfreien Sanden, aber auch durch Zugabe von organischen Substraten hin zu einer leichteren Struktur beeinflußt werden. Andererseits ist gerade bei Landnelken der Wuchs und die Haltbarkeit der Blüten auf etwas lehmhaltigeren Böden besser als bei sandigen. Man kann zusammenfassend sagen, daß Landnelken auf lehmigen Sandböden bis sandigen Lehmböden gedeihen, wobei in niederschlagsreichen Gebieten ein niedriger Lehmanteil besser ist.

Bei manchen Nelkenarten ist auch die Bodenreaktion zu berücksichtigen. Während bei den meisten Arten ein pH-Wert von 7 bis 7,5 günstig ist, gibt es auch Ausnahmen. Besondere Ansprüche in dieser Hinsicht wurden bei der Beschreibung der Nelkenarten angeführt. Auch für die vielen Freilandzüchtungen aus dem *Dianthus caryophyllus*-Komplex erweist sich eine neutrale bis leicht alkalische Bodenreaktion als günstig. Böden in Gartenbaubetrieben mit leicht saurer Reaktion lassen sich durch Düngekalk (= gemahlener Kalkstein = Kalziumkarbonat) leicht in den neutralen Bereich überführen.

Düngung

Die Düngung der Freilandnelken hängt in erster Linie von der Art ab. Alle Wildarten, die man unter dem Komplex »Steinnelken« zusammenfaßt, benötigen nur ein Minimum an Düngung, und man kann durch stärkere Gaben mehr schaden als nützen. Etwas stärker betont darf die Düngung bei den Federnelken und den daraus gezüchteten modernen Hybridsorten sein, aber auch hier sollte man sich Zügel auferlegen.

Wichtiger ist die Frage der Düngung für den Erwerbsgärtner, der Land- und Bartnelken für den Schnitt kultiviert. Ausgepflanzt werden diese überwiegend in zweijähriger Kultur gezogenen Nelken meist im Spätsommer, und zwar auf Beete, auf denen die Vorkultur abgeräumt wurde. Besonders Kalium und Phosphor sollten zu diesem Zeitpunkt in ausreichendem Maße zur Verfügung stehen. Günstig ist Thomasmehl, da es gleichzeitig die Bodenreaktion anhebt. Kalium wird durch Schwefelsaures Kali oder besser durch Kalimagnesia zugeführt. Was für die anorganische

Düngung von Edelnelken im Unterglasanbau gilt (siehe Seite 196), trifft auch für die Freilandnelken des Caryophyllus-Komplexes zu, wenn auch in etwas eingeschränktem Maße.

Stickstoff

Man muß mit Stickstoffgaben sehr vorsichtig sein, obwohl andererseits auch keine Unterversorgung vorliegen darf. Die Gaben müssen mit der Kalium- und Phosphorversorgung im Gleichgewicht stehen. Eine Überversorgung stört das Nährstoffverhältnis. Die Pflanzen, besonders die Stiele, werden bei übermäßigen Stickstoffgaben weich und dünn, und die gesamte Pflanze wird krankheitsanfälliger. Es ist aber auch zu bedenken, daß die anorganischen Stickstoffdünger leicht wasserlöslich sind und vom Regen aus der oberen Kulturerdeschicht ausgewaschen werden. Werden die Pflanzen länger als eine Ernteperiode lang kultiviert, sollten sie nach dem letzten Schnitt noch einmal etwas Stickstoff erhalten.

Kalium

Auch hier machen sich Mengen, die die Ober- und Untergrenze über- bzw. unterschreiten, negativ bemerkbar. Zu hohe Kaliumgaben – erkennbar an der stark dunkelgrünen Blattfärbung – können Wachstumshemmungen verursachen, zuwenig Kalium führt zu weichen Pflanzen.

Phosphor

Da Phosphor meist in Form von schwerlöslichem Thomasphosphat (Thomasmehl) gegeben wird, das den Phosphor als Nährstoff langsam abgibt, besteht hier weniger die Gefahr einer Unterversorgung. Eine (allerdings seltene) Unterversorgung mit Phosphor beeinträchtigt die Blütenbildung.

Kalzium

Dieses Element ist für die Nelkenkultur sehr wichtig. Ein Mangel an Kalzium führt ebenfalls zu weichen Stengeln, und bei stärkerer

Unterversorgung kommt es zu weißen, abgestorbenen Blattspitzen, auch Wurzelspitzen können absterben. Eine ausreichende Kalzium-Versorgung kräftigt die Stengel und die Blätter als Folge einer verbesserten Zellwandstruktur. Bei Unterversorgung gibt man am besten gemahlenen Kohlensauren Kalk oder Dolomit-Kalk (etwa 30 % Kalzium und 21 % Magnesium).

Magnesium

Magnesiummangel beeinträchtigt die Assimilationsleistung. In der Folge können Wachstumsstörungen auftreten. Die Blätter können vergilben oder sich manchmal sogar weiß färben. Eine Überversorgung mit Kalium kann eine Unterversorgung von Magnesium nach sich ziehen. Gaben von Dolomitkalk schaffen Abhilfe.

Eisen

Hier gilt das schon beim Magnesium Gesagte: Die Pflanze benötigt ausreichend Eisen zur Blattgrünbildung. Eine Unterversorgung kann im Extremfall zur Eisenmangelchlorose führen.

Bor

Nelken benötigen wesentlich mehr Bor im Boden als die allermeisten anderen Pflanzen. Eine Unterversorgung mit Bor ist leicht an einer ganzen Reihe von Symptomen zu erkennen: Die Stengel werden sehr spröde und brechen selbst nach der Ernte. Weiter verästelt sich die Pflanze stark, besonders in Kopfnähe, und es treten leere Blütenknospen auf. Borgaben wirken verzögert, das heißt wird bei einem festgestellten Bormangel Bor gegeben, verschwinden die Symptome erst nach einer gewissen Zeit.

Spurenelemente

Zusätzlich benötigen die Nelken eine ganze Reihe von Spurenelementen. Die im Boden vorhandene pflanzenverfügbare Menge hängt stark von der Bodenart und vom Substrat ab. Aber gerade im Freiland sind diese meist in ausreichender Menge vorhanden. Die benötigten Mengen liegen außerordentlich niedrig, was schon aus der Bezeichnung Spurenelemente hervorgeht. Spurenelementgaben werden daher entsprechend schwach dosiert.

Bisher war praktisch nur von anorganischen Mineraldüngern die Rede. Selbstverständlich kann im Freiland auch organisch gedüngt werden, nur ist bei tierischem Dünger darauf zu achten, daß die Nelken nicht in Kontakt mit dem frischen Mist kommen. Oft werden Landnelken und Bartnelken im Spätsommer als zweite Tracht ausgepflanzt. Wenn vor dem ersten Sommerblumensatz im Frühling frischer Stallmist aufgebracht wurde, so ist dieser Dünger in der Zwischenzeit so weit verrottet, daß er den Nelken nicht mehr schadet. Der Handel bietet eine ganze Reihe organischer Dünger an (beispielsweise Knochen- und Hornmehl), doch darf man die Frage der Wirtschaftlichkeit nicht außer acht lassen, Landnelken im Freiland lohnen halt viel weniger den Einsatz teurer Düngemittel als Edelnelken unter Glas.

Bleibt darauf hinzuweisen, daß Gärtner, die regelmäßig Landnelken anbauen, die Anbaufläche wechseln müssen. Erst jedes dritte Jahr sollten wieder Landnelken am gleichen Platz angebaut werden. Abgesehen von der Gefahr, daß sich Krankheitserreger anreichern, würde der fortwährende Nelkenanbau den Boden auch einseitig belasten, so daß der Ertrag an Blüten und auch deren Größe nachlassen.

Kultur und Pflege der Freilandnelken

Beim Erwerbsgärtner

Besonders wichtig für den Massenschnitt sind die zweijährigen Landnelken mit ihren winterharten Züchtungen (z.B. 'Floristan'). Sie benötigen keinerlei Gewächshausflächen, zur Vermehrung und Vorkultur genügen Kalte Kästen. Die Kultur erfolgt allgemein zweijährig, obwohl die Pflanzen durchaus mehrjährig sind. In den Folgejahren sind die Blüten jedoch nicht mehr so vollkommen, und auch die Blühfähigkeit läßt oft zu wünschen übrig. Langstielige Rassen ergeben gute Schnittblumen, es gibt aber auch kurzstielige Sorten für die Vermarktung als Topfpflanzen. Topfnelken werden entweder von vorne herein im Topf kultiviert oder erst kurz vor der Blüte getopft.

Nach der Aussaat Ende Mai–Anfang Juni auf torfig-lehmiges Substrat im Kalten Kasten läuft die Saat nach etwa 14 Tagen auf. Die Sämlinge sollten von Anfang an volle Sonne erhalten und dürfen keinesfalls zu feucht gehalten werden. Nach der Bildung des zweiten Blattpaares wird pikiert, und kurz darauf werden die Jungpflanzen abgehärtet, das heißt man entfernt die aufgelegten Fenster. Als sehr gut für die Anzucht geeignet haben sich Multitopfplatten erwiesen. Das spätere Auspflanzen mit kleinen Ballen verursacht keine Wachstumsstörung, und andererseits können die Jungpflanzen in dieser Form auch gut an den Endverbraucher verkauft werden. Man kann aber auch den Arbeitsgang des Pikierens einsparen, wenn erstarkte Sämlinge gleich auf das vorbereitete endgültige Beet in gehörig großem Abstand ausgepflanzt werden. Normalerweise erfolgt das Auspflanzen Ende Juli–Anfang August im Abstand von 20 × 20 cm oder 25 × 25 cm. Der Abstand hängt von Sorte und Verwendungszweck ab. Die zum Topfen vorgesehenen niedrigeren Sorten können enger stehen als hohe Schnittsorten. Altgedüngter Gartenboden von etwas anlehmiger Struktur ist besonders gut geeignet, obwohl Landnelken normalerweise in dieser Beziehung nicht wählerisch sind. Wichtig ist ein genügend hoher Kalkgehalt. Bei Trockenheit müssen die Jungpflanzen gewässert werden.

Im Herbst wird in weniger günstigen Lagen mit Koniferenreisig abgedeckt, um starke winterliche Temperaturschwankungen abzumildern. Während des Winters muß auf Hasen und Kaninchen geachtet werden, die oft große Fraßschäden verursachen. Ebenfalls fressen Mäuse unter der Reisigdecke, aber auch unter dem Schnee die Pflanzen an der Basis gern ab. (Engmaschiges Drahtgitter beugt Kaninchenfraß vor, Giftweizen hält Mäuse ab.) Im Frühling wird oberflächlich gelockert und eine Volldüngerlösung verabreicht. Es lohnt sich, bei den höherwüchsigen Schnittsorten ein Haltenetz anzubringen, ähnlich dem Kulturnetz, das bei der Kultur der Edelnelken unter Glas eingesetzt wird.

Geeignete Sorten werden im Abschnitt »Zweijährige Nelkenzüchtungen« genannt. Noch einmal sei darauf hingewiesen, daß zu den anbauwürdigen Nelken für das Freiland auch die Grenadinnelken, die Tige-de-Fer-Nelken und die Wiener Zwergnelken gehören.

Bedeutung für den Erwerbsgärtner haben nach wie vor die Chabaudnelken. In Freilandkultur werden sie für den Blumenschnitt im Sommer und Herbst einjährig gezogen. Es gibt aber auch Zwerg-Chabaudnelken, die nur etwa 25 cm hoch werden und die sich als Topfblumen und zur Bepflanzung von Fensterkästen eignen. Hochwertiges Saatgut bringt zu 98 bis 100 Prozent gefüllt blühende Blumen (zum Beispiel die Sorte 'Original William Martin'). Die Aussaat erfolgt ab Februar in durchlässiges, schwach gedüngtes Substrat, kann aber auch schon früher erfolgen. Bei Chabaudnelken ist es wichtig, daß die Sämlinge nicht zu dicht stehen. Man rechnet 1 g Samen = 500 Korn für etwa 30 × 60 cm Saatfläche. Wichtig ist nach der Keimung ein luftiger und heller Stand bei 12 bis 15 °C. Pikiert wird in Abständen von 4 × 4 cm, wobei die Sämlinge nach dem Pikieren noch im Gewächshaus verbleiben. Oft wird ein zweites Mal in der zweiten Märzhälfte pikiert, wobei die pikierten Pflanzen dann schon in Kästen mit Fensterabdeckung zur Abhärtung stehen können. Nachts muß abgedeckt werden. Ab Mitte Mai erfolgt das Auspflanzen auf Freilandbeete (Pflanzabstand 25 × 25 cm). Empfohlen wird, die Erdoberfläche mit verrottetem Rinderdünger abzudecken.

Die Gesamtkulturzeit bis zur ersten Blüte beträgt zwei bis drei Monate. Die Blütezeit beginnt Anfang Juli. In sehr niederschlagsreichen Sommern lohnt ein Folienschutz. Die Schnittblumenernte konzentriert sich auf die Sommermonate. Sobald die Nächte kühler werden, läßt der Ertrag nach. Ein Überbauen mit Folie lohnt sich nur bedingt.

Eine gewisse Rolle spielen noch die einjährigen Remontantnelken. Aus einer Kreuzung zwischen Riesen-Chabaudnelken und den Remontantnelken 'Riesen von Nizza' entstand eine schon im ersten Kulturjahr blühende Nelkenrasse, die unter dem Namen 'Nizzaer Kind' bekannt ist. (Sie wird auch als Rivieranelke bezeichnet, siehe Seite 122). Die Blüten dieser Rasse besitzen die schöne Form der ganzrandigen Remontantnelken und haben Blütendurchmesser von 6 bis 7 cm. Die Anzuchtdauer beträgt bis zur Blüte etwa sieben Monate, deshalb erfolgt die Aussaat bereits im Januar. Rivieranelken eignen sich besonders für den Herbstschnitt. Die Beete können im Herbst mit Folien überbaut werden. Auch Topfen ist zu diesem Zeitpunkt noch möglich. Die Farbmischungen erreichen etwa 45 cm Höhe und bringen 100prozentig gefüllt blühende Pflanzen! Werden die Seitenknospen rechtzeitig ausgebrochen, erhält man Blüten, die der Größe von Edelnelken nahekommen. Diese Nelken gehen auch unter der Bezeichnung »Schnittwunder-Nelken«.

Bartnelken werden meist zweijährig kultiviert. Sie halten zwar auch länger aus, aber sie bringen im zweiten Jahr den reichsten Flor. Die Aussaat erfolgt meist im Mai in den Kalten Kasten oder auf gut präparierte Freilandbeete, wobei sich im letzten Fall bei genügendem Abstand ein Pikieren erübrigt. Ansonsten wird im Juli bis spätestens Ende August auf Beete im Abstand von 20 × 30 cm ausgepflanzt. Die Lage muß unbedingt vollsonnig sein. Aus Kreuzungen mit *Dianthus chinensis*-Sorten entstanden auch einjährige Bartnelken-Sorten.

Nur noch vereinzelt werden Samenmischungen der Margaretennelken angeboten. Sie laufen fälschlich auch unter der Bezeichnung Malmaisonnelke. Bei der letztgenannten handelt es sich jedoch um eine strauchige Nelkenrasse, die nur vegetativ zu vermehren ist. Die echten Margaretennelken wurden durch die erzielten Verbesserungen bei den Chabaudnelken weitgehend verdrängt. Im Hinblick auf die Kultur unterscheiden sie sich nicht von den Chabaudnelken. Margaretennelken ergeben dichtgefüllte, gefranste, wohlriechende Schnittblumen. Sie blühen schon vier bis fünf Monate nach der Aussaat.

Neuerdings werden einfach zu kultivierende Schnittnelken aus Japan angeboten: *Dianthus japonicum*, Japanische Schnittnelke. Es gibt eine weißblühende ('Ginza White') und eine rotblühende Sorte ('Ginza Red'). Diese einjährige Schnittnelke, die einen sonnigen Standort verlangt, wird im September–Oktober oder März–April im Haus oder Kasten ausgesät. Bei etwa 20 °C erfolgt die Keimung nach etwa sieben Tagen. Nach drei bis vier Wochen wird in 6- bis 8-cm-Töpfe oder in Packs pikiert und ab Mai im Abstand 20 × 20 cm ausgepflanzt. Die gesamte Kulturzeit beträgt etwa fünf Monate. Eine gewisse Frostresistenz macht auch eine Freilandaussaat ab September möglich (Reihenabstand 15 cm), was aber nur für milde Klimate zu empfehlen ist. Die Blüte setzt dann im Juli ein. Bei Frühjahrsaussaat wird ab August geerntet. Die Pflanze kann als Ganzes geerntet werden.

Beim Hobbygärtner

Die Kultur von Schnittnelken im Freiland unterscheidet sich kaum von der beim Erwerbsgärtner. Da hier jedoch wirtschaftliche

Überlegungen keine Rolle spielen, können einige winterharte Nelkenrassen länger auf den Beeten stehen bleiben. So kann sich bei Landnelken oder Bartnelken oft ein zweites Erntejahr anschließen. Allerdings sollte man darüber hinaus keine Kulturverlängerung anstreben. Selbst für den Hobbygärtner überwiegen dann die Nachteile. Desgleichen läßt sich bei einjährig kultivierten Schnittnelken die Ernte unter günstigen Bedingungen durch Überbauen mit Folie ausdehnen. Auch eine Weiterkultur im Kleingewächshaus kommt in Betracht. Die Freilandpflanzen werden mit Ballen aufgenommen und im Kleingewächshaus eingeschlagen. Wie ein eigener Versuch zeigte, vertragen dies die Pflanzen, ohne Einbußen zu erleiden. Man kann dadurch Schnittnelken bis in den Dezember ernten. (Geschnitten wird, sobald sich Farbe an den Blütenknospen zeigt.)

Dianthus gratianopolitanus Kulturpflanze im Vierecktopf

Kultur in Töpfen und im Topfverbund (Pack)

Es gibt keinen Zweifel, die Nachfrage nach Topf- und Beetnelken, die für den Endverbraucher in Packs angeboten werden, wird weiterhin ansteigen. Der Erwerbsgärtner sät bereits im Januar aus, um rechtzeitig blühende Topf- und Beetpflanzen anbieten zu können. Alle so kultivierten Nelken erfordern nach erfolgter Durchwurzelung eine helle, kühle und verhältnismäßig trockene Kulturführung, um einen frühen Knospenansatz zu erreichen. Im Abschnitt über einjährige Nelkensorten wurden zu den F₁-Hybriden der Chinensernelken (Kaisernelken) schon entsprechende Angaben gemacht. Hier noch einmal eine kurze Zusammenfassung: Ausgesät wird im Januar bis April im Haus oder in den Kalten Kasten bei 16 bis 20 °C. Die Keimdauer beträgt 7 bis 14 Tage. Direktsaat (drei Korn) in Töpfe ist möglich. Pikiert wird in 8-cm-Töpfe oder in Packs, in mittelschweres, nährstoffreiches Substrat mit einem pH-Wert von 6,5 bis 7. Die Temperatur zur Weiterkultur beträgt 12 bis

16 °C. Schwaches regelmäßiges Nachdüngen ist erforderlich. Etwa sechs Wochen nach der Aussaat ist ein ein- bis zweimaliges Stauchen innerhalb 14 Tagen notwendig (0,5prozentig mit CCC spritzen oder nicht stärker als 1prozentig konzentriert gießen). Die Gesamtkulturdauer beträgt etwa drei Monate. Durch Stutzen erhält man besonders reich verzweigte Pflanzen, diese Kulturmaßnahme verlängert aber die Kulturdauer. Vermarktet wird als Beetpflanzen im Mai. Es soll grundsätzlich besonders hell und luftig kultiviert werden. Chinensernelken sind auch reizende Topfpflanzen zum Verschenken am Muttertag.

Wie im vorangegangenen Abschnitt erwähnt, gibt es bei den Chabaudnelken auch niedrige Typen für die einjährige Kultur, die zum Teil als Topf- oder als Beetpflanzen angeboten werden. Teils sind es reinrassige Chabaudnelken, teils sind sie hybriden Ursprungs mit einem Anteil Chabaudnelken-»Blut«. Es gibt einige Serien, die aber viel gemeinsam haben. Erwähnt werden muß die Knight-Serie (Knecht-Reihe). Diese F₁-Hybriden mit buschig-kugelrundem Wuchs erreichen 25 cm Höhe. Die Gesamtkulturzeit beträgt sechs Monate. Die Einzelsorten sind bei den einjährigen Nelkenzüchtungen ab Seite 122 aufgeführt. (Aussaat Januar–Februar, 3 g Saatgut für 1000 Pflanzen.) Das Gegenstück zur erwähnten Knight-Serie bildet die Ritter-Serie (F₁-Hybride), für die dasselbe gilt und deren Sorten auch im genannten Abschnitt zu finden sind. Erinnert sei hier nur noch einmal an die Sorte 'Karmin Ritter', die 1979 die Fleuroselect-Broncemedaille erhielt. Als drittes muß die Cavalier-Serie (F₁-Hybride) erwähnt werden, die 25 cm hoch und 30 cm breit wird. Davon sind wiederum Einzelfarben und Mischungen erhältlich. Daneben gibt es die Zwerg-Chabaudnelke unter der Bezeichnung *Dianthus* 'Liliput' F₁-Hybride. Die Pflanzen bleiben noch niedriger als die der Knight- oder Ritter-Serie, so daß sie ganz kompakte

Topfnelken ergeben und sich selbst für Einfassungen eignen. Es gibt diese Nelke in den Farben Scharlach, Gelb, Weiß und als Farbmischung aus sieben verschiedenen Farbtönen.

Auf diesem Sektor werden Neuzüchtungen sicher noch manche Verbesserung bewirken. Die Pflanzen könnten in ihrem Aufbau eleganter werden, denn sie wirken noch etwas zu steif. Die Blüten leiden bei längeren Regenperioden. Von den hier genannten Nelken interessieren den Hobbygärtner nur die Chinensernelken als leicht zu ziehende Sommerblumen für vielerlei Verwendung. Die Gruppe der Sorten, die den Chabaudnelken ähneln, bleibt mehr den Erwerbsgärtnern vorbehalten. Der Endverbraucher verzichtet meist auf die eigene Anzucht und kauft die Fertigware in Töpfen. Siehe auch Seite 167.

Krankheiten und Schädlinge an Freilandkulturen

Auch bei der Freilandkultur können Krankheiten und Schädlinge auftreten. Dies gilt weniger für die Kultur beim Hobbygärtner, der normalerweise »nur« den Nelkenrost beklagt, als den

Erziehungsschnitt bei Nelken

Anbau beim Erwerbsgärtner mit seinen auch im Freiland oft größeren Monokulturen. Da sich die Schädigungen nicht sehr von denen in unter Glas geschützten Anbau und unter Folien unterscheiden, soll hier nur der mögliche Befall bei den einzelnen Nelkenrassen erwähnt werden. Spezielle Schutz- und Bekämpfungsmaßnahmen können im Abschnitt Pflanzenschutz bei den Edelnelken nachgelesen werden.

Dianthus-F$_1$-Hybriden (Chinensernelken, Kaisernelken, Heddewigsnelken) sowie Sorten der Gruppe, die keine F$_1$-Hybriden sind:
Alternaria, Rost, Fusarium, Blattläuse, Spinnmilben

Dianthus barbatus-Hybriden (Bartnelken):
Virosen, Welkekrankheiten, Nelkenschwärze, Blattflecken, Nelkenrost, Wickler, Blattläuse, Spinnmilben, Stengelälchen.

Dianthus caryophyllus-Komplex (Ein- und zweijährige Gartennelken):
Nelkenrost, Fusarium, Nelkenschwärze, Blasenfüße, Spinnmilben.

Staudige Nelken, besonders aus dem Sortenspektrum von *Dianthus plumarius* und *D. gratianopolitanus*:
Alternaria, Nelkenrost, Nelkenwickler, Blattläuse, Thripse.

Zusätzlich gefährden größere Tiere den Freilandanbau. Fraßschäden treten vor allem an den perennierenden Nelken der Staudengärtnereien und des Hobbygartens sowie an den überwinternden Nelken in zweijähriger Kultur auf. Hasen und Kaninchen können, speziell unter einer Schneedecke oder unter dem Schutz von aufgelegten Koniferenästen oder Vliesen, Pflanzen oft bis zur Basis abfressen. Hier helfen nur engmaschige dünne Drahtnetze, die dicht aufgelegt werden, oder bei größeren Beständen dichte Zäune, wobei das Drahtgeflecht ziemlich tief in den Boden reichen muß. Ähnliche, wenn auch geringere Schäden, können Mäusekolonien anrichten. Ihre Bekämpfung geschieht mit Giftweizen, der aber nicht offen ausgelegt werden darf, sondern in Tonröhren oder ähnliches Material gelegt werden sollte.

Die Vermehrung der Nelken

Generative Vermehrung

Die Aussaat spielt bei vielen Nelken eine große Rolle, ausgenommen bei der Gruppe der Edelnelken und bei den zahlreichen Namenssorten von *Dianthus plumarius* und *Dianthus gratianopolitanus*, bei denen nur eine vegetative Vermehrung in Frage kommt. Eigentlich kann man das Nelkensaatgut als ideal für die Aussaat bezeichnen. Das beginnt schon mit der Größe des Nelkensamens. Das Saatgut ist zwar unterschiedlich, aber im allgemeinen doch ziemlich groß. Es läßt sich demnach bei der Aussaat leicht handhaben. Grundlegende Fehler, die bei anderen Kulturen immer wieder vorkommen, wie zu dichtes Säen, dürften kaum passieren. Das Samenkorn ist unregelmäßig schildförmig, hat einen zentralen Nabel und ist meist braun, schwarzbraun oder schwarz gefärbt. Um 1000 Pflanzen zu erhalten, benötigt man beispielsweise bei der Heidenelke 1 g Saatgut, bei Federnelken und Pfingstnelken etwa 3 g. Zwischen diesen Eckwerten bewegen sich so ziemlich alle Nelken. Lediglich bei einigen Sorten aus dem *Dianthus caryophyllus*-Komplex (Grenadinnelken, Wiener Mischung) werden – wegen der beachtlichen Größe der Samen – 5 g benötigt, um 1000 Pflanzen zu erzielen.

Ein weiterer günstiger Faktor ist die Keimzeit. Normalerweise beträgt diese 7 bis 14 Tage, manchmal dauert es etwas länger. Aber auch hier gibt es Ausnahmen: einige alpine Arten können bis zum Auflaufen auch einige Monate liegen. Nelken werden zwar zu den Lichtkeimern gerechnet, doch ist allzu grelles Sonnenlicht dem Keimvorgang nicht zuträglich. Bleibt die Frage nach dem günstigsten Zeitpunkt der Aussaat. Unter den Arten gibt es durchaus einige, die etwas länger im

Aussaat von Nelken

Saatbett liegen können. Da hierzu wegen der Vielzahl der Arten oft keine speziellen Angaben vorliegen, hat sich in der eigenen, langjährigen Praxis die Erfahrung durchgesetzt, auch Nelken so früh wie möglich auszusäen. Die Aussaat erfolgt ab der Jahreswende, je nach Eintreffen der bestellten Samen. Nelken werden wie Kaltkeimer behandelt und zwischen 0 °C und + 5 °C gehalten, wobei man diese Angaben selbstverständlich nicht so genau zu nehmen braucht.

Noch einmal ist auf die Tatsache hinzuweisen, daß viele Nelkenarten auch ohne eine kühle Periode und auch bei später Aussaat keimen. Aber es gibt eben in dieser Hinsicht einige Außenseiter und allen anderen Aussaaten schadet diese Behandlung keinesfalls. Für alle Nelkenrassen, die für den Erwerbsgärtner Bedeutung haben, wurden die genauen Angaben zum Aussaattermin schon bei deren Beschreibung notiert, sie müssen hier also nicht wiederholt werden. Beim Hobbygärtner richtet sich die Aussaat nach den vorhandenen Möglichkeiten (Zimmergewächshaus, Frühbeet, Kleingewächshaus, Freiland-Saatbeet). Einjährige Nelkenrassen können ab Mitte März gesät werden, so die vielfältigen Chinesernelken, wenn man nach den Eisheiligen bereits kräftige Pflanzen zum Auspflanzen haben will. Oft genügt es, in der zweiten Aprilwoche auszusäen. Bis in den Mai kann man noch Aussaaten vornehmen, nur ist dann eben mit einem verzögerten Blühbeginn zu rechnen.

Die Aussaat der Land- und Bartnelken und anderer zweijährigen Züchtungen erfolgt üblicherweise im Mai–Juni, wobei sich ein etwas früherer Zeitpunkt günstiger erweist als ein späterer. Dem Hobbygärtner ist – wie die eigene Erfahrung zeigt – eine einheitliche Aprilaussaat durchaus zu empfehlen, um zum Überwintern kräftige Pflanzen zu haben.

Der Ort der Aussaat richtet sich nach der Menge der benötigten Pflanzen. Für den Erwerbsgärtner ist ein Frühbeet nach wie vor der beste Platz für die Nelkenanzucht. Hat sich die

darin enthaltene Erde durch Vorkulturen etwas verbraucht, genügt es, 2 bis 3 cm dicke, möglichst unkrautfreie Erde aufzubringen. Für den Hobbygärtner reicht meist eine Saatschale aus, wobei sich solche aus Kunststoff mit einer starken Perforierung am Boden besonders bewährt haben. Bei raren botanischen Arten genügt in vielen Fällen die Aussaat in einen alten Blumentopf aus Ton, wobei man besonders bei Nelken auf eine gute Dränage achten muß. Hierbei kommt zuunterst zwei bis drei Finger dick grobes Material, ehe das eigentliche Kultursubstrat folgt.

Hinsichtlich der Aussaaterde sind die Nelken nicht wählerisch, wenn es auch hier, wie bei vielen anderen wichtigen Gattungen, zahlreiche Substrat-Rezepte gibt. Alte englische Gartenbücher empfehlen eine Mischung aus einem Teil mürben Lehm, einem Teil verrottete Lauberde und einem Teil Sand. Der Erwerbsgärtner nimmt meist sandige Komposterde. Man sollte um das Aussaat-Substrat nicht allzuviel Aufhebens machen. Viel wichtiger ist es nach meiner Erfahrung, bei Nelken eine möglichst sterile Mischung zu nehmen, um Auflaufkrankheiten vorzubeugen und den Nelken kein Ausgangsmaterial für spätere Erkrankungen in die Wiege zu legen, von denen wahrlich genug die Gattung *Dianthus* heimsuchen. Langjährige Erfahrungen haben gezeigt, daß eine Mischung aus TKS 1 und scharfem Sand, im Verhältnis 1 : 1 gemischt, ein ideales Aussaat-Substrat ergibt. Die Beimischung von Sand bringt hier nur Vorteile! Selbstverständlich können auch andere käufliche Vermehrungserden genommen werden, das ändert aber nichts an der Mischung, da auch diese zu einem wesentlichen Teil aus Torf bestehen. Die Aussaaten selbst werden mit dem gleichen Substrat übersiebt (Maschenweite etwa 2, höchstens 3 mm). Leichtes Andrücken ist immer günstig, auch wenn dies nicht unbedingt erforderlich ist. Angießen mit feiner Brause ist obligatorisch, wobei besonders beim ersten Mal dies ganz kurz und in Intervallen erfolgen sollte, bis alles durchfeuchtet ist, ohne daß die Samen auf einer Seite zusammengespült wurden. Diese Gefahr besteht besonders bei der Aussaat in Gefäßen.

Die Keimtemperatur liegt für die allermeisten Nelken zwischen 16 und 20 °C. Die Kulturtemperatur kann darunter liegen, zwischen 12 und 16 °C genügen. In der Anfangsphase, bis der Samen aufgelaufen ist, wird schattiert, es muß allerdings darauf geachtet werden, daß die jungen Sämlinge an sonnigen Tagen ebenfalls Schutz vor zu starker Strahlung erhalten. Andererseits dürfen die Sämlinge in dieser Hinsicht auch nicht allzusehr verwöhnt werden, da man ja kurze, gedrungene Pflanzen wünscht. Langbeinige Pflänzchen kann man etwas tiefer pikieren, falls man einmal zuviel schattiert hat.

Bei den Nelken trifft die alte Gärtnerweisheit voll zu, die besagt, daß der richtige Zeitpunkt zum Pikieren gekommen ist, wenn sich außer den Keimblättern das erste normale Blattpaar gebildet hat. Wird in das Frühbeet pikiert oder auf ein Jungpflanzenbeet im Freiland, hat sich ein Abstand von 8 × 8 cm bewährt. In vielen Fällen wird man heute in Multitopfplatten pikieren, oder bei einjährig kultivierten Nelkenrassen zum Verkauf gleich in den Vierer-, Sechser- oder Achter-Pack. Aufpassen muß man beim Pikieren, daß die Pflänzchen nicht zu tief kommen, da gerade Nelken gegen zu tiefes Pikieren empfindlich sind. Die weitere Kultur erfordert die üblichen Maßnahmen wie ausreichende Feuchtigkeit und Entfernen von Unkraut (dies bereits im Anfangsstadium). Zuchtformen sollten zudem ausreichend mit Nährstoffen versorgt werden. Da die Böden im Freiland, aber auch im Frühbeet meist genügend Kalium und Phosphor enthalten, genügt im allgemeinen ein schnelllöslicher, stickstoffbetonter Dünger.

Die Kultur von reinen Nelkenarten verläuft meist etwas anders: Die Sämlinge werden in Plastiktöpfchen pikiert (8 bis 12 cm). Aus Platzgründen sind viereckige Töpfe den runden vorzuziehen. Ist abzusehen, daß die Pflanzen nicht zu lange in den Töpfen verbleiben, kann ein Substrat TKS 2, mit Sand im Verhältnis 1 : 1 gemischt, verwendet werden. Der Staudengärtner verwendet unterschiedliche Substrate mit Anteilen von Langzeitdüngern wie Osmocote oder Plantosan, da die Pflanzen in den Verkaufsbeeten oft über eine Vegetationsperiode hinaus stehen.

Vegetative Vermehrung

Stecklinge

Die Vermehrung durch Stecklinge wird überall dort angewandt, wo die Aussaat keine sortenechte Nachkommenschaft erwarten läßt. So bei den verschiedenartigen Edelnelken, bei Federnelken (*Dianthus plumarius*-Hybriden), bei Pfingstnelken (*Dianthus gratianopolitanus*-Hybriden) und bei anderen genetisch nicht stabilen Züchtungen. Teilweise hat die Stecklingsvermehrung zugunsten der generativen Vermehrung an Bedeutung verloren, wie etwa bei den Landnelken, bei denen jetzt wirklich hochwertiges Saatgut zur Verfügung steht und die Stecklingsvermehrung weitgehend überflüssig wird. Wo zahlreiche botanische Arten gehalten werden, in Staudengärtnereien, aber auch im Garten des nelkenbegeisterten Hobbygärtners, wird man andererseits oft über Stecklinge vermehren statt durch Aussaat, um einer unkontrollierten Hybridisation vorzubeugen.

Für alle Nelkenzüchtungen aus dem Feder- und Pfingstnelken-Umkreis und alle anderen Hybriden aus dem Steinnelken-Komplex, die durch Stecklinge vermehrt werden, ist der Juli und Anfang August der günstigste Zeitpunkt für den Stecklingsschnitt, also die Zeit nach dem Abblühen der Pflanzen. Der Erwerbsgärtner wird nicht wahllos schneiden, sondern sich vorher besonders kräftige und reichblühende Mutterpflanzen markieren, die dann für den Stecklingsschnitt in Frage kommen. Im

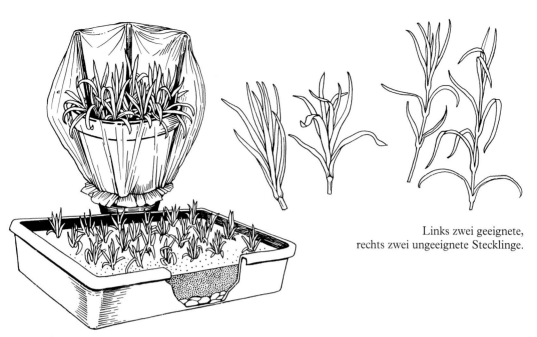

Links zwei geeignete,
rechts zwei ungeeignete Stecklinge.

*Vermehrung durch Stecklinge
(beim Liebhaber)*

Topfen von Nelken

Gegensatz zu den Nelken aus dem Caryophyllus-Komplex werden die Steinnelken, wie wir sie der Einfachheit halber nennen wollen, durch Kopfstecklinge vermehrt. Diese werden von nichtblühenden Trieben geschnitten, die sich schon während der Blütezeit entwickelt haben. Kopfstecklinge bedürfen einer etwas aufmerksameren Pflege bis zur Bewurzelung als Teilstecklinge. Bei diesen Nelken verwendet man wirklich nur den »Kopf«, also ohne ein Stück des Stengels. Dies bringt die größten Erfolge.

Der Erwerbsgärtner steckt vornehmlich in das kalte Frühbeet, das zu dieser Zeit meist ohne Schwierigkeiten zur Verfügung steht. Als Vermehrungssubstrat hat sich bei dieser Nelkengruppe ein Gemisch aus zwei Drittel scharfem Sand und ein Drittel feinem, gesiebtem Torf besonders bewährt. Sicher eignet sich auch die für Stecklinge sonst übliche 1:1-Mischung. Andere Kultivateure schwören auf reinen, sehr feinen Sand. Man kann auch in Perlite stecken, welches sich bei den Edelnelken besonders bewährt hat. Es ist ein Substrat vulkanischen Ursprungs. Letztendlich bestimmt nicht die genaue Zusammensetzung des Substrats das Ergebnis, sondern das Vorhandensein folgender Eigenschaften: Erstens sollte das Substrat mild feuchtigkeitshaltend sein, aber andererseits auch etwas luftig. Zweitens muß das Substrat möglichst steril sein. Im kalten Frühbeet hat sich eine Substratdicke von etwa 10 cm bewährt, beim Stecken in Pikierkisten und andere Vermehrungsgefäße kann diese auch unterschritten werden.

Bleibt die Frage nach Bewurzelungshilfen. Es gibt durchaus bewurzelungsvitale Sorten, bei denen man auf die Verwendung solcher Hilfsmittel verzichten kann. Normalerweise wird man die Schnittflächen der Stecklinge jedoch in solche allgemein als Bewurzelungshormone bezeichneten Hilfsmittel tauchen. »Wurzelfix«, »Seradix 1« oder andere Marken haben sich bewährt. Allgemein haben diese Mittel α-Naphthylessigsäure, Indolylessigsäure oder Indolylbuttersäure als wirksame Substanz. Bei der Verwendung pulverförmiger Bewurzelungshormone ist die Gefahr einer Überdosierung geringer, und diese Anwendungsform wird deshalb vorgezogen. Pulverförmige Mittel sind meist mit feinem Talkum »verdünnt«, um die Dosierung zu erleichtern. Selbstverständlich erfolgt das Eintauchen in das Pulver büschelweise und nicht einzeln.

Das Vermehrungsbeet bzw. das Vermehrungsgefäß wird unter möglichst hoher Luftfeuchtigkeit gehalten – durch Auflegen der Fenster oder mittels transparenter Folie. Hierbei ist etwas Fingerspitzengefühl nötig. Kopfstecklinge benötigen, um ein gleichgutes Ergebnis zu erzielen, eine höhere Luftfeuchtigkeit als Achselstecklinge, andererseits wünschen Nelken eine geringe Luftzirkulation. Diese ist im allgemeinen schon dadurch gewährleistet, daß die aufgelegten Fenster sowieso nicht dicht schließen. Auch mit einer Folienabdeckung kann man dieser Forderung Rechnung tragen. Schwierigkeiten kann es mit abtropfendem Schwitzwasser geben. Aber Frühbeetkästen haben sowieso ein schräg aufliegendes Fenster, so daß das Wasser seitlich herabrinnen kann. Bei anderen Vermehrungsgefäßen vermeidet man Schwitzwasser, indem die Abdeckung ebenfalls schräg aufgelegt wird.

Milde Feuchtigkeit, keine Nässe, ist oberstes Gebot beim Bewurzelungsvorgang. Direkte starke Sonnenbestrahlung muß vermieden werden. Die Schattierungsmaßnahmen dürfen aber keinesfalls übertrieben werden, damit die Stecklinge nicht zu dunkel stehen. Nach vier Wochen sind die Stecklinge bewurzelt, man wartet aber lieber noch einige Zeit, um einen guten Wurzelballen zu bekommen, ehe man aus- oder umpflanzt bzw. topft.

Von enormer Wichtigkeit ist die Stecklingsvermehrung bei den Edelnelken. Die Arbeitsteilung, wie sie sich in den letzten Jahrzehnten entwickelt hat, brachte es mit sich, daß sich die Jungpflanzenproduktion von Edelnelken auf wenige große Vermehrungsbetriebe konzentriert und erst die Weiterkultur in zahlreichen Gartenbaubetrieben erfolgt.

Die speziellen Erfahrungen, die in diesen Betrieben auf diesem Gebiet gesammelt wurden, können in einem Buch über die gesamte Gattung *Dianthus* nicht vermittelt werden, doch darf andererseits dieses Thema nicht ausgeklammert werden. Es wird daher in gestraffter Form behandelt.

Die Voraussetzung für die Stecklingsvermehrung der Edelnelken bildet eine konsequente Mutterpflanzenauslese und Mutterpflanzenkultur. Wird in einem Schnittblumenbetrieb aus den vorhandenen Beständen für die Schnittblumenproduktion geschnitten, zeigt sich früher oder später zwangsläufig eine Qualitätsminderung, bedingt durch Kleinmutationen, zunehmenden Virusbefall und andere Beeinträchtigungen. Die Kultur der Mutterpflanzen unterscheidet sich kaum von der Kultur von Pflanzen zur Schnittblumenernte. Wichtig ist, daß solche Bestände einer laufenden Kontrolle unterliegen. So ist besonders auf Befall durch Blattläuse zu achten, die Virus- aber auch Pilzkrankheiten übertragen. Sauberkeit ist höchstes Gebot in den Mutterpflanzenquartieren. Die Pflanzen werden etwa in einem Abstand von 20 × 20 cm gepflanzt und durch Stutzen zur Ausbildung von Seitentrieben angeregt. Bei diesem Abstand kann bei einer Pflanzung im Mai mit einer Produktion von annähernd 500 Stecklingen je m² und Jahr gerechnet werden.

Von einer Mutterpflanze werden ein Jahr lang (oder auch kürzer) Stecklinge entnommen. Diese verhältnismäßig kurze Dauer ist darauf zurückzuführen, daß Stecklinge von älteren Mutterpflanzen weniger wüchsig sind und länger brauchen, um zu bewurzeln. Die Stecklingsernte kann bei entsprechender Kultur das ganze Jahr über erfolgen, wenn auch der Schwerpunkt für den Stecklingsschnitt im ersten Halbjahr liegt. Stecklinge werden gebrochen, ehe sie induziert sind. Die Ernte der Stecklinge wird dabei auf möglichst wenige

Bewurzelter Edelnelken-Steckling

Erntegänge konzentriert, um einem Krankheitsbefall vorzubeugen, wobei die gute Lagerfähigkeit der Nelkenstecklinge diese Maßnahmen unterstützt.

Stecklinge werden im Knoten (Nodium) gebrochen und zwar so, daß die Internodienwand nicht beschädigt wird, um Krankheitserregern keine unnötig große Angriffsfläche zu bieten. (Wenn für die Stecklingsernte die Forderung gestellt wird, direkt unter dem Knoten zu brechen, ohne die Internodienwand zu beschädigen, handelt es sich dabei nur um eine reine Vorbeugemaßnahme vor Pilzkrankheiten.) Die Bewurzelung selbst erfolgt auch an anderen Stellen des Internodiums gleich gut. Schneiden oder gar Nachschneiden ist aus arbeitswirtschaftlichen und hygienischen Gründen nicht zu vertreten. Ein Blattpaar sollte an der Stecklingsbasis verbleiben. Wichtig ist bei der Ernte eine möglichst hohe Saftspannung. Deshalb wird allgemein vor der Ernte noch einmal ausgiebig gewässert, wobei die Mutterpflanzen aber schon beim Erntevorgang wieder abgetrocknet sein sollen. Geerntete Stecklinge, die nicht sofort benötigt werden, kommen in den Kühlraum. Es hat sich gezeigt, daß man die Stecklinge bei einer Lagertemperatur von 0,5 °C bis zu einem halben Jahr lang lagern kann.

Seit den siebziger Jahren setzt sich mehr und mehr die Stecklingsproduktion in südlichen Ländern durch. Gerade in der lichtarmen Jahreszeit (ab Mitte Dezember bis März–April) sind die sogenannten **Südstecklinge**, bedingt durch das hohe Lichtangebot im Erzeugungsgebiet, den in Mitteleuropa herangezogenen Stecklingen qualitativ überlegen. Südstecklinge bringen obendrein den Vorteil, daß man sie ungestutzt lassen kann. Sie entwickeln eine gute erste Blume und verzweigen sich dennoch zufriedenstellend.

Bei den Edelnelken hat sich immer mehr das Stecken in Perlite oder Perlite-Weißtorf-Gemisch bewährt. Ein entscheidendes Kriterium ist dabei das geringe Gewicht von Perlite, so daß sich im Vergleich zu anderen, schwereren Substraten die Transport-(Fracht-)kosten verringern. Frisches Perlit ist steril und wird ohne weitere Vorbehandlung verwendet. Obwohl es sich beim Perlite-Weißtorf-Gemisch schon um ein ziemlich krankheitsfreies Vermehrungssubstrat handelt, ist ein Dämpfen obligatorisch, wobei diese Maßnahme vor jedem Stecklingssatz neu durchgeführt werden muß. Die Verwendung von Bewurzelungshormonen ist nötig, um eine schnelle Bewurzelung zu gewährleisten.

Normalerweise spielt sich die Bewurzelung unter Sprühnebel ab, gesprüht wird dabei meist nur nach Bedarf und die Sprühdauer liegt jeweils bei etwa zehn Sekunden. Um einem Verweichlichen der Stecklinge vorzubeugen, wird meist nur in den ersten beiden Wochen nach dem Stecken gesprüht. Ideal ist niedrige Substratfeuchte und hohe Luftfeuchtigkeit. Der Feuchtigkeitsbedarf richtet sich meist nach der Abtrocknungsgeschwindigkeit der Stecklinge. Die Steuerung der Sprühne-

belanlage erfolgt meist über ein sogenanntes künstliches Blatt (Helfertsche Tauwaage): Wenn es feucht ist, senkt sich das »Blatt« am Waagebalken unter dem Gewicht der niedergeschlagenen Feuchtigkeit und stellt die Anlage ab. Trocknet das »Blatt«, hebt sich der Waagebalken wieder und schaltet die Sprühanlage ein. Die Sprühhäufigkeit orientiert sich daher über die relative Luftfeuchtigkeit auch an der Temperatur.

Die Verwendung von Folie als Abdeckung der Beete hat sich bewährt, wobei allerdings wichtig ist, daß die Temperatur unter dem Foliendach nicht zu hoch ansteigt. Sprühnebelvermehrung macht die Folienabdeckung überflüssig. Kurzes Lüften ist dabei immer empfehlenswert, wieder um dem Verweichlichen der Stecklinge vorzubeugen. Die idealen Temperaturen liegen bei 12 °C Lufttemperatur und 18 bis 20 °C Substrattemperatur. Es ist nicht immer einfach, diese Forderungen zu erfüllen; zwei getrennte Heizkreise mit Thermostaten erleichtern jedoch die Temperaturregulierung.

Es wird (außer im spezialisierten Jungpflanzenbetrieb mit entsprechender Hygiene) immer wieder kranke Stecklinge geben, die sofort entfernt werden sollten, damit sich keine Krankheitserreger auf die nebenstehenden Stecklinge ausbreiten. Schattiert wird nur bei grellem Sonnenschein, keinesfalls in den Früh- und Abendstunden, wobei die Vermehrung unter Sprühnebel Schattieren überflüssig macht. Zu starkes Schattieren verzögert die Wurzelbildung. Die Bildung von Kallus (Wundgewebe) dauert etwa 10 bis 14 Tage. Dabei werden erst 3 bis 4 mm lange Wurzelspitzen sichtbar. Von diesem Zeitpunkt an ist eine verstärkte Belüftung angebracht. Innerhalb von drei bis fünf Wochen haben die Stecklinge dann ausreichend Wurzeln ausgebildet, wobei die Entwicklung stark von der Jahreszeit und von den Temperaturen abhängt.

Meristemkultur

Moderne Nelkenkultur und -vermehrung ist ohne Meristem-Verfahren kaum noch denkbar. Nelken gehören leider zu den Pflanzen, die von einer ganzen Reihe von Viren befallen werden. Der Befall wirkt sich auf die Qualität, aber auch auf die Produktivität negativ aus. In der ersten Hälfte dieses Jahrhunderts hatten die Nelkengroßgärtnereien vielfach zu kämpfen, ihre Mutterpflanzen völlig gesund zu halten. Anfang der fünfziger Jahre gelang den beiden Franzosen Morel und Martin zum ersten Mal die Erzeugung virusfreier Pflanzen mit Hilfe der Meristemkultur. Diese Methode konnte bei verschiedenen Pflanzenarten angewandt werden, so beispielsweise bei Lilien. Es blieb nicht aus, daß auch bei den gegen Virosen leicht anfälligen Nelken Versuche durchgeführt wurden, so erstmalig durch die Holländerin Quack. Sie war so erfolgreich, daß sie virusfreie Nelken erzielte.

Meristemkultur ist keine leichte Sache, es handelt sich dabei in erster Linie um eine La-bortechnik. Das Verfahren beruht auf der Erkenntnis, daß der Vegetationskegel nicht von Viren infiziert wird. Die Viren breiten sich zwar stets auch in jungen Pflanzenteilen aus, der Vegetationspunkt wächst aber immer voraus und bleibt virusfrei. Eine Wärmebehandlung bei 37 bis 41 °C bremst die Aktivität bestimmter Viren zusätzlich, während das Wachstum der Pflanze nicht beeinträchtigt wird. Im Gegenteil: die Zellteilungsaktivität und das Streckungswachstum werden durch die Wärme erhöht, die meristematische (virusfreie) Zone vergrößert sich. Deshalb werden ausgewählte Pflanzen einer Wärmetherapie unterzogen. Nach dieser Behandlung werden mit Hilfe eines Stereomikroskops die Meristeme entnommen, die nur eine Größe von etwa 0,1 mm haben. Wenn man es genauer betrachtet, ist die Bezeichnung Meristemkultur etwas irreführend, denn es wird nicht allein das Meristem genutzt, sondern auch die Sproßspitze mit den ersten Blattprimorden, zumindest in einigen Betrieben. Es handelt sich dabei eher um einen Mikrostecklings.

Insgesamt ist bei diesen Arbeiten eine sichere Hand und Übung notwendig. Dabei macht der Aufwand zur Desinfektion im Labor mehr Arbeit als die eigentliche Entnahme selbst. Die keimfreien Meristeme wer-

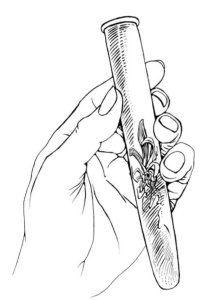

Meristeme vor dem verpflanzen

In-vitro-Kultur bei Nelken. Aus der isolierten Sproßspitze (linkes Reagenzglas) bildet sich ein neuer Sproß aus. Auf »Agar-Agar«-Medium wächst eine junge Pflanze heran. Das Pflänzchen im rechten Reagenzglas hat Wurzeln gebildet und kann in ein Kultursubstrat umgesetzt werden.

den anschließend auf sterile Nährböden in Reagenzgläser gebracht. Die Nährböden bestehen aus Agar-Agar mit einer geeigneten Nährsalz-Kombination und werden in den einzelnen Labors und Betrieben nach verschiedenen Rezepturen zusammengesetzt. Meist wird ein Nährmedium nach Murashige und Skoog benutzt. Die Weiterkultur erfolgt in klimatisierten Kunstlichträumen mit klinischer Sterilität. (Meist bei Temperaturen um 18 °C und durchschnittlich 17 Stunden täglicher Belichtungsdauer.)

Auf den Nährböden bilden die Meristeme dann zunächst wieder Sprosse aus. Bereits eine Woche nach der Sproßspitzen-Präparation beginnen die kleinen Isolate zu grünen und zu wachsen, wobei die Anwachsquote in dieser Phase zwischen 35 und 75 % liegt. Erfahrungsgemäß liegt der Anwachserfolg im Frühling höher als in anderen Jahreszeiten. Die Sprosse werden nach einigen Wochen vereinzelt und auf Bewurzelungsmedium versetzt. Erst dort bilden sich aufgrund des speziellen Wuchsstoffangebotes Wurzeln aus. Es dauert ungefähr zwischen drei und sechs Monate, bis diese Pflänzchen den Kulturröhrchen entnommen werden können. Da die Agarmedien ideale Nährböden für Pilze und Bakterien darstellen, müssen die Pflanzenwurzeln vor dem Auspflanzen so sorgfältig wie nur möglich ausgewaschen werden. Die Weiterkultur erfolgt in kleinen Töpfchen in sterilem Substrat, meist unter Sprühnebel. Die Verpflanzung ist ein heikler Arbeitsschritt, und es kommt hierbei oft zu Ausfällen, sie sind besonders im März-April niedrig.

Die Kontrolle, ob eine Nelkenpflanze virusfrei ist, erfordert einen großen Arbeitsaufwand. Zum Test wird der mit Quarzstaub vermischte Saft der zu prüfenden Pflanze auf aufgerauhte Blätter von *Chenopodium amaranticolor* eingerieben, damit dieser in die Saftbahnen eindringen kann.

Nicht alle Pflänzchen, die man auf diese Art und Weise erhält, sind wirklich auch virusfrei, sie müssen deshalb einem Test unterzogen werden. Der Saft der zu testenden Nelkenpflanze wird mit Quarzstaub vermischt und auf Blättern der Pflanzen *Chenopodium amaranticolor*, *Chenopodium quinoa* oder *Saponaria vaccina* eingerieben. (Meist wird die erstgenannte Pflanze verwendet.) Das Blatt der Testpflanze wird so aufgerauht, damit der aufgebrachte Pflanzensaft besser in die Leitbahnen eindringt. Schon nach einigen Tagen zeigen sich auf den Testpflanzen Flecken und Verfärbungen, wenn noch ein Virusbefall vorhanden ist. Normalerweise wird dieser Test mehrmals wiederholt, bis man sich ganz sicher sein kann, daß die gewonnenen Nelkenpflanzen virusfrei sind.

Lag ein Virusbefall in den Nelken vor, reagiert die Testpflanze schon bald mit der Bildung von Flekken.

Parallel zur Meristemkultur betreiben Großbetriebe eine laufende Selektion. Nelken haben die Eigenschaft, leicht zu degenerieren, und auch bei der Entnahme der verhältnismäßig kleinen Meristeme kann die Erbmasse negativ verändert werden. Deshalb werden in verantwortungsbewußten Betrieben die meristemvermehrten Pflanzen, die eine Stammnummer bekommen, laufend beobachtet und selektiert.

Jedes einzelne meristemvermehrte Pflänzchen muß erneut auf Virusfreiheit geprüft werden. Erst danach erfolgen Prüfungen auf Sortenechtheit und Ertrag usw., bis die Pflanze schließlich als sogenannte Elitepflanze Verwendung findet. Diese liefert dann Stecklinge, aus denen Mutterpflanzenbestände aufgebaut werden.

Der Laie ist erstaunt, wenn er liest, wie viele Eigenschaften bei der Selektion der Meristemspender Berücksichtigung finden, so Blumenform und Farbe, Blumengröße, hoher Ertrag an Stielen, Länge und Festigkeit des Stiels, Gesamtaufbau der Pflanze, Resistenz gegen Krankheiten, hohe Temperaturen und sonstige negativ einwirkende Faktoren, niedrige Quote von Platzern bei einseitig sich öffnenden Blumen und insgesamt gute Winter- und Sommereigenschaften. Es leuchtet ein, daß bei so vielen Anforderungen nur wenige In-vitro-Stämme übrigbleiben, die als Ausgangsmaterial für die Mutterpflanzen-Quartiere herangezogen werden. Die Gewächshäuser, in denen sich die selektierten Mutterpflanzen befinden, müssen insektenfrei gehalten werden, um einer Reinfektion mit Viren vorzubeugen. Hier setzt dann die im vorhergegangenen Abschnitt beschriebene Stecklingsvermehrung der Edelnelken ein.

Absenker

Es handelt sich dabei keinesfalls um eine Methode für den modernen Großbetrieb, sondern mehr um eine Vermehrungsmöglichkeit für den Nelkenliebhaber. In früherer Zeit war das Absenken von Nelken weit verbreitet und Thema umfangreicher Abhandlungen. Schon im Jahre 1771 beschrieb Heinrich Christian von Brocke diese Methode ziemlich genau mit

Nelken-Absenker

folgendem Wortlaut: »Das Ablegen aber wird also gemachet, daß man den Ableger von einem Knie (Stengelknoten) zum anderen halb aufspaltet, das auf dem Knie, welches in die Erde kommt, sitzende Blatt abziehet, weil er sonst keine Wurzeln schlägt den Ableger aber mit einem kleinen hölzernen Häckgen in die Erde drücket, die Erde wieder daran machet, so, daß er, so weit er in der Erden liegt, bedekket ist. Wenn er Wurzeln hat, welches in 6 Wochen schon geschiehet, so nimmt man ihn ab, und verpflanzt ihn. Dieses ist die sicherste Art Nelken zu vermehren. Bey einigen sitzen die Ableger so hoch, daß man sie nicht in die Erde biegen kann. Hierzu muß man aber Gelegenheit zu machen suchen. Man setzet Scherben von alten Töpfen umher, und erhöhet darinnen die Erde, oder man hänget kleine Töpfe an, um sie darinnen abzulegen. Es kommt hierbey auf einen Handgriff an, welcher sich nicht gut beschreiben läßt.« So weit der Originaltext von 1771! Zu dieser Zeit zog man die Caryophyllus-Hybriden meist in Töpfen, und gute Sämlinge wurden auf diese Art vegetativ weitervermehrt.

In Großbritannien, wo auf dem Sektor Edelnelken viele Hobbyzüchter am Werke sind und die jährlichen Ausstellungswettbewerbe eine Rolle spielen, behauptet die Absenkermethode (englisch: layering) auch heute noch ihren Platz. Sicher kann man auch bei uns die eine oder andere Nelke aus der *Dianthus caryophyllus*-Gruppe so vermehren, wenn es sich um ein besonders gutes Exemplar handelt. Andererseits haben die samenvermehrbaren Hochzuchten einen so hohen Standard erreicht, daß es aus zwingenden Gründen nicht oft der Fall sein dürfte, die Absenkermethode anzuwenden. Eher noch kommt die Vermehrung durch Absenker bei hübschen Federnelken-Typen *(Dianthus plumarius)* in Frage.

Eigentlich hat sich an der Methode seit 1771 kaum etwas geändert. Die Erde wird um die Mutterpflanze herum gelockert, und die Schnittstelle wird nach dem Absenken zusätzlich mit einem Sand-Torf-Gemisch bedeckt. Die Mutterpflanzen sollten nicht zu eng beieinander stehen, damit für die Senker genügend Platz bleibt. Bewährt hat es sich, das Absenken während einer warmen, trockenen Periode auszuführen, wenn die Mutterpflanzen nicht prall mit Wasser gefüllt sind, damit die Triebe nicht so leicht brechen. Zum Festhalten der Absenker nimmt man gebogenen Draht. An der Bewurzelungsstelle ist für eine gleichmäßige, milde Feuchtigkeit zu sorgen.

Teilung

Diese Vemehrungsart hat für den Erwerbsgärtner keine Bedeutung, da sie zu unergiebig ist. Sie spielt jedoch beim Hobbygärtner eine Rolle. In Frage kommen vorwiegend alpine Arten mit weit verzweigtem, faserigem Wurzelwerk. Die kräftige, gut entwickelte Mutterpflanze wird mit Hilfe einer Grabgabel oder Handgabel ausgehoben. Diese Arbeiten lassen sich bei trockenem Wetter und Boden leichter ausführen. Bei schwerem Lehmboden, bei dem man die Wurzelführung nicht gut erkennen kann, ist es besser, das gesamte Wurzelwerk unter einem starken Wasserstrahl auszuwaschen. Mit einem scharfen Messer wird in entsprechend viele Teilstücke geschnitten, wobei die oberirdischen Teile immer im richtigen Verhältnis zu den verbleibenden Wurzeln stehen sollten. Die Teilung kann sowohl im Frühling als auch im Herbst erfolgen, wobei die erstgenannte Jahreszeit günstiger ist. Aber auch zu jeder anderen Zeit der Vegetationsperiode kann geteilt werden. Die Teilstücke können gleich an Ort und Stelle gesetzt werden. Besser ist es jedoch, sie erst in Töpfen weiterzukultivieren und sie erst nach Bildung eines neuen, gut durchwurzelten Topfballens auszupflanzen. Besonders einfach läßt sich die Teilung bei Nelkenarten durchführen, die dichte, symmetrische, oft igelförmige Polster bilden, wie *Dianthus freynii, D. pavonius, D. microlepis* und ähnliche.

Die Edelnelken

An dieser Stelle möchte ich einer ganzen Reihe von Nelkenbetrieben meinen Dank aussprechen für die Unterstützung auf diesem Sektor, bei dem ich größtenteils auf die Erfahrung anderer Gärtner angewiesen war. Allen voran gebührt mein Dank der Firma Selecta-Klemm in Stuttgart, die mir entsprechende Unterlagen zur Verfügung stellte, viele von diesen stammen aus der Feder von Gartenbauingenieur Uwe Fischer.

Allen Unkenrufen zum Trotz sind die Edelnelken nach wie vor eine der wichtigsten Schnittblumen überhaupt. In manchen Ländern (zum Beispiel in der Türkei) stehen sie unangefochten auf Platz eins der Beliebtheitsliste. Was stimmt ist, daß bei den großblumigen Edelnelken der Absatz stark zurückging. Es kann auch gar nicht erwartet werden, daß sich die enorme Aufwärtsentwicklung, die nach dem Zweiten Weltkrieg wieder eingesetzt hat, für alle Zeiten fortsetzt. Augenblicklich erfreuen sich anstelle der Standardnelken die Spraynelken-Züchtungen erhöhter Beliebtheit. Geblieben ist die alteingeführte Arbeitsteilung zwischen Stecklingsproduzent und Schnittblumenanbauer. Es liegt klar auf der Hand, daß es wesentlich weniger Stecklings- als Schnittnelkenproduzenten gibt. Wer die Entwicklung der Nelken und später die der Edelnelke verfolgen will, lese in den Kapiteln »2500 Jahre Nelkengeschichte« und »Historie der Edelnelken«.

Edelnelken mit Fresien und Gladiolen

Standardnelken

Die Kultur der Standardnelken

Man kann hinsichtlich der Kultur von Standardnelken enorm viele Empfehlungen mit einer extremen Variationsbreite hören und lesen. Die verschiedenen Möglichkeiten der Kultur nehmen noch weiter zu, teils durch Neuzüchtungen mit geänderten Eigenschaften, teils durch Nutzung neuer technischer Möglichkeiten. Deshalb können hier nur grundsätzliche Angaben gemacht werden. Darüber hinausgehende Informationen wird der Nelkenkultivateur von seinen Stecklingslieferanten erhalten, da alle Faktoren sehr sortenabhängig sind.

Alle Nelken sind quantitative (fakultative) Langtagpflanzen, das heißt, sie blühen bevorzugt in den hellen Sommermonaten mit Tageslängen über 12 bis 14 Stunden. Nelken benötigen eine bestimmte Lichtsumme, um zur Blüte zu kommen. Daher entwickeln sie bei uns in den Sommermonaten wesentlich rascher Blüten als in der lichtarmen Jahreszeit. Bei den Standardnelken war die berühmte 'William Sim' der erste Sämling, der in dieser Hinsicht weniger empfindlich reagierte. Er war nicht mehr mit der Konsequenz älterer Sorten ein stark betonter Sommerblüher, sondern blühte, wenn auch spärlicher, langsamer und auf mehr Internodien auch im Winter.

Nelken verlangen nach gut klimatisierbaren Gewächshäusern mit einem großen Luftraum und guten Lüftungseinrichtungen. Um die Luftzirkulation und den Luftaustausch im Gewächshaus zu verbessern, empfehlen sich besonders im Sommer Ventilatoren. Nelken reagieren empfindlich auf Temperaturen und Temperaturschwankungen. Allgemein führen niedrige Temperaturen zu einer besseren Qualität der Schnittblumen, höhere Temperaturen wirken sich auf die Zahl der Schnittstiele und die Entwicklung der Blumen günstig aus. Bei Temperaturschwankungen von mehr als 5 °C können die Kelche platzen. Deshalb ist ein gut steuerbares Heizungssystem erforderlich.

Boden und Gießwasser

Die Edelnelken sind hinsichtlich der Zusammensetzung des Bodens nicht so anspruchsvoll, wie es im ersten Augenblick erscheinen mag. Man kann sagen, die Nelke wächst auf fast jeder Bodenart. Andererseits müssen bei der Nelkenkultur ganz bestimmte Faktoren berücksichtigt werden, wichtig ist dabei die Entwässerung. Normalerweise muß die Kulturschicht nur 25 bis 30 cm tief be-

arbeitet werden. Voraussetzung ist aber eine ausgezeichnete Dränage, damit überflüssiges Wasser so schnell wie möglich abgeleitet wird. Weist die Unterschicht keine natürliche Dränage auf (z.B. leichter, sandiger Boden), muß der Boden dräniert werden. Zeigt die Bodenstruktur feste, den Wasserabzug störende Lagen, erfolgt eine mechanische Bearbeitung der oberen 25 bis 30 cm. Der Boden oder das Substrat muß jederzeit, auch im feuchtigkeitsgesättigten Zustand, genügend Luft erhalten können. Eine Möglichkeit, den angestrebten Wasser-Luft-Haushalt zu verbessern, bietet der Zusatz von organischen Stoffen. Wichtiger als die Art der Erde oder des Substrats ist die Bodenhygiene. Eine Bodendesinfektion erübrigt sich nur, wenn in der Vergangenheit noch niemals Nelken gepflanzt wurden und die Fläche unkrautfrei ist. In jedem anderen Fall sind Sporen von Pilzen vorhanden, und eine Desinfektion wird notwendig. In Gewächshäusern bieten sich dazu zwei Möglichkeiten an: die Desinfizierung durch Dampf oder die chemische Entseuchung, beispielsweise mit Metam-Natrium (VAPAM). Die chemische Methode ist selbstverständlich auch im Freiland möglich. Um ein gutes Resultat zu erzielen, sollte für beide Desinfektions-Methoden der Boden trocken sein. Beim Gießwasser muß auf zwei wichtige Punkte geachtet werden. Erstens sollte der Salzgehalt so niedrig wie möglich sein, besonders Chloride schaden, und zweitens sollte bei der Verwendung von Oberflächenwasser auf Krankheitserreger geachtet werden. Im Zweifelsfalle sollte man einer Überprüfung nicht aus dem Wege gehen.

Auspflanzen und Stutzen

Eine wichtige Rolle beim Pflanzen spielt die Pflanzdichte. Sie hängt erklärlicherweise von den Sorten ab, die ein sehr unterschiedliches Temperament und manchmal abweichende Wuchsformen zeigen. Man darf aber durchschnittlich von etwa 32 Pflanzen je m² ausgehen, bei Kurzkulturen auch von 40 Pflanzen je

Anzucht von Schnittnelken im Foliengewächshaus an der Südküste der Türkei. Dort läßt sich diese Kultur aus klimatischen Gründen leicht durchführen. In nördlichen Breiten sind es besonders manche für die Kurzkultur geeigneten Sorten, die unter Folie (nicht unter Glas) kultiviert werden.

m². Nur in Ausnahmefällen erhöht man auf 48 Pflanzen pro m² oder mehr. Die Wege zwischen den Beeten sollten nicht zu schmal sein, normalerweise beträgt die Wegbreite 40 bis 50 cm. Frisch angelieferte Stecklinge sollten akklimatisiert werden, deshalb wird die Verpackung (Schachteln oder Kunststoffbeutel) gleich geöffnet.

Wichtig ist, daß Nelkenstecklinge nicht zu tief gepflanzt werden, keinesfalls dürfen sie in einer Mulde stehen, sondern lieber etwas er-

höht: die Oberseite des Wurzelballens sollte sichtbar sein. Bei zu tiefem Pflanzen können die Stecklinge leicht von der Fußfäule befallen werden. Damit die Stecklinge ihre Anfangsphase gut überstehen, muß bei sehr hoher Lichtintensität etwas schattiert werden (Kreideschirm). In tropischen Gegenden ist das natürlich wichtiger als in gemäßigten Klimazonen, wo wiederum oft eine zusätzliche Wärmezufuhr nötig wird, die schon einen Tag vor dem Pflanzen einsetzen sollte. Die Bodentemperatur sollte in den ersten Wochen bei etwa 15 °C liegen. Bei warmem, sonnigem Wetter sollte man mehrmals am Tage eine beschränkte Wassermenge versprühen. Ist die Wurzelbildung gut fortgeschritten, muß die Nährstoffzufuhr auf das richtige Maß eingestellt werden. In der ersten Zeit hat sich eine kleine Gabe eines direkt aufnehmbaren Stickstoffdüngers bewährt (Kalksalpeter).

Etwa drei bis vier Wochen nach der Pflanzung muß gestutzt werden. Durch Wegnahme der krautigen Spitze wird die Pflanze angeregt, verstärkt Seitentriebe zu bilden. In der Regel wird auf vier bis fünf Blattpaare gestutzt, was die Bildung von etwa vier Trieben zur Folge hat. Bei Kurzkultur wird nicht so tief gestutzt, sondern man beläßt sechs bis sieben Blattpaare (bei Hybridsorten und Frühpflanzung). Um eine besser auseinandergezogene Ernte zu erzielen, ist es möglich, auch 40 bis 50 % der Seitentriebe zu stutzen, man spricht dann von eineinhalbmaligem Stutzen. Alternativ kann eintriebig kultiviert werden, das Stutzen erübrigt sich dann. Diese Methode hat sich bei Frühjahrspflanzungen gut bewährt, teilweise aber auch bei Sommerpflanzungen.

In einem späteren Stadium werden bei den Standardnelken die Seitenknospen und einige Seitensprosse entfernt. Im Gegensatz dazu kommt bei den Spraynelken nur die Terminalknospe weg. Es werden diejenigen Seitenknospen entfernt, die sich von oben bis zum fünften Blattpaar gebildet haben. Handelt es sich um besonders langstielige Sorten, kann auch noch tiefer entknospet werden.

Bei älteren Beständen erfolgt ein Rückschnitt, um die Pflanzen zu verjüngen und um sie in der Wuchshöhe auszugleichen. Aus arbeitswirtschaftlichen Gründen wird nur noch zurückgeschnitten, wenn im Anschluß daran eine Langtagbehandlung folgt.

Das Stützmaterial

Edelnelken benötigen eine Stütze, wobei das Gewicht von ein- bis zweijährigen Nelkenpflanzen oft unterschätzt wird. Ein starkes Stützmaterial erspart Ärger. Allgemein dürfte auch in Ausnahmefällen eine maximale Wuchshöhe von 1,8 m nicht überschritten werden. Besonders die Stützen an den Beetenden müssen stark genug sein und gut befestigt werden. Die Zwischenstützen in der Längsrichtung (alle 2,5 bis 3 m), können entsprechend schwächer gewählt werden, eine Höhe von 1,6 m genügt. Die vorgesehenen Nelken- bzw. Chrysanthemennetze (vier bis fünf übereinander bei zweijähriger Kultur, weniger bei Kurzkultur) werden schon vor dem Pflanzen ausgelegt. Es wird in die Maschen gepflanzt. Die Netze wer-

Endknospen von großblumigen Edelnelken und Spraynelken.

195

den während der Kultur allmählich mit dem Bestand hoch gehoben, wobei es vorteilhaft ist, mit in der Höhe verstellbaren Trägern zu arbeiten.

Bewässerung

Wie erwähnt, muß man zu Beginn der Kultur immer von kleinen Wassermengen ausgehen, wobei es in den ersten Wochen wichtig ist, eher öfter, aber kleinere Mengen zu geben (sprühen!). In den ersten Wochen nach dem Pflanzen muß man insgesamt sehr vorsichtig sein. Gerade zu diesem Zeitpunkt ist bei zu hoher Feuchtigkeit die Gefahr des Befalls mit *Botrytis*, *Rhizoctonia* und *Alternaria* besonders groß. Selbstverständlich hängt die Höhe der Wassergaben vom Witterungsverlauf ab. Später arbeitet man mit weniger häufigen, dafür aber größeren Wassergaben. Als Faustzahl kann man sich merken, daß Nelken in vollem Wachstum und bei voller Sonneneinstrahlung etwa 4 bis 5 l Wasser je m² verdunsten. Im Gegensatz dazu werden in der lichtarmen Periode nur geringe Mengen verbraucht. Das ergibt die Kernforderung nach der Anpassung der Wassermenge an die Lichtintensität. Wichtig ist eine laufende Feuchtigkeitskontrolle, die auch tiefere Schichten des Bodens nicht ausnimmt. Vorteile hat zu Beginn der Kultur eine Sprühleitung. Später ist es bei gut durchwurzelten Pflanzen besser, wenn die Blätter trocken bleiben. Wasser aus Tropfschläuchen feuchtet nicht die Pflanzen, sondern nur den Boden. Nach dem Pflanzen sollte etwa drei Wochen lang gesprüht und anschließend mit Tropfschläuchen bewässert werden.

Düngung

Edelnelken haben einen ziemlich hohen Nährstoffbedarf, wobei der Großteil nicht als Vorratsdüngung (schon bei der Bodenvorbereitung) gegeben wird, sondern als Flüssigdünger mit der Bewässerung. Die wichtigsten Elemente sind dabei Stickstoff, Kalium, Phosphor und Magnesium. Die Wirkung der

einzelnen Elemente auf das Wachstum der Nelke wurde schon bei den Freilandnelken beschrieben und ist dort nachzulesen. Die Angaben in der Tabelle sind Zielzahlen, die der Kultivateur anstreben sollte. Sie beziehen sich auf eine optimale Nährstoffversorgung. Die verwendeten Düngemittel sollten mit Spurenelementen angereichert und chloridarm, möglichst chloridfrei sein. Nelken reagieren empfindlich auf zu hohe Chlor- und Salzgehalte.

Nährstoffversorgung bei Schnittnelken

Nährstoff	optimaler Nährstoffgehalt in mmol/l 1 : 2 Extrakt*
Stickstoff (NH_4^+) und NO_3^{2-})	3,0–5,0 ($\triangleq$ 100–250 mg N/l**)
Phosphor ($H_2PO_4^-$)	0,15–0,2 ($\triangleq$ 200–400 mg P_2O_5/l**)
Kalium (K^+)	1,5–2,5 ($\triangleq$ 150–350 mg K_2O/l**)
Magnesium (Mg^{2+})	1,0–1,5 ($\triangleq$ 100–250 mg Mg/l**)
Calcium (Ca^{2+})	2,5
Schwefel (SO_4^{2-})	1,5
Bicarbonat (HCO_3^-)	weniger als 0,5
pH–Wert (Wasser)	6,2
Chlor (Cl^-)	weniger als 5,0
Natrium (Na^+)	weniger als 5,0
Salzgehalt in stehender Kultur	0,3–0,6 g/100 g Boden
bei Neupflanzung	0,1 g/100 g Boden
Leitfähigkeit (E.C.) bei 25 °C	unter 2,2 mS
pH-Wert	6,0–7,0

* 1 Teil Boden wird mit 2 Teilen Wasser gemischt
** bezogen auf lufttrockenes Substrat

Exakte Mengen für die Versorgung mit Spurenelementen anzugeben wäre vermessen, normalerweise sind die Spurennährstoffe in ausreichender Menge im Boden und im Gießwasser vorhanden. Andererseits gibt es Situationen, wo mit Spurenelementen nachgedüngt werden muß, beispielsweise bei der Verwendung von Regenwasser als Gießwasser oder bei der Kultur auf speziellen Substraten. Hier kommt man nicht um eine exakte Wasser- und Bodenanalyse herum, um die benötigte Menge der Spurenelemente zu bestimmen. Zu den bedeutendsten Spurenelementen gehören Eisen (Fe) und Bor (B) (Zugaben sind besonders bei der Verwendung von Regenwasser wichtig!). Mangan (Mn), Zink (Zn) und Kupfer (Cu) sind weitere Spurenelemente. Nicht in jedem Fall lassen sich Mangelerscheinungen bei den Pflanzen auf ein Fehlen dieser Elemente im Boden zurückführen, oft liegen die Spurenelemente nur in einer für die Pflanzen schwer aufnehmbaren Form vor, oder der Boden ist zu naß. Auch der pH-Wert beeinflußt die Aufnahmefähigkeit für Spurenelemente. Je höher der pH-Wert, um so schwieriger wird es für die Pflanzen, Bor in ausreichender Menge aufzunehmen.

Was die Hauptelemente betrifft, so muß in der lichtreichen Zeit verstärkt auf eine gute Stickstoffdüngung geachtet werden. In der lichtarmen Zeit ist besonders bei den auch im Winter Blüten produzierenden Sim-Typen der Kaliumanteil zu erhöhen, um auch zu dieser Zeit eine gute Qualität zu erhalten. Die Hybrid-Typen wünschen während des gesamten Jahres eine relativ hohe Stickstoffversorgung und einen niedrigen Kaliumanteil. Bei ihnen schlagen höhere Kaliumgaben in das Gegenteil um: das Wachstum wird gebremst, und die Stengel werden brüchiger.

In diesem Zusammenhang muß darauf hingewiesen werden, daß bei chemischer Desinfektion des Bodens Nitrit- und Bromreste zurückbleiben, beides sind für Nelken ausgesprochene Giftstoffe. Der Boden muß vor dem Pflanzen eingehend gespült werden, besonders bei der Verwendung von Methylbromid ist das intensiv nötig. Zu empfehlen ist hier immer der Kressetest. Diese Kontrolle zeigt an, ob

das jeweilige Mittel aus dem Boden verschwunden ist.

Jahreszeitliche Besonderheiten

In der lichtreichen Periode im Sommer ist die Außentemperatur für Schnittnelken hoch genug, teilweise aber auch zu hoch, so daß zu dieser Jahreszeit das Lüften eine besonders wichtige Rolle spielt. Gewächshauskomplexe mit einer hohen Lüftungskapazität sind hier besonders vorteilhaft. Manchmal muß auch schattiert werden, um eine Übertemperatur der Blätter und Blüten zu vermeiden und die Luftfeuchtigkeit zu erhöhen. Besonders im Herbst, der sich für die Nelken als lichtarm und luftfeucht präsentiert, besteht die Gefahr, daß Schäden durch Blütenfleckenkrankheit, Stengelfäule und Blattfleckenkrankheiten auftreten. Man muß alles tun, um die Luftfeuchtigkeit in Grenzen zu halten. Wenn nicht geheizt wird, muß immer gelüftet werden, auch nachts und bei Regen und sei es nur einen Spalt weit. Bei den großblumigen Nelken sollte man bei zu hoher Luftfeuchtigkeit im Herbst Ventilatoren einschalten, um besonders Blütenflecken zu vermeiden. Empfohlen wird ein Temperaturstoß am Morgen: Noch vor Sonnenaufgang wird die Rohrtemperatur (Vegetationsheizung) für zwei Stunden erhöht. Im Winter und im Frühjahr, während der lichtarmen, kalten Periode, hat die Temperatur eine ausschlaggebende Bedeutung. Der untere Temperaturbereich liegt zwischen 7 und 14 °C und sollte nicht weiter unterschritten werden. Dieser doch sehr weite Temperaturbereich kommt deshalb zustande, weil die unterste Temperatur vom Stand der Kultur und von der angestrebten Blütezeit abhängt. Die Tagestemperatur muß auch an die Lichtintensität angepaßt werden (keine zu hohen Temperaturen bei geringer Lichtmenge!). Im Frühling, bei größerer Lichtintensität, können die Temperaturen dann auf 20 bis 25 °C steigen, wobei die Lüftung ein gewisses Maß an Fingerspitzengefühl erfordert, da die Luftfeuchtigkeit im

Außenbereich zu dieser Jahreszeit oft noch sehr niedrig ist.

Durch Zusatzlicht können die Kulturen schneller zur Blüte kommen. Die Pflanzen werden von Sonnenaufgang bis Sonnenuntergang belichtet, etwa für eine Dauer von zwei Wochen. Verwendet werden dabei Glühlampen (100 Watt je 10 m²), bei einem Zwischenraum von 1,8 m von Nelke zu Lampe. Die Ernte kann dabei um zwei Wochen (oder auch mehr) verfrüht werden gegenüber den nicht belichteten Pflanzen, und es fallen (lt. Angaben von Stecklingslieferanten) 5 bis 10 Blütenstiele mehr pro Schnitt und Quadratmeter an. Die Zusatzbelichtung hat auch negative Auswirkungen: Die Qualität der Blütenstiele kann sich etwas verschlechtern, und bei Edelnelken kann es zu einem leichten Rückgang der Triebanzahl kommen. Der Effekt der Zusatzbelichtung hängt von der Jahreszeit ab. Im Herbst wirkt sich Zusatzlicht am stärksten aus, im Februar–März läßt sich eventuell kein Verfrühungseffekt feststellen.

Hinweise zur Ernte

Von der richtigen Behandlung beim Schnitt hängt die Lebensdauer in der Vase ab. Wichtig ist, daß die Pflanzen beim Schnitt reif genug sind. Das optimale Schnittstadium der Standardnelke ist erreicht, wenn sich die Kronblätter gut entfaltet haben, im Gegensatz zu den Spraynelken, wo bei drei Knospen die Farbe gut zu sehen sein sollte, aber die Kronblätter sich noch nicht entfaltet haben. Man erntet nicht während der wärmsten Tageszeit und setzt allgemein den Schnitt nicht zu hohen Temperaturen aus. Die Nelken werden an eine möglichst kühle Stelle gebracht und in Wassereimer oder -wannen gestellt. Dem Wasser kann man als Frischhaltemittel Silberthiosulfat zusetzen. Man darf die warmen Blumen keinesfalls gleich in den Kühlraum stellen (sie würden einen Temperaturschock erleiden), sie müssen sich erst akklimatisieren. Die Temperatur der Kühlzelle liegt bei 8 °C.

Kurzkultur bei Standardnelken

Die Kultur von Edelnelken läßt eine große Bandbreite zu, auch in Hinblick auf die Lebensdauer der einzelnen Sätze. Das variiert natürlich stark von Anbauland zu Anbauland. Ein Extrembeispiel ist Finnland, wo aus verschiedenen Gründen vierjährig kultiviert wird. In Mitteleuropa, aber auch in den USA, ist die klassische Anbaumethode die eineinhalb- bis zweijährige Kultur. Im Gegensatz zu dieser seit langem üblichen Anbauweise setzt sich verstärkt die Kurzkultur durch, besonders bei den Spraynelken, aber auch bei den Standardnelken.

Bei der sogenannten Kurzkultur wird der Nelkenbestand nach dem einmaligem Entspitzen und dem Ausbrechen der Seitentriebe bis zur Basis nur für einen Flor kultiviert, hinterher wird sofort geräumt. Diese Kulturmethode steht im Gegensatz zur hauptsächlichsten Nelkenproduktion der letzten 40 Jahre, was sich aber durch das veränderte Sortiment erklären läßt. Das Sim-Sortiment, das in den vergangenen Jahrzehnten hauptsächlich den Markt beherrschte, reagiert auf die Photoperiode weniger empfindlich. Oder einfacher gesagt, dieses Sortiment blüht auch in der weniger günstigen Jahreszeit, was aber automatisch eine längere Kulturzeit mit sich bringt. Die modernen Hybridsorten, die viele Vorteile haben (größere Vielfalt an Farben und Formen und teilweise bessere Krankheitsresistenz), blühen nicht unter Bedingungen so wie die Sim-Sorten. Ihre Blühfreudigkeit ist an die Tageslänge gebunden. Wie man sieht, hat das sich wandelnde Sortiment mit immer mehr Hybridsorten Einfluß auf die Kulturlänge, aber auch andere Faktoren kommen hinzu wie etwa die stark zu Buche schlagenden Energiekosten, besonders in Mittel- und Nordeuropa.

Selbstverständlich darf bei den wirtschaftliche Überlegungen nicht außer acht gelassen werden, daß bei der »Einmal-Kultur« die Kosten für den Steckling stärker zu Buche schlagen als bei einer mehrjährigen Kultur, der

Kultivateur muß einen gewissen Mindesterlös per Stiel erzielen. Dazu muß sich die Kurzkultur in den Betriebsablauf nahtlos einfügen, besonders hinsichtlich der Vor- und Nachkultur. Ein wichtiger Gesichtspunkt ist auch die Absatzmöglichkeit, da ja in relativ kurzer Zeit große Mengen an Blumen anfallen. Um einen entsprechenden Preis zu erzielen, benötigt man unter Umständen Neues in Form und Farbe. Der Käufer, immer auf der Suche nach Exclusivem, zahlt dafür auch etwas mehr als bei einem gewöhnlichen Sortiment.

Die einzelnen Sorten müssen gewisse Anforderungen erfüllen, wenn die Kurzkultur von Erfolg gekrönt sein soll. Sie sollten, im Gegensatz zu den Sim-Sorten, nach einem einmaligen Entspitzen mit möglichst vielen Trieben gleichmäßig kommen. So sind Sorten nicht geeignet, die nicht mindestens durchschnittlich 3,5 Blumen im ersten Flor bringen. Ein schnelles Wachstum bildet ebenfalls die Voraussetzung für die Kurzkultur, damit nach dem Abräumen Zeit für eine weitere Kultur bleibt. Bei der Sortenauswahl ist besonders auch auf eine gute Stielqualität zu achten. Rollhäuser bringen hier Vorteile, da man im Freiland pflanzen kann, zur Blüte überrollt und nach der Ernte das Haus auf das nächste Rollhausquartier kommt. Die Kurzkultur ist auch nur sinnvoll, wenn es sich um nichtplatzende Sorten handelt und um solche, die der sommerlichen Jahreszeit entsprechend leuchtende, fröhliche Farben zeigen.

Ein paar wirtschaftliche Daten sollen das Gesagte verdeutlichen: Die Kosten für Jungpflanzen liegen bei 0,30 bis 0,35 DM pro Pflanze. Rechnet man mit einem Ertrag von vier verkaufsfähigen Blumen pro Pflanze nach einmaligem Stutzen, dann erscheint ein Jahresdurchschnittserlös von 0,23 DM pro Blume, erzielt an der NBV Neuß, etwas zu wenig!

Im Gegensatz zu den Sim-Sorten handelt es sich bei der Kurzkultur-Palette meist um vegetativ vermehrte Sämlinge mit breiter gestreuten Eigenschaften, auch hinsichtlich der Haltbarkeit. Der Handel nimmt nur haltbare Sorten! Das gewählte Sortiment muß möglichst uniform sein, darf also hinsichtlich der Eigenschaften und dem Kulturrhythmus keine Ausbrecher enthalten. Die Forderungen wurden genannt, auf die Aufzählung von Sorten muß leider verzichtet werden, da sich das Sortiment zu sehr im Fluß befindet. Stecklinglieferanten stellen gerne das aktuelle Sortiment vor. Auf die unterschiedliche Haltbarkeit der Sorten wurde schon hingewiesen, bei den meisten liegt sie ohne Frischhaltemittel zwischen 10 und 13 Tagen, nur wenige Sorten weisen eine geringere Haltbarkeit auf.

Die Pflanzzeit für die Kurzkultur liegt zwischen Anfang April und Mitte Juni, wenn es neuerdings auch Sorten gibt, bei denen schon eine Märzpflanzung sinnvoll ist. Selbstverständlich können die Kulturdaten variiert werden, denn alles muß in den Betriebsablauf passen. So richtet sich die Pflanzzeit nach Vorkulturen wie beispielsweise anderen Schnittblumen oder Gemüse, oder Nachkulturen müssen berücksichtigt werden. Keinesfalls darf beim Pflanztermin die Absatzmöglichkeit zum Erntetermin unbeachtet bleiben. Bei den Pflanzweiten spielt die Sortenwahl eine große Rolle, denn die einzelnen Sorten unterscheiden sich hinsichtlich Habitus und der Fähigkeit zur Seitentriebbildung. Die Anzahl der Pflanzen je m² dürfte demnach zwischen 36 und 42 Pflanzen liegen.

Das moderne Sortiment

Mit dem Absatzrückgang der großblütigen Edelnelken geht keinesfalls eine starke Verringerung der Züchtertätigkeit einher. Nach wie vor kommen neben neuen Miniaturnelken (Spraynelken) auch verbesserte großblütige Edelnelken-Züchtungen auf den Markt, wobei als Züchtungsziele neue Farbkombinationen, eine erhöhte Produktivität und eine verbesserte Fusariumresistenz im Vordergrund stehen.

Die folgenden Listen geben das derzeitig gängige, moderne Sortiment einiger mitteleuropäischer Jungpflanzenproduzenten wieder, keinesfalls erheben sie aber den Anspruch auf Vollständigkeit. Bei den angegebenen Beurteilungen hinsichtlich der Resistenz muß man bedenken, daß diese Resistenz bei einer größeren Anzahl deutscher Nelkenanbauer keine so hervorragende Rolle spielt wie etwa in holländischen Betrieben, die verstärkt zweijährig kultivieren. Bei den deutschen Endproduzenten herrscht jedoch neuerdings meist die Kurzkultur vor.

Wenn man die Geschichte der Edelnelkenzüchtung zurückverfolgt, so stößt man unweigerlich um das Jahr 1940 auf den Nelkenzüchter William Sim, einen Amerikaner, der in den Neuenglandstaaten der Ostküste der USA zu Hause war. Auf seine Züchtung 'William Sim' geht das heute noch aktuelle Sortiment der »Standard-Amerikaner« zurück. Diese Rasse ist viel besser – auch heute noch – unter dem Namen Sim-Nelken bekannt. Verblüffend erscheint dabei, daß all die vielen Sorten, ob ganzrandig oder gefranst, ob ein- oder mehrfarbig, von diesem einen Sämling abstammen, der bei William Sim entstanden ist. Erst nach langem Zögern und nach der Ermunterung durch seine Mitarbeiter ließ sich der Züchter überreden, mit diesem rotblühenden Sämling weiterzuarbeiten. William Sim war dann bald von den wertvollen Eigenschaften dieses Sämlings überzeugt, die dieser an seine Nachfolge-Generationen weitergegeben hat. Aus kommerzieller Sicht brachte diese Nelke ihrem Züchter einen weniger großen Erfolg. William Sim starb arm, anderen floß das Geld zu. Die Nelkenzüchter waren aber aufmerksam geworden, und in vielen Ländern wurden Nelkenzüchtungen mit großem Aufwand betrieben, so in den USA, in Italien, Israel, Frankreich, Holland und Neuseeland, aber nirgendwo wurde bei den Standardnelken ein ähnlich großer Erfolg errungen, so wie ihn die Sim-Sorten verkörperten. Diese werden zwar im Gesamtsortiment immer weiter zurückgedrängt, spielen aber immer noch eine große Rolle, sie sollen deshalb zuerst erwähnt werden.

Achtung! Die meisten Züchtungen in den folgenden Auflistungen sind geschützt. Genaue Angaben darüber sind den Firmenlisten zu entnehmen.

Sim-Sorten

'Anne Marie'. Leuchtendrot mit hellem Rand und Streifchen. Besonders schön.

'Calypso'. Lachsrosa. Eigenschaften wie 'Pink Calypso'.

'Crowley's Sim'. Hellrosa, stabile Farbe. Hohe Produktivität.

'Lena'. Intensives Zartrosa. Schneller Wuchs, hohe Produktivität. Platzt weniger.

'Lena Super'. Dunkelrosa.

'Marina'. Rosa.

'Martine Grasso'. Weiß.

'New Arthur Sim'. Weinrot gestreift. Wohl die erfolgreichste Nelke in dieser Farbgruppe.

'Nora'. Hellrosa.

'Pink Calypso'. Pastellrosa mit glattem Rand. Sehr beliebte Sorte.

'Scania 3C'. Leuchtendrot. Hervorragende Selektion, hohe Produktivität.

'Shocking Pink Sim'. Hellrot, hält ihre Farbe auch im Winter. Starkes Wachstum, guter Ertrag und gute Haltbarkeit.

'Red Lena'. Rot.

'White Calypso'. Reinweiß, glatter Rand. Prima Selektion, sehr produktiv, platzt kaum.

'White Sim'. Reinweiß. Guter Stamm.

'William Sim Viva'. Rot, hält die Farbe im Winter gut, große Blüten. Kräftige Stiele, gute Produktivität.

'Yellow Dusty Sim'. Gelb. Selektion mit starken Stielen. Gute Produktivität.

Wie erwähnt, haben Sim-Sorten immer noch eine gewisse Bedeutung, aber das großblumige

Nelkensortiment unterliegt derzeit doch einer großen Veränderung. Nicht nur in Mitteleuropa, sondern weltweit findet bei den großblumigen Nelken eine Verschiebung von den Sim-Typen hin zu den sogenannten Mittelmeer-Typen (Hybriden) statt. Hauptursache ist wohl die höhere Rendite für den Nelkenanbauer. Diese beruht auf einem höheren Anteil von Schnittmaterial erster Qualität, auf weniger bzw. überhaupt keinen geplatzten Blüten und der größeren Fusariumtoleranz. Da bei der Kostenrechnung der Arbeitsaufwand mit am stärksten zu Buche schlägt und dieser bei den neuen Hybridtypen durch weniger Ausbrechungsarbeit und schnellere Verarbeitung geringer ist (mehr erste Qualität und kaum vorhandene »Platzer«), wird deren Verbreitung beschleunigt.

Hybrid-Sortiment von Selecta Klemm

'Buggio'. Orangegelb-lilarosa gestreift. Hohe Produktivität. Fusariumtoleranz.

'Canova'. Cremegelb mit burgunderroter Zeichnung. Mittlere Produktivität. Besonders fusariumresistent.

'Cantalupo'. Rot. Hohe Produktivität. Fusariumtoleranz.

'Castellaro'. Dunkles Pastellcerise. Hohe Produktivität. Fusariumtoleranz.

'Citara'. Weiß mit roten Streifen. Mittlere Produktivität. Fusariumresistenz noch nicht bekannt.

'Dedalo'. Orangegelb mit lilarosa Streifen. Mittlere Produktivität. Fusariumtoleranz.

'Desio'. Rot. Hohe Produktivität. Fusariumtoleranz.

'Elettra'. Goldgelb mit burgunderrotem Rand. Mittlere Produktivität. Fusariumresistenz noch nicht bekannt.

'Elinor'. Lila. Hohe Produktivität. Keine Fusariumtoleranz.

'Fedor'. Lila. Hohe Produktivität. Sehr gute Fusariumtoleranz.

'Figaro'. Helles Pastellcerise. Hohe Produktivität. Fusariumtoleranz.

'Flavio'. Lavendelrosa mit violetten Streifen. Hohe Produktivität. Gute Fusariumtoleranz.

'Francesco'. Orangerot. Hohe und schnelle Produktivität. Fusariumtoleranz.

'Gigi'. Rot. Hohe Produktivität. Gute Fusariumtoleranz.

'Ginerva'. Hellrosa. Hohe Produktivität. Fusariumtoleranz.

'Nadia'. Cattleyarosa. Mittlere Produktivität. Gute Fusariumtoleranz.

'Nina'. Weinrot. Hohe Produktivität. Gute Fusariumtoleranz.

'Rita'. Rot. Hohe Produktivität. Keine Fusariumtoleranz.

'Sandrosa'. Rosa. Hohe Produktivität. Keine Fusariumtoleranz.

'White Citara'. Dunkles Pastellcerise. Hohe Produktivität. Fusariumtoleranz.

Candy-Familie

Diese Rasse zeichnet sich durch außergewöhnliche Fusariumtoleranz aus. Sie wurde von der Firma Selecta Klemm KG mit dem Begriff *Resistselect* (eingetragenes Warenzeichen) versehen. Diese sehr gute Fusariumtoleranz zeichnet alle folgenden Sorten aus und wird einzeln nicht mehr erwähnt. Ebenso kann bei allen die Kultur als mittelschnell bis langsam bezeichnet werden, die Produktivität liegt sehr hoch.

'Candy'. Reingelb.

'Happy Candy'. Weiß mit roten Streifen.

'Hellas'. Weiß-rot gestreift.

'Light Pink Candy'. Pastellrosa.

'Orange Candy'. Orange.

'Palma'. Rot.

'Princess Candy'. Hellrosa.

'Roma'. Cremefarben.

'White Candy'. Weiß.

'Calypso' ist eine weit verbreitete lachsrosa Sim-Sorte.

'Alice', zitronengelb mit wenig roten Streifen, eignet sich für die Kurzkultur.

'William Sim', seit langer Zeit eine rote Sorte mit Weltruf, bringt große Blüten.

'New Arthur Sim' ist weinrot gestreift und sicher die erfolgreichste Nelke in dieser Farbe.

'Sanremo', eine großblumige Hybride in Rosa mit starker Fransung. Ihre Produktivität liegt hoch.

'Chinera', eine rosa stark gefiederte Sorte, bei der die gute Haltbarkeit besticht.

202

Chinera-Typen

'Biancochinera'. Weiß. Sport aus 'Chinera'. Mittelschnell mit mittlerer Produktivität.

'Chinera'. Rosa. Stark gefiederte, extrem hohe Blume von hervorragender Haltbarkeit. Mittelschnell und hohe Produktivität. Keine Fusariumtoleranz.

'Epomeo'. Rot. Mittelschnell mit hoher Produktivität. Keine Fusariumtoleranz. Kein Sport aus 'Chinera', aber mit vergleichbaren Eigenschaften.

Sortiment weiterer großblumiger Hybriden

'Alaska'. Reinweiß. Schwerer Wuchs, sehr gut geeignet für Kurzkultur. (K)*

'Albisole'. Orange. Starke Stiele, schneller Wuchs. Wenig auszubrechen. (K)

'Alexis'. Auffallendes Lila. Lange, drahtige Stiele. (H)

'Alice'. Zitronengelb mit feinen roten Streifen. Besonders für Kurzkultur. Hohe Fusariumresistenz.** (K)

'Amadeus'. Hellrosa. Schöne Blütenform. Gerade, kräftige Stiele, produktiv, wenig Platzer. Bildet kaum Seitensprosse.(H)

'Amapola'. Rot. Mittelschnell, auch für Kurzkultur. Sehr fusariumresistent (B&B)

'Angeline'. Hellgelb mit lila Streifchen. Kräftig wachsend, mit langen, harten Stielen. Hohe Produktivität, wenig Platzer.(H)

'Arevalo'. Purpurlila mit hellem Rand. Gut widerstandsfähig gegen Fusarium. (K)

'Argallo'. Gelb mit feinen roten Streifchen. Große Blüten, starke Stiele. Fusariumtolerant. (K)

'Arnold'. Dunkelrot. Mittelschnell, gut für Kurzkultur. Züchter: di Giorgio. (B&B)

'Arosa'. Weiß mit lila Streifchen. Elegante Blumen auf langen geraden Stielen. Schnellwüchsig, platzt nicht. (H)

'Arosina'. Lilarosa, Sport aus 'Arosa'. Schnell und hoch produktiv wie die Ausgangssorte. (H)

'Astor'. Rot. Sehr schneller Wuchs, hohe Produktivität, kaum Platzer. (K)

'Astra'. Rot. Gute Qualität und Vasenhaltbarkeit. (L)

'Aurigo'. Rosa. Hervorragend in Wuchs und Produktivität, kaum Platzer. (K)

'Ballade'. Lila. Kräftige Stiele, hohe Produktivität. Gute Fusariumresistenz. (ST)

'Bamba'. Hellrosa mit dunkelrotem Rand. Weniger schnell, auch für Kurzkultur. Züchter: di Giorgio. (B&B)

'Blanche Marie'. Weiß. Gute Vasenhaltbarkeit. (L)

'Bogota'. Reinweiß. Hoher Ertrag. Sehr gut fusariumresistent. (K)

'Bolero'. Kirschrot. Sehr gute Vasenhaltbarkeit. (L)

'Borello'. Gelbe Hybridsorte. Gute Produktivität. (K)

'Buffalo'. Rot mit weißem Rand. Mittelschnell. (B&B)

'Cabaret'. Orange mit roten Streifen, sehr große Blüten. Eignet sich für Kurzkultur. Fusariumresistenz: R. (W)

'Canova'. Cremegelb mit lilaroter Streifung. Starke Stiele, platzt nicht. Geringe Fusariumresistenz. (ST)

'Cantalupo'. Rot. Hohe Produktivität. (SEL)

'Caresse'. Dunkler Sport von 'Chanel'. (K)

'Carola'. Lila, besonders großblumig. Mittelschnell. Ziemlich fusariumresistent. (B&B)

'Castellaro'. Leuchtend-kirschrot, verblaßt und verfärbt sich nicht. Platzt fast nicht. Geringe Fusariumresistenz. (ST, SEL)

'Chameur'. Purpurfarben. Starke Stiele, platzt nicht. (ST)

'Chanel'. Zartrosa mit purpurnem Rand und Streifchen. Schneller Wuchs und hohe Produktivität. Gute Fusariumresistenz. (K)

'Chantal'. Lachsrosa. Mittelschnell, auch für Kurzkultur. Züchter: di Giorgio. (B&B)

'Charlie'. Cremeweiß mit kirschroten Streifen. Große, nicht platzende Blüten. Robuster Wuchs und stabile Stiele. (H)

'Chiara'. Neue kirschrote Sorte von schnellem Wuchs. (H)

'Chinera'. Rosa. Große Blüten auf starken Stielen. Platzt nicht. Geringe Fusariumresistenz. (ST)

'Chonchetta'. Weiß mit roten Streifen. Mittelschnell, auch für Kurzkultur. Züchter: di Giorgio. (B&B)

'Christobal'. Pastellrosa. Schnelle Produktivität, auch für Kurzkultur. Fusariumresistent. (B&B)

'Citara'. Weiß mit roten Streifen. Produktivität mittel. (SEL)

'Cordes'. Lila. Sehr gute Produktion. (L)

'Cordoba'. Dunkelrot. Schnellwüchsig, feste Stiele, guter Ertrag. (K)

'Corrida'. Rot mit hellem Rand. Schnelle Produktivität, auch für Kurzkultur. (B&B)

'Corso'. Rosa. Schnelles, kräftiges Wachstum, hohe Produktivität. Hält die Farbe im Winter. Auch für Kurzkultur und Septemberpflanzung. Geringe Fusariumresistenz. (St)

'Cream Laika'. Cremefarbene Mutation aus 'Laika'. (K)

'Cyrano'. Gewölbte, weinrote Blüten auf langen Stielen. Wenig Platzer. (H)

'Dark Pierrot'. Fliederfarbene Mutation von 'Pierrot'. (K)

'Dedalo'. Orangegelb mit lilarosé Streifen. Mittelschnell. (SEL)

'Desio'. Leuchtendrote Nelke mit starkem Stiel. Gute Produktivität. Fusariumresistenz: R. (W, SEL)

'Desirade'. Rosa. Starke Stiele. Fusariumresistenz: R. (W)

'Doria'. Rot mit weißem Rand. Gute Produktivität, ausgezeichnete Qualität. (K)

'Dorina'. Dunkelrosa, große Blumen auf kräftigen Stielen. Schnellwüchsig. (H)

'Elinor'. Lila. Hohe Produktivität. (SEL)

'Esmeralda'. Weiß mit purpurnem Rand. Schnellwüchsig. Fusariumtolerant. (K)

'Espinal'. Rosa mit hellem Rand, große Blüten. Wenig auszubrechen. Fusariumtolerant. (K)

'Europa'. Orange. Schnellwüchsig. Knospenbildung auch im Winter. Geringe Fusariumresistenz. (ST)

'Excellence'. Cerisefarben. Schnelles Wachstum, hohe Produktivität. Geeignet für Kurzkultur. Bei Septemberpflanzung ohne Zusatzbelichtung. Blüte zum Muttertag. Geringe Fusariumresistenz. (ST)

'Exception'. Cremefarben mit hellila Streifen. Sehr hohe Produktivität. Fusariumresistenz: R. (W)

'Fabiana'. Dunkelrot. Kräftige Stiele, hohe Produktivität. Gut fusariumresistent. (ST)

'Fanbio'. Rosa, große Blüte auf sehr starken Stielen. Fusariumresistenz: RRR. (W)

'Fedor'. Lila. Fusariumtoleranz: RRR. (SEL)

'Feyenoord'. Gelb mit rosa Streifen. Sehr große Blüte. Eignet sich sehr gut für Kurzkultur. Fusariumresistenz: R. (W)

'Figaro'. Cyclamencerise. Gute Produktivität, auch für Kurzkultur. Geringe Fusariumresistenz. (ST, SEL)

'Flavio'. Lavendelrosa mit violetten Streifen. Fusariumtoleranz: RR. (SEL)

'Francesco'. Orangerot. Hohe Produktivität. Schnell. (SEL)

'Galant'. Weiß. Mittelschnell. (SEL)

'Gemma'. Rosa. Hohe Produktivität. Schnell. (SEL)

'Giacomo'. Sehr schöne rote Nelke. Schnellwüchsig, hohe Produktivität. Fusariumresistenz: R. (W)

'Gigi'. Rot. Hohe Produktivität. (SEL)

'Gildas'. Gelb mit wenigen roten Streifen. Mittelschnell, auch für Kurzkultur. Züchter: di Giorgio. (B&B)

'Ginevra'. Rosa. Hohe Produktivität. Schnell. (SEL)

'Gingy-Shesange'. Orange. Sehr gute und schnelle Produktion. (L)

'Grace'. Rot mit weißem Rand. Fusariumtoleranz: RRR. (SEL)

'Granada'. Rot. Hohe Produktivität und sehr gute Qualität. Platzt nicht und bringt zu jeder Jahreszeit starke Stiele. (K)

'Helios'. Gelb mit feinen roten Streifen, platzt kaum. Sehr fusariumresistent. (H)

'Iago'. Rote Neuheit mit guter Produktivität. Geringe Fusariumresistenz. (ST)

'Icaro'. Lachsrosa Nelke (Chinera-Typ). Lange Stiele, gute Produktivität. (W)

'Indios'. Neue rote Hybridsorte, platzt nicht. Fusariumtolerant. (K)

'Irene'. Hellrosa (Chinera-Typ). Lange Stiele, sehr gute Produktivität. (W)

'Isabel'. Schwefelgelb mit roten Streifen. Fusariumtoleranz: RRR. (SEL)

'Isac'. Schöne gelbe Nelke. Besonders gute Qualität. (W)

'Isla'. Lavendel. Hohe Produktivität. (SEL)

'Itaca'. Hellrot, runde Blütenblätter. Gute Stiele. Geringe Fusariumresistenz. (ST)

'Julien'. Rot. Mittelschnell, auch für Kurzkultur. Ziemlich fusariumresistent. (B&B)

'Juri'. Rot. Fusariumtoleranz: RR. (SEL)

'Kaly'. Weiß. Mittelschnell. (B&B)

'Karim'. Gelb mit violettem Rand. Mittelschnell, auch für Kurzkultur. Züchter: di Giorgio. (B&B)

'Killer'. Rot. Schnelle Produktivität, auch für Kurzkultur. Züchter: di Giorgio. (B&B)

'Laguna'. Lavendellila, große Blüte. Lange, gerade, drahtige Stiele, kaum Platzer. (H)

'Laika'. Weiß mit rosa Streifchen. Schneller Wuchs und gute Qualität, platzt nicht. (K)

'Larissa'. Pastellrosa. Mittelschnell, auch für Kurzkultur. Züchter: di Giorgio. (B&B)

'Lucerna'. Hellrosa. Wenig auszubrechen. Fusariumtolerant. (K)

'Manon'. Intensiv rosa, platzt nicht. Geeignet für Kurzkultur. (K)

'Meandra'. Gelb. Gute Vasenhaltbarkeit. (L)

'Mida'. Orange, schöne Blüte. Starke Stiele. (K)

'Minerve'. Weiß mit rotem Rand. Mittelschnell. (B&B).

'Mona Lisa'. Rot. Sehr gute Qualität. (L)

'Mondial'. Schnellwüchsige rote Neuheit. Lange, stabile Stiele. (H)

'Murcia'. Zitronengelbe Mutation aus 'Raggio de Sole'. (K)

'Nadia'. Cattlayarose. Fusariumtoleranz: RR. (SEL)

'Nikita'. Gelb-orange gestreift. Mittelschnell, auch für Kurzkultur. Züchter: di Giorgio. (B&B)

'Nina'. Kräftige, weinrote Mutation aus 'Chanel'. (K)

'Ninon'. Dunkelrosa. Mittelschnell, auch für Kurzkultur. Ziemlich fusariumresistent. (B&B)

'Ophelia'. Neue, gefranste gelbe Sorte mit roten Streifchen. Große Blüten auf festen Stielen. Muß kaum entknospet werden. (H)

'Orange Triumph'. Hellorange mit kleinen roten Streifen. Hohe Produktivität, platzt wenig. Sehr haltbar. Gute Fusariumresistenz. (ST)

'Pallas'. Gelb. Mäßig schnell, auch für Kurzkultur. Hohe Produktivität, platzt wenig. Fusariumresistent. (B&B, ST)

'Pallas Orange'. Orange. Mäßig schnell, auch für Kurzkultur. Fusariumresistent. (B&B)

'Pamir'. Lilafarben, runde Blütenblätter. Gute Produktivität. Geringe Fusariumresistenz. (ST)

'Paola'. Lebhaft rosa. Mittelschnell, auch für Kurzkultur. Sehr fusariumresistent. (B&B)

'Parola'. Lila. Gute, schnelle Produktivität. (ST)

'Pearl'. Lebhaft rosa. Mittelschnell, auch für Kurzkultur. Züchter: di Giorgio. (B&B)

'Perseo'. Lila. Sehr gute Vasenhaltbarkeit. (L)

'Pierrot'. Weiß mit lila Rändchen. Hervorragende Eigenschaften. (K)

'Pink Castellaro'. Hellrosa. Fusariumtoleranz: RR (SEL)

'Pink Laika'. Rosa Mutation aus 'Laika'. (K)

'Pirana'. Dunkel-orange. Hohe Produktivität, erste Qualität. Platzt wenig. Gute Fusariumresistenz. (ST)

'Pisa'. Aprikosenfarben. Hohe Produktivität und sehr gute Qualität, platzt wenig. Gute Fusariumresistenz. (ST)

'Prins Bernard'. Weiße Nelke. Hohe Produktivität. Fusariumresistenz: RRR. (W)

'Quito'. Weiß mit feinem rosa Rändchen. Schnellwüchsig, hohe Produktion. (K)

'Raggio di Sole'. Exklusives Orange-rosa. Hervorragende Qualität, platzt wenig. (K)

'Rapallo'. Rot. Sehr gute Qualität. (L)

'Rosalie'. Frischrosa. Schnellwüchsig, wenig Platzer. (H)

'Ruben'. Rot. Hoher Ertrag, hervorragende Qualität. (K)

'Sacha'. Weinrot mit hellem Rand. Mäßige Schnelligkeit, auch für Kurzkultur. Ziemlich fusariumresistent. (B&B)

'Safari'. Lila Nelke mit hellem Rand. Fusariumresistenz: R. (W)

'Salome'. Rot. Mäßige Schnelligkeit, auch für Kurzkultur. Fusariumresistent. (B&B)

'Samoa'. Dunkelrosa, große gefüllte Blüten. Geringe Fusariumresistenz. (ST)

'Sandrosa'. Rosa. Hohe Produktivität. Schnell. (SEL)

'Sanremo'. Rosa, stark gefranst. Feste Stiele, hohe Produktivität. (K)

'Santiago'. Lila. Hoher Ertrag. (K)

'Sarinah'. Hellrosa. Schnelle Produktion, auch für Kurzkultur. Fusariumresistent. (B&B)

'Saturn-Shesturn'. Purpur. Ungewöhnliche Farbe. (L)

'Sebastian'. Schnellwüchsige rosa Neuheit. Besonders lange, kräftige Stiele.

'Sevilla'. Purpurlila, große Blumen. Fusariumtolerant. (K)

'Sila'. Gelb mit dunklem Rand. Gute Produktivität. Geringe Fusariumresistenz. (ST)

'Silvana'. Neue Sorte mit kirschroter Farbe. Schnellwüchsig, verfärbt sich nicht bei starker Einstrahlung. (H)

'Sirius'. Leuchtendgelb. Mittelschnell, auch für Kurzkultur. Züchter: di Giorgio. (B&B)

'Tanga'. Rot. Kräftiger Wuchs und hohe Produktivität, platzt wenig. Hält die Farbe auch im Winter. Auch für Kurzkultur und Septemberpflanzung. Geringe Fusarienresistenz. (ST, B&B)

'Tangerine'. Mandarin-orange. Kräftige Stiele, gute Produktivität. (ST, L)

'Telstar'. Gelb-rot gestreift. Schnelles Wachstum, hohe Produktivität. (ST)

'Toledo'. Bronzegelb. Gute Wintereigenschaften. (ST)

'Tornado'. Rot. Hohe Produktivität, platzt wenig. Gute Fusariumresistenz. (ST)

'Valencia'. Bronzegelb, Mutation aus 'Raggio di Sole'. (K)

'Valentino'. Rot. Mittelschnell. Züchter: di Giorgio. (B&B)

'Vanessa'. Auffallend dunkellila. Gute mittelschnelle bis schnelle Produktion, auch für Kurzkultur. Fusariumtolerant. (B&B, ST)

'Vanya'. Fliederfarben. Mittelschnell, auch für Kurzkultur. Ziemlich fusariumresistent. (B&B)

'Venus'. Hellrosa mit runden Blütenblättern. Guter Stiel. Geringe Fusariumresistenz. (ST)

'Verona'. Ockergelb. Hohe und gute Produktivität, platzt wenig. Gute Fusariumresistenz. (ST)

'Virginie'. Weiß. Schnelle Produktion, auch für Kurzkultur. Fusariumresistent. (B&B)

'White Citara'. Weiß. Mittlere Produktivität. (SEL)

'White Giant'. Weiß. Sehr gute Qualität. (L)

'White Kid'. Weiß. Mittelschnell, auch für Kurzkultur. Züchter: di Giorgio. (B&B)

'Yellow Ophelia'. Reingelber Sport von 'Ophelia'. (H)

'Yucatan'. Gelbe Blüten mit lila Zeichnung. Kompakter Wuchs, kräftige, gerade Stiele. (H)

'Zamora'. Zartrosa. Schneller Wuchs, hohe Produktivität, platzt nicht. Gute Winterqua-

lität bei niedrigen Temperaturen. Ganz besonders für die Kurzkultur geeignet. (K)
'Zaride'. Schöne rote Nelke mit starkem Stiel. Fusariumresistenz: RR. (W)

Die Angaben hinsichtlich der Fusariumtoleranz entstammen Firmenschriften. Die verschiedenen Firmen können durchaus unterschiedliche Maßstäbe anlegen. Bei verschiedenen Nelken der Firma West Steck BV wurde die Firmenangabe übernommen und die Fusariumtoleranz mit R, RR und RRR angegeben, wobei RRR die höchste Resistenz-(Toleranz-) stufe wiedergibt.

Auch wenn die Miniaturnelken (Spraynelken) den großblumigen Edelnelken das Feld streitig machen, ist mit einer weiteren kontinuierlichen Züchtertätigkeit auf dem Edelnelken-Sektor zu rechnen. Das Sortiment befindet sich also weiterhin im Fluß, und die Liste der genannten Züchtungen stellt eine Momentaufnahme dar. Die genannten Sorten werden aber größtenteils den Nelkenmarkt im letzten Jahrzehnt dieses Jahrhunderts mitbestimmen. Was die Eigenschaften der genannten Sorten betrifft, waren die Angaben in den Katalogen der angegebenen Firmen maßgebend.

Miniaturnelken

Zumindest in Mitteleuropa nehmen die Miniaturnelken einen immer größeren Marktsektor ein und drängen die Standardnelken zurück. Dies mag verschiedene Ursachen haben, so hat man sich an großblumigen weißen und roten Edelnelken etwas satt gesehen, oder der Trend zum Natürlichen spielt eine gewisse Rolle. Da gibt es kaum einen Zweifel: Büschel von Miniaturnelken (Spraynelken) kommen diesem Trend näher als großblumige Einstieler.

Verschiedene Punkte begünstigen die Kultur der Miniaturnelken. Einen entscheidenden Grund für die Wirtschaftlichkeit der Miniaturnelke stellt die Arbeitseinsparung dar. Bei der Kurzkultur von Edelnelken beträgt der Arbeitszeitaufwand für das Ausbrechen etwa 13 bis 35 Minuten für 120 Blumen. Bei einem Betriebsstundenlohn von 20 DM ergibt das Arbeitskosten in Höhe von etwa 4,70 DM für 120 Blumen. Ernte und Sortieren beanspruchen noch einmal rund 34 Minuten (= 11,30 DM). Für die verkäuflichen 120 Blumen entstehen dann rund 15 bis 16 DM Arbeitskosten. Beim Anbau von Spraynelken halbieren sich diese Kosten, wobei der mittlere Jahreserlös höher liegt als bei Standardnelken. An der Niederrheinischen Blumenvermarktung Neuß wurden 1988 31,9 Millionen Nelkenstiele angeliefert, nur noch 20 % davon waren Edelnelken. Großblumige Edelnelken erzielten im Durchschnitt von 1983 bis 1985 0,23 DM pro Stiel an der Versteigerung in Neuß, Spraynelken dagegen 0,32 DM.

In Nordamerika, wo diese Form der Edelnelken entstanden ist, scheint dieser Umstellungsvorgang noch nicht so weit an Boden gewonnen zu haben wie in Mitteleuropa. Besonders deutlich ist mir dies erst kürzlich geworden. Bei einer Reise in das südwestliche Kanada konnte man überall in den größeren Supermärkten Nelkenangebote sehen – aber nur großblumige Standardnelken. (Geliefert aus dem nicht allzuweit entfernten Kalifornien.) Bei einem Bummel durch die Fußgängerzone von Bayreuth in den diesjährigen überaus milden Januartagen standen überall vor den einschlägigen Geschäften Wagen mit Eimern, die mit einer großen Anzahl verschiedener Miniaturnelken gefüllt waren. Keine einzige großblumige war dabei! Für mich war dies das extreme Gegenstück!

Ähnlich wie bei den großblumigen Standardnelken, wo William Sim Furore machte, gibt es auch bei den Miniaturnelken (Spraynelken) einen Namen, der mit dieser Zuchtrichtung unweigerlich verbunden ist: Pomroy Thomson. Etwa Mitte der fünfziger Jahre fiel diesem Züchter ein violetter Sämling mit weißem Rand auf, der anders als die Sim-Mutanten eine sehr gute Verzweigung aufwies. Diese andersgeartete Nelke erhielt den Sortennamen 'Exquisit'. Bei solchen grundlegenden Züchtungsergebnissen spielt nicht nur allein das Züchtungsprodukt eine große Rolle, sondern auch der Weitblick, das zukünftige Züchtungspotential in einem Sämling zu erkennen. Pomroy Thomson aus Hartford in Connecticut hatte diesen bei seiner Entdeckung, die zur Muttersorte vieler Nelken mit Spraybildung wurde. Die Ausgangssorte spaltete bald bei der Weiterzüchtung unter anderem in die rotweiße 'Elegance' auf. Viele weitere Sorten entstanden in den nächsten Jahren in Hartford, die aber über eine lokale Bedeutung nicht hinauskamen. Trotz der nicht überragenden kommerziellen Anfangserfolge ließ dieser hartnäckige Gärtner nicht locker und scheute weder Mühe noch Kosten, seine Miniaturnelken in den USA populär zu machen, bis nach etwa sieben Jahren der Bann im eigenen Lande gebrochen war. Bald wurde auch Europa als Markt anvisiert, da dort ein großer Nelkenbedarf herrschte: Als erstes holte der eigenwillige und ideenreiche Stormly-Hansen, der in den sechziger Jahren an der Spitze eines Vermehrungsbetriebs stand, diese Nelken nach Dänemark. Dieser Betrieb besteht heute nicht mehr, aber die Miniaturnelken haben sich inzwischen in ganz Europa verbreitet. Aus Skandinavien kamen sie in die Niederlande. In Deutschland brach damals kein Run auf Miniaturnelken aus, da es genügend ähnliche Freilandtypen gab. Über Deutschland kamen die wichtigen Sorten 'Cerise Royalette', 'Elegance', 'Exquisite' und 'Royalette' nach Israel, wo diese Nelkengruppe ein für sie ideales Klima vorfand, so daß Israel bald mit seinen Exporten auf den europäischen Markt drängte. Erst nach 1975 begann sich der Anbau von Miniaturnelken auch in Deutschland durchzusetzen.

Die Sortenpalette weitete sich seither aus, spezielle Wachstumseigenschaften wurden geprüft, und durch Selektion wurde das Sortiment angepaßt. Eingangs wurde schon erklärt, daß auch der Zeitgeist bei der Verbreitung bestimmter Typen eine Rolle gespielt hat. Die Spraynelke kommt dem Hang zum Natürlichen näher als die Standardnelke. Was auch für die beliebte Hobbyfloristik gilt, wo sich mit Spraynelken einfache und charmante Gestecke gestalten lassen. Welche Bedeutung Miniaturnelken inzwischen gewonnen haben – man kann direkt von einem Modetrend sprechen –, zeigt auch die Tatsache, daß in den Niederlanden weit mehr als die Hälfte der Nelkenanbaufläche mit Miniaturnelken (Spraynelken) bestellt ist. Immer mehr Züchter wenden sich zwischenzeitlich diesem Nelkentyp zu, so in Italien, Israel, Holland, in den USA und in Frankreich.

Zudem liegt die züchterische Erfolgsrate bei den Spraynelken wesentlich höher als bei den Standardnelken, so müssen Jungpflanzenbetriebe streng selektieren und jährlich die Spreu vom Weizen trennen. Marktfähige neue Sorten werden nach einer strengen Selektion dann meristemvermehrt. Es darf ruhig deutlich ausgesprochen werden: Nicht jede Neuheit beweist die oft unter großem Werbeaufwand angepriesenen Eigenschaften in der Praxis, und manchmal ist es besser, sich mehr auf bekannte durchgezüchtete Sorten zu verlassen.

Die folgenden Ausführungen verdanke ich größtenteils der Firma Selecta Klemm, einem der führenden Jungpflanzen-Produzenten Mitteleuropas, dem ich für seine Hilfe danke. Wie erwähnt, war man in Europa anfänglich eher etwas skeptisch und man beschränkte sich etwa zehn Jahre lang auf einige bekannte und gute Sorten. Diese Situation änderte sich schlagartig, als Ende der sechziger Jahre auch hierzulande die Popularität dieser Nelken zunahm, und innerhalb von zwei Jahren ergoß sich eine Sortenlawine über die Jungpflanzen-Produzenten. Die führenden Firmen engten verantwortungsbewußt das große Sortiment ein und konzentrierten sich auf eine beschränkte Anzahl, die durch In-vitro-Kultur virusfrei gemacht und selektiert wurden. Der größte Teil der Miniaturnelken sind Sämlinge, das heißt, sie haben anders als die Standardnelken sehr verschiedene Wachstumseigenschaften. Trotzdem kann man diese unterschiedlichen Sorten kombinieren:

- Indem man sie mengenmäßig so aufteilt, daß ähnliche Sorten auf einer Pflanzeinheit Platz finden.
- Indem man sie zeitlich so pflanzt, daß sie nachher doch einigermaßen zusammen als Sortiment blühen.

So kann das Miniaturnelken-Sortiment nach zwei Kriterien aufgeteilt werden: nach Wachstumsgeschwindigkeit und nach Höhe der verschiedenen Sorten. Die Unterschiede in der Wuchshöhe sind grundsätzlich vorhanden, die sortenbedingten Unterschiede in bezug auf die Zeitigkeit der Flore aber ändern sich und hängen sehr stark vom jeweiligen Pflanzzeitpunkt ab. Zum Beispiel bewirkt die Vorkultur in Jiffy-pots oder eine Frühpflanzung bis Anfang März einen Unterschied von zwei bis vier Wochen. Spätpflanzungen Ende April, Anfang Mai oder Mitte Mai ergeben Entwicklungsdifferenzen von sechs bis acht Wochen. Verhältnismäßig stark unterscheiden sich die Sorten im Hinblick auf die Folgeflore im gleichen Jahr, vorausgesetzt man wählt eine Kulturweise, die einen echten zweiten Flor zuläßt. Ungeachtet einiger Vorblüher, kann der Unterschied bis zu acht Wochen betragen. Miniaturnelken blühen in den schönsten Farben und Sprays normalerweise im Sommer, im Gegensatz zu den Abkömmlingen von 'William Sim' aus dem Standardnelken-Sortiment. Durch geeignete Kulturmethoden muß man deshalb versuchen, diese Fixierung auf die Sommerblüte so zu beeinflussen, daß die Miniaturnelken für den Erwerbsgärtner noch wirtschaftlich interessant bleiben.

Die Kultur der Miniaturnelken

Die Standardnelken und die Miniaturnelken gehören gemeinschaftlich zum *Dianthus caryophyllus*-Komplex. Sie stellen in etwa die gleichen Ansprüche an das Substrat, die Bewässerung, den Pflanzenschutz und viele weitere Kulturfaktoren. Trotzdem sollten Standard- und Miniaturnelken nicht zusammengepflanzt werden, denn hinsichtlich der Temperaturführung gibt es große Unterschiede. Grundsätzlich werden Miniaturnelken bei höheren Temperaturen kultiviert als Standardnelken, wenn auch das neuere Sortenangebot hier sehr viele Varianten zuläßt.

In der Anfangszeit der Miniaturnelken mußte viel experimentiert werden, um die optimale Kulturführung in Erfahrung zu bringen. Herausgestellt haben sich schließlich zwei Möglichkeiten: die Kurzkultur und die mehrjährige Kultur. In der Bundesrepublik Deutschland spielt dabei die Kurzkultur eine immer wichtigere Rolle, während in Holland vorwiegend mehrjährig kultiviert wird. Die Kurzkultur dauert sieben bis acht Monate und erstreckt sich über eine Vegetationsperiode, also vom Frühling bis zum Herbst. Die mehrjährige Kultur dagegen dauert 17 bis 22 Monate. Beide Methoden haben ihre Vor- und Nachteile. Für die Kurzkultur spricht eine im Vergleich zu den Standardnelken größere Trägheit der Miniaturnelken in den Wintermonaten. Sie wachsen nicht so zügig und bilden nicht so gute Sprays aus wie im Sommer, wobei selbstverständlich von Sorte zu Sorte größere Unterschiede bestehen. Für die Kurzkultur spricht auch die Tatsache, daß die Fusariumresistenz keine so große Rolle spielt wie bei einer mehrjährigen Kultur. Schließlich kommt hinzu, daß immer mehr Sorten gezüchtet werden, die für eine Kurzkultur prädestiniert sind.

Kurzkultur

Bei einer Pflanzung im März setzt der erste Flor (Terminalknospe) Ende Mai bis Ende Juni ein. Der zweite Flor dauert dann von Mitte August bis Ende September. Eine sehr frühe Pflanzung (Januar) bringt keinen wesentlichen Zeitgewinn, der Blühbeginn der Terminalknospe wird dann nur um zwei bis drei Wochen verfrüht. Ursache dafür ist, daß die Nelke erst mit steigendem Lichtangebot »in Fahrt kommt«.

Die Entwicklung dauert bei Miniaturnelken länger als bei den Standardnelken, die Erntezeit dagegen nicht. Eine wichtige Rolle bei den Überlegungen zur Kulturmethode spielt – nicht zuletzt aus wirtschaftlichen Überlegungen heraus – die Möglichkeit der anschließenden Folgekultur. Hingewiesen werden muß noch auf die Tatsache, daß sich für die Kultur von Spraynelken niedrige Blockgewächshäuser besser eigenen als große Hochglasflächen. Vermehrt werden Sorten zur Kurzkultur angeboten.

Mehrjährige Kultur

Es besteht die Möglichkeit, mit vorkultivierten, entspitzten Nelken (»Jiffy-Nelken«) zu arbeiten, was den Vorteil bietet, den gesamten Nelkenanbau besser planen und vorausbestimmen zu können. Diese Kulturmethode bedarf einer entsprechenden Jungpflanzenauswahl, optimaler Handhabung aller Kulturmaßnahmen wie Temperaturführung, Düngung, Pflanzenschutz und Schnitt-Technik. Folgende Möglichkeiten bieten sich an:

1. Eine Pflanzung der Jiffy-Nelken Mitte Januar ergibt den ersten Flor (mit Zusatzlicht 2 × 10 Tage) von Ende April bis Anfang Mai. Wird kein Zusatzlicht gegeben, kommt der erste Flor von Mitte Mai bis Mitte Juni. Der Termin für den zweiten Flor liegt Anfang August bis Ende September. Der dritte Flor beginnt ab Mai des Folgejahres mit Schwerpunkten Anfang Juni und August bis Oktober (Zusatzlicht!).

2. Eine weitere Möglichkeit bietet sich, wenn wie oben verfahren wird, aber nach dem Ernteschwerpunkt des dritten Flors (Anfang Juni) wird abgeräumt, um selbst vorkultivierte Mininelken nachzurücken, die einen Flor im Zeitraum September bis November ergeben.

3. Möglich ist es, auch, wie oben geschildert, nach den ersten Schwerpunkten des dritten Flors abzuräumen, selbst vorkultivierte Mininelken nachzurücken, und zwar nicht nur für den Flor im Herbst (wie bei der vorherigen Variante), sondern auch für Folgeflore im Juni und September des nächsten Jahres. (Vierter Flor von September bis November, fünfter Flor ab Juni des Folgejahres, kontinuierliche Ernte mit Schwerpunkt im September.) So ein Programm, das sich über drei Jahre erstrecken kann, hängt wesentlich vom Gesundheitszustand des Miniaturnelken-Bestandes ab. Manchmal läßt sich eine vorzeitige Räumung des Bestandes nicht umgehen.

Laufende Pflanzung

Es besteht weiter die Möglichkeit einer laufenden Neupflanzung. Bei fortlaufenden Sätzen kann man innerhalb der folgenden Pflanztermine variieren, man muß die vorgeschlagenen Kulturdaten nicht konsequent einhalten. Es ist eine Tatsache, daß man Nelken grundsätzlich nicht so genau terminieren kann, wie es etwa bei den Chrysanthemen der Fall ist. So können heiße Sommer den Rhythmus durchaus stören. Die folgende Terminierung soll als Beispiel dienen:

- Pflanzung Mitte Februar bis Anfang April (Kultur mit Terminalknospe)
- Erster Flor (Terminalknospen) von Mitte Mai bis Anfang Juli
- Zweiter Flor von August bis Oktober
- Dritter Flor ab Mai des Folgejahres mit weiteren Schwerpunkten von August bis Oktober
- Neupflanzung Ende April, einmal entspitzen mit erstem Flor ab September und zwei-

tem Flor ab Juni des Folgejahres und weiteren Schwerpunkten im Herbst

– Neupflanzung Mitte September, einmal entspitzen mit erstem Flor im Mai des Folgejahres, zweitem Flor Mitte August bis Anfang Oktober und dritter Flor ab Mai des Folgejahres mit Schwerpunkt Anfang Juni und August bis Oktober.

– Weitere Folgesätze können sich anschließen.

Der Gärtner muß hier ein gehöriges Maß an Beweglichkeit zeigen, doch das heutige Sortiment mit zum Teil sehr unterschiedlicher Kulturdauer hilft vieles ausgleichen, was die Witterung an Rhythmusstörungen verursacht.

Pflanzabstände

Die hier gegebene Empfehlung kann nur grundsätzlicher Art sein, da die verschiedenen Kultivateure ebenso unterschiedliche Ansichten vertreten. Bei Kurzkulturen beträgt die Anzahl der Pflanzen je nach Sorte 36 bis 42 Pflanzen je m² und bei mehrjährigen Kulturen 28 bis 32 Pflanzen je m². Diese Höchstgrenzen sollte man nicht überschreiten, da die stark verzweigten Miniaturnelken sonst im Winter nicht richtig gepflegt werden können. Die Qualität des Stiels läßt bei zu engem Stand nach, er wird weicher, und der Blumenbesatz am Spray leidet.

Stutzen, Entknospen

Miniaturnelken verzweigen sich auch ohne Stutzen gut. Man kann auf diesen Arbeitsschritt also unter Umständen verzichten, denn mit der Ernte des ersten Flors ergibt sich ohnehin ein Stutzeffekt. Beim Ausbrechen der Knospen werden die Hauptknospen entfernt, die Seitentriebe sollen – im Gegensatz zu den großblumigen Edelnelken – durchwachsen. Dadurch ergeben sich Blütenstiele mit mehreren Blüten. Sobald zwei bis drei Blüten geöffnet sind, wird geerntet, die übrigen Knospen öffnen sich später in der Vase beim Endverbraucher.

Das Miniaturnelken-Sortiment

Das Sortiment ist in Bewegung, laufend erscheinen Neuzüchtungen, und ältere Sorten fallen weg. Bei der folgenden Sortenübersicht kann es sich daher nur um eine Momentaufnahme handeln, die das aktuelle Sortiment wiedergibt, das zu Beginn des letzten Jahrzehnts den Markt beherrschte. Im Jahre 2000 dürfte das Sortenspektrum schon wesentliche Veränderungen erfahren haben. Durch Sortenschutz und Lizenzvergabe ist es leider so, daß die Sortimente der einzelnen Firmen nicht viel gemeinsam haben.

Achtung! Die meisten Züchtungen in den folgenden Auflistungen sind geschützt. Genaue Angaben darüber sind den Firmenkatalogen zu entnehmen.

'Adante'. Rot. Gute Vasenhaltbarkeit. (L)

'Adelfie'. Gelb. Mittelschnell, auch im Winter gut. (B, K. L)*

'Albivette'. Reinweiß. Gute Blütenqualität, produktiv. (ST, K, L)

'Alicetta'. Gelb mit rosarotem Rand. Ausgezeichnete Qualität, langsam. (K)

'Annelies'. Zartgelbe Mutation von 'Medea', mit den gleichen Eigenschaften wie diese. (K, L)

'Annouk'. Zweifarbig rosa-weiß. Gute Qualität. (L)

'Arctic'. Reinweiß. Sehr schnell, hohe Produktivität. Auch für Freilandkultur. (K)

'Asterix'. Pink. Sehr gute Vasenhaltbarkeit, schnelle Produktion. (L)

'Babella'. Cremefarben mit dunkelroten Streifen. Schnell. Für Anbau unter Folie und im

---

* Die Abkürzungen für Lieferanten bedeuten im einzelnen: SEL = Selecta-Klemm, K = P. Kooji & Zoonen B.V., L = M. Lek & Zoonen, ST = van Staaveren B.V., B = A. Bartels, W = West-Steck B.V., B& B = Barberet et Blanc, H = Hilverda B.V. Die genauen Adressen sind im Lieferantenverzeichnis zu finden.

Freiland. Ziemlich fusariumresistent.** (B&B)

'Bagatel'. Weiß. Schnell, hohe Produktivität. Auch für Freilandkultur. Wahrscheinlich meistgepflanzte weiße Miniaturnelke. Fusariumresistenz: RRR. (SEL, W)

'Ballet'. Hellgelb. Lange Stiele. Sehr hohe Produktivität. Fusariumresistenz: R. (W)

'Barbara'. Kirschrote Spitzensorte. Schneller Wuchs, hohe Produktivität. Auch fürs Freiland. Unempfindlich gegenüber Fusarium. (H)

'Bianca'. Reinweiße, stark gezähnte Blüten. Lange, besonders feste Stiele. Schneller Wuchs. Für Freiland und Folienkultur. (H)

'Blue Bird'. Lavendellila. Schneller Wuchs. Geeignet für alle Kulturweisen, besonders für die Terminalknospenkultur. (H)

'Bonaire'. Pink. Schnelle Produktion. (L)

'Bonita'. Orange. Sehr gut fusariumresistent. (L)

'Bordeaux'. Dunkelrot. Hohe Produktivität. Hohe Fusariumresistenz. (K)

'Brilliant Silvery Pink'. Cerisefarben. Schnell, sehr hohe Produktivität. Fürs Freiland geeignet. Geringe Fusariumresistenz. (SEL)

'Butterfly'. Lila. Mittelschnell. Für Produktion unter Glas und Folie, aber auch fürs Freiland. Sehr fusariumresistent. (B&B)

'Cadiz'. Hellrosa. Hohe Produktivität. Fusariumtoleranz: RRR. (SEL)

'Calando'. Rosa. Lange Stiele. Gute Produktivität. Für Freilandkultur geeignet. Fusariumresistenz: RR. (W)

'Camelita'. Hellrosa. Hohe Produktivität. Fusariumtoleranz: RR. (SEL)

'Capello', Rot. Gute Qualität. (L)

'Capri'. Lila-purpur mit granatroten Streifen. Sehr gute Produktivität. Auch für Kurzkultur. (ST)

'Caprice'. Hellgelb. Schnell. Für Unterglas-Produktion. Fusariumresistent. (B&B)

'Cartouche'. Gelbe Mininelke. Hohe Produktivität. Fusariumtolerant. (K)

'Casablanca'. Rot. Fusariumtoleranz: RR. (SEL)

'Cascade'. Orange. Etwas kurze, aber starke Stiele. Fusariumresistenz: RRR. (W)

'Casino'. Dunkellila. Auch gute Winterblüte. Für Kurzkultur geeignet. Mäßige Fusariumresistenz. (ST)

'Castello'. Rot. Hohe Produktivität. Fusariumtoleranz: RRR. (SEL)

'Castillo'. Leuchtendgelb. Schnell. Für Anbau unter Glas und Folie, aber auch fürs Freiland. Fusariumresistent. (B&B)

'Cerise Royalette'. Cerisefarben mit hellem Rand. Langsam, mittlere Produktivität. Keine Fusariumtoleranz. (SEL, ST)

'Citronella'. Hellgelb mit feinen roten Spritzern. Schnell, sehr hohe Produktivität. Für Freilandkultur geeignet. Keine Fusariumtoleranz. (SEL)

'Classico'. Lachsrosa. Hohe Produktivität. Fusariumtoleranz: RRR. (SEL)

'Cleopatra'. Weinrot. Fusariumtoleranz: RR (SEL)

'Compliment'. Scharfes Rosa. Hohe Produktivität. Fusariumtoleranz: RRR. (SEL)

'Concorde'. Lachsrosa. Hohe Produktivität. Fusariumtoleranz: RRR. (SEL)

'Cream Beam'. Creme-weiß mit einigen kleinen, roten Streifen. Schneller, kräftiger Wuchs. Für Freilandkultur geeignet. Mäßige Fusariumresistenz (ST)

'Danilo'. Granatrot. Sehr schöne Verzweigung, sehr guter Ertrag. Mäßige Fusariumresistenz. (ST, B&B)

'Danseur'. Kirschfarben. Gute Produktivität. Für Freilandkultur geeignet. Fusariumresistenz: R. (W)

'Dark Furore'. Leuchtend-orangefarbener Sport aus 'Furore'. Etwas längere Stiele als die Muttersorte. (H)

'Dark Pink Barbara'. Dunkelrosa Sport von

** Die Hinweise zur Fusariumresistenz beruhen auf Angaben der Züchter. Die Bezeichnungen verschiedener Züchter lassen sich nicht vergleichen. Der Schnittnelken-Produzent sollte in Zweifelsfällen mit seinem Stecklings-Lieferanten Kontakt aufnehmen.

Zunehmend werden die großblumigen »Einstieler« durch die Miniaturnelken, auch als Spraynelken bezeichnet, verdrängt. Die Sorte 'Niky' hat orangefarbene, kirschrot geflammte Blüten. Sie kommt in Kultur sehr schnell zur Blüte, ist aber nur für den Unterglasanbau geeignet.

'Barbara', dabei etwas hellerer Blütenrand. Ermöglicht schnelle Produktion. (H)

'Dark Pink Ministar'. Lachsrosa. Schnell, sehr hohe Produktivität. Für Freilandkultur geeignet. Keine Fusariumresistenz. (SEL)

'Diana'. Kleine weinrote Blüten. Erste Blüte vier Monate nach der Pflanzung. Für Kurzkultur geeignet. Gute Fusariumresistenz. (ST)

'Dimitri'. Leuchtendrot. Schnell. Für Anbau unter Glas und Folie und fürs Freiland. Sehr fusariumresistent. (B&B)

'Domietta'. Weiß mit rosarotem Rand. Langsam.

'Donia'. Hellrosa. Starke Stiele, sehr hohe Produktivität. Fusariumresistenz: RRR. (W)

'Dorit'. Schnell, mittlere Produktivität. Keine Fusariumtoleranz. (SEL)

'Elan'. Rot. Starke Stiele, sehr gute Produktivität. Für Freilandkultur geeignet. Fusariumresistenz: RRR. (W)

'Elgine'. Lavendelrosa. Starke Stiele, sehr gute Produktivität. Fusariumresistenz: RRR. (W)

'Elitair'. Rot. Starke, lange Stiele. Auch für Freilandkultur. Fusariumresistenz: RRR. (W)

'Elsy'. Leuchtendrot. Frühblühend. Mäßige Fusariumresistenz. (ST, B&B)

'Emanuel'. Zweifarbig, gelb-rosa. Gute Qualität, gut fusariumresistent. (L)

'Escape'. Cerisefarben. Hoch fusariumresistent. (B)

'Etalon'. Goldgelb. Sehr starke Stiele, gute Produktivität. Für Freilandkultur geeignet. Fusariumresistenz: RRR. (W)

'Etna'. Rot. Langsam. Für Produktion unter Folie geeignet. Fusariumresistent. (B&B)

'Eusebio'. Reingelb. Sehr hohe Produktivität. Für Freilandkultur geeignet. Fusariumresistenz: R. (W)

'Evando'. Hellrosa. Sehr starke Stiele, hohe Produktivität. Für Freilandkultur geeignet. Fusariumresistenz: R. (W)

'Evelyne'. Hellrosa. Lange, kräftige Stiele. Sehr gute Haltbarkeit. (H)

'Expo'. Hellrote Spraynelke. Schöne, starke Stiele. (H)

'Exquisite'. Dunkelpurpur mit weißen Blütenrändern. Sehr produktiv. (ST, B, K)

'Fantasia'. Rosa. Sehr schnell. Für den Anbau unter Glas und Folie, aber auch fürs Freiland geeignet. (B&B)

'Festival'. Hellgelb mit feiner roter Randung. Schneller Wuchs, feste Stiele. Besonders fürs Freiland und für Kultur unter Folie. (H)

'Fredo'. Gelb mit roten Streifen. Schnell. Für Anbau unter Glas und Folie, aber auch fürs Freiland. Fusariumresistent. (B&B)

'Furore'. Reinorange, ideale Sprayform. Für jede Kulturweise. (H)

'Galit'. Violett mit intensiver Zeichnung. Mittelschnell, hohe Produktivität. Gute Fusariumtoleranz. (SEL)

'Golden Furore'. Goldgelber Sport von 'Furore'. Wächst etwas lockerer und bringt längere Stiele als die Muttersorte. (H)

'Golden Star'. Ockergelb. Schnellwüchsig, gute Produktivität. Für Kurzkultur geeignet. (ST)

'Graciella'. Lachsrosa. Hohe Produktivität. Fusariumtoleranz: RRR. (SEL)

'Helvetia'. Weiß-rot gestreift. Kräftiger Wuchs, stabiler Stiel. Für jeden Pflanztermin geeignet. (H)

'Ibiza'. Zartrosa. Schnell, hohe Produktivität. Auch für Kurz- und Freilandkultur. Sehr hohe Fusariumresistenz. (K)

'Ivory'. Cremefarbene Mininelke. Superschnell. (H)

'Jobar'. Lichtrosa. (B)

'Jolivette'. Hellgelb. Starker Stiel. (ST, K)

'Juanito'. Weiß. Mittlere Schnelligkeit. Für Produktion unter Glas und Folie. Ziemlich fusariumresistent. (B&B)

'Karina'. Rosa. Schnell, hohe Produktivität. Gute Knospenbildung im Winter. (H)

'Karma'. Rot. Mittelschnell. Gute Wintereigenschaften. Fusariumtolerant. (K)

'Kissi'. Gelb, roter Rand. Mittelschnell. (K)

'Kleficitron'. Cremegelb. Schnell, sehr hohe Produktivität. Fürs Freiland geeignet. Keine Fusariumtoleranz. (SEL)

'Kolibrie'. Weiß mit roten Streifen. Schöne Nelke mit starken Stielen. Für Freilandkultur geeignet. Fusariumresistenz: R. (W)

'Kontinent'. Gelb mit roten Streifen. Starke Stiele. Für Freilandkultur geeignet. Fusariumresistenz: R. (W)

'Koreno'. Hellgelb. Schön ausgebildete Blüten mit glattem Rand. Gute Produktivität. Fusariumresistenz: R. (W)

'Kortina'. Lila. Starke Stiele, sehr hohe Produktivität. Für Freilandkultur geeignet. Fusariumresistenz: R. (W)

'Kortina Chanel'. Hellila (lavendelfarben). Sport von 'Kortina' mit allen guten Eigenschaften der Muttersorte. Für Freilandkultur geeignet. Fusariumresistenz: R. (W)

'Kristel'. Sämling in prachtvollem Lila. Schöne Spraynelke. (H)

'Lavender Lady'. Fliederfarben-zartrosa. Schnell, hohe Produktivität. Fusariumtolerant. (K)

'Lekanita'. Gelb. Gute Fusariumresistenz und Vasenhaltbarkeit. (L)

'Lemonstar'. Zitronengelb. Schnell, sehr hohe Produktivität. Für Freilandkultur geeignet. Keine Fusariumtoleranz. (SEL)

'Lior'. Zitronengelb. Sehr gute Produktivität. Auch fürs Freiland. (ST, K. L)

'Lisa'. Rosa. (B)

'Lonfioba'. Hellrosa mit granatroter Sprenkelung. gute Qualität. Gute Produktivität. Auch für Kurzkultur. (ST)

'Loretta'. Dunkelrosa. Schöner Spray, drahtige Stiele. Besonders für die Terminalknospenkultur. (H)

'Luna'. Bronzegelb. Schneller Wuchs. Fusariumtolerant. (K)

'Lydie'. Hellrosa. Schnell. Für Glashaus und Freiland. Ziemlich fusariumresistent. (B&B)

'Mandarin'. Orange. Schnell. Für Anbau unter Glas und Folie, aber auch fürs Freiland. Sehr fusariumresistent. (B&B)

'Maribellas'. Rot. Gut fusariumresistent. (L)

'Marieke'. Rosa. Hoch fusariumresistent. (B)

'Matador'. Lila mit Weiß. Schnell. Für Anbau unter Glas. Sehr fusariumresistent. (B&B)

'Medea'. Zart-lachsrosa. Schnell. (K, L)

'Ministar'. Orange mit feinen roten Streifen. Schnell, sehr hohe Produktivität. Für Freilandkultur geeignet. Keine Fusariumtoleranz. (SEL, ST)

'Miniderby'. Lavendelrosa mit dunkler Zeichnung. Mittelschnell, hohe Produktivität. Für Freilandkultur geeignet. Gute Fusariumtoleranz. (SEL)

'Mirna'. Gelb. Sehr gute Produktivität. Auch für Kurzkultur. Gut fusariumresistent. (ST)

'Natalia'. Frischrosa. Schöne Sprays. Besonders für die Terminalknospenkultur. (H)

'Nathalie'. Kirschrot. Schneller Wuchs, hohe Produktivität. Fusariumtolerant. (K)

'Niky'. Orange-kirschfarben geflammt. Sehr schnell. Nur für Unterglasanbau. Fusariumresistent. (B&B)

'Obelix'. Rot. Sehr gute Produktion. (L)

'Odeon'. Orangerote Streifen. (B, L)

'Omega'. Weiß mit roten Streifchen. Mittelschnell. (K)

'Orakis'. Leuchtend-orange. Sehr harter Stiel, guter Wuchs. (H)

'Orange Citronella'. Cremegelb. Sehr hohe Produktivität. Auch für Freiland. (SEL)

'Oscar'. Zart-cremefarben. Guter Sprayaufbau. (H)

'Osiris'. Violett. Schnell. Für Anbau unter Glas und Folie, aber auch fürs Freiland. Ziemlich fusariumresistent. (B&B)

'Pandora'. Dunkelrosa. Träger Wuchs. (K, L)

'Paradiso'. Zartgelb. Gute Haltbarkeit. (ST)

'Pico'. Rosa mit Lila. Gleichmäßiger Produktionsverlauf. (Einkreuzung mit *Dianthus barbatus*.) (ST)

'Pink Bagatel'. Rosa Sport von 'Bagatel' mit allen guten Eigenschaften der Muttersorte. Fusariumresistenz: RRR. (W)

'Pink Beam'. Rosa. Schöne Verzweigung. Schnelles Wachstum. Mäßige Fusariumresistenz. (ST)

'Pink Casino'. Hellrosa. Gute Winterblüte. Hohe Produktivität. Auch für Kurzkultur. Mäßige Fusariumresistenz. (ST)

'Pink Diana'. Rosa. Erste Blüten vier Monate nach der Pflanzung. Auch für Kurzkultur. Gute Fusariumresistenz. (ST)

'Pink Fortuna'. Hellrosa Sport von 'Fortuna'. Besonders kräftige Stiele. Für jede Pflanzzeit und Kulturweise. Unempfindlich gegenüber Fusarium. (H)

'Pink Koreno'. Hellrosa Sport von 'Koreno' mit allen guten Eigenschaften der Muttersorte. Fusariumresistenz: R. (W)

'Pink Ministar'. Hellrosa. Schnell, sehr hohe Produktivität. Für Freilandkultur geeignet. Keine Fusariumtoleranz. (SEL)

'Pink Polka'. Rosa. Mittelschnell. (K)

'Pink Stefanie'. Hellrosa Sport von 'Stefanie'. Ideale Sprayform. Sehr fusariumresistent. (H)

'Polo'. Gelb-orange. Schnell. Für alle Anbauarten. Fusariumresistent. (B&B)

'Prelude'. Orange gestreift. Große Blüten. Schnelles Wachstum. Geringe Fusariumresistenz. (ST)

'Prestige'. Gelb. Gute Fusariumresistenz. Sehr gute Qualität. (L)

'Princessa'. Rosa. Kräftiger Stiel, hohe Produktivität. Hohe Resistenz gegenüber Gefäßkrankheiten. (H)

'Prunelle'. Leuchtend-kirschrot. Schnell. Für Produktion unter Glas und Folie, aber auch fürs Freiland. Ziemlich fusariumresistent. (B&B)

'Red Ivette' eignet sich ganz besonders für die Kultur im Freiland.

'Kolibrie' hat weiße Blüten mit roten Streifen. Eine starkstielige Sorte für das Freiland.

'Scarlet Elegance' bringt eine elegante hellrote Blume mit weißem Blütenrand bei guter Produktivität.

'Yellow Odeon', eine Mutante von 'Odeon', ist eine beliebte reingelbe Miniaturnelke.

'Classico', eine Neuheit mit lachsrosa Blüten, verspricht eine hohe Produktivität. Die Fusariumtoleranz der schnellen Sorte ist hoch.

'Miniderby' hat lavendelrosa Blüten. Die mittelschnelle Sorte mit hoher Produktivität eignet sich auch für das Freiland.

'Quinto'. Hellgelb. Sehr hohe Produktivität. Sehr gut für die Kurzkultur geeignet. Gute Fusariumresistenz. (ST)

'Rachel-Sherac'. Orange. Gute Vasenhaltbarkeit. (L)

'Red Barbara'. Sport aus 'Barbara'. Grellrote Blüten. Sehr fusariumresistent. (H)

'Red Baron'. Rot. Langsam mittlere Produktivität. Geeignet für Kurzkultur. Keine Fusariumtoleranz. (SEL, ST, B, W)

'Red Derby'. Rot. Stabiler Farbton. Fusariumtolerant. (K, L)

'Red Ivette'. Rot. Schnell. Ganz besonders für Freilandkultur geeignet. (K, L)

'Red Karina'. Scharlachroter Sport von 'Karina'. Längerer Stiel als die Ausgangssorte. (H)

'Red Loretta'. Knallroter Sport aus 'Loretta'. (H)

'Red Ministar'. Rot. Schnellwüchsig, hohe Produktivität. Auch für Kurzkultur, fürs Freiland geeignet. Keine Fusariumtoleranz. (SEL, ST)

'Red Prelude'. Hellrot, sonst wie 'Prelude'. Geringe Fusariumresistenz. (ST)

'Regis'. Weiß mit rotem Rand. Schnell. Für Produktion unter Glas und Folie, aber auch fürs Freiland. Fusariumtolerant. (B&B)

'Ritmo'. Zartrosa. Schneller Wuchs mit sehr hoher Produktivität. Fusariumtolerant. (K)

'Robina'. Weinrot. Kompakt, etwas langsamer. Besonders für die Terminalknospenkultur. (H)

'Romance'. Zartrosa Neuheit mit runder Blütenform. Schöne Sprays. (H)

'Ronald'. Cremeweiß. Schnell. Für Produktion unter Glas und fürs Freiland. Fusariumresistent. (B&B)

'Roni Aroni'. Rot. Schnell, hohe Produktivität. Für Freilandkultur geeignet. Mäßige Fusariumtoleranz. (SEL, B, L)

'Ronja'. Ceriserot mit hellem Rand. Schnell,

hohe Produktivität. Für Freilandkultur geeignet. Mäßige Fusariumtoleranz (SEL)

'Rony'. Hellrot. Schnellwüchsig. Auch für Freilandkultur. (ST, B, K)

'Rosalinn'. Cerisefarben-rosa. Mittelschnell, hohe Produktivität. Keine Fusariumtoleranz. (SEL)

'Rosanne'. Zitronengelb. Schöner Spray. Hohe Produktivität. (H)

'Rosine'. Kirschrot. Schnell. Für Produktion unter Glas und Folie, aber auch fürs Freiland. Sehr fusariumresistent. (B&B)

'Royalette'. Dunkelviolett. Langsam, mittlere Produktivität. Keine Fusariumtoleranz. (SEL, ST)

'Royal Red Kortina'. Dunkelroter Sport von 'Kortina', mit allen guten Eigenschaften der Muttersorte. Für Freilandkultur geeignet. Fusariumresistenz: R. (W)

'Rudy Red'. Rot. Mittelschnell, mittlere Produktivität. Keine Fusariumtoleranz. (SEL)

'Sabina'. Rosa Miniaturnelke, schöne Sprayform. Schnellwüchsig. Für jeden Pflanztermin. (H)

'Saga'. Kirschrot. Stabiler Stiel, kompakte Sprayform. Schnellwüchsig. (H)

'Salmon Ministar'. Lachsrosa Sport von 'Yellow Ministar' mit allen guten Eigenschaften der Muttersorte. (W)

'Salmony'. Rosa, dunkler als 'Silvery Pink'. Schnellwüchsig. Auch für Kurzkultur und fürs Freiland. (ST)

'Sams Pride'. Kirschrot-altrosa. Schöne Bukettbildung. Mittelschnell, hohe Produktivität. Keine Fusariumtoleranz. (SEL)

'Santana'. Hellrosa mit kleinen Blüten. Gute Fusariumresistenz. (ST)

'Sartella'. Kirschrot. Gut fusariumresistent. Guter Wachser. (L)

'Saturnus'. Kirschrot. Sehr gut fusariumresistent. (L)

'Scarlet Elegance'. Hellrot mit weißem Blütenrand. Gute Produktivität. (ST, B, K)

'Scarlette'. Rote Neuheit mit breitem weißem Rand. Lange, elegante Stiele. (H)

'Serenade'. Cerisefarben. Mit Zusatzbelichtung im Januar-Februar blüht sie am Muttertag. Gut fusariumresistent. (ST)

'Silvery Pink'. Hellrosa. Schnell, hohe Produktivität. Für Freilandkultur geeignet. Geringe Fusariumtoleranz. (SEL, ST, B, K, L, W)

'Silvery Pink Impr.'. Rosa. Schnellwüchsig. (H)

'Slavit'. Gelb mit burgunderroten Streifen. Mittlere Produktivität. Mäßige Fusariumtoleranz. (SEL)

'Sousa'. Dunkelrosa mit kleinen Blüten. Geringe Fusariumresistenz (ST)

'Starlight'. Rot. Kräftiger Wuchs. Geeignet für alle Pflanztermine. (H)

'Stefanie'. Dunkelzartrosa. Kräftiger Stiel. Besonders für die Terminalknospenkultur. (H)

'Sunbeam'. Hellgelb. Schöne Verzweigung, schnelles Wachstum. Mäßige Fusariumresistenz. (ST)

'Sunlight'. Orange. Gute Vasenhaltbarkeit. Auch Freilandanbau. (L)

'Sylvette'. Einfache, dunkelrote Blüte. Schnellwüchsig. Für Anbau unter Glas und Folie. Ziemlich fusariumresistent. (B&B)

'Tamara'. Hellorange Mininelke. Produktive Sorte. Sehr gute Haltbarkeit. Besonders für die Terminalknospenkultur. (H)

'Thalassa'. Reingelb. Idealer Spray, langer Stiel, idealer Wuchs. (H)

'Tibet'. Reinweiß. Mäßig schneller Wuchs, hohe Produktivität. Fusariumtolerant. (K)

'Tifany'. Pink. Gute Vasenhaltbarkeit. (L)

'Tip Top'. Orange mit Streifen. Schnell. Für Anbau unter Glas und Folie, auch fürs Freiland. Fusariumresistent. (B&B)

'Tony'. Gelbe Miniaturnelke. (ST)

'Vivaldi'. Pink. Gute Qualität und Vasenhaltbarkeit. (L)

'Vulcano'. Rot. Schnellwüchsig, gute Produktivität. Gut fusariumresistent. (ST)

'West Pink'. Etwas dunklerer Sport von 'Silvery Pink'. (W)

'White Adelfie'. Weiß. Sehr gute Qualität. (L)

'White Karina'. Schnellwüchsige weiße Nelke. Sport von 'Karina'. (H)

'White Lilli Ann'. Weiß. (B)

'White Pirouette'. Weiß. Sehr gute Qualität. (L)

'White Ronja'. Weiß. Langsam, hohe Produktivität. Für Freilandkultur geeignet. Mäßige Fusariumtoleranz. (SEL, B)

'White Royalette'. Weiß. Langsam, mittlere Produktivität. Keine Fusariumtoleranz. (SEL, ST)

'White Winner'. Weiß. Schneller Wachser. (L)

'Xandra'. Leuchtend-orange mit dunklem Rand. Gute Sprayform. Robust. (H)

'Yael'. Violett. Schnell, sehr hohe Produktivität. Keine Fusariumtoleranz. (SEL)

'Yellow Odeon'. Gelbe Mutation von 'Odeon' mit gleichen Eigenschaften, (K, L)

'Yellow Polka'. Gelb. (L)

Die Angaben hinsichtlich der Fusariumtoleranz entstammen Firmenschriften. Die verschiedenen Firmen können durchaus unterschiedliche Maßstäbe anlegen. Bei verschiedenen Nelken der Firma West Steck BV wurde die Firmenangabe übernommen und die Fusariumtoleranz mit R, RR und RRR angegeben, wobei RRR die höchste Resistenz-(Toleranz-)stufe wiedergibt.

Vielfältige Nelkengruppen

Von der Zeusblume des Altertums bis zur modernen großblütigen Standardnelke war ein weiter Weg. Oft verliefen Entwicklungen innerhalb des Caryophyllus-Komplexes parallel. Betrachtet man das umfangreiche Werk von Charles Willis Ward »The American Carnation«, das 1903 in New York erschienen ist, so läßt sich feststellen, daß trotz der unterschiedlichsten Kulturmethoden, die dort beschrieben werden, nur eine Rasse vorhanden war. Man bedenke, daß zu dieser Zeit der Begriff »Edelnelken« noch nicht bekannt war und diese Typen, auch in Europa, »Amerikanische Nelken« hießen. Unterschiede machte man nur in bezug auf Zeichnung und Farbe der Blüten, und es wurde von Sports und Mutationen gesprochen. Die Edelnelken spalteten erst mit den Miniaturnelken Ende der fünfziger Jahre auf. Miniaturnelken, auch Spraynelken genannt, sind reichverzweigt und tragen viele Blüten, die wesentlich kleiner als bei den Standardnelken sind.

Schon bald nach Beginn der Miniaturnelken-Züchtung wurde zwischen zwei Sortengruppen unterschieden: der Elegance-Gruppe und der Royalette-Gruppe. Die Entwicklung neuer Rassen und Gruppen dauert unvermindert an und es ist unmöglich, die Zusammenhänge bis in die letzte Verästelung offenzulegen, da die Züchter oder Stecklingsproduzenten aus Wettbewerbsgründen oft die Ausgangssorten geheimhalten. Neben den klassischen Sim-Nelken und den Mittelmeer-Hybriden gibt es die Mini-, Midi-, Mignon-Typen, die Gruppe der Multiflora-, Chinesini-, Diantini- und Eolo-Nelken. Bei den Miniaturnelken (Sprays) gibt es wieder einzelne Sortengruppen wie Kooij Sprays, Hilverda Sprays, Mini Sprays. Eine Zuordnung wäre verhältnismäßig einfach, wenn diese Gruppen einheitliche Eigenschaften zeigen würden und sich voneinander klar abgrenzten, was aber leider nicht der Fall ist. Die Grenzen zwischen den Gruppen sind fließend. Durch Einbeziehen von anderen Nelkenarten in die Züchtung wird die Uniformität weiter gesprengt. Dem Nelkenproduzenten bleibt hier nur die Möglichkeit, einen engen Kontakt mit den Stecklingsproduzenten anzustreben, um genaue Einzelinformationen über die Sorten zu erhalten.

Eine gewisse Transparenz weisen noch die Diantini-Nelken auf, bei denen man die folgenden Gruppen unterscheiden kann: Erstens die Chinesini-Nelken, die im wesentlichen aus der langjährigen Zuchtarbeit von Nobbio in San Remo hervorgegangen sind. Zweitens die Mikronelken von Brea, die an gleicher Stelle

Die Chemie macht's möglich! Bei den in Gartencentern und Gärtnereien angebotenen großblumigen Nelken in Töpfen mit nur 25 cm hohen Stengeln handelt es sich um nichts weiter als um Edelnelken aus dem *Dianthus caryophyllus*-Komplex, die eine intensive Behandlung mit einem Stauchemittel erfuhren.

entwickelt wurden, aber laut anderen Quellen der Zuchtarbeit von Asseretto zuzuschreiben sind. Die dritte Gruppe bilden die Midi- und die Mignonnelken des Züchters Mansuino. Die letztgenannten haben nicht die Bedeutung der beiden ersten Gruppen erreicht. Wie oben schon angedeutet, liegt auch hier die genaue Entstehungsweise im dunkeln. Zweifelsfrei hat Nobbio in den Caryophyllus-Komplex verschiedene Nelkenarten eingekreuzt wie *Dianthus chinensis*, *D. tristis* (syn. *D. panici*), *D. pontederae*. Hybriden, die aus Kreuzungen der Arten untereinander entstanden sind, wurden wiederum mit Standardnelken gekreuzt. Daraus entwickelten sich die tetraploiden Chinesini-Nelken. Diese Rasse weist dadurch neue Blütenfarben und -muster auf.

Erwähnung verdient auch der durch die Wildarten veränderte Wuchstyp. Charakteristische Eigenschaften sind die niedrigere Wuchshöhe und die Verzweigung nur im Basisbereich, diese Merkmale kommen den Bestrebungen in Richtung Rationalisierung und Verringerung der Arbeitskosten entgegen. Das

Immer beliebter werden kleine Topfnelken, allgemein als Teneriffa-Nelken bekannt. Sie werden als preiswerte Sommer-Topfblume angeboten. Eigene Versuche, die Nelke nach dem Auspflanzen ins Freiland zu überwintern, verliefen erfolgreich.

Selecta-Sortiment der Chinesini-Nelken umfaßt derzeit folgende Sorten: 'Lulu' (lila), 'Mei Fu' (rosa mit dunkler Mitte), 'Mei Bao' (lila mit weißem Rand), 'Mei Cheng' (samtrot mit hellem Rand). Alle stehen unter Sortenschutz. Die Fusariumtoleranz ist gering. Von einem anderen Züchter stammt die Sorte 'Fuji', eine sehr produktive Chinanelke mit zartrosa Blüten, die sich gut für die Kurzkultur eignet.

Aus der Vielfalt der heutigen Nelkengruppen und -rassen müssen auch die Micronelken hervorgehoben werden (auch oft Mikronelken geschrieben). Es handelt sich um reichverzweigte Nelken mit echten Miniaturblüten. Sie bringen einen hohen Ertrag und verlangen einen verhältnismäßig geringen Arbeitsaufwand. Die meisten Sorten duften stark und gut. Die Pflanzen bleiben niedrig und eignen sich auch für die Ganzjahreskultur. Ihr Einsatz als Schnittblume besteht weniger im Gestalten uniformer Sträuße, wie es bei den Standard- und Miniaturnelken der Fall ist. Sie stellen vielmehr für die Floristik ideale Blumen zum Kombinieren mit anderen Blumen dar und

lockern etwas steife Gebinde auf. Standard-
und Miniaturnelken werden sicher in Zukunft
nicht von den Micronelken verdrängt, nur öffnen sich durch jene für Nelken neue Einsatzmöglichkeiten. Sicher wird sich das Sortiment
in naher Zukunft noch verbreitern. Einige
Sorten aus dem aktuellen Sortiment sollen
erwähnt werden: 'Arko' (samtig-rot, hohe Produktion), 'Baby Blue' (lavendellila mit weinro-
tem Auge), 'Brontolo' (purpur), 'Eolo' (flie-
derfarben-rosa, gute Qualität, Spitzenproduk-
tion), 'Eolo Bianco' (weiß), 'Gloria' (rosa),
'Jako' (kirschrosa, gutes Wachstum, reiche
Blüte), 'Piecola' (cremefarben), 'Pink Eolo'
(zartrosa, Eigenschaften wie 'Eolo'), 'Pink Pic-
cola' (hellrosa), 'White Eolo' (weiß), 'Wiko'
(weiß).

Topfnelken

Zugenommen hat in den letzten Jahren die
Nachfrage nach Topfnelken aus vegetativ vermehrten Stämmen. Topfnelken stammen von
unterschiedlichen Rassen ab, ihre Herkunft
wird vom Züchter oft wie ein Geheimnis behandelt. Neuerdings kommen Sorten auf den
Markt, meist aus San Remo, bei denen es sich
um mehrfach gestauchte Edelnelken handelt.
Besonders die zunehmende Zahl der Gartencenter hat für die Verbreitung gesorgt. Topfnelken lassen sich während einer größeren
Zeitspanne – fast innerhalb der gesamten Vegetationsperiode – verkaufen. Eine bekannte
Sortengruppe ist die sogenannte Kopo-Reihe:
'Kopo Cardinal' (dunkelrot), 'Kopo Minou-
che' (rosa mit dunklem Herz), 'Kopo Pink
Sunny' (dunkelrosa, Mutation aus 'Kopo
Reve'), 'Kopo Reve' (zartrosa), 'Kopo White
Sunny' (reinweiße Mutation aus 'Kopo Reve').
Die Firma P. Kooij & Zoonen B.V. bringt au-
ßerdem einen neuen Topfnelkentyp, der sich
von den Kopo-Typen durch schnelleren Wuchs
und größere Blüten unterscheidet. Folgende
Sorten befinden sich derzeit im Angebot:
'Cris' (purpur), 'Milly' (rosa), 'Ruby' (dunkel-

Topfnelke
„Tiny Dancer"

rot). Im Programm von Hilverda B.V. findet
sich 'Tiny Dancer', 'Pink Dancer' und die
'Pinki'-Topfnelke. Als Stauchemittel kann bei
verschiedenen Topfnelken Gartenbau-Cycocel
eingesetzt werden (0,4prozentig gespritzt oder
0,5 bis 0,8prozentig im Gießverfahren). Mit
Alar 85 kann 0,3prozentig gespritzt werden.
Zwei Wochen nach dem Topfen wird die Anwendung ein- bis zweimal wiederholt.

Vegetativ vermehrte Topfnelken sind auch
unter der Bezeichnung Teneriffa-Topfnelken
verbreitet. So hat der Betrieb BCPM in La
Londe in der Nähe von Hyères an der Côte
d'Azur die Poony-Serie gezüchtet, die es in
verschiedenen Farbsorten gibt. Die Nelken
dieser Serie tragen gut gefüllte Blüten an mehreren kurzen, kräftigen Stielen. Insgesamt wirken die Pflanzen gedrungen und ausgeglichen.
Der zwergige Wuchs ist genetisch bedingt, ein
Einsatz von Stauchemitteln erübrigt sich da-

durch. Die Kultur gestaltet sich verhältnismäßig einfach, die Stecklinge werden einzeln direkt in den 10- bis 12 cm-Topf gesteckt. Torfkultursubstrat und Sand, im Verhältnis 1 : 1 gemischt, hat sich bewährt.

Die Entstehung dieser Topfsorten (Teneriffanelken) liegt wieder einmal im dunkeln. Wegen ihrer hohen Chromosomenzahl wird jedoch vermutet, daß sie auf Kreuzungen polyploider Wildarten zurückgehen (eventuell *Dianthus plumarius* × *D. hispanicus*).

Bei der Firma Gebr. Sieben, Sulzbach/Main, sind in letzter Zeit ebenfalls neue Züchtungen entstanden:

'Albinette'. Eine kurze kompaktwachsende rosafarbene Neuheit mit roter Mitte.

'Red Sunny'. Auslese mit gut gefüllten Blüten, schönes Karminrot.

'Harlekin'. Lilablühende Topfnelke, die ohne Heizung im kalten Kasten überwintert werden kann.

Die Firma M. Lek & Zoonen brachte ebenfalls einige neue Topfnelken auf den Markt: 'Van Gogh', 'Mondriaan' und 'Frans Hals'.

Spezielle Kulturmethoden bei Standard- und Miniaturnelken

In den vorhergegangenen Abschnitten wurde schon auf eine ganze Anzahl unterschiedlicher Kulturmethoden hingewiesen. So komplex der ganze Edelnelken-Sektor ist, so komplex ist auch deren Anzucht. Auf diesem Gebiet kam es nie zu einem Stillstand und Züchter, Stecklingsproduzenten, Nelken-Großgärtnereien und die Lehr- und Versuchsanstalten für Gartenbau entwickeln immer wieder neue Methoden zur Kultur der Edelnelke.

Kultur auf Bankbeeten

Die Kulturen haben zum Unterboden keinerlei Verbindung mehr und sind somit vor Neuinfektionen bei Welkekrankheiten weitgehend geschützt. Die Beete liegen erhöht, empfohlen wird ein Luftraum von etwa 20 cm zwischen dem Bankbeetboden und dem Untergrund. Wichtig ist dabei ein exzellenter Wasserabzug. Heizungsrohre sollten sich an der Außenkante der Beete befinden. Die Bankbeete können aus verschiedenen Werkstoffen gefertigt sein. Meist wird Stahlbeton vorgezogen, aber auch Konstruktionen aus Holz sind zu finden – oft in Kombination mit astbestfreien Mineralstoffplatten (Eternit). Die Bankbeete bieten außer dem schon erwähnten Schutz vor Neuinfektion mit Welkekrankheiten besonders den Vorteil einer besseren Durchlüftung. Überschüssige Nährstoffgaben können leichter ausgewaschen werden, der Wurzelraum läßt sich wärmer halten und der Bestand trocknet vor allem im Winter schneller ab. In neuerer Zeit wurde durch das verstärkte Angebot fusariumresistenter Sorten ein wichtiges Argument für Bankbeete etwas abgeschwächt.

Kultur auf Grundbeeten mit Bodenheizung

Auf Grundbeeten (mit Verbindung zum Unterboden) beträgt die Bodentemperatur im Winter oft nur 5 bis 8 °C, was eindeutig für Nelkenkulturen zu niedrig liegt. Selbst wenn im Frühling die Lufttemperaturen ansteigen, dauert es noch sehr lange, bis die Bodentemperatur merklich steigt. Alle Vorgänge (wie zum Beispiel die Nährstoffnahme), die zu einem guten Wachstum beitragen, werden bei niedrigen Temperaturen stark verlangsamt. Die Bodenheizung soll dem entgegenwirken, wobei allerdings bei einer erhöhten Unterbodenwärme gleichzeitig auch die Wasser- und Nährstoffversorgung genau zu beachten ist: Wasser- und Düngergaben müssen erhöht werden. Da durch die höhere Verdunstung auch die Luftfeuchtigkeit steigt, ist auch die Lüftung im Auge zu behalten. Zu hohe Bodentemperaturen bei der zu dieser Jahreszeit geringeren Lichtintensität schaden, die Stiele werden zu weich. Eine größere Rolle spielt die Bodenheizung zu Beginn einer Winterpflanzung, da dadurch das Anwachsen beschleunigt wird.

Bei durchschnittlichen Lichtverhältnisse können für Mitteleuropa folgende Bodentemperaturen empfohlen werden (nach Selecta Klemm):

Januar	10 bis 12 °C
Februar	12 bis 14 °C
März	14 bis 16 °C
April	16 bis 18 °C
Mai	18 °C
Juni	18 °C
Juli	18 °C
August	18 °C
September	18 °C
Oktober	16 °C
November	12 bis 14 °C
Dezember	10 bis 12 °C

Diese Temperaturen beziehen sich auf ältere Kulturen. Bei Neupflanzungen wird die Temperatur auf 18 bis 20 °C bis zum Sichtbarwerden des Austriebs hochgefahren, anschließend werden die Temperaturen allmählich denen für ältere Kultur angepaßt.

Freilandkultur

Eine Freilandkultur wurde in wärmeren Gebieten immer schon durchgeführt, aber erst mit der weiten Verbreitung der Spraynelken kam diese Kulturform verstärkt auch in gemäßigten Klimaten auf. Das Kulturverfahren dehnte sich dann auch auf spezielle Sorten bei den Standardnelken aus. Eine Freilandkultur erfordert viele Überlegungen und nicht überall verspricht sie auch Erfolg. Es besteht eben ein Unterschied, ob sich die Gärtnerei im Rheinland, in Holland oder in Südfrankreich befindet, ein gewisses »Nelkenklima« muß vorhanden sein, selbst das »Kleinklima« spielt eine Rolle. Die Flächen sollten so weit es irgend geht unkrautfrei sein, wobei sich eine Bodenentseuchung rationeller durchführen läßt als

Unkrautbekämpfung mit chemischen Mitteln. Die Nelken benötigen eine Grunddüngung, die an den vorhandenen Nährstoffgehalt des Bodens angepaßt wird. Anschließend erfolgt eine mechanische Bearbeitung des Bodens. Besondere Aufmerksamkeit verlangt das Anlegen der Beete, wobei die Wege nicht zu schmal sein dürfen. Bewährt hat sich eine Beetbreite von 100 cm und eine Wegbreite von 50 cm. Die einjährige Freilandkultur benötigt zwei übereinander angebrachte Netze, die zweijährige drei bis vier.

Die Vegetationszeit im Freiland ist verhältnismäßig kurz, deshalb spielt die Verteilung der Ernte eine wichtige Rolle. Eine doch möglichst breitgestreute Ernte erhält man durch eine geeignete Sortenwahl und die Verwendung entspitzter Pflanzen. Bei den Sorten können schnelle und weniger schnelle Sätze die Erntezeit verbessern. Frühzeitig entspitzte Pflanzen zeigen schon beim Pflanzen ins Freiland Seitentriebe und lassen eine Frühernte zu. Bei Freilandpflanzung rechnet man mit 10 bis 20 Pflanzen je m².

Eine gewisse Rolle spielt bei Freilandkultur der Windschutz, wobei aber zu beachten ist, daß dieser oft mehr Nachteile als Vorteile mit sich bringt. Bei zu starker Abschirmung kann eine zu geringe Luftzirkulation das Auftreten von *Botrytis* und Stengelfäule erhöhen. Zur Bewässerung bieten sich verschiedene Möglichkeiten an wie Berieselung, Tropfbewässerung oder Sprühleitungen. Wichtig ist, daß das Wasser gleichmäßig verteilt wird. Während der Anzucht sollte regelmäßig etwas (und zum Schutz des Grundwassers nicht zuviel) Dünger gegeben werden, besonders in regenreichen Gebieten, in denen vor allem der Stickstoffanteil leicht ausgewaschen wird. Außer den schon erwähnten Krankheiten kann sich in warmen, trockenen Gebieten die Rote Spinne stark vermehren, ein vorbeugendes Spritzprogramm ist dann nötig.

Kultur unter Folie

Die Freilandkultur ohne Verwendung technischer Hilfsmittel bleibt Erzeugern in klimatisch günstig gelegenen Gebieten vorbehalten. Dagegen kann die Kultur unter Folienschutz durchaus auch dort Erfolg versprechen, wo kein optimales Klima herrscht. Verschiedene Stecklingsproduzenten sowie die Lehr- und Versuchsanstalten für Gartenbau und selbst mancher Erwerbsbetrieb haben dahingehend in den letzten Jahren zahlreiche Versuche durchgeführt, die durchaus positive Ergebnisse brachten. Für die Kultur in Folientunnel eignen sich bestimmte Sorten der Spraynelken. Von einer »Beinahe-Freilandkultur« kann man bei der Verwendung niedriger Tunnel sprechen, da die Folienbedeckung hauptsächlich als Starthilfe dient und diese nach dem ersten Kulturdrittel abgeräumt wird, sobald die Pflanzen zu groß werden. Die Pflanzung erfolgt ohne Vorkultur, und drei bis vier Wochen nach der Pflanzung wird entspitzt (Pflanzdichte 42 Pflanzen je m²). Bei Temperaturen über 18 °C wird gelüftet, und nach dem Einwachsen bleibt der Tunnel auch nachts gelüftet, vorausgesetzt es ist kein Absinken der Temperatur unter 12 °C zu erwarten.

Als Grunddüngung hat sich Nitrophoska permanent (60 g pro m²) bewährt. Nachgedüngt wird mit 0,2prozentigem vollöslichem Dünger, z.B. mit Poly-Crescal. Bei einem Pflanztermin Mitte April fällt die Haupternte bei einem Erntebeginn Ende August in die erste Septemberhälfte. Bei einem Pflanztermin Anfang Mai liegt sie zwischen Mitte September und Mitte Oktober. Insgesamt gesehen dauert die ertraglose Zeit ab der Pflanzung 17 bis 18 Wochen. Die im Handel erhältlichen Tunnel haben üblicherweise eine Breite von 1,4 m und eine Firsthöhe von 1 m.

Eine andere mögliche Variante ist die Kultur in einem sogenannten Hochtunnel. Die Ausmaße der im Handel befindlichen Typen betragen beispielsweise 3,4 m Breite und 2,1 m Firsthöhe. Die Temperaturführung und die Düngung erfolgen wie vorstehend. Hinsichtlich der Erntetermine gibt es hier zahlreiche Varianten, bedingt durch die Verwendung von gestutzten und ungestutzten Pflanzen, durch die Kultur mit oder ohne Terminalknospe und durch die Vorkultur in 6-cm-Jiffy-pots.

Schließlich bleibt noch auf die Kultur in Folienhäusern hinzuweisen. Der Querschnitt solcher Häuser kann selbstverständlich variieren, übliche Größen sind 8 m Breite an der Basis und eine Firsthöhe von 3,5 m. Außer der Kurzkultur von Miniaturnelken kommt unter diesen Umständen auch eine Kurzkultur von Standardnelken hinzu, die sich immer mehr durchsetzt. Voraussetzung dafür war zunächst, daß genügend geeignete Sorten angeboten wurden und tatsächlich dehnt sich die Sortenpalette immer weiter aus. Als Pflanztermin kann allgemein Anfang bis Mitte Mai angegeben werden, wobei für den süddeutschen Raum der spätere Termin günstiger ist.

Bei all diesen Methoden spielt die Sortenfrage eine wichtige Rolle. Genaue Versuchsergebnisse mit Einzelsorten können hier nicht wiedergegeben werden, dazu ist die Problematik zu komplex. Man muß sich in speziellen Fragen vertrauensvoll an den Stecklingslieferanten wenden, der bei der Sortenwahl behilflich ist und Hinweise zur Kulturmethode geben kann.

Geschlossene Systeme

Schon seit längerer Zeit laufen Versuche, Nelken in geschlossenen Systemen zu kultivieren, also ohne Verbindung mit dem gewachsenen Boden. Am Institut für Zierpflanzenbau der Fachhochschule Weihenstephan wurden einschlägige Versuche durchgeführt. Es hat sich erwiesen, daß der Anbau von Spray- und auch von Standardnelken im geschlossenen System möglich ist. Versuche mit einer Auswahl von unterschiedlichen Substraten (Einheitserde, Steinwolle, Polyphenolschaum, gebrochener

Blähton) haben gezeigt, daß die Kultur mit Substraten auf Torfbasis vorzuziehen ist bei einer Substratschichtstärke von 10 cm. Werden andere Substrate verwendet, müssen die technischen Voraussetzungen für die spezielle Düngungs- und Bewässerungstechnik im Betrieb vorliegen. Auf Einzelergebnisse wollen wir hier nicht näher eingehen. Der Autor sieht für die weitere Zukunft keine breite Basis für den Einsatz nichtorganischer Substrate und wenn, dann gibt es am ehesten noch für gebrochenen Blähton eine Chance. In einer Zeit mit großen ökologischen Problemen und dem immer dringlicheren Problem der Müllbeseitigung sollten zunächst erträgliche Lösungen zur ordnungsgemäßen Beseitigung der großen anfallenden Mengen nichtkompostierbaren Materials gefunden werden.

Kreuzen von Edelnelken

Verdunstungskühlung

Edelnelken wachsen nur in einem eng umgrenzten Temperaturbereich optimal, sowohl zu tiefe als auch zu hohe Temperaturen schaden. In sehr warmen Gebieten, aber auch bei hochsommerlichen Verhältnissen in gemäßigten Klimaten, muß gekühlt werden. Aus den USA kommt die sogenannte Verdunstungskühlung, die sich dort schon seit längerer Zeit bewährt hat. In Hitzeperioden während der warmen Jahreszeit kommt es ohne Kühlung bei Edelnelken oft zu einem Wachstumsstillstand. Bei einer entsprechenden Kühlung tritt dieser nicht ein, und Qualität und Erntemenge sind sehr gut. Die Anlage funktioniert wie folgt: Auf der Längsseite eines Gewächshauses werden Ventilatoren angebracht, und an der gegenüberliegenden Stehwand wird das Glas im Sommer durch eine Holzwolle- oder Kokswand ersetzt. Ab einer gewissen Temperaturschwelle werden alle sonstigen Lüftungseinrichtungen geschlossen und die thermostatisch gesteuerten Ventilatoren saugen die Luft durch die mit Wasser berieselte Holzwollewand. Durch die entstehende Verdunstungskälte wird die Temperatur im Haus entsprechend gesenkt. Selbstverständlich lohnt dieser Aufwand nur in Großbetrieben.

Da die erzielten Erlöse für Schnittnelken seit Jahren stagnieren, befinden sich derartig aufwendige Bauweisen im Rückzug. Aus wirtschaftlichen Gründen wird wohl kein Betrieb in Mitteleuropa solche Anlagen noch neu errichten.

Züchterische Aspekte

Betrachtet man in dem Buch von Thomas Hoog über »Carnation, Pink, Auricula, Polyanthus...«, das 1832 in London erschienen ist, die der Titelseite gegenüber abgebildete Nelke, könnte man zu dem Schluß kommen, daß sich bei der Zucht von Nelken, speziell von Sorten aus dem Caryophyllus-Komplex, nicht viel getan hat! Da sieht man eine Edelnelke, weiß-rot gestreift, elegant, großblumig, vor über 150 Jahren gezüchtet. Nimmt man eine ebenso gemusterte Nelke aus dem heutigen Sortiment und legt sie daneben, so fragt man sich: Wo ist der Unterschied? Er ist nicht augenfällig, aber vorhanden. Würde man so eine Biedermeier-Nelke auf dieselbe Art und Weise wie damals kultivieren, wäre sie bald unbezahlbar. Mühevoll wurden die damaligen Rassen in Töpfen gezogen, mit viel Aufwand frostfrei überwintert und zur Blüte gebracht. Auch damals wünschte man sich schon großblütige »Einstieler« und alle zusätzlichen Triebe wurden ausgebrochen, um dies zu erreichen. Dagegen werden unsere heutigen Kulturen in großer Stückzahl und unter superrationellen Methoden produziert, wobei die Krankheitsresistenz laufend gesteigert werden muß. Nelken sind preiswerte Massenartikel geworden, deren Publikumsgunst zwar Schwankungen unterliegt, die sich aber immer in der Spitzengruppe der Schnittblumen gehalten haben. Sind wir züchterisch am Ende? Läßt sich die Größe, die Form, die Farbe und manch andere Eigenschaft bei den großblumi-

gen Edelnelken noch steigern? Die Entwicklung ist keinesfalls abgeschlossen. Es stellen sich neue Forderungen, und nicht immer ist die Größe einer Blüte das ausschlaggebende Kriterium.

Auf keinen Fall werden Standardnelken in Zukunft vom Markt verschwinden, wenn auch ihr Marktanteil zugunsten der Spraynelken und anderer noch etwas kleiner wird. Die Kurzkultur bringt weitere Forderungen mit sich. So muß die Stielqualität bei den Sorten der Zukunft mehr beachtet werden. Die heutigen Sorten haben zwar schon drahtige Stiele, die aber oft zu leicht brechen, hier ist eine Verbesserung nötig. Natürlich spielt auch die Resistenz gegenüber Krankheiten eine Rolle, besonders die Resistenz gegenüber Welkekrankheiten. In dieser Hinsicht wurde in den letzten Jahren schon viel getan, aber weitere Arbeiten sind in dieser Richtung noch erforderlich, auch wenn bei der Kurzkultur dieser Faktor nicht so sehr zum Tragen kommt wie bei einer mehr-

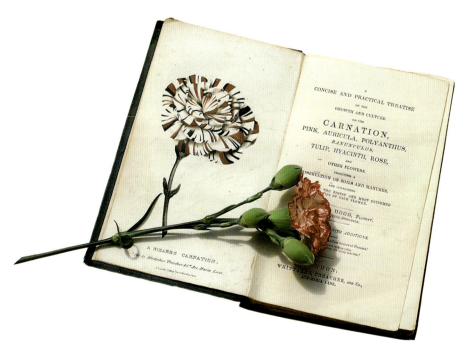

jährigen Kultur. Die Haltbarkeit muß verbessert werden, da Kurzkulturorten in dieser Beziehung oft nicht befriedigen, und ein Hauptargument zum Kauf der Nelken ist nun mal ihre Haltbarkeit in der Vase. Schließlich gilt es, die Farbskala auch in Zukunft noch zu erweitern, der Käufer sieht sich am Alteingeführten satt.

Wie man sieht, wird die züchterische Arbeit auch auf dem traditionellen Sektor nicht zur Ruhe kommen. Daß Zuchtrichtungen auch einmal umgekehrt verlaufen können, sieht man an den »Mini-Sprays« und den »Micros«, bei denen die Blüten immer kleiner werden bei einer stärkeren Betonung des Sprays. Bei den Micronelken ist mit einigen Sorten die Verkleinerung der Einzelblüte soweit fortgeschritten, daß man sie kaum mehr als alleinige Blume in Sträußen verwendet. Ihre Aufgabe liegt vielmehr in der Kombination mit anderen Pflanzen, und sie übernehmen inzwischen eine ähnliche Funktion wie bisher das Schleierkraut, nämlich floristische Arbeiten aufzulockern.

Eine weitere Tendenz hat sich in letzter Zeit gezeigt. Verschiedene Züchter durchbrechen den reinen Caryophyllus-Komplex, indem sie andere *Dianthus*-Arten einkreuzen. Eine nicht unwichtige Rolle spielt etwa *Dianthus barbatus*. Hingewiesen sei bei diesen neuen Zuchtrichtungen auf die von der Firma van Staaveren in Aalsmeer vorgestellte Diana-Gipsy-Gruppe, die eine exklusive Blütenform zeigt. Daneben besitzt eine Reihe anderer Sortengruppen vorteilhafte Eigenschaften, die sie nicht vom Caryophyllus-Komplex geerbt haben, wie Schnellwüchsigkeit, gute Fusariumresistenz und die Eignung für den Freilandanbau. Die Diana-Gruppe gibt es in vielen Farben, die Einzelblüte ist gefüllt im Gegensatz zu den Typen der Gipsy-Gruppe mit einfachen Blüten, die schon deswegen mehr an die Bartnelke erinnern. Eine weitere Rasse, bei deren Züchtung der reine Caryophyllus-Komplex verlassen wurde, ist unter den Namen Diantini-Nelken (Dianthini-Nelken) bekannt geworden. Sicher ist in dieser Richtung noch einiges zu erwarten.

Ein großes Züchtungspotential für die Zukunft liegt in der Einkreuzung verschiedener Wildarten, wie sie – wir haben es erwähnt – von italienischen Züchtern bereits vollzogen wurde, zum Beispiel bei der Kreuzung von Diantini-Nelken mit den Gruppen der Chinesini- und Micronelken. In den Niederlanden verfolgt das IVT (Institut voor de Veredeling von Tuinbouwgewassen) Wageningen diese Richtung weiter, indem es Kreuzungen zwischen Wildarten, Standard- und Miniaturnelken durchführt. Dieses Programm bezieht *Dianthus chinensis*, *D. carthusianorum*, *D. knappii*, *D. trifasciculatus* und andere mit ein. Das Vorkommen verschiedener Ploidiestufen, die induzierte Verdoppelung des Chromosomensatzes von Artbastarden versprechen noch viele interessante Ergebnisse. Die Nelke ist längst nicht tot!

Für die weitere Zukunft dürfte auch eine ausgeprägte Rivalität zwischen generativ und vegetativ zu vermehrenden Nelken entstehen. Von der Größe her können die neuesten samenvermehrbaren Landnelkenzüchtungen (z.B. 'Floristan') durchaus mit Spraynelken konkurrieren. Ihr Nachteil beruht noch auf der längeren Anzuchtdauer (Zweijahresrhythmus), aber irgendwann werden sich die Komplexe vereinigen. Weitere Zukunftsperspektiven mag die Gentechnologie öffnen. Auch wenn viele dieser Entwicklung noch ablehnend gegenüberstehen, sie wird vor der Zierpflanzenproduktion nicht haltmachen.

Pflanzenschutz bei Edelnelken

Der Pflanzenschutz spielt bei den Nelken eine viel größere Rolle als bei vielen anderen in Monokultur angebauten Zierpflanzen-Gattungen. Wenn nicht in Kurzkultur produziert wird, müssen Nelken sowohl trockenwarmen als auch lichtarmen-feuchtkühlen Klimaten widerstehen. Je mehr diese Umweltfaktoren vom Idealzustand abweichen, um so mehr sinkt die Widerstandskraft gegenüber dem einen oder anderen Schaderreger. Trotz guter Kulturführung läßt sich eine Übertragung meist nicht verhindern, denn jeder Betrieb, der mehrjährig kultiviert, hat junge und alte Bestände gleichzeitig in Kultur, was die Übertragung von Krankheiten und Schädlingen fördert. Der vorbeugende Pflanzenschutz und die Hygiene spielen bei den Nelkenkulturen eine sehr große Rolle. Die Voraussetzung bildet an erster Stelle gesundes Stecklingsmaterial. Man kann im Grunde stets davon ausgehen, daß man gesunde Stecklinge erhält, da für den Lieferanten bei der heutigen Wettbewerbssituation die Existenz unmittelbar auf dem Spiel stünde, würde er nicht einwandfreies Material liefern. Meist wird dort mit Meristemkultur gearbeitet, um virusfreie Ware zu erhalten. Hinsichtlich der Krankheitsanfälligkeit spielen weitere Faktoren eine Rolle wie das Kultursubstrat, Salzrückstände im Boden und selbst die Wahl des Haustyps. Eine gründliche Desinfizierung aller mit den Kulturen in Verbindung kommenden Werkzeuge und Geräte ist selbstverständlich.

Bei feuchter Witterung besteht besonders die Gefahr einer Infektion, und die Pilzbekämpfung muß sehr sorgfältig und in kürzeren Abständen durchgeführt werden. Der Lüftung kommt dabei eine große Bedeutung zu, denn gerade an Stellen mit schwacher Luftzirkulation ist die Infektionsgefahr groß (so beispielsweise an den bodennahen Stellen im Innern der Beete). Kranke Pflanzen und Pflanzenteile müssen sofort entfernt werden, sie werden auf keinen Fall kompostiert, sondern kommen, in Kunststoffbeutel verpackt, zum Müll. Befallene Pflanzenteile können (nachdem sie befeuchtet wurden) riesige Mengen von Pilzsporen in kürzester Zeit freisetzen.

Ein weiterer Grundsatz besagt, daß allein der prophylaktische Pflanzenschutz einen vollen Erfolg bringt. Sind Pflanzen von Pilzkrankheiten und bakteriellen Krankheiten schon stärker befallen, kann ein chemischer Pflanzenschutz nur noch eine Teilwirkung erzielen und kann nicht mehr kurieren. Dagegen werden tierische Schädlinge (mit Ausnahme von Thripsen) erst gezielt zu Beginn ihres Auftretens bekämpft. Da der Schaden erst nach der Entfaltung der Blüten sichtbar wird, werden auch Thripse vorbeugend bekämpft.

Bei der Behandlung der Nährstoffe wurde schon auf die Wichtigkeit des Elementes Bor für die Nelkenkulturen hingewiesen. Besonders in Böden, denen über lange Zeit hinweg immer wieder Torf zugeführt wurde, kann ein akuter **Bormangel** auftreten. Eine Bodenuntersuchung ist vorteilhaft. Manche Gießwässer sind von Natur aus gut borhaltig, andererseits bindet freier Kalk im Boden das Bor. Ist ein Bormangel nachgewiesen, wird Borax in Wasser gelöst in einer Dosis bis maximal 1,5 bis 2 g je m², gegeben. Eine schlechte Borversorgung führt auch zu einem vermehrten Platzen der Kelche.

Pilzkrankheiten

Fusarium-Welkekrankheit. Diese Gefäßbündelkrankheit dürfte weltweit wohl die für die Nelkenkultur gefährlichste Krankheit sein, weshalb sie hier am Beginn der Einzelbetrachtungen steht. Die genaue wissenschaftliche Bezeichnung des Erregers ist *Fusarium oxysporum* f. *dianthi*. Die Nelkenpflanze wird vom Boden her angegriffen, und das Pilzmyzel setzt sich in den Leitungsbahnen der Nelke fest, so daß der Wassertransport gestoppt wird und die Pflanze eingeht. Ist die Krankheit einmal aufgetreten, läßt sie sich nicht mehr völlig beseitigen. Fungistatische Mittel bewirken lediglich einen verzögerten Krankheitsverlauf. Hundertprozentig fusariumfreie Nelken erhält man nur durch vorbeugende Maßnahmen, durch Desinfizieren der Anbauflächen, durch absolut gesundes Pflanzenmaterial und nicht zuletzt durch die Züchtung toleranter (resistenter) Sorten.

Das Desinfizieren des Bodens kann durch Dampfsterilisation erfolgen, was wohl die umweltfreundlichste Methode ist. Leider zeigt sie auch Nachteile, da trotz bester Lockerung des gewachsenen Bodens und bester Kesseldruckleistung nur Schichten bis in 30 bis 35 cm Tiefe erreicht werden. Hier zeigen Bankbeete einen Vorteil, da dort die Substratschichtdicke nur etwa 20 bis 25 cm beträgt. In Großbetrieben hat sich der Einbau von Rohren für Dränagedämpfung bewährt. Bei der chemischen Bekämpfung hat sich die Desinfektion mit Methylbromid, einem geruchlosen Gas, bewährt, das *Fusarium*-Keime abtötet. Das Ausbringen des Mittels ist gefährlich und an strenge Auflagen gebunden. Auch die nachfolgende Nelkenkultur wird von Bromrückständen geschädigt, weshalb hinterher ein sorgfältiges Auswaschen des Bodens nötig ist. Mit steigendem Umweltbewußtsein dürfte daher Methylbromid (Terabol) aus den Betrieben verschwinden. (Gemüse darf erst drei Jahre nach der letzten Methylbromid-Anwendung wieder auf der Fläche angebaut werden. Das Auswaschen kann zur Verunreinigung des Grundwassers führen.) Möglich ist auch eine Desinfektion mit Basamid-Granulat (Dazomet), wobei man die üblicherweise verwendete Menge verdoppelt. Die halbe Aufwandmenge wird tief in den Boden eingefräst, der Rest wird oberflächlich gegeben und nur leicht eingearbeitet. Nach anschließender Wässerung muß man je nach Temperatur 14 Tage bis vier Wochen lang mit der Bestellung warten. Die Häuser müssen während dieser Zeit leer sein, dürfen also auch keine anderen Kulturen enthalten. Nach der Wartezeit führt man den Kressetest durch, um zu sehen, ob das Basamid schon abgebaut ist. Da eigentlich 60 bis 80 cm tief entseucht werden müßte, was aber praktisch unmöglich ist, wird es bei länger stehenden Kulturen durch Tiefwurzler immer Schäden geben. Eine chemische Entseuchung kann heute nur unter erschwerten Bedingungen durchgeführt werden. Mit einem Verbot der Anwendung ist in absehbarer Zeit zu rechnen.

Man muß sich darüber im klaren sein, daß im Erwerbsbetrieb immer wieder Gelegenheiten zur Infektion bestehen, und sei es durch die Schuhe von Mitarbeitern und Besuchern oder durch schlampig desinfiziertes Arbeitsgerät. Wannen mit Desinfektionsmittel am Hauseingang zur Reinigung der Schuhe sind zu empfehlen, ebenso Fußmatten, die mit Desinfektionsmittel-Lösung getränkt sind.

Einen enormen Fortschritt hat in dieser Hinsicht die Züchtung von fusariumtoleranten bzw. fusariumresistenten Sorten gebracht. Diese zwei unterschiedlichen Begriffe werden leider von den ausländischen Züchtern nicht ganz korrekt angewendet. Es gibt in bezug auf die Anfälligkeit für *Fusarium* keine international verbindliche Wertung, und deshalb sind die Angaben in den Katalogen der Stecklingslieferanten nicht absolut vergleichbar. Da es kaum Sorten gibt, die wirklich gegen alle Fusariumstämme resistent sind, spricht man besser von Fusariumtoleranz. Bei den Sortenübersichten in diesem Buch wurden aber die Angaben der jeweiligen Stecklingslieferanten übernommen. Teilweise wird die Widerstandsfähigkeit durch das Kürzel R ausgedrückt und zwar in drei Stufen, wobei RR eine bessere Toleranzstufe bezeichnet als R, RRR zeigt die höchste Abwehrstufe an. Andere Firmen geben vier Stufen im Wortlaut an wie »tolerant«, »resistent«, »ziemlich resistent« und »sehr resistent«. Wobei man sich darüber im klaren sein muß, daß hier das Wort »resistent« falsch gebraucht wird, entweder ist eine Pflanze völlig krankheitsfrei (resistent) oder sie ist nicht resistent. Eine »tolerante« Pflanze nimmt einen Befall hin, ohne Schaden zu nehmen. Die genannten Begriffe sind als Firmenangaben zu verstehen. Manchmal wird nach einem Punktesystem gearbeitet, wobei drei Punkte eine gute Resistenz bzw. Toleranz bedeuten (70 bis 85 %), zwei Punkte eine mäßige Resistenz (50 bis 70 %) und ein Punkt bedeutet wenig resistent (25 bis 50 %).

Das sind nur Beispiele, es gibt noch weitere unterschiedliche Klassifizierungen. Es liegt auf der Hand, daß es in den nächsten Jahren im Hinblick auf die Fusariumtoleranz bzw. Fusariumresistenz weitere Fortschritte geben wird.

Weitere Welkekrankheiten. Neben *Fusarium oxysporum* treten noch andere pilzliche und bakterielle Welkeerreger auf. Dazu gehören *Phialophora cinerescens*, *Pseudomonas caryophylli* und *Pectobacterium parthenii* var. *dianthicola*. Mit dem oben erwähnten *Fusarium* haben sie gemeinsam, daß sie ständig neue Pflanzen befallen, wenn sie einmal im Boden vorhanden sind, so daß ganze Bestände vernichtet werden.

Von den hier genannten Krankheiten kommt vor allem der Befall mit *Phialophora cinerescens* (wiederum ein Pilz) besonders häufig vor. In den letzten Jahrzehnten konnte der Erreger durch Testmethoden und gesunders Mutterpflanzenmaterial schon stark eingedämmt werden. Wie *Fusarium oxysporum* wandert der Pilz über die Wurzeln in die Wasserleitungsbahnen ein und breitet sich dort aus. Von einer befallenen Pflanze greift der Pilz schnell auf benachbarte Pflanzen über, man spricht von herdförmigem Auftreten. Die Gefährlichkeit wird verständlich, wenn man bedenkt, daß die Dampfsterilisation selbst bei bester Bodenvorbereitung kaum tiefer als 35 cm eindringt, daß aber andererseits die Erreger selbst in 75 cm Tiefe noch vorkommen können. (Hier zeigt sich wieder der Vorteil der Kultur auf Bankbeeten.) Sobald ein Krankheitsherd auftritt, muß eine intensive Bekämpfung mit einem systemisch wirkenden Fungizid (Benomyl) einsetzen. Die Welkekrankheit erkennt man daran, daß die Pflanzen von unten her gelb und dürr werden. Die Blätter färben sich beim Absterben rötlich-violett, allerdings nicht bei gelb- und orangeblühenden Sorten. Ein weiteres Indiz für einen Befall erhält man durch schräges Anschneiden des Stengelgrunds. Die Leitungsbahnen haben sich bei Befall gelb bis bräunlich verfärbt, im Gegensatz zu einem Befall durch Fußkrankheiten, wo die Basis weitgehend abfault.

Fußkrankheit. Mehrere Erreger können die Fußkrankheit oder Fußfäule hervorrufen, so *Fusarium roseum*, *Fusarium avenaceum*, *Fusarium culmorum*, *Rhizoctonia solani* und *Alternaria*-Arten. Bei dieser sehr weit verbreiteten Krankheit entstehen am Wurzelhals braune Stellen, und die Pflanze geht allmählich ein. Während die Welkekrankheiten die Leitungsbahnen befallen, breiten sich die Erreger der Fußkrankheiten meist über das äußere Zellgewebe aus. Gefährdet sind besonders Jungpflanzen, und eine Zunahme des Befalls ist während des Hochsommers zu vermerken. Kranke Pflanzen werden immer sofort entfernt. Die Krankheit befällt meist Pflanzen, die aus irgendeinem Grund geschwächt sind, sei es durch falsche Nährstoffzusammensetzung, ungünstige Bodenstruktur, hohen Nitratgehalt oder andere Faktoren. Auch einzelne Triebe können befallen werden, wenn der Erreger über Schnittflächen eindringen kann. Hier spielt die Prophylaxe eine große Rolle, optimale Kulturbedingungen stellen schon einen gewissen Schutz dar. Zu hohe Boden- und Luftfeuchtigkeit ist zu vermeiden. In diesem Zusammenhang muß auch noch einmal darauf hingewiesen werden, daß nicht zu tief gepflanzt werden darf! Die Krankheit breitet sich oberflächlich aus, deshalb ist eine Bekämpfung mit Fungiziden leichter als bei den Welkekrankheiten (Benomyl, Iprodion im Handelsprodukt Rovral).

Nelkenrost. Den Nelkenrost kennt jeder, der mit Nelken zu tun hat, selbst der Hobbygärtner. Erreger ist der Pilz *Uromyces dianthi*. Er befällt Pflanzen in jedem Wachstumsstadium. Auf den Blättern entstehen gelbgrün verfärbte Flecken und darauf wölben sich blattober- und unterseits rundliche oder längliche Pusteln, die Sporenlager, sogenannte Sporangien. Sie setzen beim Aufplatzen rötliches Sporenpulver frei. Sowohl über die Luft als auch durch Wasser werden die Sporen verbreitet. Nach der Infizierung eines Nelkenblattes dauert es etwa drei Wochen, bis wieder Sporen gebildet werden. Es ist wichtig, zu wissen, daß Rostsporen zum Keimen tropfendes Wasser benötigen. Dadurch kann schon durch die Kulturführung einem Befall vorgebeugt werden. Die Nelkenblätter müssen unbedingt trocken gehalten werden. Im Herbst und Frühjahr heizt man bei gleichzeitig leicht geöffneten Lüftungsklappen. Ehe die Lüftung ganz geschlossen wird, sollten die Heizungsrohre immer bereits etwas warm sein. Vorbeugend kann im Abstand von drei Wochen mit folgenden Fungiziden gespritzt werden: Polyram-Combi, Dithane Ultra (Wirkstoff Mancozeb). Bei dem letztgenannten Fungizid kann es allerdings zu Problemen bei Unterglaskulturen kommen. Ist ein Befall schon festgestellt, wird öfter (dreimal innerhalb von 14 Tagen) gespritzt. Vorhandener Rost wird dadurch nicht geheilt, aber nicht befallene Blätter werden geschützt.

Nelkenschwärze. Hier sind ebenfalls zwei Erreger zu nennen: *Heterosporium echinulatum* und *Alternaria dianthicola*. Wie auch andere Nelkenkrankheiten wird die Nelkenschwärze durch vermehrte Feuchtigkeit begünstigt. Sowohl auf den Stengeln als auch auf den Blätter bilden sich graubraune, rundliche Flecken mit violetter Umrandung. Besonders bei hoher Luftfeuchtigkeit kann die befallene Pflanze schnell dürr werden. Die vorbeugenden Maßnahmen sind die gleichen wie beim Nelkenrost. Gespritzt wird zum Beispiel mit Benomyl und Dichlofluanid (Handelsprodukt Euparen). Nicht in geöffnete Blüten spritzen!

Weitere Pilzkrankheiten. Es gibt noch eine ganze Reihe von Pilzerkrankungen bei den Nelken, sie spielen aber wirtschaftlich gesehen keine so große Rolle wie die bisher genannten. Zu erwähnen ist noch die Blütenfleckenkrankheit, Erreger *Botrytis cinerea*. Auch hier bedeutet allein eine niedrige Luftfeuchtigkeit eine vorbeugende Maßnahme. Die Bekämpfung erfolgt mit den Wirkstoffen Vinclozolin (Handelsprodukt Ronilan), Iprodion (Handelsprodukt Rovral), Benomyl, Thiram. Hin und wieder tritt Echter Mehltau auf. Eine chemische Bekämpfung kann mit Triforin oder Netzschwefel, beim Hobbygärtner auch mit

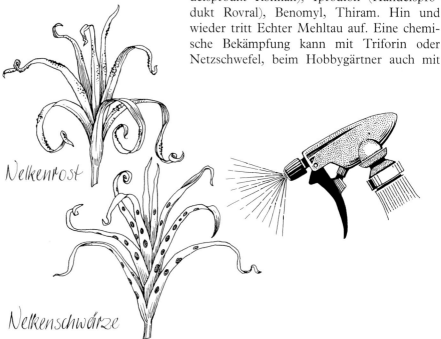

Nelkenrost

Nelkenschwärze

Triadimefon (Handelsprodukt Bayleton) erfolgen. Nicht in offene Blüten spritzen!

Viruserkrankungen

Ein Virusbefall kann nicht bekämpft werden, allein gesundes Stecklingsmaterial trägt zu virusfreien Beständen bei (Meristemvermehrung). Übertragen werden Viren auf mechanischem Weg, zum Beispiel durch den Pflanzensaft, der beim Stecklings- und Blumenschnitt an den Schnittmessern haften bleibt. Auch beim Ausputzen der Kulturen werden Viren unter Umständen übertragen. Ebenso übernehmen Blattläuse, die schließlich den Pflanzensaft aus den Zellen saugen, die Rolle des Virusüberträgers. Die Blattlausbekämpfung stellt also allein schon eine vorbeugende Maßnahme dar. Virosen sind nicht immer leicht zu erkennen, da mehrere Arten gleichzeitig, also gebündelt, auftreten können und sich die Symptome überdecken. Die wichtigsten Viren an Nelken sind:

Etched-Ring-Virose (Carnation etched ring). Ovale, längliche Ringe an jungen Blättern und Stielen, am besten im Frühling nachweisbar. Nicht mechanisch übertragbar, aber durch saugende Insekten. Schäden sind nur zu erwarten bei einer Kombination von Nelkenscheckung oder Ringfleckenkrankheit mit der Etched-Ring-Virose.

Nelkenscheckung (»Mottelvirus«, Carnation mottle). Mosaikartig gefärbte Blätter, meistens an alten Blättern stärker sichtbar. Beeinträchtigt die Produktion der Pflanzen und das Ausfärben der Blüten. Mechanisch durch Hände und Geräte übertragbar.

Ringfleckenkrankheit (Carnation ringspot). Aufgehellte Blattpartien, oft als konzentrierte Ringe und Ringflecken, absterbende Blattspitzen. Die Pflanzen wirken oft gestaucht, Blüten sind kleiner und blasser, die Produktivität geht zurück. Mechanisch übertragbar, wahrscheinlich keine Übertragung durch saugende Insekten.

Strichelkrankheit (Streak virus). Weiße, gelbbraune oder rötliche Linien oder Striche parallel zu den Blattadern, verstärkt auf alten Blättern sichtbar. Blütensymptome gibt es nicht, aber die Produktion wird beeinträchtigt. Mechanisch nicht übertragbar, wahrscheinlich Übertragung durch saugende Insekten.

Adernscheckung (Carnation vein mottle). Ähnliche Symptome wie bei der Nelkenscheckung, jedoch verläuft die Krankheit etwas anders. Ebenso gefährlich wie der Erreger der Nelkenscheckung, wird aber nur von saugenden Insekten übertragen, nicht mechanisch.

Neben den genannten Virosen, die entweder einzeln oder als Mischinfektionen auftreten können, gibt es noch folgende Virosen, die aber weniger schwerwiegende Folgen nach sich ziehen. Diese Virosen werden durch folgende Viren hervorgerufen: Carnation latent virus, Italian ringspot virus, Yellow fleck virus (nach Selecta Klemm).

Schadinsekten

Schädigungen sind durch Blattläuse, Thripse und durch die Rote Spinne zu befürchten. Die Bekämpfung erfolgt gezielt beim Auftreten eines Befalls. Lediglich bei den Thripsen müssen vorbeugende Maßnahmen ergriffen werden, da der Befall nicht vor dem Öffnen der Blüten sichtbar wird. Die Rote Spinne wird zum Beispiel mit Dimethoat (Handelsprodukt Perfekthion) bekämpft. Läuse und Thripse erreicht man mit Dimethoat, Parathion (E 605), Propoxur (Unden), Heptenophos (Hostaquick), Deltamethrin (Decis flüssig) oder Omethoat (Folimat). Edelnelken darf man nicht kurz vor dem Schnitt spritzen! Eine Blattlausbekämpfung ist auch – zumindest im Hobbygarten – durch Nikotin möglich, oder man setzt gegen resistent gewordene Blattläuse Methomyl (Lannate 25-WP) ein. Die Gebrauchsanweisungen der Pflanzenschutzmittel-Hersteller sind genau zu beachten, schon um Schäden beim Anwender auszuschließen.

Nelken-Kaleidoskop

Nelken auf Briefmarken

Im Vergleich mit anderen Gattungen hält sich die Wiedergabe von Nelken auf Briefmarken in Grenzen. Der Motivsammler wird aber trotzdem allerlei entdecken, wenn auch aus botanischer Sicht nur ein kleiner Ausschnitt aus dem Artenspektrum auf diesen kleinen Kunstwerken zu erhalten ist. Überwiegend handelt es sich bei den Wiedergaben um Edelnelken.

Eine ganze Briefmarkenserie hat nur Albanien der Nelke gewidmet, wobei die in diesem Land vorhandenen zahlreichen Wildarten – bedingt durch das für diese Gattung günstige Klima – wohl mit dazu beigetragen haben. Auf den Marken sind auch zwei Arten zu finden, die aus gärtnerischer Sicht eine Rolle spielen – *Dianthus alpinus* und *Dianthus chinensis*. Eine ältere tschechische 3-Heller-Marke zeigt *Dianthus glacialis*. Schwieriger zu benennen ist das Nelkenmotiv einer Marke aus Andorra. Die nicht näher bezeichnete Abbildung könnte eine Heidenelke *(Dianthus deltoides)* wiedergeben. Eine 3-Lire-Marke aus San Marino zeigt eine einfachblühende *Dianthus plumarius*. Fündiger wird man bei den Nelken Rumäniens. Eine 20-Bani-Marke aus dem Jahre 1961 gibt *Dianthus callizonus* wieder, eine 40-Bani-Marke von 1972 *Dianthus carthusianorum*, und eine 3,6-Lei-Marke zeigt sehr schön *Dianthus spiculifolius*. Nelkenmarken der Sowjetunion gibt es auch. Eine 1974 erschienene 12-Kopeken-Marke trägt das Bild von *Dianthus versicolor*, und eine 3-Kopeken-Marke aus dem Jahr 1977 gibt eine schwer einzuordnende Wildnelke wieder.

Alle anderen Marken zeigen Edelnelken als Einzelpflanze, als Strauß oder in Kombination mit anderen Pflanzen. Die anfangs erwähnte albanische Nelkenserie bringt alleine vier Marken mit Edelnelken, und in einer anderen Blumenserie dieses Landes ist noch einmal ein Edelnelkenmotiv vertreten. Italien, Libyen, Jersey (Großbritannien), Algerien, DDR, Sowjetunion, Marokko, Gabun, Polen, Taiwan, Kuba und Schardscha (Sharjah) innerhalb der Vereinigten Arabischen Emirate widmeten den Edelnelken eine oder mehrere Briefmarken.

Schwierig wird es, wenn das Motiv zu sehr stilisiert ist und eine eindeutige Einordnung nicht oder nur schwer möglich ist. So kann hinter der 50-Rappen-Marke des Fürstentums Liechtenstein *Dianthus plumarius*, *Dianthus superbus* oder *Dianthus monspessulanus* vermutet werden.

Auf alle Fälle ist das Sammeln von Motiven, die Anlage einer Art kleiner »Papiergärtnerei« ein nettes Hobby, das einem diese liebenswerte Gattung nahebringen kann.

Nelkenmarmelade

Nelken werden bekanntlich wegen ihrer großen Farbskala oder wegen ihres Duftes im Garten angebaut. Eine weitere Verwendungsart ist weniger bekannt, und man muß sich fragen, ob sie überhaupt heute noch üblich ist: Es handelt sich um Nelken als Aromageber für Nahrungsmittel, speziell Edelnelken eignen sich dafür. Das Rezept lautet wie folgt: Man benötigt ein halbes Pfund Zucker, eine Tasse Wasser und ein halbes Pfund frische, rote Edelnelken. Die roten Blüten ohne Kelch werden in einem Mörser zerstampft, während der Zucker mit dem Wasser in einem Kochtopf zu

Sirup gekocht wird, in den dann die zerstampfte Nelkenmasse kommt. Unter ständigem Umrühren wird noch langsam weitergekocht, bis sich eine breiige Konsistenz ergibt. Anschließend wird der Brei in Gläser gefüllt. Ich selbst bin noch nicht in den Genuß einer solchen Marmelade gekommen. Vielleicht sind sogar Geschmacksvariationen durch Hinzufügen unterschiedlicher Nelkenarten möglich? Die größte Schwierigkeit bei dieser kulinarischen Spielerei dürfte sein, Edelnelken zu erhalten, die nicht mit Pflanzenschutzmitteln behandelt wurden.

Verzuckerte Nelken

Torten mit Nelkenblüten verzieren ist nicht gerade üblich, aber ohne weiteres möglich, wenn man einmal mit einer besonderen Dekoration aufwarten will. Für 20 Nelkenblüten werden 250 g Zucker benötigt. Die Nelkenblüten blanchiert man kurz im kochenden Wasser und läßt sie sorgfältig abtropfen. Der Zucker wird mit etwas Wasser zum Kochen gebracht, bis er Blasen wirft. Das ist der richtige Zeitpunkt, um die blanchierten Nelken einzutauchen, wobei man das Ganze noch einen Augenblick kochen läßt. Ist der Zucker wieder trocken geworden, so daß er sich anfassen läßt, wird jede Nelke vorsichtig aus der Zuckerverkrustung herausgenommen und zum Erstarren auf Pergamentpapier gelegt.

Das Färben von Nelken

Es gibt wenige Zierpflanzengattungen, die eine so große Farbpalette aufweisen wie die Nelken, speziell die Züchtungen. Was fehlt, sind reine Blautöne wie Himmelblau, Azurblau, Türkis und ähnliche Nuancen. Obwohl man eigentlich meinen müßte, die natürlich vorhandene Farbskala würde schon genügen, werden weiße Nelken eingefärbt, wobei für die Färbung die genannten Blautöne und auch Orange mit an erster Stelle liegen. In den USA stehen sogar weiße Edelnelken an der Spitze der Produktion – um sie später einzufärben. Bei uns ist diese Methode nach einem gewissen Boom vor einigen Jahren wieder etwas zurückgegangen. Laien erkennen die gefärbten Nelken oft kaum, und wenn, dann würden sie sie nicht unbedingt kaufen wollen.

Zum Färben eignen sich organische, voll wasserlösliche Farben. Günstig ist es dabei, nicht völlig wassergesättigte Blumen zu verwenden. Leicht angewelkte saugen sich schneller voll, und der Färbevorgang wird dadurch etwas verkürzt. Allgemein genügen drei bis fünf Stunden Färbezeit. Die Färbelösung sollte dabei eine Konzentration von 10 g löslichem Farbstoff auf 1 l Wasser haben. Kommen die Nelken nach dem Färbevorgang anschließend in normales Wasser, setzt sich der Färbevorgang noch weiter fort, da der in den Leitungsbahnen vorhandene Farbstoff noch zur Blüte hochsteigt und so eine weitere Ausfärbung ermöglicht. Selbstverständlich verteilt sich der Farbstoff über die gesamte Pflanze, nicht nur über die Blüte, doch wird dieser in den chlorophyllhaltigen Teilen vom Blattgrün überdeckt. In den Blüten, in denen die Leitungsbahnen enden, konzentrieren sich die mit dem Wasserstrom transportierten Farben, die ja nicht mitverdunsten können. Besonders verstärkt sich die Ausfärbung an den Rändern der Kronblätter, aber auch – was weniger erwünscht ist – in der Umgebung von Verletzungen. Allgemein kann gesagt werden, daß intensives Färben die Haltbarkeit etwas vermindert.

Während mit den wasserlöslichen, organischen Farbstoffen eine Färbung von innen her über die Saftbahnen erfolgt, gibt es eine weitere Methode, bei der nur die an der Oberfläche der Kronblätter befindliche wachsartige Schicht eingefärbt wird. Hier muß mit organischen Lösungsmitteln gearbeitet werden, beispielsweise mit Azeton. Der im Unterschied zur zuerst beschriebenen Methode nicht wasserlösliche Farbstoff wird in Azeton gelöst (3 g Farbstoff auf 1 l Azeton). In diese Farbstofflösung werden die Blütenköpfe getaucht und anschließend mit Wasser abgespült. Ohne dieses Nachwaschen wird die Blüte geschädigt. Farben, die sich hierfür eignen, sind beispielsweise die Sudanfarbstoffe, die auch in vielen anderen Bereichen der Industrie Verwendung finden. Mit einem Liter Farblösung lassen sich auf diese Art etwa 500 Standardnelken einfärben. Ob sich der Aufwand lohnt, ist eine rein kalkulatorische Frage, die jeder Betrieb für sich vorher durchleuchten muß. Diese zweite Methode ist wegen der Verwendung organischer Lösungsmittel als weniger umweltfreundlich einzuschätzen als das zuerst genannte Verfahren. Die starke Geruchsbelästigung kommt hinzu.

Ein umfangreiches Farbensortiment an Saug- und Tauchfarben führt die Firma Fritz Sprotte, Friedrichstraße 235, 1000 Berlin 61. Die Saugfarben (untereinander mischbar) werden folgendermaßen angewendet: Für das Saugverfahren werden etwa 5 bis 10 g Farbe in 1 bis 2 l kochendem Wasser gelöst und anschließend wird je nach gewünschter Intensität mit 5 bis 10 l kaltem Wasser aufgefüllt. Die vorher einige Stunden ohne Wasser lagernden Blumen werden angeschnitten und in die Farblösung gestellt, bis der gewünschte Farbton erreicht ist. Tauchfarben liefert die Firma Sprotte gebrauchsfertig in flüssiger Konsistenz. Die Blumen werden kurz in das Konzentrat getaucht und anschließend zweimal mit klarem kaltem Wasser nachgespült. Die Nelken müssen vor dem Tauchvorgang einige Stunden in Wasser gestanden haben, und die Blüten müssen trocken sein. Werden hellere Farben gewünscht, kann mit Brennspiritus verdünnt werden, wobei man dann bis zum Färben etwa fünf Minuten warten muß.

Frischhaltemittel

Einen großen Vorteil bieten Nelken als Schnittblumen durch ihre gute Haltbarkeit erstens beim Versand, zweitens in der Vase. Blumenfrischhaltemittel verbessern die gute Vasenhaltbarkeit noch, sowohl beim Floristen als auch beim Käufer zu Hause. Schnittnelken atmen verhältnismäßig intensiv, und damit ist ein hoher Zuckerverbrauch verbunden. Nach einiger Zeit haben sich im geschnittenen Stiel die eigenen Vorratsstoffe erschöpft, was sich eben unter anderem durch das Welken der Blüten äußert. Frischhaltemittel wirken dem entgegen. Sie zeigen aber eine Mehrfachwirkung. Außer einer zusätzlichen Ernährung der Schnittblume verhindern sie Fäulnisbildung durch Mikroorganismen, bremsen den gesamten Stoffwechsel, setzen die Verdunstung durch Verengung der Spaltöffnungen herab und hemmen die Bildung von Ethylen.

Normalerweise wird man käufliche gebrauchsfertige Frischhaltemittel verwenden, wobei es allerdings unterschiedliche Erfolge bei den einzelnen Pflanzengattungen gibt. Ein »Hausmittel« kann man auch selbst aus 20 g Zucker, 50 mg Hydroxychinolinsulfat und 1 mg Kupfervitriol (Kupfersulfat) herstellen. Diese Stoffe werden in einem Liter Wasser gelöst. Die Haltbarkeitsdauer erhöht sich durch Zugabe von Frischhaltemitteln um durchschnittlich 60 % gegenüber Nelken in normalem Leitungswasser.

Verzeichnisse

Synonyme Bezeichnungen und sonstige ungültige Namen

Dianthus acaulis. Ohne botanisch-systematische Berechtigung.

Dianthus achtarovii Stoj. et Kitanov = *Dianthus gracilis* ssp. *achtarovii* (Stoj. et Kitanov) Tutin

Dianthus aciphyllus Sieber ex Ser. = *Dianthus juniperinus* Sm.

Dianthus acuminatus Rouy = *Dianthus pungens* L.

Dianthus albanicus Wettst. = *Dianthus gracilis* ssp. *armerioides* (Griseb.) Tutin

Dianthus alpester Balb. = *Dianthus furcatus* Balb.

Dianthus alpestris Balb. = *Dianthus furcatus* Balb.

Dianthus alpinus All. = *Dianthus pavonius* Tausch

Dianthus androsaceus (Boiss. et Heldr.) Hayek = *Dianthus pinifolius* Sibth. et Sm.

Dianthus andrzejowskianus (Zapal.) Kulcz. = *Dianthus capitatus* ssp. *andrzejowskianus* Zapal.

Dianthus armeriastrum Wolfner = *Dianthus armeria* ssp. *armeriastrum* (Wolfner) Velen.

Dianthus athos Rech. fil. = *Dianthus gracilis* ssp. *friwaldskyanus* (Boiss.) Tutin

Dianthus atrococcineus. Ohne botanisch-systematische Berechtigung, bezeichnet Kultivare von *Dianthus barbatus* und von *Dianthus latifolius*

Dianthus atropurpureus = Kultivar von *Dianthus latifolius*

Dianthus atrorubens All. = *Dianthus carthusianorum* ssp. *atrorubens* (All.) Persoon

Dianthus atrosanguineus = Kultivar von *Dianthus barbatus*

Dianthus attenuatus Sm. = *Dianthus pyrenaicus* Pourret

Dianthus balbisii Ser. = *Dianthus ferrugineus* Miller

Dianthus banaticus (Heuff.) Borbas = *Dianthus giganteus* ssp. *banaticus* (Heuff.) Tutin

Dianthus barbatus var. *japonicus* (Thunb.) Yatabe = *Dianthus japonicus* Thunb.

Dianthus barbatus var. *shinanensis* Yatabe = *Dianthus shinanensis* (Yatabe) Makino

Dianthus bebius Vis. = *Dianthus petraeus* ssp. *simonkaianus* (Peterfi) Tutin

Dianthus benearensis Loret = *Dianthus furcatus* Balb.

Dianthus bicolor Adams = *Dianthus seguieri* Vill.

Dianthus bicolor Bieb. = *Dianthus marschallii* Schischkin

Dianthus blandus (Rchb.) Hayek = *Dianthus plumarius* L.

Dianthus boissieri Willk. = *Dianthus sylvestris* Wulfen

Dianthus borussicus Vierh. = *Dianthus arenarius* ssp. *borussicus* (Vierh.) Kleopow

Dianthus brachyanthus Boiss. = *Dianthus subacaulis* Vill. (Andere Angaben verweisen auf *Dianthus strictus* Banks et Solander)

Dianthus broteri Boiss. et Reut. = *Dianthus malacitanus* Haenseler ex Boiss.

Dianthus bukovinensis Klokov = *Dianthus carthusianorum* L.

Dianthus caesius Sm. = *Dianthus gratianopolitanus* Vill.

Dianthus capillifrons (Borbas) Neumayer = *Dianthus carthusianorum* L.

Dianthus capitellatus Klokov = *Dianthus borbasii* ssp. *capitellatus* (Klokov) Tutin

Dianthus carpaticus Woloszczak = *Dianthus carthusianorum* L.

Dianthus caucasicus Sm. = *Dianthus seguieri* Vill.

Dianthus chalcidicus Halacsy = *Dianthus diffusus* Sibth. et Sm.

Dianthus charidemii Pau = *Dianthus cintranus* ssp. *charidemii* (Pau) Tutin

Dianthus chinensis var. *heddewigii* = *Dianthus chinensis* L.

Dianthus cinnabarinus Sprun. ex Boiss. = *Dianthus subacaulis* Vill.

Dianthus compactus Kit. = *Dianthus barbatus* ssp. *compactus* (Kit.) Heuffel

Dianthus corsicus. Ohne botanisch-systematische Berechtigung

Dianthus croaticus Borbas = *Dianthus giganteus* ssp. *croaticus* (Borbas) Tutin

Dianthus cutandae (Pau) Pau = *Dianthus scaber* ssp. *cutandae* (Pau) Tutin

Dianthus dalmaticus Celak. = *Dianthus ciliatus* ssp. *dalmaticus* (Celak.) Hayek

Dianthus desertii Prodan = *Dianthus trifasciculatus* ssp. *desertii* (Prodan) Tutin

Dianthus diutinus Reichenb. non Kit. = *Dianthus pontederae* Kerner

Dianthus epirotus Halacsy = *Dianthus armeria* L.

Dianthus erinaceus Boiss. = *Dianthus webbianus* Vis.

Dianthus euponticus sensu Schischkin, non Zapal. = *Dianthus membranaceus* Borbas

Dianthus euponticus Zapal. = *Dianthus trifasciculatus* ssp. *euponticus* (Zapal.) Kleopow

Dianthus fallens Timb.-Lagr. = *Dianthus furcalus* Balb.

Dianthus fimbriatus Bieb. = *Dianthus orientalis* Adams

Dianthus frigidus Kit. = *Dianthus sylvestris* var. *frigidus* (Kit.) F.N. Williams

Dianthus friwaldskyanus Boiss. = *Dianthus gracilis* ssp. *friwaldskyanus* (Boiss.) Tutin

Dianthus gaditanus Boiss. = *Dianthus cintranus* ssp. *cintranus* Boiss. et Reuter

Dianthus gasparrinii Guss. = *Dianthus sylvestris* ssp. *siculus* (C. Presl) Tutin

Dianthus gautieri Sennen = *Dianthus seguieri* ssp. *gautieri* (Sennen) Tutin

Dianthus gelidus Schott. Nym. et Kotschy = *Dianthus glacialis* ssp. *gelidus* (Schott, Nym. et Kotschy) Tutin

Dianthus geminiflorus Loisel. = *Dianthus furcatus* ssp. *geminiflorus* (Loisel.) Tutin

Dianthus geticus Kulcz. = *Dianthus stenopetalus* Griseb.

Dianthus giganteiformis Borbas = *Dianthus pontederae* ssp. *giganteiformis* (Borbas) Soo

Dianthus girardini Lamotte = *Dianthus barbatus* L.

Dianthus glabrisculus (Kitanov) Borbas = *Dianthus collinus* ssp. *glabrisculus* (Kit.) Soo

Dianthus glutinosus Boiss. et Heldr. = *Dianthus diffusus* Sibth. et Sm.

Dianthus graveolens. Ohne botanisch-systematische Berechtigung

Dianthus granadensis Pau ex Chabal. = *Dianthus subacaulis* Vill.

Dianthus grisebachii Boiss. = *Dianthus corymbosus* Sibth. et Sm.

Dianthus gyspergerae Rouy = *Dianthus furcatus* ssp. *gyspergerae* (Rouy) Burnat ex Briq.

Dianthus haynaldianus Borbas = *Dianthus giganteus* ssp. *haynaldianus* (Borbas) Tutin

Dianthus hirtus Vill. = *Dianthus scaber* Chaix

Dianthus holzmannianus Heldr. et Hauskn. = *Dianthus cruentus* Griseb.

Dianthus hoppei Portenschl. = *Dianthus plumarius* L.

Dianthus hyalolepis Acht. et Lindt. = *Dianthus brachyzonus* Borbas et Form.

Dianthus hyssopifolius L. pro parte (teilweise) = *Dianthus monspessulanus* L.

Dianthus inodorus (L.) Gaertn. = *Dianthus sylvestris* Wulfen

Dianthus integer Vis. = *Dianthus petraeus* ssp. *integer* (Vis.) Tutin

Dianthus intermedius Boiss. = *Dianthus cruentus* Griseb.

Dianthus kitaibelii Janka = *Dianthus petraeus* ssp. *petraeus* Wald. et Kit.

Dianthus kladovanus Degen = *Dianthus ponte-derae* ssp. *kladovanus* (Degen) Stoj. et Acht.

Dianthus laciniatus. Ohne botanisch-systematische Berechtigung, manchmal gebraucht für eine Sorte von *Dianthus chinensis*

Dianthus lateritius Halacsy = *Dianthus cruentus* Griseb.

Dianthus leptopetalus auct. non Willd. = *Dianthus lanceolatus* Steven ex Reichenb.

Dianthus lereschei = *Dianthus furcatus* Balb. 'Lereschei'

Dianthus leucophoeniceus Dörfler et Hayek = *Dianthus giganteus* ssp. *leucophoeniceus* (Dörfler et Hayek) Tutin

Dianthus liburnicus Bartl. = *Dianthus ferrugineus* ssp. *liburnicus* (Bartl.) Tutin

Dianthus lilacinus Boiss. et Heldr. = *Dianthus pinifolius* Sibth. et Sm.

Dianthus longicalycinus = *Dianthus superbus* f. *longicalycinus* Maxim. = *Dianthus superbus* var. *longicalycinus* (Maxim.) Williams

Dianthus longicalyx Miq. = *Dianthus superbus* var. *longicalycinus* (Maxim.) Williams

Dianthus longicaulis Ten. = *Dianthus sylvestris* ssp. *oertisceus* Rech. fil.

Dianthus lusitanicus = *Dianthus lusitanus*

Dianthus lydus sensu Hayek = *Dianthus pinifolius* Sibth. et Sm.

Dianthus maeoticus Klokov = *Dianthus pallidiflorus* Ser.

Dianthus mariae Klokov = *Dianthus fischeri* Sprengel

Dianthus maritimus Rouy = *Dianthus pyrenaicus* Pourret

Dianthus marsicus Ten. = *Dianthus monspessulanus* ssp. *marsicus* (Ten.) Novak

Dianthus membranaceus sensu Stoj. et Stefanov, non Borbas = *Dianthus dobrogenensis* Prodan

Dianthus monspessulanus var. *sternbergii* (Sieber ex Kerner) Parl. = *Dianthus monspessulanus* ssp. *sternbergii* (Sieber ex Kerner) Hegi

Dianthus multiceps Costa ex Willk. = *Dianthus cintranus* ssp. *multiceps* (Costa ex Willk.) Tutin

Dianthus multipunctatus Ser. = *Dianthus strictus* Banks et Solander

Dianthus musalae (Velen.) Velen. = *Dianthus microlepis* var. *musalae* Velen.

Dianthus neglectus auct. hisp., non Loisel. = *Dianthus pavonius* Tausch

Dianthus neglectus Loisel. pro parte = *Dianthus pavonius* Tausch

Dianthus neilreichii Hayek = *Dianthus plumarius* L.

Dianthus nicolai Beck et Szysz. = *Dianthus petraeus* Waldst. et Kit.

Dianthus nipponicus Mak. = *Dianthus japonicus* Thunb.

Dianthus nitidus sensu Boiss., non Waldst. = *Dianthus scardicus* Wettst.

Dianthus nodosus Tausch = *Dianthus sylvestris* ssp. *nodosus* (Tausch) Hayek

Dianthus noeanus auct. jugosl., non Boiss. = *Dianthus petraeus* ssp. *petraeus* Waldst. et Kit.

Dianthus noeanus Boiss. = *Dianthus petraeus* ssp. *noeanus* (Boiss.) Tutin

Dianthus oreadum Hance = *Dianthus superbus* var. *longicalycinus* (Maxim.) Williams

Dianthus pancicii Velen. = *Dianthus tristis* Velen.

Dianthus parnassicus Boiss. et Heldr. = *Dianthus viscidus* Bory et Chaub.

Dianthus peristeri. Ohne botanisch-systematische Berechtigung, manchmal für *Dianthus myrtinervius* gebraucht.

Dianthus piatra-neamtzui Prodan = *Dianthus collinus* ssp. *glabriusculus* (Kit.) Soo

Dianthus pindicola Vierh. = *Dianthus haemtocalyx* ssp. *pindicola* (Vierh.) Hayek

Dianthus polonicus Zapal. = *Dianthus carthusianorum* L.

Dianthus praecox Kit. ex Willd. = *Dianthus plumarius* var. *praecox* (Kit. ex Willd.) Hayek

Dianthus prenjus G. Beck = *Dianthus petraeus* Waldst. et Kit.

Dianthus prolifer = *Petrorhagia prolifera* (L.) P. W. Ball et Heyw.

Dianthus pruinosus Boiss et Orph. = *Dianthus*

haematocalyx ssp. *pruinosus* (Boiss. et Orph.) Hayek

Dianthus pseudobarbatus Besser ex Reichenb. = *Dianthus trifasciculatus* ssp. *euponticus* (Zapal.) Kleopow

Dianthus pseudogrisebachii Grec. = *Dianthus guttatus* Bieb.

Dianthus pseudoserotinus Blocki = *Dianthus arenarius* ssp. *pseudoserotinus* (Blocki) Tutin

Dianthus pseudosquarrosus Novak = *Dianthus arenarius* ssp. *pseudosquarrosus* (Novak) Kleopow

Dianthus pubescens Sibth. et Sm. = *Dianthus diffusus* Sibth. et Sm.

Dianthus purpureoluteus Velen. = *Dianthus roseoluteus* Velen.

Dianthus racovitzae Prodan = *Dianthus pratensis* ssp. *racovitzae* (Prodan) Tutin

Dianthus rehmannii Blocki = *Dianthus membranaceus* Borbas

Dianthus requienii Gren. et Godron = *Dianthus furcatus* Balb.

Dianthus requienii sensu Willk. pro parte, non Gren et Godron = *Dianthus pyrenaicus* Pourret

Dianthus rhodopeus Davidov = *Dianthus pinifolius* Sibth. et Sm.

Dianthus rhodopeus Velen. = *Dianthus leptopetalus* Willd.

Dianthus rogowiczii Kleopow = *Dianthus carthusianorum* L.

Dianthus ruprechtii Schischkin = Gehört zum *Dianthus carthusianorum*-Komplex, botanisch-systematische Berechtigung fraglich

Dianthus samaritianii Heldr. et Halacsy = *Dianthus biflorus* Sibth. et Sm.

Dianthus sanguineus Vis. = *Dianthus carthusianorum* L.

Dianthus scoticus. Ohne botanisch-systematische Berechtigung. Für eine Kulturform von *Dianthus plumarius* verwendet

Dianthus seguieri ssp. *sylvaticus* (Hoppe) Hegi = *Dianthus seguieri* ssp. *glaber* Celak.

Dianthus semperflorens. Ohne botanisch-systematische Berechtigung

Dianthus serbanii Prodan = *Dianthus campestris* Bieb.

Dianthus serratus Lapeyr. = *Dianthus pungens* L.?

Dianthus serulis Kulcz. = *Dianthus pinifolius* Sibth. et Sm.

Dianthus sibthorpii Vierh. = *Dianthus haematocalyx* ssp. *sibthorpii* (Vierh.) Hayek

Dianthus siculus C. Presl. = *Dianthus sylvestris* ssp. *siculus* (C. Presl.) Tutin

Dianthus simonkaianus Peterfi = *Dianthus petraeus* ssp. *simonkaianus* (Peterfi) Tutin

Dianthus simulans Stoj. et Stef. = *Dianthus gracilis* 'Simulans'

Dianthus sinensis Link = *Dianthus chinensis* L.

Dianthus speciosus Reichenb. = *Dianthus superbus* ssp. *speciosus* (Reichenb.) Pawl.

Dianthus spectabilis. Ohne botanisch-systematische Berechtigung

Dianthus stenocalyx Juz. = *Dianthus superbus* ssp. *stenocalyx* (Trautv.) Kleopow

Dianthus sternbergii (Sieber) Parl. ex Hegi = *Dianthus monspessulanus* ssp. *sternbergii* Hegi

Dianthus strictus auct., non Banks et Solander, nec Sibth. et Sm. = *Dianthus petraeus* Waldst. et Kit.

Dianthus suavis Willd. = *Dianthus gratianopolitanus* Vill.

Dianthus suendermannii Bornm. = *Dianthus petraeus* Waldst. et Kit.

Dianthus superbus f. *longicalycinus* Maxim. = *Dianthus superbus* var. *longicalycinus* (Maxim.) Williams

Dianthus superbus var. *monticola* Makino = *Dianthus superbus* var. *speciosus* Reichenb.

Dianthus suskalovicii Adamovic = *Dianthus gracilis* ssp. *armerioides* (Griseb.) Tutin

Dianthus sylvaticus Hoppe = *Dianthus seguieri* Vill.

Dianthus tatrae Borbas = *Dianthus plumarius* var. *albiflorus* Schur

Dianthus tener Balb. = *Dianthus furcatus* ssp. *tener* (Balb.) Tutin

Dianthus tenuiflorus Griseb. = *Dianthus corymbosus* Sibth. et Sm.

Dianthus tergestinus (Reichenb.) Kerner = *Dianthus sylvestris* ssp. *tergestinus* (Reichenb.) Hayek

Dianthus toletanus Boiss et Reuter = *Dianthus scaber* ssp. *toletanus* (Boiss. et Reuter) Tutin

Dianthus trifidus. Ohne botanisch-systematische Berechtigung

Dianthus turcicus Velen. = *Dianthus cruentus* ssp. *turcicus* (Velen.) Stoj et Acht.

Dianthus turolensis Pau = *Dianthus algetanus* Graells ex F.N. Williams

Dianthus tymphresteus (Boiss. et Spruner) Heldr. et Sart. ex Boiss. = *Dianthus corymbosus* Sibth. et Sm.

Dianthus urziceniensis Prodan = *Dianthus pontederae* Kerner

Dianthus vaginatus Chaix = *Dianthus carthusianorum* L.

Dianthus valentinus Willk. = *Dianthus malacitanus* Haenseler ex Boiss.

Dianthus velebiticus Borbas = *Dianthus carthusianorum* L.

Dianthus velutinus Guss. = *Petrorhagia velutina* (Guss.) P.W. Ball et Heywood

Dianthus ventricosus Heldr. = *Dianthus haematocalyx* ssp. *sibthorpii* (Vierh.) Hayek

Dianthus virgineus Gren. et Godron = *Dianthus sylvestris* Gren. et Godron

Dianthus viscidus sensu Hayek pro parte, non Bory et Chaub. = *Dianthus corymbosus* Sibth. et Sm.

Dianthus vulturius Guss. et Ten. = *Dianthus ferrugineus* ssp. *vulturius* (Guss. et Ten.) Tutin

Dianthus waldsteinii Sternb. = *Dianthus monspessulanus* ssp. *sternbergii* (Sieber ex Kerner) Hegi

Dianthus xanthianus Davidov = *Dianthus gracilis* ssp. *xanthianus* (Davidov) Tutin

Dianthus zernyi Hayek = *Dianthus pelviformis* Heuffel

Nelkenfachsprache

Amerikanische Nelken = Ab der Jahrhundertwende übliche Bezeichnung für die jetzt als Edelnelken bekannten *Dianthus caryophyllus*-Hybriden. (1895 kamen die ersten in den USA gezüchteten Sorten nach Europa.)

Bartnelken = Sorten von *Dianthus barbatus*. Meist werden Bartnelken zweijährig kultiviert, neuerdings gibt es auch Sorten für eine einjährige Kultur.

Border Pink = Englische Bezeichnung für *Dianthus plumarius*-Hybriden (Federnelken-Hybriden), da diese dort besonders für Einfassungen und Randbepflanzungen von Staudenrabatten Verwendung finden.

Carnations = Englische Bezeichnung für *Dianthus caryophyllus*-Hybriden, insbesondere für die als Edelnelken bekannte Gruppe.

Caryophyllus-Komplex = Entgegen der Meinung vieler Autoren dürfte es doch keine echte *Dianthus caryophyllus* geben. Alle gefundenen und als Wildart angesehenen Typen scheinen Gartenflüchtlinge zu sein oder andere Arten. Da sich der Schleier kaum mehr lüften läßt, spricht man besser vom Caryophyllus-Komplex. Dazu rechnet man die folgenden Nelkenrassen, obwohl nicht alle auf diese frühen Hybriden von *Dianthus caryophyllus* zurückgehen: Landnelken, Granat- oder Grenadinnelken, Chornelken, Hängenelken, Margaretennelken, Malmaisonnelken, Rivieranelken, Chabaudnelken, Remontantnelken, Edelnelken.

Chabaudnelken = Ältere Nelkenrasse aus dem Caryophyllus-Komplex, 1892 entstanden. Chabaudnelken haben Edelnelken-ähnliche Blüten, sind samenvermehrbar und werden einjährig im Freiland oder im geschützten Anbau unter Leichtbaugewächshäusern kultiviert. Besonders die Riesen-Chabaudnelken des französischen Züchters Martin sind bekannt. In Kalifornien werden neuerdings Chabaudnelken zur Erhöhung der Fusariumresistenz mit Standardnelken gekreuzt (Züchter Carrier).

Cheddar Pink = Englische Bezeichnung für *Dianthus gratianopolitanus* (Pfingstnelken) und deren Hybriden. (Abgeleitet vom Cheddar-Käse.)

Chinesini-Nelken = Diese Gruppe steht den Diantini-Nelken nahe, sie geht im wesentlichen auf den italienischen Züchter Nobbio zurück. Bei ihrer Entstehung wurden Wildarten einbezogen, die außerhalb des Caryophyllus-Komplexes stehen.

Diantini-Nelken (Manchmal auch Dianthini-Nelken geschrieben) = Dieser neuere Nelkentyp umfaßt die Gruppen der Chinesini-, Mikro- (Micro-), Midi- und Mignonnelken. Diese Züchtungsprodukte italienischer Züchter entstanden meist unter Einbeziehung von Wildarten als Kreuzungspartner (wie *Dianthus chinensis, D. pancici, D. pontederae*).

Edelnelken = Der heutige Begriff Edelnelken ist nicht sehr alt. Im ersten Viertel unseres Jahrhunderts hießen sie noch »Amerikanische Nelken«. Die Zuchtrichtung unserer heutigen Rasse wurde in den USA begründet, nachdem ab 1852 die ersten französischen Nelken in der Nähe von New York (bei C. Marc) kultiviert wurden. 1856 folgten weitere Importe aus Frankreich, die den Grundstock für amerikanische Züchtungsarbeit legten.

Fringed Pink = Engl. Bezeichnung für die Prachtnelke *(Dianthus superbus)* und deren Hybriden.

Gebirgs-Hängenelken = Die alten echten Tiroler Gebirgs-Hängenelken rechnet man zu den Chornelken. Es sind mehrjährige, frostfrei zu überwinternde Pflanzen. Als Gebirgs-Hängenelken bezeichnet man aber auch verschiedene grünlaubige Nelken mit dicht gefüllten, blutroten Blüten auf schlanken Stielen, die herabhängen. Die Abstammung dieser Nelken ist umstritten, teils wurden sie auf *Dianthus carthusianorum*, teils auf *D. barbatus* und auf *D. seguieri f. montanus* zurückgeführt. Augenblicklich ist das Durcheinander noch größer, da Versandgärtnereien unverantwortlicherweise Sorten aus dem Caryophyllus-Komplex als Gebirgs-Hängenelken anbieten.

Grasblume = Alte Bezeichnung für Nelken, wahrscheinlich wegen ihrer grasartigen Belaubung. Diese Bezeichnung findet sich schon 1539 bei Bock (»Graßblum«).

Grenadinnelken (Granatnelke) = Uralte, aber immer wieder weiter verbesserte Rasse mit großen, gefüllten Blüten. Für den Schnitt von Ende Juni bis Ende Juli, also anschließend an die Ernte der 'Wiener Frühblühenden', geeignet.

Heddewigsnelken = Ältere Sorten (nicht F_1-Hybriden) der Chinesernelken *(Dianthus heddewigii)*.

Hybridnelken = Neue Standardnelken, die aus Kreuzungen von Mittelmeertypen (Rivieranelken) mit Sim-Sorten hervorgegangen sind.

Kaisernelken = Chinesernelken (Sorten von *Dianthus chinensis*).

Kelchschuppen = Wichtiges Unterscheidungsmerkmal bei Nelken. Es handelt sich um die den Kelch der einzelnen Blüte umgebenden Hochblätter (englisch: scales).

Kelchzähne = Wichtiges Unterscheidungsmerkmal der Nelkenarten. Ihre Form ist am oberen Teil der Infloreszenz-Hochblätter unterschiedlich ausgeprägt. (Der Kelch ist stets verwachsen.)

Landnelken = Winterharte, samenvermehrbare Nelkenrasse, primär für den Schnitt geeignet. Wird in Freilandkultur, meist im zweijährigen Rhythmus angebaut, beim Hobbygärtner kann sie auch länger stehen.

Maiden Pink = Englische Bezeichnung für die Heidenelke *(Dianthus deltoides)* und deren Sorten.

Malmaisonnelken = 1857 von Laisne in Lavallois aus der griechischen Strauchnelke *(Dianthus fruticosus)* gezüchtet. Diese Nelken waren zum Teil am Entstehen der Edelnelken beteiligt. Verschiedene Züchter brachten sie mit Remontantnelken zusammen, aus der Kreuzung gingen die sogenannten Pariser Nelken hervor. Derzeit wird unter dieser Bezeichnung oft Samen angeboten, aber es handelt sich um keinen Fall dabei um die original Malmaisonnelke.

Margaretennelken = Der Gärtner und Botaniker Carl Sprenger, der in der zweiten Hälfte des vergangenen Jahrhunderts auf Sizilien lebte, entdeckte eine krautig wachsende, remontierende Gartennelke von besonderer Schönheit. Diese kurzlebige, bereits im ersten Jahr blühende Nelke soll nach seiner Ansicht aus Kreuzungen älterer Gartennelken mit einigen in Sizilien wachsenden Wildarten entstanden sein. Verbessert kam sie als Margaretennelke in den Handel. Diese Nelke bildet wahrscheinlich den Vorläufer der Chabaudnelken.

Micronelken (auch Mikronelken) = Bezeichnung für eine zu den Diantini-Nelken gezählte Gruppe, die sich durch reiche Verzweigung und echte Miniaturblüten auszeichnet.

Miniaturnelken (Spraynelken) = Der amerikanische Züchter P. Thompson erzielte 1958 diese Nelkenrasse, die sich durch reiche Verzweigung auszeichnet. Die Ausgangssorte war 'Exquisite'.

Nägele = Alemannische Bezeichnung für Nelke.

Nägelken = Niederdeutsch für Nelke.

Nagerl = Oberbayerische Bezeichnung für Nelke.

Nalke = Niederschlesische Bezeichnung für Nelke.

Neue Standardnelken = Oft auch einfach als Hybridnelken bezeichnete Standardnelken-Neu-

züchtungen, die aus Kreuzungen zwischen Mittelmeertypen (Rivieranelken) und Sim-Sorten hervorgegangen sind.

Nilk = Niederdeutsche Bezeichnung für Nelken.

Nizzaer-Kind-Nelken = Auch als einjährige Remontantnelken bezeichnet. Sie besitzen die schönen Blüten der ganzrandigen Remontantnelken. Diese Rivieranelke ist gegenüber Herbstwitterung wenig empfindlich. Sie bringt zu fast 100% gefüllte Blüten. Die Kultur verläuft wie bei den Chabaudnelken.

Perpetual Flowering Carnations = Englische Bezeichnung für Edelnelken, die um 1820 entstanden sind und nicht nur einmal blühen. Vereinzelt wurde diese Bezeichnung auch schon vorher verwendet. Verstärkt trifft diese Bezeichnung in neuerer Zeit auf die Sim-Gruppe zu, die den Vorteil hat, daß sie während des ganzen Jahres Blüten produziert.

Picotees = Englische Bezeichnung für verschiedene zwei- und mehrfach gezeichnete Sorten von *Dianthus caryophyllus*-Hybriden (Carnations).

Remontantnelken = Diese Gruppe wird dem Franzosen Dalmais zugeschrieben, der um 1830 als Gärtner in Lyon lebte. Zu dieser Zeit gab es schon die Grenadinnelken, die er mit den damals bekannten herbstblühenden St. Martinsnelken kreuzte. Aus diesen beiden strauchigen Nelken entstanden in weiterer Zuchtarbeit bis 1845 die Remontantnelken. (Die so geschilderte Entstehung ist aber nicht voll verbürgt.) Es steht lediglich fest, daß diese Rasse nur zum Teil vom Caryophyllus-Komplex beeinflußt ist und teilweise auf *Dianthus suffruticosus* basiert, das Remontieren scheint sie aber eher von *D. gratianopolitanus* geerbt zu haben. Durch lange Zuchtarbeit entstanden daraus die Rivieranelken.

Rivieranelken = Alter Caryophyllus-Komplex. Diese Edelnelken entstanden in Südfrankreich und Norditalien. Ihre Entwicklung ist im Kapitel zur Geschichte der Edelnelken nachzulesen. Die Rivieranelken wurden allmählich durch die in den USA entstandenen Sim-Sorten verdrängt. Die Sorten mit ihrer genetischen Vielfalt blieben erhalten und führten durch Kreuzungen mit Sim-Nelken zu den neuen Standardnelken (Hybridnelken).

Sommernelken = Im engeren Sinne handelt es sich dabei um die Gartenformen von *Dianthus chinensis* (Chinensernelke, Kaisernelke, Heddewigsnelke).

Spraynelken = Miniaturnelken.

Spray = Die Bezeichnung leitet sich vom englischen Ausdruck für sprühen, zerstäuben ab und bezieht sich auf den Blütenstand der Miniaturnelken. Die Aussage »ein schöner Spray« meint eine reiche Verzweigung.

Standardnelken = Bezeichnung für großblumige Edelnelken.

Sweet William = Volkstümliche englische Bezeichnung für *Dianthus barbatus*-Hybriden (Bartnelken). Der Name geht zurück auf William den Eroberer und spielt auf den süßen Duft der Pflanze an.

Teneriffanelken = Neuere Topfsortenzüchtung (vegetative Vermehrung) mit unbekannter Herkunft. Wahrscheinlich entstanden sie aus Kreuzung mit polyploiden Wildarten *(Dianthus plumarius* × *D. hispanicus?)*.

Tige-de-Fer-Nelke = Landnelkenrasse mit besonders kräftigen Stielen (wörtlich übersetzt: »Eisenstieler«). Die zweijährige, samenvermehrbare, winterharte Freilandnelke bringt dicht gefüllte Blüten mit ganzrandigen Blütenblättern.

Topfchornelken = Diese Vorläufer der Edelnelken spielten vor 110 bis 185 Jahren eine große Rolle in der Nelken-Liebhaberei. Sie entstanden aus dem *Dianthus caryophyllus*-Komplex × *D. suffruticosus*. Sie haben ganzrandige Blütenblätter und sind in England heute noch vereinzelt anzutreffen.

Wiener Frühblühende Nelken = 30 bis 35 cm hohe, bereits von Mitte Juni an blühende, samenvermehrbare Nelkenrasse. Ihre zahlreichen, dichtgefüllten Blüten stehen an Größe den Landnelken nicht nach. Eignen sich als Topfnelken und für den frühen Blumenschnitt.

Xeromorphe Dianthus = Der Trockenheit angepaßte Nelkenarten.

Literaturverzeichnis

Allwood, M. C.: The Perpetual Flowering Carnations. The Cable Printing and Publishing Company. Ltd., London.

Allwood, M. C.: Carnations, Pinks and all Dianthus. Allwood Bros. Ltd., Haywards Heath, Sussex, England 1954.

Bailey, Liberty Hyde and Bailey, Ethel Zoe: Hortus Third. Macmillan Publishing, New York and Collier Macmillan Publishers, London 1976.

Bailey, S.: Perpetual Flowering Carnations. Faber and Faber, London 1971.

Belgrarer, W.: Amerikaans Anjers. W.B.B. Tjeenk Willink, Zwolle 1967.

Bird, R.: Carnations and Pinks. Marshall Cavendish Ltd., London 1988.

Böhmig, F., Chrobok, R.: Dianthus. J. Neumann-Neudamm, Melsungen 1963.

Brotherston, R.P.: The Book of the Carnations. John Lanc: The Bodley Head. London und New York 1903.

Carow, B.: Frischhalten von Schnittblumen. Verlag Eugen Ulmer, Stuttgart 1981, 2. Auflage.

Cook, E.T.: Carnations, Picotees and the wild Garden Pinks. George Newnes Ltd., Covent Garden 1905.

Cook, J.H.: Carnations and Pinks. J.C. and E.C.-Jaek, Edinburgh.

Deutscher Gartenbau. Themenheft Nelken. Heft 26, 1973. Verlag Eugen Ulmer, Stuttgart.

Escher, F.: Schnittblumenkulturen. Verlag Eugen Ulmer, Stuttgart 1983, 4. Auflage.

Flora Europaea, Band 1. Cambridge University Press 1964.

Galbally, J.: Border Carnations. W. H. & L. Collingridge Ltd., London 1910.

Ganslmeier, H., Henseler, K.: Schnittstauden. Verlag Eugen Ulmer, Stuttgart 1985.

Ganslmeier, H.: Beet- und Balkonpflanzen. Verlag Eugen Ulmer, Stuttgart 1987, 2. Auflage.

Genders, R.: Garden Pinks. The Garden Book Club, London 1962.

Hegi, G.: Illustrierte Flora von Mitteleuropa. Verlag Paul Parey, Berlin-Hamburg 1979.

Holley, W.D., Baker, R.: Carnation Production. Brown Co. Inc., Dubuque Iowa 1963.

Hoog, T.: Carnation, Pink, Auricula, Polyanthus.... Whittaker, Treacher and Co., London 1832.

Ingwersen, W.: The Dianthus. Collins, London 1949.

Jarratt, J.: Growing Carnations. Kangaroo Press Ltd., Kenthurst, Australien 1988.

Jelitto, L., W. Schacht, A. Fessler: Die Freiland-Schmuckstauden. Verlag Eugen Ulmer, Stuttgart 1985.

Langhans, R.L. (Hrsgb.): Carnations. New York. State Agric. Ext. Service 1961.

Mansfield, T.C.: Carnations In Color and Cultivation. Collins, London 1951.

McQuown, F.R.: Carnations and Pinks. David and Charles, Newton Abbot 1970.

Morton, R.J.: Perpetual Flowering Carnations. W.H. Collingridge Ltd., London 1953.

Münz, E. und Schupp, F.: Edelnelken. Paul Parey, Berlin 1952.

Münz, E., F. Schupp, K. Zimmer: Edelnelken. (Zweite völlig neubearbeitete Auflage von Prof. Dr. Karl Zimmer), Paul Parey, Berlin und Hamburg 1973, 2. Auflage.

Sanders T. W.: Carnations, Picotees and Pinks. W. H. & L. Collingridge Ltd., London 1966.

Stöhr, D.: Die Edelnelke. VEB Deutscher Landwirtschaftsverlag, Berlin 1983.

The National Carnation and Picotee Society: Carnation Manual. London, Paris und Melbourne 1897.

Ward, C.W.: The American Carnation. A.T. De La Mare Printing and Publishing Company, New York 1903.

Weguelin, H.W.: Carnations, Picotees and Pinks. W.H. and L. Colligridge, London 1905.

Whitehead, S.B.: Carnations Today. John Gifford LT, London 1956.

Zander, Handwörterbuch der Pflanzennamen. Neubearbeitet von Encke, F., Buchheim, G. und Seybold, S. Verlag Eugen Ulmer, Stuttgart 1984, 13. Auflage.

Diverse Kataloge und Unterlagen namhafter Nelkenfirmen.

Bezugsquellen

Samenlieferanten für Erwerbsgärtner

Diese Firmen sind allgemein nicht für eine Direktlieferung von Miniportionen an den Gartenliebhaber eingerichtet. Anfragen führen zu Mehrarbeit und Schwierigkeiten, der Hobbygärtner sollte dafür Verständnis haben. Eine Reihe der folgenden Firmen vertreibt Samen auch in kleinen »bunten« Portionstüten über den Samenfachhandel. Diese Firmen sind mit einem * versehen.

* Ernst Benary Samenzucht GmbH, Postfach 1127, 3510 Hannoversch Münden 4
Erfurter Samenzucht KG Weigelt & Co, Samen und Pflanzenzuchtbetrieb, Postfach 80, 6229 Walluf 1
* Hans Hoffmann KG, Samenzucht, Siegritzau 4, 8550 Forchheim
Jelitto Staudensamen, Postfach 560127, 2000 Hamburg 56
Hans Meisert Samenzucht und Großhandel GmbH und Co.KG, Postfach 51080, 3000 Hannover 51
* Bruno Nebelung GmbH und Co., Pflanzenzucht, Samenbau, Postfach 5569, 4400 Münster
Julius Wagner GmbH, Samenzucht, Samengroßhandel, Postfach 105880, 6900 Heidelberg 1
Walz Samen GmbH, Gartenmeister Ernst Walz, Postfach 301228, 7000 Stuttgart 30
Zwaan & Co. Samenzucht GmbH, Postfach 2180, 4190 Kleve

Samenlieferanten für Hobbygärtner

Allwood Bros. Ltd. Clayton Nursery, Hassocks, Sussex BN6 9LX, Großbritannien
Carl Sperling & Co, Postfach 2640, 2120 Lüneburg. ›Sperli‹-Samen. Bezug über den Fachhandel.
Thompson & Morgan, Vertretung Thyanotus Samen-Versand U. Siebers, Postfach 44-8109, 2800 Bremen 44
Albert Treppens und Co, Samengroßhandel, Friedrichstraße 231, 1000 Berlin 61. Liefert auch Großmengen für den Erwerbsgärtner.

Eine Reihe von Nelkensamen bietet auch der Versandhandel jährlich in seinen Frühjahrslisten an, die Firmen sind bei den Pflanzenlieferanten genannt. Selbstverständlich gibt es Nelkensamen in jedem Samenfachgeschäft, Gartencenter, Baumarkt usw.

Schwieriger wird es mit Samen von *Dianthus*-Arten. Einige ausländische Firmen bieten in mehr oder weniger großem Umfang solche Raritäten an. Zu diesen gehören:

Jack Drake, Inshriach Alpine Plant Nursery, Avimore, Inverness-Shire PH22 1QS, Scotland, Großbritannien
L. Kreeger, 91 Newton Wood Road, Ashtead, Surrey KT21 1NN, Großbritannien
Maver Rare Perennial Nursery, P.O. Box 18754, Seattle, WA 98118, USA
Potterton & Martin, The Cottage Nursery, Moortown Road, Nettleton, Caistor, Lincolnshire LN7 6HX, Großbritannien

Samen von selteneren *Dianthus*-Arten erhält man möglicherweise auch über die Mitgliedschaft in in- und ausländischen Pflanzenliebhaber-Gesellschaften, deren Interessengebiet auch die Gattung *Dianthus* mit einschließt:

Alpine Garten Society, c/o E.M. Upward, Lye-End Link, St. John's Woking, Surrey GU21 1SW, Großbritannien (Samentausch)
American Rock-Garden Society, Secretary: Buffy Parker, 15 Fairmentroad, Darien, CTO6820, USA (Samentausch)
Garden Club of B.C., Secretary: Kathi Leihsman, 620 King Georg Way, West Vancouver, B.C. V7S 153 (für 1986), Kanada (Samentausch)
Gesellschaft der Staudenfreunde e.V., Präsident Hermann Hald, Dörrenklingenweg 35, 7114 Untersteinbach (Samentausch)
Scottish Rock-Garden Club. Secretary: K.M. Gibb, 21 Merchiston Park, Edinburgh EH10 4PW, Scotland, Großbritannien (Samentausch)
Vancouver Island Rock and Alpine Garden Society, Secretary: P.O. Box 6507, Station C. Victoria, B.C. Y8P 5M4, Canada (Samentausch)

Es ist zu bedenken, daß sich die Anschriften ausländischer Gesellschaften oft ändern.

In manchen Fällen dürften den interessierten Spezialisten auch botanische Gärten weiter helfen. Schließlich muß noch auf den privaten Kontakt mit Gleichgesinnten hingewiesen werden, der durch die Mitgliedschaft in Pflanzenliebhaber-Gesellschaften oft ermöglicht wird und der zu einem privaten Samentausch führt.

Lieferanten von Edelnelkenstecklingen für den Erwerbsgärtner

Barberet & Blanc, 136, Bld. Kennedy-Bp 69, 06601 Antibes, Frankreich, bzw. Barberet & Blanc GmbH, Vertriebsgesellschaft für den nordeuropäischen Raum, Postfach 69, 5453 Horhausen

A. Bartels Nelken-Spezialkulturen, Staudenvermehrung, Hornweg 53, 1432 GD Aalsmeer, Niederlande

Steven Bailey Ltd. Carnations Specialist, Silver Street, Sway, Lymington, Hants. SO41 6ZA, Großbritannien

J.H. Hilverda B.V. Nelkenveredlung und -vermehrung, Postfach 8, 1430 AA Aalsmeer, Niederlande

Selecta Klemm KG Nelkenstecklinge, Selektions- und Vermehrungsbetrieb, Hanfäcker 8, 7000 Stuttgart 50

P. Kooij & Zoonen B.V. Nelken-Spezialkulturen, Selektions- und Vermehrungsbetrieb, Hornweg 132, 1432 GP Aalsmeer, Niederlande

M. Lek & Zoonen B. V., Nelkenstecklinge, Nieuwveens Jaagdpad 8, 2441 EG Nieuwveen, Niederlande

Gebr. Sieben oHG, Märzenbrückenweg 5, 8751 Sulzbach/Main (Jungpflanzen von Topfnelken-Züchtungen)

Van Staaveren, Postbus 265, 1430 AG Aalsmeer, Niederlande

Sunnyslope Gardens, 8638 Huntington Drive, San Gabriel, California 91775, USA

West Steck BV, Postbus 47, Madepolderweg 37, 2553 Den Haag, Niederlande

Nelkenpflanzen für den Hobbygärtner

Nelkenpflanzen erhält man schon vom nächsten Marktgärtner, wenn auch meist in beschränkter Sortenvielfalt. Gute Gartencenter führen manchmal ein breiteres Sortiment. Verstärkt bieten Versandgärtnereien Nelkenpflanzen an, besonders aus dem Bereich der Hängenelken (für den Fensterkasten), der Federnelkenzüchtungen (Pinks) und Formen, die aus Kreuzungen von *Dianthus caryophyllus*-Sorten mit alten Federnelken-Sorten hervorgegangen sind. Letztere sind in Großbritannien als »Border-Carnations« bekannt und werden in den Katalogen oft als »Stechnelken« bezeichnet. In normalen Staudengärtnereien liegt das Schwergewicht bei den Namenssorten (spezielle Sorten von *Dianthus gratianopolitanus* und *D. plumarius*). Gärtnereien, die auf Alpine und Steingartenpflanzen spezialisiert sind, führen oft auch weniger gängige Arten.

Sortimente verschiedener Größe bieten die folgenden Stauden- und Alpinengärtnereien an. Die Aufzählung erhebt keinen Anspruch auf Vollzähligkeit.

Allwood Bros. Mill Nursery, Carnations and Pinks, London Road Hassocks, Sussex BN6 9NB, Großbritannien

Joachim Carl, Alpengarten Pforzheim, 7530 Pforzheim-Würm

Jack Drake, Inshriach Alpine Plant Nursery, Avimore Inverness-Shire, Schottland

J. Eschmann, Alpengarten, 6032 Emmen, Schweiz

Franz Feldweber, Staudengärtnerei, 4974 Ort im Innkreis, Österreich

Gartencenter Feustel, Königsallee 45, 8580 Bayreuth. Kein Versand

H. Frei, Gärtnerei und Staudenkulturen, 8461 Wildensbuch, Schweiz

Ruth & Tom Gillies, Pinks and Carnations, 22 Chetwyn Avenue, Bromley Cross, Bolton Lanc. BL7 9BN, Großbritannien

Hans Götz, Staudengärtnerei, Schramberger Straße 65, 7622 Schiltach

Heinrich Hagemann, Staudenkulturen, Walsroder Straße 324, 3012 Langenhagen 6

Hartside Nursery Garden, Low Gill House, Alston Cumbria CA9 36L, Großbritannien

Fritz Häusermann, Stauden und Gehölze, Schützenhausweg, Lindental 44, 7000 Stuttgart 31

Hayward's Carnations, Border Carnations und Pinks, The Chace Gardens Stakes Road, Purbrook, Portsmouth Po7 5PL, Großbritannien. Kein Versand

Holden Clough Nursery, Holden, Bolton-by-Bowland, Clitheroe, Lancashire BB7 4PF, Großbritannien

W.E.Th. Ingwersen Ltd., Birch Farm Nursery, Gravety, East Grinstead, Sussex RH19 4LE, Großbritannien

Reginald Kaye Ltd, Waithman Nurseries, Silverdale, Carnforth, Lancashire LA 5 OTY, Großbritannien

Kayser & Seibert, Odenwälder Pflanzenkulturen, Wilhelm-Leuschner-Straße 65, 6101 Roßdorf 1

Heinz Klose, Staudengärtnerei, Rosenstraße 10, 3503 Lohfelden

Ets Emmanuel Lepage, 'La Fontaine', Chemin des Perrins, 49130 Les Ponts de Cé (au sud d'Angers), Frankreich. Versand fraglich

Karl Heinz Marx, Staudengarten, Bahnhofstraße 36, 8602 Pettstadt

Hermann Näpfel, Staudengärtnerei, Nürnberger Straße 99, 8820 Gunzenhausen

Rolf Peine, Staudengärtnerei, Mariabrunner Straße 71, 8000 München 60

Pöppel-Stauden, Eckehard Pöppel, Staudengärtnerei, Holunderstraße 4, 2805 Stuhr-Seckenhausen

Potterton & Martin, The Cottage Nursery, Moortown Road, Nettleton Caistor, Linc. LN7 6HX, Großbritannien

Walter Radloff, Garten-Center, Schnieglinger Straße 54, 8500 Nürnberg 90. Kein Versand

Stauden Rudolf, Betrieb: Hagenhausen, Eismannsberg 16, 8503 Altdorf

Max Schleipfer, Stauden- und Kakteengärtnerei, Sedelweg 71, 8902 Neusäß. Kein Versand

Werner Schöllkopf, Staudengärtnerei, Postfach 7113, 7410 Reutlingen

Dr. Hans und Helga Simon, Sortiments- und Versuchsgärtnerei, Georg-Mayr-Straße 70, 8772 Marktheidenfeld

Dieter Stroh, Staudengärtnerei, Kreisstraße 245, 6606 Saarbrücken-Gersweiler. Kein Versand

F. Sündermann, Alpengarten, Äschacher Ufer, 8990 Lindau

Karl Wachter KG, Staudenversand und Wassergarten-Systeme, 2081 Appen-Etz

Günter Wauschkuhn, Staudengärtnerei, 3510 Hannoversch-Münden 15

Gabriele Wetzel, Botanische Raritäten, Oberkohlfurt, 5600 Wuppertal 12

Gräfin von Zeppelin, Staudengärtnerei, 7811 Sulzburg/Laufen

Zu beachten ist, daß ausländische Firmen wegen des großen Arbeitsaufwandes Klein-Aufträge kaum erledigen. Es ist zu empfehlen, bei Kataloganforderungen Rückantwortscheine in Höhe von ein bis zwei englischen Pfund oder zwei bis drei US-Dollar beizulegen.

Bildquellen

Barberet et Blanc, Horhausen: Seite 188, 213
Bloemenbureau Holland, NL-Leiden: Seite 202
(6), 216 (4)
Erhardt, W., Neudrossenfeld: Seite 49, 121
Fuchs, H., Hof: Seite 40, 84, 93, 96, 98, 99 unten,
139, 148 oben
Selecta Klemm, Stuttgart: Seite 189 (2), 217 (2)

Alle übrigen Farbabbildungen stammen vom Verfasser.

Die Zeichnungen fertigte Paul Hopf, Rehau, überwiegend nach Vorlagen des Verfassers. Abbildungen aus folgenden Werken dienten teilweise als Vorlagen für Zeichnungen:

Hegi, G.; Illustrierte Flora von Mitteleuropa:
Zeichnung Seite 35 unten, 46, 77, 87
Huxley, Taylor; Flora of Greece: Seite 35 oben, 59
Javorka-Csapody; Ikonographie der Flora des süd-
östlichen Mitteleuropa: Seite 38, 55, 59, 86, 94,
95
McQuown, F.R.; Carnations and Pinks: Seite 21
Polunin, O., Smythies, B. E.; Flowers of South-
West Europe: Seite 76
Thunberg; Flora Japonica 1784: Seite 69

Pflanzenregister

Bei der Suche nach Pflanzen ist auch die Tabelle der Synonyme ab Seite 237 zu berücksichtigen.
Bei mehrmaliger Erwähnung geben die fettgedruckten Seitenzahlen den Hinweis auf den Hauptabschnitt.
Ziffern mit Sternchen * verweisen auf eine Abbildung.

Lilien. Von ⟶ **Carl Feldmaier,** Pfarrkirchen, und **Judith McRae.** 2., neubearbeitete und erweiterte Auflage. 246 Seiten mit 103 Farb-, 10 SW-Fotos und 35 Zeichnungen. Leinen mit Schutzumschlag ⟶ **DM 98,-.**

Iris. Von ⟶ **Dr. h.c. Fritz Köhlein,** Bindlach. 360 Seiten mit 147 Farbfotos sowie 60 Zeichnungen. Kst. mit Schutzumschlag ⟶ **DM 98,-.**

Primeln. Und die verwandten Gattungen Mannsschild, Heilglöckchen, Götterblume, Troddelblume, Goldprimeln. Von ⟶ **Dr. h.c. Fritz Köhlein,** Bindlach. 406 Seiten mit 112 Farbfotos und 100 Zeichnungen. Leinen mit Schutzumschlag ⟶ **DM 128,-.**

Fuchsien. Von ⟶ **Gerda Manthey,** Ergste. 2., erweiterte Auflage. 202 Seiten mit 91 Farbfotos und 24 Zeichnungen. Leinen mit Schutzumschlag ⟶ **DM 78,-.**

Geranium. Freiland-Geranien für Garten und Park. Von ⟶ **Dr. Peter F. Yeo,** Cambridge. Aus dem Englischen von **Marion Zerbst,** Leonberg. 235 Seiten mit 44 Farbfotos und 122 Zeichnungen. Leinen mit Schutzumschlag ⟶ **DM 98,-.**

Helleborus. Nieswurz, Schneerosen, Lenzrosen. Von ⟶ **Marlene S. Ahlburg,** Rötgesbüttel. 134 Seiten mit 37 Farbfotos und 50 Zeichnungen. Kartoniert ⟶ **DM 38,-.**

Hemerocallis. Taglilien. Von ⟶ **Walter Erhardt,** Langenstadt. 169 Seiten mit 39 Farbfotos und 40 Zeichnungen. Kartoniert ⟶ **DM 38,-.**

Päonien. Pfingstrosen. Von ⟶ **Reinhilde Frank,** Heppenheim-Erbach. 152 Seiten mit 45 Farbfotos und 27 Zeichnungen. Kartoniert ⟶ **DM 38,-.**

Alte Rosen und Wildrosen. Von ⟶ **Anny Jacob,** Marl, **Hedi und Dr. Wernt Grimm,** Kassel, sowie **Bruno Müller** (†). 200 Seiten mit 85 Farb-, 8 SW-Fotos sowie 34 Zeichnungen. Leinen mit Schutzumschlag ⟶ **DM 88,-.**

Erhältlich in Ihrer Buch(Fach)handlung oder beim **Verlag Eugen Ulmer** Postfach 70 05 61, 7000 Stuttgart 70

VERLAG EUGEN ULMER